编辑委员会

南京市经济普查办公室
南 京 市 统 计 局 编
南 京 市 统 计 学 会

南京经济普查年鉴

2008 上

NANJINGJINGJIPUCHANIANJIAN

南京出版社

图书在版编目(CIP)数据

南京经济普查年鉴. 2008 / 南京市统计局编. — 南京 ：南京出版社，2010.9

ISBN 978-7-80718-642-7

Ⅰ.①南… Ⅱ.①南… Ⅲ.①经济—普查—南京市—2008—年鉴 Ⅳ.①F127.531—54

中国版本图书馆 CIP 数据核字(2010)第 173964 号

书　　名：南京经济普查年鉴 2008

编　　者：南京市经济普查办公室、南京市统计局、南京市统计学会

出版发行：南京出版社

社址：南京市成贤街 43 号 3 号楼　　邮编：210018

网址：http://www.njcbs.com/www.njcbs.net

联系电话：025-83283871(营销)　025-83283883(编务)

电子信箱：webmaster@njcbs.com

责任编辑：赵育春

装帧设计：周　勇

印　　刷：江苏凤凰通达印刷有限公司

开　　本：889×1194 毫米　1/16

印　　张：58.5

字　　数：1888 千字

版　　次：2010 年 9 月第 1 版

印　　次：2010 年 9 月第 1 次印刷

印　　数：1—1000

书　　号：ISBN 978-7-80718-642-7

定　　价：300.00 元

编写说明

为便于社会各界共同分享南京市第二次全国经济普查的成果，更方便地开发利用普查资料，我们将经济普查资料编辑整理、汇编成《南京经济普查年鉴2008》一书。全书内容主要包括普查公报、行业普查资料、利用经济普查对全市和区县地区生产总值有关历史年份调整资料、主要指标解释等。

为使读者能够更好地使用本资料，现对有关问题做如下说明：

一、第二次全国经济普查的标准时点为2008年12月31日，时期资料为2008年度。

二、专业资料部分后面附有指标解释，使用时请仔细阅读。

三、法人单位数包括了铁路运输业、金融业的数据，其余汇总表均不包括铁路运输业、金融业的数据。

四、本资料按在地原则汇总，即按单位实际所在地进行汇总。

五、本资料对部分数据由于计量单位取舍不同或四舍五入而产生的差数均未作调整。

六、表中“…”表示数据不足本表最小单位数，空格表示该项统计指标数据不详或无该项数据，“#”表示其中的主要项。

我们希望此书的面世，能使社会各界对南京市第二次全国经济普查有一个全面概括的了解，更愿本书的内容，能为社会经济研究工作者提供有价值的参考。

南京市第二次全国经济普查资料是全市普查工作者共同辛勤工作的成果，也是广大普查对象积极支持配合的结果。在此，我们向全市所有普查工作者、普查对象和所有参与和支持普查工作的人员致以崇高的敬意和衷心的感谢！

目录

上册

下 册

■科技

■能源

■批发零售和住宿餐饮业

■房地产业

■非企业

第三部分　附　　录

■服务业基本情况

■依据经济普查资料对地区生产总值历史数据调整情况

南京市第二次全国经济普查主要数据公报

南京市第二次全国经济普查领导小组办公室
南　京　市　统　计　局
2010 年 2 月

为了全面掌握我国第二产业和第三产业[①]的发展规模及布局，了解我国产业组织、产业结构、产业技术的现状以及各生产要素的构成，摸清我国各类企业和单位能源消耗的基本情况，建立健全覆盖国民经济各行业的基本单位名录库、基础信息数据库和统计电子地理信息系统，为加强和改善宏观调控、科学制定中长期发展规划提供科学准确的统计信息支持，我国于 2008 年进行了第二次全国经济普查。

本次普查的标准时点为 2008 年 12 月 31 日，时期资料为 2008 年度。普查对象是在我国境内从事第二产业和第三产业的全部法人单位、产业活动单位和个体经营户[②]。普查主要内容包括单位基本属性、从业人员、财务状况、生产经营情况、生产能力、能源消耗、科技活动情况等。

根据全国的统一要求，市政府成立了南京市第二次全国经济普查领导小组及其办公室，组织实施了全市经济普查，现将主要数据公布如下。

一、单位基本情况

2008 年末，全市共有从事第二、三产业的法人单位 61507 个，与 2004 年全市第一次经济普查相比，增加 15755 个，增长 34.4%；法人单位所属的产业活动单位 11015 个，减少 1688 个，下降 13.3%。

在法人单位数量中，第二产业单位 17855 个，占 29.0%，与 2004 年全市第一次经济普查相比，增加 3861 个，增长 27.6%；第三产业单位 43652 个，占 71.0%，增加 11894 个，增长 37.5%。

从法人单位机构类型看，企业单位 53579 个，占 87.1%，比 2004 年增加 15526 个，增长 40.8%；其他各种机构类型的单位 7928 个，占 12.9%，增加 229 个，增长 3.0%。

从法人单位的登记注册类型看，其中：国有单位 5813 个，减少 169 个，下降 2.8%；集体单位 2057 个，减少 1315 个，下降 39.0%；私营企业 42099 个，增加 16674 个，增长 65.6%；港、澳、台商投资企业 830 个，减少 39 个，下降 4.5%；外商投资企业 1356 个，增加 504 个，增长 59.2%。

2008 年末，全市第二、第三产业法人单位从业人员[③] 265.71 万人，与 2004 年第一次经济普查相比增加 56.67 万人，增长 27.1%。其中：第二产业从业人员 144.54 万人，增加 30.14 万人，增长 26.3%；第三产业从业人员 121.17 万人，增加 26.53 万人，增长 28.0%。

2008 年末，全市共有从事第二、三产业的个体经营户 22.50 万户，从业人员 58.66 万人，分别比 2004 年增加 1.29 万户、5.90 万人，增长 6.1%、11.2%。其中，有证照个体经营户 14.80 万户，从业人员 41.85 万人，分别占全市个体户户数和从业人员 65.8%和 71.3%；有税务登记证个体经营户 8.25 万户，26.45 万人，分别占 36.7%和 45.1%。

二、工　　业

（一）企业单位数和从业人员

2008年末，全市共有工业企业法人单位14051个，从业人员89.92万人，分别比2004年末增长20.1%和15.4%。工业个体经营户13510户，从业人员6.92万人。

在工业企业法人单位中，采矿业178个，制造业13733个，电力、燃气及水的生产和供应业140个，分别占1.3%、97.7%和1.0%。

在工业企业法人单位的从业人员中，采矿业占1.4%，制造业占96.8%，电力、燃气及水的生产和供应业占1.8%。在工业行业大类中，通信设备、计算机及其他电子设备制造业，纺织服装、鞋、帽制造业，交通运输设备制造业从业人员数位居前三位，分别占12.2%、10.8%和10.3%。

（二）主要工业产品产量

2008年主要工业产品产量（详见表1）。

表1　主要工业产品产量

	计量单位	产量
钢	万吨	843.81
生铁	万吨	821.79
成品钢材	万吨	877.69
民用钢质船舶	载重吨	1327300.00
原油加工量	万吨	1883.70
水泥	万吨	1309.46
合成氨	万吨	22.09
纯苯	万吨	51.70
初级形态的塑料	万吨	183.06
硫酸	万吨	69.09
乙烯	万吨	136.51
化肥（折纯）	万吨	17.00
农药	万吨	8.40
汽车	万辆	15.54
摩托车	万辆	80.72
合成洗涤剂	万吨	20.85
卷烟	亿支	344.63
彩色电视机	万台	227.60
微型电子计算机	万台	22.86
发电量	亿千瓦时	206.90

（三）能源消费

2008年工业企业分品种能源消费总量（详见表2）。

表 2　工业企业分品种能源消费总量

	计量单位	消费总量
煤炭	万吨	2123.54
焦炭	万吨	412.38
焦炉煤气	万立方米	60082.00
高炉煤气	万立方米	1207577.00
其他煤气	万立方米	41032.00
天然气	万立方米	138368.00
原油	万吨	1878.75
汽油	万吨	3.68
煤油	万吨	0.16
柴油	万吨	14.15
燃料油	万吨	25.15
液化石油气	万吨	25.85
炼厂干气	万吨	52.97
热力	万百万千焦	7226.02
电力	万千瓦时	1915773

（四）资产负债和所有者权益

2008年末，全市工业企业法人单位资产合计5438.23亿元，比2004年末增长77.0%；负债合计3142.05亿元，比2004年末增长75.0%；所有者权益[④]合计2296.18亿元，比2004年末增长79.8%。

2008年，工业企业法人单位资产负债率，采矿业为52.9%，制造业为58.0%，电力、燃气及水的生产和供应业为55.0%。

（五）主营业务收入和利润总额

2008年，全市工业企业法人单位主营业务收入6874.17亿元，比2004年增长2.1倍，其中，采矿业占0.7%，制造业占97.5%，电力、燃气及水的生产和供应业占1.8%。主营业务收入超过百亿元的行业有14个，比2004年增加6个。

2008年，全市工业企业法人单位营业利润总额206.74亿元，其中，采矿业占2.7%，制造业占96.2%，电力、燃气及水的生产和供应业占1.1%。利润总额超过10亿元的行业有6个，比2004年增加2个。

（六）高新技术产业

2008年末，高新技术产业企业法人单位资产合计1843.98亿元，实现主营业务收入2612.03亿元，营业利润总额28.05亿元，占全市工业企业法人单位主营业务收入、营业利润总额的比重分别为38.8%和13.6%；高新技术产业资产负债率51.9%。

（七）企业科技活动

2008年末，规模以上工业企业[⑤]中开展科技活动的企业[⑥]有398个，占11.7%；开展研究与试验发展(R&D)活动的企业有278个，占8.2%。在大中型企业中，开展科技活动的企业所占比重为48.4%；开展研究与试验发展(R&D)活动的企业所占比重为34.2%。

2008年末，规模以上工业企业有科技活动人员4.68万人，比2004年末增长14.7%；企业投入的科技活动经费内部支出为106.35亿元,比2004年末增长86.2%。

在企业投入的科技活动经费中,代表企业自主创新能力的研究与试验发展(R&D)经费增长较快,2008年为55.72亿元,比2004年增长175.4%;研究与试验发展经费投入强度⑦为0.84%,高于2004年0.65%的水平。2008年大中型工业企业投入研究与试验发展经费50.17亿元,投入强度为1.07%,高于2004年0.80%的水平。

2008年,规模以上工业企业实现新产品⑧产值805.20亿元,新产品产值占同口径工业总产值的比重为12.1%。2008年规模以上工业企业专利申请量为2404件,其中发明专利申请813件;发明专利申请所占比重为33.8%,比2004年增加0.7个百分点。

三、建筑业

(一)企业单位数和从业人员

2008年末,全市共有建筑业法人企业单位3804个,从业人员54.61万人;建筑业个体经营户3949户,从业人员2.89万人。

建筑业企业法人单位中,房屋和土木工程建筑业占32.5%,建筑安装业占28.0%,建筑装饰业占30.0%,其他建筑业占9.5%。

建筑业企业法人单位从业人员中,房屋和土木工程建筑业占78.1%,建筑安装业占12.9%,建筑装饰业占6.2%,其他建筑业占2.8%。

(二)建筑业总产值

2008年,建筑业企业法人单位的建筑业总产值1237.45亿元。其中,资质内建筑业企业⑨1130.24亿元,资质外建筑业企业107.21亿元。

在建筑业企业法人单位的建筑业总产值中,房屋和土木工程建筑业占74.5%,建筑安装业占15.3%,建筑装饰业占6.5%,其他建筑业占3.7%。

(三)房屋建筑面积及竣工价值

2008年,总承包和专业承包建筑业企业⑩房屋建筑施工面积7390万平方米,房屋建筑竣工面积3197万平方米,竣工价值355.45亿元,其中住宅建筑竣工面积2012万平方米,竣工价值217.58亿元。

(四)工程结算收入和营业利润

2008年,我市建筑业企业法人单位工程结算收入1161.87亿元,其中,房屋和土木工程建筑业占73.0%,建筑安装业占17.9%,建筑装饰业占6.5%,其他建筑业占2.6%;营业利润48.16亿元,其中,房屋和土木工程建筑业占74.3%,建筑安装业占15.2%,建筑装饰业占5.5%,其他建筑业占5.0%。

(五)重点建筑业企业情况

建筑业企业法人单位中,资质企业1711家,其中:特级企业5家,占资质企业的0.3%;一级资质企业282家,占资质企业的16.5%;二级资质企业430家,占资质企业的25.1%;三级及不分等级资质企业994家,占资质企业的58.1%。建筑业资质企业从业人员中,特级企业4.33万人,占资质企业的8.4%;一级资质企业22.40万人,占资质企业的43.4%;二级资质企业13.80万人,占资质企业的26.8%;三级及不分等级资质企业11.04万人,占资质企业的21.4%。

2008年,全市特级资质企业完成建筑业产值131.37亿元,一级资质企业完成建筑业产值572.95亿元,二级资质企业完成建筑业产值259.27亿元,三级及不分等级资质企业完成建筑业产值166.65亿元。

四、交通运输、仓储和邮政业

(一) 单位数和从业人员

2008年末,全市共有交通运输、仓储和邮政业企业法人单位1566个,比2004年末增加542个;从业人员10.86万人,比2004年末增加1.42万人。交通运输、仓储和邮政业的行政事业法人单位26个,比2004年末增加11个;从业人员4965人,比2004年末增加2191人。

在交通运输、仓储和邮政业企业法人单位中,交通运输业[①]占84.8%,仓储业占12.5%,邮政业占2.7%;在法人单位从业人员中,交通运输业占90%,仓储业占3%,邮政业占7%。

(二) 固定资产原价、营业收入和营业利润

2008年末,全市交通运输、仓储和邮政业企业法人单位固定资产原价446.12亿元,其中,交通运输业占93.5%,仓储业占2.9%,邮政业占3.6%。

2008年,全市交通运输、仓储和邮政业企业法人单位营业收入454.01亿元,其中,交通运输业占95.7%,仓储业占2.4%,邮政业占1.9%。

2008年,全市交通运输、仓储和邮政业企业法人单位营业利润65.75亿元,其中,交通运输业占104.6%,仓储业占1.3%,邮政业占-5.9%。

五、批发和零售业

(一) 企业法人单位数和从业人员

2008年末,全市共有批发和零售业企业法人单位18254个,从业人员26.12万人,分别比2004年末增长52.2%和26.4%。

在批发和零售业企业法人单位中,批发业12024个,零售业6230个,分别占65.9%和34.1%。

在批发和零售业企业法人单位从业人员中,批发业占57.9%,零售业占42.1%。

(二) 资产总计

2008年末,全市批发和零售业企业法人单位资产总计6237.17亿元,比2004年末增长367.9%。其中,批发业法人单位资产4515.66亿元,零售业法人单位资产1721.51亿元,分别比2004年末增长321.1%和560.4%。

(三) 主营业务收入

2008年,批发和零售业企业法人单位主营业务收入5978.40亿元,比2004年增长105.2%。其中,批发业5157.64亿元,零售业820.76亿元,分别比2004年增长108.1%和89.0%。

六、住宿和餐饮业

(一) 企业法人单位数和从业人员

2008年末,全市共有住宿和餐饮业企业法人单位1589个,从业人员8.69万人,分别比2004年增长42.8%和32.5%。

在住宿和餐饮业企业法人单位中,住宿业556个,餐饮业1033个,分别占35.0%和65.0%。

在住宿和餐饮业企业法人单位从业人员中,住宿业占37.3%,餐饮业占62.7%。

(二) 资产总计

2008年末,住宿和餐饮业企业法人单位资产总计为485.44亿元,比2004年末增长359.4%。

(三) 主营业务收入

2008年，住宿和餐饮业企业法人单位主营业务收入114.37亿元，比2004年增长83.9%。其中，住宿业45.77亿元，餐饮业68.60亿元，分别比2004年增长67.2%和97.0%。

七、房地产业

（一）企业单位数

2008年末，全市共有房地产业企业2129个，比2004年末增加540个。其中，房地产开发业678个，物业管理企业626个，中介服务业497个，其他房地产328个，分别比2004年末增加79个、202个、112个和147个。

（二）从业人员

2008年末，全市房地产业企业的从业人员合计78255人，比2004年末增加26204人。其中，房地产开发业21174人，物业管理企业41647人，中介服务业7285人，其他房地产8149人，分别比2004年末增加5146人、16552人、2002人、2504人。

（三）主营业务收入、实收资本和营业利润

2008年，我市房地产企业的主营业务收入651.87亿元，比2004年增长157.3%，其中，房地产开发业605.02亿元，物业管理企业22.89亿元，中介服务业6.96亿元，其他房地产17.00亿元，分别比2004年增长160.4%、211.3%、79.4%和73.6%。房地产企业实收资本420.77亿元，营业利润107.67亿元，分别比2004年增长117.8%和729.0%。

（四）房地产业生产经营情况

2008年末，全市房地产开发一级资质企业26家，二级资质企业155家，三级资质企业331家，三级以上资质企业占总数的75.5%。2008年，商品房建设施工面积4097.72万平方米。竣工房屋面积1062.26万平方米。商品房销售面积703.55万平方米。其中，住宅销售面积659.12万平方米。商品房销售额359.46亿元。住宅销售额为316.93亿元。

2008年末，全市物业管理一级资质企业23家，二级资质企业55家，三级资质企业342家，三级以上资质企业占总数67.1%。2008年，物业管理企业在管房屋建筑面积14209.47万平方米，其中，在管住宅建筑面积8206.32万平方米。

2008年，全市房地产中介服务企业共代理销售房屋合同面积172.98万平方米，代理销售成交合同金额109.40亿元，代理出租房屋成交合同面积155.77万平方米，代理出租成交合同金额11.08亿元。

八、其他第三产业

（一）单位数和从业人员

2008年末，全市共有从事其他第三产业[12]的法人单位数20062个，比2004年末增加8497个。从业人员67.09万人，比2004年末增加24.44万人。其中，企业法人单位12194个，从业人员30.77万人，行政事业及其他非企业法人单位7868个，从业人员36.32万人。

（二）行政事业和其他非企业法人单位的资产、收入和支出（或费用）

2008年末，全市其他第三产业中的行政事业单位和其他非企业法人单位固定资产原价1119.57亿元，全年收入合计1012.85亿元，全年支出（或费用）合计896.91亿元。

注释：

① 三次产业的划分：

第一产业是指农、林、牧、渔业。

第二产业是指采矿业，制造业，电力、燃气及水的生产和供应业，建筑业。

第三产业是指除第一、二产业以外的其他行业，具体包括：交通运输、仓储和邮政业，信息传输、计算机服务和软件业，批发和零售业，住宿和餐饮业，金融业，房地产业，租赁和商务服务业，科学研究、技术服务和地质勘查业，水利、环境和公共设施管理业，居民服务和其他服务业，教育，卫生、社会保障和社会福利业，文化、体育和娱乐业，公共管理和社会组织，国际组织。本次普查未包括国际组织。

② 单位的划分：

法人单位是指具备以下条件的单位：

(1) 依法成立，有自己的名称、组织机构和场所，能够独立承担民事责任；

(2) 独立拥有和使用(或授权使用)资产，承担负债，有权与其他单位签订合同；

(3) 会计上独立核算，能够编制资产负债表。

法人单位包括企业法人、事业单位法人、机关法人、社会团体法人和其他法人。

产业活动单位是指具备以下条件的单位：

(1) 在一个场所从事一种或主要从事一种社会经济活动；

(2) 相对独立组织生产经营或业务活动；

(3) 能够掌握收入和支出等业务核算资料。

有证照的个体经营户是指除农户外，生产资料归劳动者个人所有，以个体劳动为基础，劳动成果归劳动者个人占有和支配的一种经营单位。即按照《民法通则》和《城乡个体工商户管理暂行条例》规定经各级工商行政管理机关登记注册、领取《营业执照》的个体工商户。具体是指公民在法律允许范围内，依法经核准登记，从事工业、商业、建筑业、运输业、餐饮业、服务业等活动的个体劳动者。

③ 从业人员：是指 2008 年 12 月 31 日在第二、三产业单位和有证照的个体经营户在岗的从业人员。未包括上述范围之外的从业人员。

单位从业人员是指在本单位工作并取得劳动报酬或收入的年末实有人员数。包括：在各单位工作的外方人员、港澳台方工作人员、兼职人员、再就业的离退休人员、借用的外单位人员和第二职业者。但不包括离开本单位仍保留劳动关系的职工。

④ 所有者权益合计：是指所有者在企业资产中享有的经济利益，即企业资产减去负债后的余额。所有者权益包括实收资本(或股本)、资本公积、盈余公积和未分配利润等。

⑤ 规模以上工业企业：是指全部年主营业务收入 500 万元及以上的法人工业企业。

⑥ 开展科技活动的企业：是指有组织地开展科研和技术开发活动，并有相应经费支出的企业。

⑦ 研究与试验发展经费投入强度：是指研究与试验发展经费支出与主营业务收入之比。

⑧ 新产品：是指采用新技术原理、新设计构思研制生产的全新产品，或在结构、材质、工艺等某一方面比原有产品有明显改进，从而显著提高了产品性能或扩大了使用功能的产品。包括经政府有关部门认定并在有效期内的新产品，也包括企业自行开发研制，但尚未经政府有关部门认定、投产一年之内的新产品。

⑨ 资质内建筑业企业：是指依据建设部《建筑业企业资质管理规定》(中华人民共和国建设部令 2001 年第 87 号)及《建筑业企业资质等级标准》(建[2001]82 号)，已经领取《建筑业企业资质证书》的企业。资质外建筑业企业指虽然没有领取《建筑业企业资质证书》，但实际从事建筑生产经营活动的建筑业企业。

⑩ 总承包和专业承包企业：总承包企业是指具有施工总承包资质，可以对工程实行施工总承包或者对主体工程实行施工承包的建筑业企业。专业承包企业是指具有专业承包资质，可以承接总承包企业分包的专业工程或者建设单位按照规定发包的专业工程的建筑业企业。不包括资质以外的建筑业企业和个体经营户。

⑪ 交通运输业：包括铁路运输业、道路运输业、城市公共交通业、水上运输业、航空运输业、管道运输业、装卸搬运和其他运输服务业。

⑫ 其他第三产业：包括信息传输、计算机服务和软件业；金融业；租赁和商务服务业；科学研究、技术服务和地质勘查业；水利、环境和公共设施管理业；居民服务和其他服务业；教育；卫生、社会保障和社会福利业；文化、体育和娱乐业；公共管理和社会组织。

第1部分

单位数及从业人员情况

按行业分组法人单位及产业活动单位情况

计量单位：个

	法人单位数	单产业法人单位	产业活动单位数	其中：多产业法人所属的产业活动单位
总　计	**61516**	**59291**	**70331**	**11040**
农、林、牧、渔业	9		25	25
农业	2		3	3
谷物及其他作物的种植				
蔬菜、园艺作物的种植			1	1
水果、坚果、饮料和香料作物的种植	2		2	2
中药材的种植				
林业	1		5	5
林木的培育和种植	1		5	5
木材和竹材的采运				
林产品的采集				
畜牧业			2	2
牲畜的饲养			1	1
猪的饲养				
家禽的饲养			1	1
狩猎和捕捉动物				
其他畜牧业				
渔业				
海洋渔业				
内陆渔业				
农、林、牧、渔服务业	6		15	15
农业服务业	6		12	12
林业服务业				
畜牧服务业			3	3
渔业服务业				
采矿业	178	175	180	5
煤炭开采和洗选业	1	1	1	
烟煤和无烟煤的开采洗选	1	1	1	
褐煤的开采洗选				

按行业分组法人单位及产业活动单位情况(续表1)

计量单位:个

	法人单位数	单产业法人单位	产业活动单位数	其中:多产业法人所属的产业活动单位
其他煤炭采选				
石油和天然气开采业				
天然原油和天然气开采				
与石油和天然气开采有关的服务活动				
黑色金属矿采选业	13	11	13	2
铁矿采选	13	11	13	2
其他黑色金属矿采选				
有色金属矿采选业	3	2	4	2
常用有色金属矿采选	2	1	3	2
贵金属矿采选	1	1	1	
稀有稀土金属矿采选				
非金属矿采选业	161	161	162	1
土砂石开采	156	156	157	1
化学矿采选	1	1	1	
采盐				
石棉及其他非金属矿采选	4	4	4	
其他采矿业				
其他采矿业				
制造业	13733	13540	14084	544
农副食品加工业	294	286	309	23
谷物磨制	49	49	49	
饲料加工	25	25	25	
植物油加工	23	23	23	
制糖	1	1	1	
屠宰及肉类加工	105	98	119	21
水产品加工	15	15	15	
蔬菜、水果和坚果加工	27	27	27	
其他农副食品加工	49	48	50	2
食品制造业	194	185	208	23

按行业分组法人单位及产业活动单位情况(续表2)

计量单位:个

	法人单位数	单产业法人单位	产业活动单位数	其中:多产业法人所属的产业活动单位
焙烤食品制造	64	57	72	15
糖果、巧克力及蜜饯制造	9	9	9	
方便食品制造	30	29	31	2
液体乳及乳制品制造	8	8	9	1
罐头制造	5	5	6	1
调味品、发酵制品制造	17	17	17	
其他食品制造	61	60	64	4
饮料制造业	87	84	88	4
酒精制造				
酒的制造	9	9	9	
软饮料制造	42	40	42	2
精制茶加工	36	35	37	2
烟草制品业	2	2	2	
烟叶复烤				
卷烟制造	1	1	1	
其他烟草制品加工	1	1	1	
纺织业	276	274	280	6
棉、化纤纺织及印染精加工	70	69	71	2
毛纺织和染整精加工	5	5	5	
麻纺织	6	6	6	
丝绢纺织及精加工	14	13	15	2
纺织制成品制造	108	108	110	2
针织品、编织品及其制品制造	73	73	73	
纺织服装、鞋、帽制造业	828	815	837	22
纺织服装制造	797	784	806	22
纺织面料鞋的制造	21	21	21	
制帽	10	10	10	
皮革、毛皮、羽毛(绒)及其制品业	117	115	120	5
皮革鞣制加工	2	2	2	

按行业分组法人单位及产业活动单位情况(续表3)

计量单位:个

	法人单位数	单产业法人单位	产业活动单位数	其中:多产业法人所属的产业活动单位
皮革制品制造	70	69	73	4
毛皮鞣制及制品加工	21	21	21	
羽毛(绒)加工及制品制造	24	23	24	1
木材加工及木、竹、藤、棕、草制品业	214	214	216	2
锯材、木片加工	30	30	31	1
人造板制造	33	33	33	
木制品制造	139	139	140	1
竹、藤、棕、草制品制造	12	12	12	
家具制造业	246	244	248	4
木质家具制造	182	181	184	3
竹、藤家具制造	2	2	2	
金属家具制造	25	24	24	
塑料家具制造	4	4	4	
其他家具制造	33	33	34	1
造纸及纸制品业	333	332	335	3
纸浆制造	1	1	1	
造纸	49	49	50	1
纸制品制造	283	282	284	2
印刷业和记录媒介的复制	476	469	491	22
印刷	383	377	396	19
装订及其他印刷服务活动	90	89	92	3
记录媒介的复制	3	3	3	
文教体育用品制造业	203	202	203	1
文化用品制造	33	33	33	
体育用品制造	44	44	44	
乐器制造	14	14	14	
玩具制造	106	106	106	
游艺器材及娱乐用品制造	6	5	6	1
石油加工、炼焦及核燃料加工业	46	46	47	1

按行业分组法人单位及产业活动单位情况(续表 4)

计量单位:个

	法人单位数	单产业法人单位	产业活动单位数	其中:多产业法人所属的产业活动单位
精炼石油产品的制造	45	45	46	1
炼焦	1	1	1	
核燃料加工				
化学原料及化学制品制造业	908	890	932	42
基础化学原料制造	206	199	212	13
肥料制造	56	56	57	1
农药制造	29	28	32	4
涂料、油墨、颜料及类似产品制造	158	155	160	5
合成材料制造	89	87	93	6
专用化学产品制造	292	287	299	12
日用化学产品制造	78	78	79	1
医药制造业	142	137	156	19
化学药品原药制造	17	17	20	3
化学药品制剂制造	45	44	47	3
中药饮片加工	7	7	8	1
中成药制造	5	4	10	6
兽用药品制造	16	15	17	2
生物、生化制品的制造	32	31	34	3
卫生材料及医药用品制造	20	19	20	1
化学纤维制造业	17	15	20	5
纤维素纤维原料及纤维制造	8	6	11	5
合成纤维制造	9	9	9	
橡胶制品业	125	120	126	6
轮胎制造	9	9	9	
橡胶板、管、带的制造	30	28	30	2
橡胶零件制造	31	31	31	
再生橡胶制造	9	8	9	1
日用及医用橡胶制品制造	5	5	5	
橡胶靴鞋制造	3	3	3	

按行业分组法人单位及产业活动单位情况(续表5)

计量单位:个

	法人单位数	单产业法人单位	产业活动单位数	其中:多产业法人所属的产业活动单位
其他橡胶制品制造	38	36	39	3
塑料制品业	600	595	607	12
塑料薄膜制造	63	61	65	4
塑料板、管、型材的制造	109	109	109	
塑料丝、绳及编织品的制造	46	45	48	3
泡沫塑料制造	36	35	37	2
塑料人造革、合成革制造	1	1	2	1
塑料包装箱及容器制造	93	93	93	
塑料零件制造	58	58	58	
日用塑料制造	51	51	51	
其他塑料制品制造	143	142	144	2
非金属矿物制品业	1082	1071	1100	29
水泥、石灰和石膏的制造	68	66	69	3
水泥及石膏制品制造	301	299	308	9
砖瓦、石材及其他建筑材料制造	421	418	423	5
玻璃及玻璃制品制造	190	188	192	4
陶瓷制品制造	24	23	29	6
耐火材料制品制造	32	32	32	
石墨及其他非金属矿物制品制造	46	45	47	2
黑色金属冶炼及压延加工业	105	102	111	9
炼铁	17	17	17	
炼钢	4	4	5	1
钢压延加工	78	76	82	6
铁合金冶炼	6	5	7	2
有色金属冶炼及压延加工业	183	182	187	5
常用有色金属冶炼	24	24	24	
贵金属冶炼	4	4	4	
稀有稀土金属冶炼	8	8	9	1
有色金属合金制造	28	28	28	

按行业分组法人单位及产业活动单位情况(续表6)

计量单位:个

	法人单位数	单产业法人单位	产业活动单位数	其中:多产业法人所属的产业活动单位
有色金属压延加工	119	118	122	4
金属制品业	1434	1427	1452	25
结构性金属制品制造	662	659	672	13
金属工具制造	204	204	207	3
集装箱及金属包装容器制造	76	74	78	4
金属丝绳及其制品的制造	54	54	55	1
建筑、安全用金属制品制造	112	111	112	1
金属表面处理及热处理加工	160	159	161	2
搪瓷制品制造	9	9	9	
不锈钢及类似日用金属制品制造	59	59	59	
其他金属制品制造	98	98	99	1
通用设备制造业	1773	1762	1803	41
锅炉及原动机制造	55	52	57	5
金属加工机械制造	347	346	348	2
起重运输设备制造	49	48	50	2
泵、阀门、压缩机及类似机械的制造	140	137	143	6
轴承、齿轮、传动和驱动部件的制造	65	65	65	
烘炉、熔炉及电炉制造	38	37	41	4
风机、衡器、包装设备等通用设备制造	212	211	221	10
通用零部件制造及机械修理	551	550	558	8
金属铸、锻加工	316	316	320	4
专用设备制造业	864	845	896	51
矿山、冶金、建筑专用设备制造	108	105	111	6
化工、木材、非金属加工专用设备制造	192	189	199	10
食品、饮料、烟草及饲料生产专用设备制造	43	43	43	
印刷、制药、日化生产专用设备制造	82	81	83	2
纺织、服装和皮革工业专用设备制造	16	15	17	2
电子和电工机械专用设备制造	117	116	124	8
农、林、牧、渔专用机械制造	27	27	27	

按行业分组法人单位及产业活动单位情况(续表7)

计量单位:个

	法人单位数	单产业法人单位	产业活动单位数	其中:多产业法人所属的产业活动单位
医疗仪器设备及器械制造	98	93	101	8
环保、社会公共安全及其他专用设备制造	181	176	191	15
交通运输设备制造业	904	882	955	73
铁路运输设备制造	105	104	111	7
汽车制造	575	560	612	52
摩托车制造	27	27	28	1
自行车制造	35	34	35	1
船舶及浮动装置制造	124	120	130	10
航空航天器制造	7	6	8	2
交通器材及其他交通运输设备制造	31	31	31	
电气机械及器材制造业	938	931	957	26
电机制造	92	90	93	3
输配电及控制设备制造	440	436	449	13
电线、电缆、光缆及电工器材制造	106	106	106	
电池制造	30	30	31	1
家用电力器具制造	43	42	46	4
非电力家用器具制造	42	42	44	2
照明器具制造	143	143	145	2
其他电气机械及器材制造	42	42	43	1
通信设备、计算机及其他电子设备制造业	609	595	639	44
通信设备制造	102	99	108	9
雷达及配套设备制造	7	6	8	2
广播电视设备制造	25	25	25	
电子计算机制造	58	56	62	6
电子器件制造	106	104	114	10
电子元件制造	207	202	215	13
家用视听设备制造	13	13	14	1
其他电子设备制造	91	90	93	3
仪器仪表及文化、办公用机械制造业	465	454	487	33

按行业分组法人单位及产业活动单位情况(续表8)

计量单位:个

	法人单位数	单产业法人单位	产业活动单位数	其中:多产业法人所属的产业活动单位
通用仪器仪表制造	229	224	246	22
专用仪器仪表制造	86	84	87	3
钟表与计时仪器制造	13	13	13	
光学仪器及眼镜制造	89	85	93	8
文化、办公用机械制造	16	16	16	
其他仪器仪表的制造及修理	32	32	32	
工艺品及其他制造业	215	212	218	6
工艺美术品制造	174	171	177	6
日用杂品制造	20	20	20	
煤制品制造	4	4	4	
核辐射加工				
其他未列明的制造业	17	17	17	
废弃资源和废旧材料回收加工业	53	52	54	2
金属废料和碎屑的加工处理	37	36	37	1
非金属废料和碎屑的加工处理	16	16	17	1
电力、燃气及水的生产和供应业	140	133	156	23
电力、热力的生产和供应业	23	22	33	11
电力生产	19	19	19	
电力供应	2	1	12	11
热力生产和供应	2	2	2	
燃气生产和供应业	17	14	18	4
燃气生产和供应业	17	14	18	4
水的生产和供应业	100	97	105	8
自来水的生产和供应	78	75	82	7
污水处理及其再生利用	18	18	18	
其他水的处理、利用与分配	4	4	5	1
建筑业	3804	3742	4014	272
房屋和土木工程建筑业	1235	1198	1328	130
房屋工程建筑	523	504	571	67

按行业分组法人单位及产业活动单位情况(续表9)

计量单位:个

	法人单位数	单产业法人单位	产业活动单位数	其中:多产业法人所属的产业活动单位
土木工程建筑	712	694	757	63
建筑安装业	1066	1051	1143	92
建筑安装业	1066	1051	1143	92
建筑装饰业	1141	1135	1164	29
建筑装饰业	1141	1135	1164	29
其他建筑业	362	358	379	21
工程准备	100	100	104	4
提供施工设备服务	34	34	36	2
其他未列明的建筑活动	228	224	239	15
交通运输、仓储和邮政业	1618	1556	2039	483
铁路运输业	4	4	4	
铁路旅客运输				
铁路货物运输	3	3	3	
铁路运输辅助活动	1	1	1	
道路运输业	670	652	756	104
公路旅客运输	37	34	53	19
道路货物运输	587	574	648	74
道路运输辅助活动	46	44	55	11
城市公共交通业	59	56	68	12
公共电汽车客运	13	10	16	6
轨道交通				
出租车客运	43	43	49	6
城市轮渡	2	2	2	
其他城市公共交通	1	1	1	
水上运输业	132	123	155	32
水上旅客运输	5	5	5	
水上货物运输	101	93	120	27
水上运输辅助活动	26	25	30	5
航空运输业	13	13	13	

按行业分组法人单位及产业活动单位情况(续表10)

计量单位:个

	法人单位数	单产业法人单位	产业活动单位数	其中:多产业法人所属的产业活动单位
航空客货运输	3	3	3	
通用航空服务	5	5	5	
航空运输辅助活动	5	5	5	
管道运输业	2	2	2	
管道运输业	2	2	2	
装卸搬运和其他运输服务业	495	469	571	102
装卸搬运	98	98	103	5
运输代理服务	397	371	468	97
仓储业	200	198	220	22
谷物、棉花等农产品仓储	7	7	7	
其他仓储	193	191	213	22
邮政业	43	39	250	211
国家邮政	2		187	187
其他寄递服务	41	39	63	24
信息传输、计算机服务和软件业	2211	2168	2419	251
电信和其他信息传输服务业	212	197	355	158
电信	67	54	194	140
互联网信息服务	121	120	126	6
广播电视传输服务	21	20	32	12
卫星传输服务	3	3	3	
计算机服务业	963	953	993	40
计算机系统服务	178	174	193	19
数据处理	11	10	12	2
计算机维修	56	54	64	10
其他计算机服务	718	715	724	9
软件业	1036	1018	1071	53
公共软件服务	868	852	902	50
其他软件服务	168	166	169	3
批发和零售业	18254	17430	22146	4716

按行业分组法人单位及产业活动单位情况(续表11)

计量单位:个

	法人单位数	单产业法人单位	产业活动单位数	其中:多产业法人所属的产业活动单位
批发业	12024	11615	13000	1385
农畜产品批发	176	163	244	81
食品、饮料及烟草制品批发	756	718	825	107
纺织、服装及日用品批发	1198	1154	1239	85
文化、体育用品及器材批发	429	405	454	49
医药及医疗器材批发	321	312	329	17
矿产品、建材及化工产品批发	3517	3411	4024	613
机械设备、五金交电及电子产品批发	4742	4597	4895	298
贸易经纪与代理	154	150	161	11
其他批发	731	705	829	124
零售业	6230	5815	9146	3331
综合零售	270	230	896	666
食品、饮料及烟草制品专门零售	579	506	1501	995
纺织、服装及日用品专门零售	651	584	885	301
文化、体育用品及器材专门零售	658	613	783	170
医药及医疗器材专门零售	588	540	1069	529
汽车、摩托车、燃料及零配件专门零售	625	595	703	108
家用电器及电子产品专门零售	1583	1522	1870	348
五金、家具及室内装修材料专门零售	662	643	729	86
无店铺及其他零售	614	582	710	128
住宿和餐饮业	1589	1478	2095	617
住宿业	556	530	663	133
旅游饭店	184	176	195	19
一般旅馆	336	318	429	111
其他住宿服务	36	36	39	3
餐饮业	1033	948	1432	484
正餐服务	849	781	1000	219
快餐服务	79	69	310	241
饮料及冷饮服务	58	56	65	9

按行业分组法人单位及产业活动单位情况(续表12)

计量单位:个

	法人单位数	单产业法人单位	产业活动单位数	其中:多产业法人所属的产业活动单位
其他餐饮服务	47	42	57	15
金融业	407	319	1145	826
银行业	39	12	466	454
中央银行	2	1	6	5
商业银行	33	8	449	441
其他银行	4	3	11	8
证券业	16	11	94	83
证券市场管理	1	1	1	
证券经纪与交易	7	2	85	83
证券投资	5	5	5	
证券分析与咨询	3	3	3	
保险业	131	79	355	276
人寿保险	39	11	140	129
非人寿保险	26	11	116	105
保险辅助服务	66	57	99	42
其他金融活动	221	217	230	13
金融信托与管理	9	9	9	
金融租赁	1	1	1	
财务公司	2	2	2	
邮政储蓄				
典当	34	34	34	
其他未列明的金融活动	175	171	184	13
房地产业	2129	1932	2714	782
房地产业	2129	1932	2714	782
房地产开发经营	678	639	729	90
物业管理	626	537	862	325
房地产中介服务	497	440	760	320
其他房地产活动	328	316	363	47
租赁和商务服务业	5940	5738	6425	687

按行业分组法人单位及产业活动单位情况(续表13)

计量单位:个

	法人单位数	单产业法人单位	产业活动单位数	其中:多产业法人所属的产业活动单位
租赁业	283	276	305	29
机械设备租赁	274	267	295	28
文化及日用品出租	9	9	10	1
商务服务业	5657	5462	6120	658
企业管理服务	750	706	819	113
法律服务	228	223	257	34
咨询与调查	1756	1716	1855	139
广告业	1348	1326	1373	47
知识产权服务	45	43	47	4
职业中介服务	316	302	335	33
市场管理	248	231	291	60
旅行社	368	333	488	155
其他商务服务	598	582	655	73
科学研究、技术服务和地质勘查业	2299	2253	2385	132
研究与试验发展	426	413	437	24
自然科学研究与试验发展	54	48	56	8
工程和技术研究与试验发展	234	229	241	12
农业科学研究与试验发展	35	34	35	1
医学研究与试验发展	68	67	70	3
社会人文科学研究与试验发展	35	35	35	
专业技术服务业	1411	1388	1469	81
气象服务	17	17	17	
地震服务	7	7	7	
海洋服务	2	2	2	
测绘服务	31	31	31	
技术检测	139	138	150	12
环境监测	28	27	29	2
工程技术与规划管理	764	747	795	48
其他专业技术服务	423	419	438	19

按行业分组法人单位及产业活动单位情况(续表 14)

计量单位:个

	法人单位数	单产业法人单位	产业活动单位数	其中:多产业法人所属的产业活动单位
科技交流和推广服务业	437	429	454	25
技术推广服务	290	284	301	17
科技中介服务	93	92	96	4
其他科技服务	54	53	57	4
地质勘查业	25	23	25	2
矿产地质勘查	11	11	11	
基础地质勘查	7	7	7	
地质勘查技术服务	7	5	7	2
水利、环境和公共设施管理业	408	387	447	60
水利管理业	108	104	123	19
防洪管理	35	35	40	5
水资源管理	39	37	48	11
其他水利管理	34	32	35	3
环境管理业	82	80	81	1
自然保护	5	5	5	
环境治理	77	75	76	1
公共设施管理业	218	203	243	40
市政公共设施管理	65	63	70	7
城市绿化管理	85	75	104	29
游览景区管理	68	65	69	4
居民服务和其他服务业	1368	1313	1609	296
居民服务业	680	642	855	213
家庭服务	48	47	51	4
托儿所	5	5	7	2
洗染服务	19	15	39	24
理发及美容保健服务	131	113	200	87
洗浴服务	126	123	142	19
婚姻服务	75	74	78	4
殡葬服务	26	25	32	7

按行业分组法人单位及产业活动单位情况(续表 15)

计量单位:个

	法人单位数	单产业法人单位	产业活动单位数	其中:多产业法人所属的产业活动单位
摄影扩印服务	85	77	113	36
其他居民服务	165	163	193	30
其他服务业	688	671	754	83
修理与维护	453	441	499	58
清洁服务	90	89	95	6
其他未列明的服务	145	141	160	19
教育	1534	1454	1737	283
教育	1534	1454	1737	283
学前教育	345	334	428	94
初等教育	268	240	331	91
中等教育	290	283	302	19
高等教育	85	72	91	19
其他教育	546	525	585	60
卫生、社会保障和社会福利业	871	819	1176	357
卫生	521	470	811	341
医院	177	154	200	46
卫生院及社区医疗活动	124	101	182	81
门诊部医疗活动	111	108	314	206
计划生育技术服务活动	42	42	43	1
妇幼保健活动	17	16	18	2
专科疾病防治活动	9	9	11	2
疾病预防控制及防疫活动	20	19	21	2
其他卫生活动	21	21	22	1
社会保障业	98	98	101	3
社会保障业	98	98	101	3
社会福利业	252	251	264	13
提供住宿的社会福利	168	167	177	10
不提供住宿的社会福利	84	84	87	3
文化、体育和娱乐业	785	759	830	71

按行业分组法人单位及产业活动单位情况(续表16)

计量单位:个

	法人单位数	单产业法人单位	产业活动单位数	其中:多产业法人所属的产业活动单位
新闻出版业	113	109	117	8
新闻业	4	4	4	
出版业	109	105	113	8
广播、电视、电影和音像业	85	80	91	11
广播	7	7	7	
电视	28	26	28	2
电影	34	32	39	7
音像制作	16	15	17	2
文化艺术业	256	251	265	14
文艺创作与表演	57	55	58	3
艺术表演场馆	2	2	3	1
图书馆与档案馆	25	24	27	3
文物及文化保护	17	17	17	
博物馆	17	16	18	2
烈士陵园、纪念馆	5	5	5	
群众文化活动	73	72	74	2
文化艺术经纪代理	33	33	33	
其他文化艺术	27	27	30	3
体育	83	80	89	9
体育组织	46	45	49	4
体育场馆	17	15	19	4
其他体育	20	20	21	1
娱乐业	248	239	268	29
室内娱乐活动	147	143	157	14
游乐园	7	7	9	2
休闲健身娱乐活动	76	71	84	13

按行业分组法人单位及产业活动单位情况(续表17)

计量单位:个

	法人单位数	单产业法人单位	产业活动单位数	其中:多产业法人所属的产业活动单位
其他娱乐活动	18	18	18	
公共管理和社会组织	4239	4095	4705	610
中国共产党机关	172	170	171	1
中国共产党机关	172	170	171	1
国家机构	1719	1610	2158	548
国家权力机构	30	25	29	4
国家行政机构	1641	1541	2074	533
人民法院和人民检察院	29	26	36	10
其他国家机构	19	18	19	1
人民政协和民主党派	30	30	30	
人民政协	15	15	15	
民主党派	15	15	15	
群众团体、社会团体和宗教组织	875	867	897	30
群众团体	101	97	103	6
社会团体	650	646	670	24
宗教组织	124	124	124	
基层群众自治组织	1443	1418	1449	31
社区自治组织	828	821	834	13
村民自治组织	615	597	615	18
国际组织				
国际组织				
国际组织				

按登记类型分组法人单位及产业活动单位情况

计量单位：个

	法人单位数	单产业法人单位	产业活动单位数	其中：多产业法人所属的产业活动单位
总　计	**61516**	**59291**	**70331**	**11040**
内资企业	59330	57203	67007	9804
国有企业	5813	5421	7473	2052
集体企业	2057	1953	2682	729
股份合作企业	547	525	604	79
联营企业	154	151	164	13
国有联营企业	38	38	41	3
集体联营企业	46	45	50	5
国有与集体联营企业	22	21	24	3
其他联营企业	48	47	49	2
有限责任公司	4087	3792	5674	1882
国有独资公司	124	109	137	28
其他有限责任公司	3963	3683	5537	1854
股份有限公司	967	867	1826	959
私营企业	42099	40957	44578	3621
私营独资企业	6755	6689	6901	212
私营合伙企业	1855	1826	1890	64
私营有限责任公司	32086	31084	34280	3196
私营股份有限公司	1403	1358	1507	149
其他企业	3606	3537	4006	469
港、澳、台商投资企业	830	795	1014	219
合资经营企业(港或澳、台资)	319	301	427	126
合作经营企业(港或澳、台资)	28	27	31	4
港、澳、台商独资经营企业	454	438	527	89
港、澳、台商投资股份有限公司	29	29	29	
外商投资企业	1356	1293	2310	1017
中外合资经营企业	512	484	1078	594
中外合作经营企业	46	43	49	6
外资企业	763	734	1145	411
外商投资股份有限公司	35	32	38	6

按行业分组法人单位年末从业人员情况(一)

计量单位:个、人

指标名称	全部法人		企业法人	
	单位数	从业人员	单位数	从业人员
总　计	**61516**	**2657284**	**53581**	**2287794**
农、林、牧、渔业	9	171	2	54
农业	2	54	2	54
谷物及其他作物的种植				
蔬菜、园艺作物的种植				
水果、坚果、饮料和香料作物的种植	2	54	2	54
中药材的种植				
林业	1	6		
林木的培育和种植	1	6		
木材和竹材的采运				
林产品的采集				
畜牧业				
牲畜的饲养				
猪的饲养				
家禽的饲养				
狩猎和捕捉动物				
其他畜牧业				
渔业				
海洋渔业				
内陆渔业				
农、林、牧、渔服务业	6	111		
农业服务业	6	111		
林业服务业				
畜牧服务业				
渔业服务业				
采矿业	178	12719	178	12719
煤炭开采和洗选业	1	36	1	36
烟煤和无烟煤的开采洗选	1	36	1	36
褐煤的开采洗选				
其他煤炭采选				

按行业分组法人单位年末从业人员情况(一)(续表1)

计量单位:个、人

指标名称	全部法人		企业法人	
	单位数	从业人员	单位数	从业人员
石油和天然气开采业				
天然原油和天然气开采				
与石油和天然气开采有关的服务活动				
黑色金属矿采选业	13	4756	13	4756
铁矿采选	13	4756	13	4756
其他黑色金属矿采选				
有色金属矿采选业	3	1373	3	1373
常用有色金属矿采选	2	1175	2	1175
贵金属矿采选	1	198	1	198
稀有稀土金属矿采选				
非金属矿采选业	161	6554	161	6554
土砂石开采	156	5972	156	5972
化学矿采选	1	276	1	276
采盐				
石棉及其他非金属矿采选	4	306	4	306
其他采矿业				
其他采矿业				
制造业	13733	870009	13727	869759
农副食品加工业	294	12015	294	12015
谷物磨制	49	1914	49	1914
饲料加工	25	649	25	649
植物油加工	23	746	23	746
制糖	1	92	1	92
屠宰及肉类加工	105	5172	105	5172
水产品加工	15	663	15	663
蔬菜、水果和坚果加工	27	1379	27	1379
其他农副食品加工	49	1400	49	1400
食品制造业	194	14673	194	14673
焙烤食品制造	64	2573	64	2573
糖果、巧克力及蜜饯制造	9	3134	9	3134

按行业分组法人单位年末从业人员情况(一)(续表2)

计量单位:个、人

指标名称	全部法人		企业法人	
	单位数	从业人员	单位数	从业人员
方便食品制造	30	2983	30	2983
液体乳及乳制品制造	8	2328	8	2328
罐头制造	5	150	5	150
调味品、发酵制品制造	17	609	17	609
其他食品制造	61	2896	61	2896
饮料制造业	87	6694	87	6694
酒精制造				
酒的制造	9	1306	9	1306
软饮料制造	42	4189	42	4189
精制茶加工	36	1199	36	1199
烟草制品业	2	1662	2	1662
烟叶复烤				
卷烟制造	1	1658	1	1658
其他烟草制品加工	1	4	1	4
纺织业	276	20214	276	20214
棉、化纤纺织及印染精加工	70	7420	70	7420
毛纺织和染整精加工	5	973	5	973
麻纺织	6	192	6	192
丝绢纺织及精加工	14	1168	14	1168
纺织制成品制造	108	5669	108	5669
针织品、编织品及其制品制造	73	4792	73	4792
纺织服装、鞋、帽制造业	828	96890	828	96890
纺织服装制造	797	94468	797	94468
纺织面料鞋的制造	21	1777	21	1777
制帽	10	645	10	645
皮革、毛皮、羽毛(绒)及其制品业	117	8808	117	8808
皮革鞣制加工	2	215	2	215
皮革制品制造	70	5855	70	5855
毛皮鞣制及制品加工	21	1160	21	1160
羽毛(绒)加工及制品制造	24	1578	24	1578

按行业分组法人单位年末从业人员情况(一)(续表3)

计量单位:个、人

指标名称	全部法人		企业法人	
	单位数	从业人员	单位数	从业人员
木材加工及木、竹、藤、棕、草制品业	214	3921	214	3921
锯材、木片加工	30	454	30	454
人造板制造	33	1201	33	1201
木制品制造	139	2064	139	2064
竹、藤、棕、草制品制造	12	202	12	202
家具制造业	246	6817	246	6817
木质家具制造	182	4331	182	4331
竹、藤家具制造	2	181	2	181
金属家具制造	25	1612	25	1612
塑料家具制造	4	56	4	56
其他家具制造	33	637	33	637
造纸及纸制品业	333	9096	333	9096
纸浆制造	1	12	1	12
造纸	49	1383	49	1383
纸制品制造	283	7701	283	7701
印刷业和记录媒介的复制	476	11894	471	11694
印刷	383	10419	378	10219
装订及其他印刷服务活动	90	1216	90	1216
记录媒介的复制	3	259	3	259
文教体育用品制造业	203	15599	203	15599
文化用品制造	33	1182	33	1182
体育用品制造	44	4109	44	4109
乐器制造	14	848	14	848
玩具制造	106	9349	106	9349
游艺器材及娱乐用品制造	6	111	6	111
石油加工、炼焦及核燃料加工业	46	5526	46	5526
精炼石油产品的制造	45	5523	45	5523
炼焦	1	3	1	3
核燃料加工				
化学原料及化学制品制造业	908	65813	908	65813

按行业分组法人单位年末从业人员情况(一)(续表4)

计量单位:个、人

指标名称	全部法人		企业法人	
	单位数	从业人员	单位数	从业人员
基础化学原料制造	206	31831	206	31831
肥料制造	56	1566	56	1566
农药制造	29	7039	29	7039
涂料、油墨、颜料及类似产品制造	158	5128	158	5128
合成材料制造	89	4661	89	4661
专用化学产品制造	292	12933	292	12933
日用化学产品制造	78	2655	78	2655
医药制造业	142	15452	142	15452
化学药品原药制造	17	1957	17	1957
化学药品制剂制造	45	5017	45	5017
中药饮片加工	7	284	7	284
中成药制造	5	5874	5	5874
兽用药品制造	16	954	16	954
生物、生化制品的制造	32	774	32	774
卫生材料及医药用品制造	20	592	20	592
化学纤维制造业	17	6213	17	6213
纤维素纤维原料及纤维制造	8	5308	8	5308
合成纤维制造	9	905	9	905
橡胶制品业	125	8580	125	8580
轮胎制造	9	3124	9	3124
橡胶板、管、带的制造	30	3434	30	3434
橡胶零件制造	31	603	31	603
再生橡胶制造	9	432	9	432
日用及医用橡胶制品制造	5	71	5	71
橡胶靴鞋制造	3	58	3	58
其他橡胶制品制造	38	858	38	858
塑料制品业	600	20698	600	20698
塑料薄膜制造	63	2225	63	2225
塑料板、管、型材的制造	109	3779	109	3779
塑料丝、绳及编织品的制造	46	1883	46	1883

按行业分组法人单位年末从业人员情况(一)(续表5)

计量单位:个、人

指标名称	全部法人		企业法人	
	单位数	从业人员	单位数	从业人员
泡沫塑料制造	36	1866	36	1866
塑料人造革、合成革制造	1	13	1	13
塑料包装箱及容器制造	93	2851	93	2851
塑料零件制造	58	1491	58	1491
日用塑料制造	51	1535	51	1535
其他塑料制品制造	143	5055	143	5055
非金属矿物制品业	1082	53629	1082	53629
水泥、石灰和石膏的制造	68	10554	68	10554
水泥及石膏制品制造	301	12954	301	12954
砖瓦、石材及其他建筑材料制造	421	16083	421	16083
玻璃及玻璃制品制造	190	8992	190	8992
陶瓷制品制造	24	2746	24	2746
耐火材料制品制造	32	1116	32	1116
石墨及其他非金属矿物制品制造	46	1184	46	1184
黑色金属冶炼及压延加工业	105	23996	105	23996
炼铁	17	2331	17	2331
炼钢	4	369	4	369
钢压延加工	78	21069	78	21069
铁合金冶炼	6	227	6	227
有色金属冶炼及压延加工业	183	14477	183	14477
常用有色金属冶炼	24	3884	24	3884
贵金属冶炼	4	268	4	268
稀有稀土金属冶炼	8	511	8	511
有色金属合金制造	28	1599	28	1599
有色金属压延加工	119	8215	119	8215
金属制品业	1434	50156	1434	50156
结构性金属制品制造	662	22880	662	22880
金属工具制造	204	5847	204	5847
集装箱及金属包装容器制造	76	4236	76	4236
金属丝绳及其制品的制造	54	1608	54	1608

按行业分组法人单位年末从业人员情况(一)(续表6)

计量单位:个、人

指标名称	全部法人		企业法人	
	单位数	从业人员	单位数	从业人员
建筑、安全用金属制品制造	112	3528	112	3528
金属表面处理及热处理加工	160	5527	160	5527
搪瓷制品制造	9	662	9	662
不锈钢及类似日用金属制品制造	59	1498	59	1498
其他金属制品制造	98	4370	98	4370
通用设备制造业	1773	77547	1773	77547
锅炉及原动机制造	55	6811	55	6811
金属加工机械制造	347	12503	347	12503
起重运输设备制造	49	2327	49	2327
泵、阀门、压缩机及类似机械的制造	140	6917	140	6917
轴承、齿轮、传动和驱动部件的制造	65	6072	65	6072
烘炉、熔炉及电炉制造	38	1449	38	1449
风机、衡器、包装设备等通用设备制造	212	13657	212	13657
通用零部件制造及机械修理	551	13374	551	13374
金属铸、锻加工	316	14437	316	14437
专用设备制造业	864	34774	864	34774
矿山、冶金、建筑专用设备制造	108	5596	108	5596
化工、木材、非金属加工专用设备制造	192	7817	192	7817
食品、饮料、烟草及饲料生产专用设备制造	43	2202	43	2202
印刷、制药、日化生产专用设备制造	82	1793	82	1793
纺织、服装和皮革工业专用设备制造	16	665	16	665
电子和电工机械专用设备制造	117	4285	117	4285
农、林、牧、渔专用机械制造	27	851	27	851
医疗仪器设备及器械制造	98	3606	98	3606
环保、社会公共安全及其他专用设备制造	181	7959	181	7959
交通运输设备制造业	904	92252	904	92252
铁路运输设备制造	105	15713	105	15713
汽车制造	575	48633	575	48633
摩托车制造	27	3771	27	3771
自行车制造	35	1522	35	1522

按行业分组法人单位年末从业人员情况(一)(续表7)

计量单位:个、人

指标名称	全部法人		企业法人	
	单位数	从业人员	单位数	从业人员
船舶及浮动装置制造	124	15290	124	15290
航空航天器制造	7	6628	7	6628
交通器材及其他交通运输设备制造	31	695	31	695
电气机械及器材制造业	938	50573	938	50573
电机制造	92	4444	92	4444
输配电及控制设备制造	440	22650	440	22650
电线、电缆、光缆及电工器材制造	106	5843	106	5843
电池制造	30	3040	30	3040
家用电力器具制造	43	4564	43	4564
非电力家用器具制造	42	2466	42	2466
照明器具制造	143	6268	143	6268
其他电气机械及器材制造	42	1298	42	1298
通信设备、计算机及其他电子设备制造业	609	109645	609	109645
通信设备制造	102	22517	102	22517
雷达及配套设备制造	7	8336	7	8336
广播电视设备制造	25	2584	25	2584
电子计算机制造	58	25996	58	25996
电子器件制造	106	26697	106	26697
电子元件制造	207	18544	207	18544
家用视听设备制造	13	2420	13	2420
其他电子设备制造	91	2551	91	2551
仪器仪表及文化、办公用机械制造业	465	23356	464	23306
通用仪器仪表制造	229	10909	228	10859
专用仪器仪表制造	86	2313	86	2313
钟表与计时仪器制造	13	703	13	703
光学仪器及眼镜制造	89	6954	89	6954
文化、办公用机械制造	16	2031	16	2031
其他仪器仪表的制造及修理	32	446	32	446
工艺品及其他制造业	215	5705	215	5705
工艺美术品制造	174	4726	174	4726

按行业分组法人单位年末从业人员情况(一)(续表8)

计量单位:个、人

指标名称	全部法人		企业法人	
	单位数	从业人员	单位数	从业人员
日用杂品制造	20	625	20	625
煤制品制造	4	64	4	64
核辐射加工				
其他未列明的制造业	17	290	17	290
废弃资源和废旧材料回收加工业	53	3334	53	3334
金属废料和碎屑的加工处理	37	3133	37	3133
非金属废料和碎屑的加工处理	16	201	16	201
电力、燃气及水的生产和供应业	140	16513	138	16500
电力、热力的生产和供应业	23	7811	23	7811
电力生产	19	7357	19	7357
电力供应	2	435	2	435
热力生产和供应	2	19	2	19
燃气生产和供应业	17	3231	17	3231
燃气生产和供应业	17	3231	17	3231
水的生产和供应业	100	5471	98	5458
自来水的生产和供应	78	5158	76	5145
污水处理及其再生利用	18	296	18	296
其他水的处理、利用与分配	4	17	4	17
建筑业	3804	546143	3804	546143
房屋和土木工程建筑业	1235	426477	1235	426477
房屋工程建筑	523	312998	523	312998
土木工程建筑	712	113479	712	113479
建筑安装业	1066	70247	1066	70247
建筑安装业	1066	70247	1066	70247
建筑装饰业	1141	33920	1141	33920
建筑装饰业	1141	33920	1141	33920
其他建筑业	362	15499	362	15499
工程准备	100	2045	100	2045
提供施工设备服务	34	1937	34	1937
其他未列明的建筑活动	228	11517	228	11517

按行业分组法人单位年末从业人员情况(一)(续表9)

计量单位:个、人

指标名称	全部法人		企业法人	
	单位数	从业人员	单位数	从业人员
交通运输、仓储和邮政业	1618	114495	1566	108570
铁路运输业	4	918	4	918
铁路旅客运输				
铁路货物运输	3	908	3	908
铁路运输辅助活动	1	10	1	10
道路运输业	670	33005	640	27789
公路旅客运输	37	6057	37	6057
道路货物运输	587	16002	575	15696
道路运输辅助活动	46	10946	28	6036
城市公共交通业	59	23665	58	23480
公共电汽车客运	13	21014	13	21014
轨道交通				
出租车客运	43	2029	43	2029
城市轮渡	2	612	1	427
其他城市公共交通	1	10	1	10
水上运输业	132	25254	125	25115
水上旅客运输	5	209	4	170
水上货物运输	101	18985	100	18961
水上运输辅助活动	26	6060	21	5984
航空运输业	13	5934	12	5658
航空客货运输	3	2510	3	2510
通用航空服务	5	65	5	65
航空运输辅助活动	5	3359	4	3083
管道运输业	2	77	2	77
管道运输业	2	77	2	77
装卸搬运和其他运输服务业	495	14122	488	14054
装卸搬运	98	4892	98	4892
运输代理服务	397	9230	390	9162
仓储业	200	3494	195	3467
谷物、棉花等农产品仓储	7	215	7	215

按行业分组法人单位年末从业人员情况(一)(续表10)

计量单位:个、人

指标名称	全部法人		企业法人	
	单位数	从业人员	单位数	从业人员
其他仓储	193	3279	188	3252
邮政业	43	8026	42	8012
国家邮政	2	6791	2	6791
其他寄递服务	41	1235	40	1221
信息传输、计算机服务和软件业	2211	55440	2150	54927
电信和其他信息传输服务业	212	13468	196	13231
电信	67	10157	64	10105
互联网信息服务	121	1816	117	1796
广播电视传输服务	21	1451	12	1286
卫星传输服务	3	44	3	44
计算机服务业	963	7349	929	7165
计算机系统服务	178	2261	176	2248
数据处理	11	207	11	207
计算机维修	56	551	55	546
其他计算机服务	718	4330	687	4164
软件业	1036	34623	1025	34531
公共软件服务	868	22647	862	22587
其他软件服务	168	11976	163	11944
批发和零售业	18254	261205	18254	261205
批发业	12024	151302	12024	151302
农畜产品批发	176	3426	176	3426
食品、饮料及烟草制品批发	756	13570	756	13570
纺织、服装及日用品批发	1198	17245	1198	17245
文化、体育用品及器材批发	429	6436	429	6436
医药及医疗器材批发	321	6844	321	6844
矿产品、建材及化工产品批发	3517	36840	3517	36840
机械设备、五金交电及电子产品批发	4742	57741	4742	57741
贸易经纪与代理	154	2284	154	2284
其他批发	731	6916	731	6916
零售业	6230	109903	6230	109903

按行业分组法人单位年末从业人员情况(一)(续表 11)

计量单位:个、人

指标名称	全部法人		企业法人	
	单位数	从业人员	单位数	从业人员
综合零售	270	39286	270	39286
食品、饮料及烟草制品专门零售	579	7462	579	7462
纺织、服装及日用品专门零售	651	8587	651	8587
文化、体育用品及器材专门零售	658	7425	658	7425
医药及医疗器材专门零售	588	8117	588	8117
汽车、摩托车、燃料及零配件专门零售	625	10237	625	10237
家用电器及电子产品专门零售	1583	19391	1583	19391
五金、家具及室内装修材料专门零售	662	4965	662	4965
无店铺及其他零售	614	4433	614	4433
住宿和餐饮业	1589	86904	1589	86904
住宿业	556	32400	556	32400
旅游饭店	184	24440	184	24440
一般旅馆	336	6472	336	6472
其他住宿服务	36	1488	36	1488
餐饮业	1033	54504	1033	54504
正餐服务	849	36593	849	36593
快餐服务	79	16336	79	16336
饮料及冷饮服务	58	882	58	882
其他餐饮服务	47	693	47	693
金融业	407	70284	386	68788
银行业	39	28387	36	27342
中央银行	2	775		
商业银行	33	27105	32	26835
其他银行	4	507	4	507
证券业	16	4419	14	4334
证券市场管理	1	80		
证券经纪与交易	7	4136	7	4136
证券投资	5	191	5	191
证券分析与咨询	3	12	2	7
保险业	131	35456	123	35183

按行业分组法人单位年末从业人员情况(一)(续表12)

计量单位:个、人

指标名称	全部法人		企业法人	
	单位数	从业人员	单位数	从业人员
人寿保险	39	28201	39	28201
非人寿保险	26	5589	26	5589
保险辅助服务	66	1666	58	1393
其他金融活动	221	2022	213	1929
金融信托与管理	9	127	9	127
金融租赁	1	51	1	51
财务公司	2	11	2	11
邮政储蓄				
典当	34	267	34	267
其他未列明的金融活动	175	1566	167	1473
房地产业	2129	78255	2129	78255
房地产业	2129	78255	2129	78255
房地产开发经营	678	21174	678	21174
物业管理	626	41647	626	41647
房地产中介服务	497	7285	497	7285
其他房地产活动	328	8149	328	8149
租赁和商务服务业	5940	108057	5545	101327
租赁业	283	3059	278	3050
机械设备租赁	274	3018	269	3009
文化及日用品出租	9	41	9	41
商务服务业	5657	104998	5267	98277
企业管理服务	750	30842	634	29108
法律服务	228	2694	137	1756
咨询与调查	1756	13864	1683	13137
广告业	1348	11439	1327	11293
知识产权服务	45	420	42	382
职业中介服务	316	18439	276	16112
市场管理	248	11074	234	10619
旅行社	368	5532	361	5483
其他商务服务	598	10694	573	10387

按行业分组法人单位年末从业人员情况(一)(续表13)

计量单位:个、人

指标名称	全部法人		企业法人	
	单位数	从业人员	单位数	从业人员
科学研究、技术服务和地质勘查业	2299	64472	1930	38477
研究与试验发展	426	21579	344	5968
自然科学研究与试验发展	54	2236	38	348
工程和技术研究与试验发展	234	15291	213	4225
农业科学研究与试验发展	35	2226	18	260
医学研究与试验发展	68	1148	65	1096
社会人文科学研究与试验发展	35	678	10	39
专业技术服务业	1411	33717	1248	28598
气象服务	17	335	5	58
地震服务	7	236	1	6
海洋服务	2	3	2	3
测绘服务	31	969	27	469
技术检测	139	3884	93	2150
环境监测	28	431	21	220
工程技术与规划管理	764	21173	691	19233
其他专业技术服务	423	6686	408	6459
科技交流和推广服务业	437	4586	330	3047
技术推广服务	290	3245	209	2191
科技中介服务	93	650	79	491
其他科技服务	54	691	42	365
地质勘查业	25	4590	8	864
矿产地质勘查	11	2274	3	245
基础地质勘查	7	866	1	36
地质勘查技术服务	7	1450	4	583
水利、环境和公共设施管理业	408	23468	195	7257
水利管理业	108	3199	10	150
防洪管理	35	666		
水资源管理	39	834	5	81
其他水利管理	34	1699	5	69
环境管理业	82	7682	44	722

按行业分组法人单位年末从业人员情况(一)(续表14)

计量单位:个、人

指标名称	全部法人		企业法人	
	单位数	从业人员	单位数	从业人员
自然保护	5	165	2	112
环境治理	77	7517	42	610
公共设施管理业	218	12587	141	6385
市政公共设施管理	65	2329	30	451
城市绿化管理	85	5187	72	4063
游览景区管理	68	5071	39	1871
居民服务和其他服务业	1368	18780	1217	16772
居民服务业	680	11482	559	10027
家庭服务	48	691	44	650
托儿所	5	64	3	26
洗染服务	19	863	19	863
理发及美容保健服务	131	1971	124	1877
洗浴服务	126	2832	120	2558
婚姻服务	75	281	70	254
殡葬服务	26	487	11	164
摄影扩印服务	85	1167	83	1156
其他居民服务	165	3126	85	2479
其他服务业	688	7298	658	6745
修理与维护	453	4377	440	4199
清洁服务	90	1121	83	1091
其他未列明的服务	145	1800	135	1455
教育	1534	141236	172	3617
教育	1534	141236	172	3617
学前教育	345	9466	17	300
初等教育	268	20114		
中等教育	290	39660	1	32
高等教育	85	60008	3	11
其他教育	546	11988	151	3274
卫生、社会保障和社会福利业	871	56383	122	4205
卫生	521	52133	119	4156

按行业分组法人单位年末从业人员情况(一)(续表15)

计量单位:个、人

指标名称	全部法人		企业法人	
	单位数	从业人员	单位数	从业人员
医院	177	40088	59	3127
卫生院及社区医疗活动	124	6846	3	69
门诊部医疗活动	111	1258	43	533
计划生育技术服务活动	42	435		
妇幼保健活动	17	660	1	31
专科疾病防治活动	9	342	7	228
疾病预防控制及防疫活动	20	1520		
其他卫生活动	21	984	6	168
社会保障业	98	1515	1	2
社会保障业	98	1515	1	2
社会福利业	252	2735	2	47
提供住宿的社会福利	168	2408	2	47
不提供住宿的社会福利	84	327		
文化、体育和娱乐业	785	22796	477	12315
新闻出版业	113	5579	62	2456
新闻业	4	45	1	7
出版业	109	5534	61	2449
广播、电视、电影和音像业	85	5827	62	3498
广播	7	161	1	1
电视	28	4555	20	2561
电影	34	949	26	788
音像制作	16	162	15	148
文化艺术业	256	5083	104	1654
文艺创作与表演	57	2018	38	1350
艺术表演场馆	2	14	1	4
图书馆与档案馆	25	1037	1	10
文物及文化保护	17	455	3	11
博物馆	17	587	2	3
烈士陵园、纪念馆	5	114		
群众文化活动	73	597	6	37

按行业分组法人单位年末从业人员情况(一)(续表16)

计量单位:个、人

指标名称	全部法人		企业法人	
	单位数	从业人员	单位数	从业人员
文化艺术经纪代理	33	117	31	114
其他文化艺术	27	144	22	125
体育	83	1773	29	518
体育组织	46	813	12	158
体育场馆	17	768	8	278
其他体育	20	192	9	82
娱乐业	248	4534	220	4189
室内娱乐活动	147	2715	135	2571
游乐园	7	212	7	212
休闲健身娱乐活动	76	1393	64	1258
其他娱乐活动	18	214	14	148
公共管理和社会组织	4239	109954		
中国共产党机关	172	3865		
中国共产党机关	172	3865		
国家机构	1719	82687		
国家权力机构	30	1771		
国家行政机构	1641	74929		
人民法院和人民检察院	29	4517		
其他国家机构	19	1470		
人民政协和民主党派	30	835		
人民政协	15	553		
民主党派	15	282		
群众团体、社会团体和宗教组织	875	5658		
群众团体	101	1398		
社会团体	650	3496		
宗教组织	124	764		
基层群众自治组织	1443	16909		
社区自治组织	828	9829		
村民自治组织	615	7080		
国际组织				
国际组织				
国际组织				

按行业分组法人单位年末从业人员情况(二)

计量单位:个、人

指标名称	事业单位法人		机关法人	
	单位数	从业人员	单位数	从业人员
总　计	**3085**	**245980**	**1122**	**67297**
农、林、牧、渔业	7	117		
农业				
林业	1	6		
林木的培育和种植	1	6		
畜牧业				
渔业				
农、林、牧、渔服务业	6	111		
农业服务业	6	111		
采矿业				
制造业	6	250		
农副食品加工业				
食品制造业				
饮料制造业				
烟草制品业				
纺织业				
纺织服装、鞋、帽制造业				
皮革、毛皮、羽毛(绒)及其制品业				
木材加工及木、竹、藤、棕、草制品业				
家具制造业				
造纸及纸制品业				
印刷业和记录媒介的复制	5	200		
印刷	5	200		
文教体育用品制造业				
石油加工、炼焦及核燃料加工业				
化学原料及化学制品制造业				
医药制造业				
化学纤维制造业				
橡胶制品业				
塑料制品业				
非金属矿物制品业				
黑色金属冶炼及压延加工业				
有色金属冶炼及压延加工业				
金属制品业				

按行业分组法人单位年末从业人员情况(二)(续表1)

计量单位:个、人

指标名称	事业单位法人		机关法人	
	单位数	从业人员	单位数	从业人员
通用设备制造业				
专用设备制造业				
交通运输设备制造业				
电气机械及器材制造业				
通信设备、计算机及其他电子设备制造业				
仪器仪表及文化、办公用机械制造业	1	50		
通用仪器仪表制造	1	50		
工艺品及其他制造业				
废弃资源和废旧材料回收加工业				
电力、燃气及水的生产和供应业	2	13		
电力、热力的生产和供应业				
燃气生产和供应业				
水的生产和供应业	2	13		
自来水的生产和供应	2	13		
建筑业				
房屋和土木工程建筑业				
建筑安装业				
建筑装饰业				
其他建筑业				
交通运输、仓储和邮政业	26	4965		
铁路运输业				
道路运输业	17	4411		
公路旅客运输				
道路货物运输	1	23		
道路运输辅助活动	16	4388		
城市公共交通业	1	185		
公共电汽车客运				
轨道交通				
出租车客运				
城市轮渡	1	185		
其他城市公共交通				
水上运输业	5	76		
水上旅客运输				
水上货物运输				

按行业分组法人单位年末从业人员情况(二)(续表2)

计量单位:个、人

指标名称	事业单位法人		机关法人	
	单位数	从业人员	单位数	从业人员
水上运输辅助活动	5	76		
航空运输业	1	276		
航空客货运输				
通用航空服务				
航空运输辅助活动	1	276		
管道运输业				
管道运输业				
装卸搬运和其他运输服务业	1	5		
装卸搬运				
运输代理服务	1	5		
仓储业	1	12		
谷物、棉花等农产品仓储				
其他仓储	1	12		
邮政业				
信息传输、计算机服务和软件业	18	304		
电信和其他信息传输服务业	11	193		
电信	1	22		
互联网信息服务	1	6		
广播电视传输服务	9	165		
卫星传输服务				
计算机服务业	2	42		
计算机系统服务				
数据处理				
计算机维修				
其他计算机服务	2	42		
软件业	5	69		
公共软件服务	3	47		
其他软件服务	2	22		
批发和零售业				
批发业				
零售业				
住宿和餐饮业				
住宿业				
餐饮业				

按行业分组法人单位年末从业人员情况(二)(续表3)

计量单位:个、人

指标名称	事业单位法人		机关法人	
	单位数	从业人员	单位数	从业人员
金融业	7	636	1	413
银行业	1	362	1	413
中央银行	1	362	1	413
商业银行				
其他银行				
证券业	1	80		
证券市场管理	1	80		
证券经纪与交易				
证券投资				
证券分析与咨询				
保险业	3	131		
人寿保险				
非人寿保险				
保险辅助服务	3	131		
其他金融活动	2	63		
金融信托与管理				
金融租赁				
财务公司				
邮政储蓄				
典当				
其他未列明的金融活动	2	63		
房地产业				
房地产业				
租赁和商务服务业	208	2896		
租赁业				
商务服务业	208	2896		
企业管理服务	99	1395		
法律服务	16	173		
咨询与调查	45	538		
广告业				

按行业分组法人单位年末从业人员情况(二)(续表4)

计量单位:个、人

指标名称	事业单位法人		机关法人	
	单位数	从业人员	单位数	从业人员
知识产权服务	3	38		
职业中介服务	26	402		
市场管理	8	186		
旅行社				
其他商务服务	11	164		
科学研究、技术服务和地质勘查业	323	25661		
研究与试验发展	63	15510		
自然科学研究与试验发展	13	1879		
工程和技术研究与试验发展	14	11027		
农业科学研究与试验发展	15	1952		
医学研究与试验发展	1	50		
社会人文科学研究与试验发展	20	602		
专业技术服务业	142	4919		
气象服务	12	277		
地震服务	6	230		
海洋服务				
测绘服务	4	500		
技术检测	45	1722		
环境监测	7	211		
工程技术与规划管理	63	1823		
其他专业技术服务	5	156		
科技交流和推广服务业	101	1506		
技术推广服务	77	1033		
科技中介服务	12	147		
其他科技服务	12	326		
地质勘查业	17	3726		
矿产地质勘查	8	2029		
基础地质勘查	6	830		
地质勘查技术服务	3	867		
水利、环境和公共设施管理业	206	16075		

按行业分组法人单位年末从业人员情况(二)(续表5)

计量单位:个、人

指标名称	事业单位法人		机关法人	
	单位数	从业人员	单位数	从业人员
水利管理业	97	3017		
防洪管理	35	666		
水资源管理	33	721		
其他水利管理	29	1630		
环境管理业	36	6922		
自然保护	2	38		
环境治理	34	6884		
公共设施管理业	73	6136		
市政公共设施管理	35	1878		
城市绿化管理	10	1065		
游览景区管理	28	3193		
居民服务和其他服务业	29	657		
居民服务业	18	355		
家庭服务				
托儿所				
洗染服务				
理发及美容保健服务	1	13		
洗浴服务				
婚姻服务				
殡葬服务	12	297		
摄影扩印服务				
其他居民服务	5	45		
其他服务业	11	302		
修理与维护	1	69		
清洁服务	4	25		
其他未列明的服务	6	208		
教育	797	117441		
教育	797	117441		
学前教育	129	4188		
初等教育	255	19737		

按行业分组法人单位年末从业人员情况(二)(续表6)

计量单位:个、人

指标名称	事业单位法人		机关法人	
	单位数	从业人员	单位数	从业人员
中等教育	244	34835		
高等教育	59	54430		
其他教育	110	4251		
卫生、社会保障和社会福利业	432	46570		
卫生	281	43978		
医院	72	33697		
卫生院及社区医疗活动	110	6546		
门诊部医疗活动	10	312		
计划生育技术服务活动	41	427		
妇幼保健活动	16	629		
专科疾病防治活动	2	114		
疾病预防控制及防疫活动	18	1506		
其他卫生活动	12	747		
社会保障业	95	1491		
社会保障业	95	1491		
社会福利业	56	1101		
提供住宿的社会福利	50	1031		
不提供住宿的社会福利	6	70		
文化、体育和娱乐业	224	9892		
新闻出版业	49	3100		
新闻业	3	38		
出版业	46	3062		
广播、电视、电影和音像业	23	2329		
广播	6	160		
电视	8	1994		
电影	8	161		
音像制作	1	14		
文化艺术业	124	3196		
文艺创作与表演	12	547		
艺术表演场馆	1	10		

按行业分组法人单位年末从业人员情况(二)(续表7)

计量单位:个、人

指标名称	事业单位法人		机关法人	
	单位数	从业人员	单位数	从业人员
图书馆与档案馆	24	1027		
文物及文化保护	10	423		
博物馆	13	577		
烈士陵园、纪念馆	5	114		
群众文化活动	56	491		
文化艺术经纪代理				
其他文化艺术	3	7		
体育	22	1110		
体育组织	6	526		
体育场馆	7	478		
其他体育	9	106		
娱乐业	6	157		
室内娱乐活动				
游乐园				
休闲健身娱乐活动	4	97		
其他娱乐活动	2	60		
公共管理和社会组织	800	20503	1121	66884
中国共产党机关	4	48	168	3817
中国共产党机关	4	48	168	3817
国家机构	796	20455	923	62232
国家权力机构	4	669	26	1102
国家行政机构	785	18599	856	56330
人民法院和人民检察院			29	4517
其他国家机构	7	1187	12	283
人民政协和民主党派			30	835
人民政协			15	553
民主党派			15	282
群众团体、社会团体和宗教组织				
基层群众自治组织				
国际组织				
国际组织				

按行业分组法人单位年末从业人员情况(三)

计量单位:个、人

指标名称	社会团体法人		其他法人	
	单位数	从业人员	单位数	从业人员
总　计	**788**	**4997**	**2940**	**51216**
农、林、牧、渔业				
农业				
林业				
畜牧业				
渔业				
农、林、牧、渔服务业				
采矿业				
煤炭开采和洗选业				
石油和天然气开采业				
黑色金属矿采选业				
有色金属矿采选业				
非金属矿采选业				
其他采矿业				
制造业				
农副食品加工业				
食品制造业				
饮料制造业				
烟草制品业				
纺织业				
纺织服装、鞋、帽制造业				
皮革、毛皮、羽毛(绒)及其制品业				
木材加工及木、竹、藤、棕、草制品业				
家具制造业				
造纸及纸制品业				
印刷业和记录媒介的复制				
文教体育用品制造业				
石油加工、炼焦及核燃料加工业				
化学原料及化学制品制造业				
医药制造业				

按行业分组法人单位年末从业人员情况(三)(续表1)

计量单位:个、人

指标名称	社会团体法人		其他法人	
	单位数	从业人员	单位数	从业人员
化学纤维制造业				
橡胶制品业				
塑料制品业				
非金属矿物制品业				
黑色金属冶炼及压延加工业				
有色金属冶炼及压延加工业				
金属制品业				
通用设备制造业				
专用设备制造业				
交通运输设备制造业				
电气机械及器材制造业				
通信设备、计算机及其他电子设备制造业				
仪器仪表及文化、办公用机械制造业				
工艺品及其他制造业				
废弃资源和废旧材料回收加工业				
电力、燃气及水的生产和供应业				
电力、热力的生产和供应业				
燃气生产和供应业				
水的生产和供应业				
建筑业				
房屋和土木工程建筑业				
建筑安装业				
建筑装饰业				
其他建筑业				
交通运输、仓储和邮政业			26	960
铁路运输业				
道路运输业			13	805
公路旅客运输				
道路货物运输			11	283
道路运输辅助活动			2	522

按行业分组法人单位年末从业人员情况(三)(续表2)

计量单位:个、人

指标名称	社会团体法人		其他法人	
	单位数	从业人员	单位数	从业人员
城市公共交通业				
水上运输业			2	63
水上旅客运输			1	39
水上货物运输			1	24
水上运输辅助活动				
航空运输业				
管道运输业				
装卸搬运和其他运输服务业			6	63
装卸搬运				
运输代理服务			6	63
仓储业			4	15
谷物、棉花等农产品仓储				
其他仓储			4	15
邮政业			1	14
国家邮政				
其他寄递服务			1	14
信息传输、计算机服务和软件业			43	209
电信和其他信息传输服务业			5	44
电信			2	30
互联网信息服务			3	14
广播电视传输服务				
卫星传输服务				
计算机服务业			32	142
计算机系统服务			2	13
数据处理				
计算机维修			1	5
其他计算机服务			29	124
软件业			6	23
公共软件服务			3	13
其他软件服务			3	10

按行业分组法人单位年末从业人员情况(三)(续表3)

计量单位:个、人

指标名称	社会团体法人		其他法人	
	单位数	从业人员	单位数	从业人员
批发和零售业				
批发业				
零售业				
住宿和餐饮业				
住宿业				
餐饮业				
金融业			13	447
银行业			1	270
中央银行				
商业银行			1	270
其他银行				
证券业			1	5
证券市场管理				
证券经纪与交易				
证券投资				
证券分析与咨询			1	5
保险业			5	142
人寿保险				
非人寿保险				
保险辅助服务			5	142
其他金融活动			6	30
金融信托与管理				
金融租赁				
财务公司				
邮政储蓄				
典当				
其他未列明的金融活动			6	30
房地产业				
房地产业				
租赁和商务服务业			187	3834

按行业分组法人单位年末从业人员情况(三)(续表4)

计量单位:个、人

指标名称	社会团体法人		其他法人	
	单位数	从业人员	单位数	从业人员
租赁业			5	9
机械设备租赁			5	9
文化及日用品出租				
商务服务业			182	3825
企业管理服务			17	339
法律服务			75	765
咨询与调查			28	189
广告业			21	146
知识产权服务				
职业中介服务			14	1925
市场管理			6	269
旅行社			7	49
其他商务服务			14	143
科学研究、技术服务和地质勘查业			46	334
研究与试验发展			19	101
自然科学研究与试验发展			3	9
工程和技术研究与试验发展			7	39
农业科学研究与试验发展			2	14
医学研究与试验发展			2	2
社会人文科学研究与试验发展			5	37
专业技术服务业			21	200
气象服务				
地震服务				
海洋服务				
测绘服务				
技术检测			1	12
环境监测				
工程技术与规划管理			10	117
其他专业技术服务			10	71
科技交流和推广服务业			6	33

按行业分组法人单位年末从业人员情况(三)(续表5)

计量单位:个、人

指标名称	社会团体法人		其他法人	
	单位数	从业人员	单位数	从业人员
技术推广服务			4	21
科技中介服务			2	12
其他科技服务				
地质勘查业				
水利、环境和公共设施管理业			7	136
水利管理业			1	32
防洪管理				
水资源管理			1	32
其他水利管理				
环境管理业			2	38
自然保护			1	15
环境治理			1	23
公共设施管理业			4	66
市政公共设施管理				
城市绿化管理			3	59
游览景区管理			1	7
居民服务和其他服务业			122	1351
居民服务业			103	1100
家庭服务			4	41
托儿所			2	38
洗染服务				
理发及美容保健服务			6	81
洗浴服务			6	274
婚姻服务			5	27
殡葬服务			3	26
摄影扩印服务			2	11
其他居民服务			75	602
其他服务业			19	251
修理与维护			12	109
清洁服务			3	5

按行业分组法人单位年末从业人员情况(三)(续表6)

计量单位:个、人

指标名称	社会团体法人		其他法人	
	单位数	从业人员	单位数	从业人员
其他未列明的服务			4	137
教育			565	20178
教育			565	20178
学前教育			199	4978
初等教育			13	377
中等教育			45	4793
高等教育			23	5567
其他教育			285	4463
卫生、社会保障和社会福利业	18	65	299	5543
卫生			121	3999
医院			46	3264
卫生院及社区医疗活动			11	231
门诊部医疗活动			58	413
计划生育技术服务活动			1	8
妇幼保健活动				
专科疾病防治活动				
疾病预防控制及防疫活动			2	14
其他卫生活动			3	69
社会保障业			2	22
社会保障业			2	22
社会福利业	18	65	176	1522
提供住宿的社会福利			116	1330
不提供住宿的社会福利	18	65	60	192
文化、体育和娱乐业	25	122	59	467
新闻出版业			2	23
新闻业				
出版业			2	23
广播、电视、电影和音像业				
文化艺术业			28	233
文艺创作与表演			7	121

按行业分组法人单位年末从业人员情况(三)(续表7)

计量单位:个、人

指标名称	社会团体法人		其他法人	
	单位数	从业人员	单位数	从业人员
艺术表演场馆				
图书馆与档案馆				
文物及文化保护			4	21
博物馆			2	7
烈士陵园、纪念馆				
群众文化活动			11	69
文化艺术经纪代理			2	3
其他文化艺术			2	12
体育	25	122	7	23
体育组织	25	122	3	7
体育场馆			2	12
其他体育			2	4
娱乐业			22	188
室内娱乐活动			12	144
游乐园				
休闲健身娱乐活动			8	38
其他娱乐活动			2	6
公共管理和社会组织	745	4810	1573	17757
中国共产党机关				
国家机构				
人民政协和民主党派				
群众团体、社会团体和宗教组织	745	4810	130	848
群众团体	101	1398		
社会团体	611	3220	39	276
宗教组织	33	192	91	572
基层群众自治组织			1443	16909
社区自治组织			828	9829
村民自治组织			615	7080
国际组织				
国际组织				

指 标 解 释

一、行业类别

根据各类单位所从事的社会经济活动性质对其进行的分类。

按照各单位提供的一至三种主要业务活动(或主要产品)的重要程度或总产值所占比重,从大到小顺序排列,对照国家《国民经济行业分类》(GB/T4754—2002),按照最主要的业务活动(或主要产品)名称确定行业类别。

二、登记注册类型

企业法人或企业产业活动单位的登记注册类型,按其在工商行政管理机关登记注册的类型确定,如单位登记注册类型改变,但未重新办理变更登记,应仍为原登记注册类型。其他法人和产业活动单位的登记注册类型,比照《企业登记注册类型与代码》确定。

1. 工商行政管理部门对企业(单位)登记注册的类型分为以下几种:

(1) 国有企业:指企业全部资产归国家所有,并按《中华人民共和国企业法人登记管理条例》规定登记注册的非公司制的经济组织。不包括有限责任公司中的国有独资公司。

(2) 集体企业:指企业资产归集体所有,并按《中华人民共和国企业法人登记管理条例》规定登记注册的经济组织。

(3) 股份合作企业:指以合作制为基础,由企业职工共同出资入股,吸收一定比例的社会资产投资组建,实行自主经营,自负盈亏,共同劳动,民主管理,按劳分配与按股分红相结合的一种集体经济组织。

(4) 联营企业:两个及两个以上相同或不同所有制性质的企业法人或事业单位法人,按自愿、平等、互利的原则,共同投资组成的经济组织称为联营企业。联营企业包括国有联营企业、集体联营企业、国有与集体联营企业和其他联营企业。

国有联营企业:指所有联营单位均为国有。

集体联营企业:指所有联营单位均为集体。

国有与集体联营企业:指联营单位既有国有也有集体。

其他联营企业:指上述三种联营企业之外的其他联营形式的企业。

(5) 有限责任公司:根据《中华人民共和国公司登记管理条例》规定登记注册,由两个以上,50 个以下的股东共同出资,每个股东以其所认缴的出资额对公司承担有限责任,公司以其全部资产对其债务承担责任的经济组织称为有限责任公司。有限责任公司分为国有独资公司以及其他有限责任公司。

国有独资公司:指国家授权的投资机构或者国家授权的部门单独投资设立的有限责任公司。

其他有限责任公司:是国有独资公司以外的其他有限责任公司。

(6) 股份有限公司:指根据《中华人民共和国公司登记管理条例》规定登记注册,其全部注册资本由等额股份构成并通过发行股票筹集资本,股东以其认购的股份对公司承担有限责任,公司以其全部资产对其债务承担责任的经济组织。

(7) 私营企业由自然人投资设立或由自然人控股,以雇佣劳动为基础的营利性经济组织称为私营企业。包括按照《公司法》、《合伙企业法》、《私营企业暂行条例》以及《个人独资企业法》规定登记注册的私营独资企业、私营有限责任公司、私营股份有限公司、私营合伙企业和个人独资企业。

私营独资企业:指按《私营企业暂行条例》的规定,由一名自然人投资经营,以雇佣劳动为基础,投资者对企业债务承担无限责任的企业。

个人独资企业：指按《个人独资企业法》、《个人独资企业登记管理办法》的规定，由一个自然人投资，财产为投资人个人所有，投资人以其个人财产对企业债务承担无限责任的经营实体。个人独资企业填表时归入私营独资企业。

私营合伙企业：指按《合伙企业法》或《私营企业暂行条例》的规定，由两个以上自然人按照协议共同投资、共同经营、共负盈亏，以雇佣劳动为基础，对债务承担无限责任的企业。

私营有限责任公司：指按《公司法》、《私营企业暂行条例》的规定，由两个以上自然人投资或由单个自然人控股的有限责任公司。

私营股份有限公司：指按《公司法》的规定，由五个以上自然人投资，或由单个自然人控股的股份有限公司。

(8) 其他内资企业：指上述第(1)条至第(7)条之外的其他内资经济组织。

(9) 与港澳台商合资经营企业：指港澳台地区投资者与内地的企业依照《中华人民共和国中外合资经营企业法》及有关法律的规定，按合同规定的比例投资设立，分享利润和分担风险的企业。

(10) 与港澳台商合作经营企业：指港澳台地区投资者与内地企业依照《中华人民共和国中外合作经营企业法》及有关法律的规定，依照合作合同的约定进行投资或提供条件设立、分配利润、分担风险和亏损的企业。

(11) 港澳台商独资经营企业：指依照《中华人民共和国外资企业法》及有关法律的规定，在内地设立的由港澳台地区投资者在内地全额投资设立的企业。

(12) 港澳台商投资股份有限公司：指根据国家有关规定，经商务部(原外经贸部)批准设立，并且其中港、澳、台商的股本占公司注册资本的比例达25%以上的股份有限公司。凡其中港、澳、台商的股本占公司注册资本的比例小于25%的，属于内资中的股份有限公司。

(13) 中外合资经营企业：指外国企业或外国人与中国内地企业依照《中华人民共和国中外合资经营企业法》及有关法律的规定，按合同规定的比例投资设立、分享利润和分担风险的企业。

(14) 中外合作经营企业：指外国企业或外国人与中国内地企业依照《中华人民共和国中外合作经营企业法》及有关法律的规定，依照合作合同的约定进行投资或提供条件设立、分配利润、分担风险和亏损的企业。

(15) 外资企业：指依照《中华人民共和国外资企业法》及有关法律的规定，在中国内地设立的由外国投资者全额投资设立的企业。

(16) 外商投资股份有限公司：指根据国家有关规定，经商务部(原外经贸部)批准设立，并且其中外资的股本占公司注册资本的比例达25%以上的股份有限公司。凡其中外资股本占公司注册资本的比例小于25%的，属于内资中的股份有限公司。

2. 机关、事业单位和社会团体及其他组织的登记注册类型，按其主要经费来源和管理方式，根据实际情况，比照《企业登记注册类型与代码》确定分为以下几种具体情况：

(1) 各级机关[国家权力机关、国家行政机关、国家司法机关、政党机关(中国共产党、各民主党派)、军队武警、政协组织]一律为“国有”；

(2) 各级直属事业单位、各级机关所属事业单位，按其管理方式一律为“国有”；

(3) 机构编制部门管理的群众团体，按其管理方式一律为“国有”；

(4) 各种社团组织、民办非企业单位和基金会，若经费来源清楚，则比照《企业登记注册类型与代码》确定；若经费来源不清楚的，一律为“其他”；

(5) 社区(居委会)、村委会的登记注册类型为“其他”。

三、年末从业人员数

指在本单位工作并取得劳动报酬或收入的年末实有人员数。期末从业人员包括在各单位工作的外方人员和港澳台方人员、兼职人员、再就业的离退休人员、借用的外单位人员和第二职业者。但不包括离开本单位仍保留劳动关系的职工。

普查单位划分的有关规定

一、法人单位、产业活动单位和个体经营户划分规定

第一条 根据《全国经济普查条例》和国家有关法律法规，为科学界定法人单位、产业活动单位和个体经营户，特制定本规定。

第二条 本规定中的法人单位，指具备以下条件的单位：

（一）依法成立，有自己的名称、组织机构和场所，能够独立承担民事责任；

（二）独立拥有和使用（或授权使用）资产，承担负债，有权与其他单位签订合同；

（三）会计上独立核算，能够编制资产负债表。

法人单位包括企业法人、事业单位法人、机关法人、社会团体法人和其他法人。

第三条 企业法人，指依据《中华人民共和国企业法人登记管理条例》、《中华人民共和国公司登记管理条例》等，经各级工商行政管理机关登记注册，领取《企业法人营业执照》，取得法人资格的企业。

企业法人包括：

（一）公司；

（二）非公司制企业法人。

依据《个人独资企业法》及《合伙企业法》，经各级工商行政管理机关登记注册、领取《营业执照》的不具有法人资格的个人独资企业、合伙企业视同非公司制企业法人。

第四条 事业单位法人，指经国务院机构编制管理部门批准、国家事业单位登记管理部门登记或备案；或经地方县级以上机构编制管理部门批准、地方县级以上事业单位登记管理部门登记或备案，领取《事业单位法人证书》，取得法人资格的事业单位。

事业单位法人包括：

（一）各级党委、政府直属事业单位；

（二）党中央、国务院直属事业单位举办的事业单位；

（三）各级人大、政协机关，人民法院、人民检察院和各民主党派机关举办的事业单位；

（四）各级党委部门和政府部门举办的事业单位；

（五）使用财政性经费的群众团体举办的事业单位；

（六）国有企业及其他组织利用国有资产举办的事业单位；

（七）依照法律或有关规定，应当由各级登记管理机关登记的其他事业单位。

第五条 机关法人，指各级政党机关和国家机关。

机关法人包括：

（一）县级以上各级中国共产党委员会及其所属各工作部门；

（二）县级以上各级人民代表大会机关；

（三）县级以上各级人民政府及其所属各工作部门，以及地区行政行署；

（四）县级以上各级政治协商会议机关；

（五）县级以上各级人民法院、检察院机关；

（六）县级以上各民主党派机关；

（七）乡、镇中国共产党委员会和人民政府。

第六条 社会团体法人，指依据《社会团体登记管理条例》，经国务院民政部门和县级以上地方各级人民政府民政部门登记注册或备案、领取《社会团体法人登记证书》的各类社会团体；以及依法不需要办理法人登记、由机构编制管理部门管理其机关机构编制的群众团体。

第七条 其他法人，指除企业法人、事业单位法人、机关法人和社会团体法人以外的其他符合法人条件的单位。

其中包括：

（一）依据《中华人民共和国居民委员会组织法》和《中华人民共和国村民委员会组织法》批准设立的居民委员会和村民委员会；

（二）依据《基金会管理条例》规定，由民政部和省级民政部门核准登记、领取《基金会法人登记证书》的基金会；

（三）依据《民办非企业单位登记管理暂行条例》，经国务院民政部门和县级以上地方各级人民政府民政部门核准登记，领取《民办非企业单位（法人）登记证书》的民办非企业单位。

第八条 事业单位法人、社会团体法人和民办非企业法人除已在第四条、第六条和第七条规定的由相应登记主管部门登记注册的单位外，还包括由其他行政主管部门依据有关法律法规审批成立，且具备法人条件的单位。

第九条 本规定中法人单位所属的产业活动单位，指具备以下条件的单位：

（一）在一个场所从事一种或主要从事一种社会经济活动；

（二）相对独立组织生产经营或业务活动；

（三）能够掌握收入和支出等业务核算资料。

第十条 产业活动单位按以下具体办法认定：

（一）经过法定程序批准建立的、不能独立承担民事责任的单位，认定为产业活动单位。包括：经各级工商行政管理机关登记注册、领取《营业执照》的企业法人分支机构或经营单位，以及由各级编制、民政等登记主管机关核准登记、备案，或依据相关法律法规由各级行政主管部门批准建立的机关法人、事业单位法人和社会团体法人的分支机构、派出机构或代表机构等。

（二）未经法定程序批准在法人内部建立的机构，符合本规定第九条的认定为产业活动单位。

第十一条 法人单位由产业活动单位组成，产业活动单位接受法人单位的管理和控制。

法人单位只位于一个场所并主要从事一种社会经济活动，称为单产业法人。单产业法人本身也是一个产业活动单位。

法人单位从事多种经济活动，或者位于多个地点，称为多产业法人。多产业法人由两个或两个以上产业活动单位组成。

第十二条 本规定中的个体经营户，指除农户外，生产资料归劳动者个人所有，以个体劳动为基础，劳动成果归劳动者个人占有和支配的一种经营单位。其中包括：

（一）按照《民法通则》和《城乡个体工商户管理暂行条例》规定经各级工商行政管理机关登记注册、领取《营业执照》的个体工商户。具体是指公民在法律允许范围内，依法经核准登记，从事工业、商业、建筑业、运输业、餐饮业、服务业等活动的个体劳动者。

（二）依据《民办非企业单位登记管理暂行条例》，经国务院民政部门和县级以上地方各级人民政府民政部门核准登记、领取《民办非企业单位（合伙）登记证书》或《民办非企业单位（个人）登记证书》的民办非企业单位。

（三）没有领取《营业执照》但有相对固定场所、实际从事个体经营活动三个月以上的城镇、农村个体经营户。但不包括农民家庭以辅助劳力或利用农闲时间进行的一些兼营性的工业、商业及其他活动。

第十三条 本规定由国务院第二次全国经济普查领导小组办公室负责解释。

第十四条 本规定自发布之日起实施。

二、普查单位划分有关问题的处理办法

（一）关于企业集团问题

企业集团是指以资本为主要联结纽带的母子公司为主体，以集团章程为共同行为规范的母公司、子公司、参股公司及其他成员企业或机构共同组成的具有一定规模的企业法人联合体。企业集团的母公司（核心企业）、子公司（成员企业），在法律和经济上都是独立的，是企业法人，应分别单独填报法人单位普查表，其各项指标只包括本法人及其所属的产业活动单位的数据。

对企业集团本部根据下述情况分别处理：

1. 按照《企业集团登记管理暂行规定》登记、并领取《企业集团登记证》的企业集团，不具有法人资格，不单独做为普查对象。如果企业集团本部符合产业活动单位条件，则作为其母公司（核心企业）的产业活动单位；其母公司、子公司及成员单位分别作为法人单位进行普查；

2. 如果企业集团本部具有法人资格，且自己从事对外经营活动，则企业集团本部按所从事的活动单独填报法人单位普查表，其各项指标只包括企业本部的数据；

3. 如果企业集团本部具有法人资格，但自己不从事对外经营活动，则企业集团本部单独填报法人单位普查表，行业归入“企业管理机构”，其各项指标只包括企业本部的数据。

（二）关于多级法人问题

法人及其所属的下级法人分别作为法人单位单独填报普查表，其各项指标只包括本级法人及其所属的产业活动单位的数据。

（三）关于实行垂直管理的系统的单位划分问题

1. 中国人民银行、国有独资商业银行、政策性银行、股份制商业银行、城市商业银行，原则上省（自治区、直辖市，以下简称省）、地（区、市、州、盟，以下简称地）级分支机构视同法人单位，县（区、市、旗，以下简称县）级支行及所属的分理处、储蓄所作为产业活动单位。

省、地、县级其他银行（如农村信用合作社等）作为法人单位，县级以下分支机构及所属的分理处、储蓄所作为产业活动单位。

2. 省、地级保险公司做为法人单位，县级及以下分支机构作为产业活动单位。

3. 中国电信、中国移动、中国网通、中国联通、中国铁通、中国卫星通信等通信公司省、地级分支机构视同法人单位，县级分支机构及营业网点作为产业活动单位。但为电信公司提供分销服务且不隶属于电信系统的经营代办网点，视其证照性质确定其单位类型。

4. 中国石油天然气集团公司、中国石油天然气股份公司、中国石油化工集团公司、中国石油化工股份公司、中国海洋石油总公司下属的原为法人企业但重组后不具有法人资格的企业仍视为法人企业，在其所在地填报法人企业普查表；公司总部作为法人填报普查表时，不包括下属视同法人的企业的有关数据。

省、地级石油销售公司视同法人单位，县及县以下的石油销售单位作为产业活动单位填报。中国石油天然气集团公司、中国石油天然气股份公司、中国石油化工集团公司、中国石油化工股份公司、中国海洋石油总公司下属的加油站作为产业活动单位；不隶属于上述公司的加油站视其证照确定其单位类型。

5. 铁路系统的铁路局一级单位为企业法人单位，其下属的站段、铁路办事处一级单位为产业活动单位；铁路运输企业法人单位所属的检察院、法院、公安局、疾病控制所、防疫站等视同法人单位。

6. 省、地级邮政局作为法人，县级及以下分支机构作为产业活动单位。

7. 县级及以上烟草公司（专卖局）作法人单位；其直属的专卖店视执照确定其单位类型。

8. 电力生产企业：独立核算的电力生产企业为法人单位；发电公司、供电公司下属的非独立核算电力生产企业视同为法人单位。

电网经营企业：独立核算的省、地、县级供电公司为法人单位；非独立核算的省级分公司视同为法人单位，非独立核算的地、县级供电公司作为产业活动单位；国家电网公司、区域电网公司只填报本级数据，不包括下属法人企业和视同法人企业的数据。

（四）法人单位派出机构问题

1. 企事业单位的派出机构

企事业单位派驻各地的办事处、联络处、办公室、销售部、售后服务部等，应视情况分别处理：

(1) 从事经营活动的销售部、售后服务部等，且在当地工商部门登记注册，领取执照的，则按登记注册情况划分单位类型。

(2) 不直接从事经营活动的办事处、联络处、办公室等属于企业(单位)的派出机构，不单独划分单位。

2. 机关法人的派出机构

(1) 机关法人驻外地的办事处和在乡(镇)设立的派出机构，如法庭、检察分院、公安派出所、财税所、工商所、国土所等，均作为产业活动单位。

(2) 城镇街道办事处视同法人单位。

(3) 机关法人驻外地的办事处办的宾馆等经营性单位视注册登记情况确定单位类型。

3. 外国及港澳台企业单位常驻中国的代表机构

在各级工商部门领取《外国(地区)企业常驻代表机构登记证》和《外国(地区)企业常驻代表机构工作证》的外国企业及港澳台常驻中国境内从事非直接经营活动的办事处或代表处，以及在民政部门领取代表机构证书的外国及港澳台民间非盈利性组织在中国境内的常驻代表机构，均不具有法人资格，作为产业活动单位。

(五) 关于法人单位内设单位的划分问题

1. 宾馆、饭店内设单位问题

宾馆、饭店内设的餐厅、娱乐场所、健身房、洗浴中心、商务中心、票务中心等，单独办理营业执照或能够掌握收入和支出等业务核算资料的作为宾馆、饭店的产业活动单位；否则不单独划分单位。

宾馆、饭店承包给其他单位或个人开设的餐厅、娱乐场所、健身房、洗浴中心、商务中心、票务中心等，按承包方的登记注册执照确定单位类型。

2. 机关、企业、学校等主要为本单位提供服务的下属机构问题

机关、学校和其他企事业单位内部开设的不具备法人单位条件的招待所、食堂、餐厅、浴室、幼儿园、托儿所、运输队、建筑队、农场、畜牧场等下属机构，能够单独掌握收入和支出等业务核算资料并有对外经营活动的，作为产业活动单位；否则不单独划分单位。

(六) 购物中心和商品交易市场内经营单位的划分问题

1. 购物中心(百货商场、超市、仓储会员店)内经营单位的划分

以购物、餐饮、娱乐、超市等各种经营业态集一体的购物中心，无论是以房地产(物业)、市场管理和仓储业等为主的经营企业，还是以批发和零售经营为主的经营企业，它们都既有自营商品销售和餐饮经营活动，也出租店面或柜台。

(1) 对于房地产(物业)法人企业，其自营的商品销售或餐饮经营活动，如能够单独掌握收入和支出等业务核算资料则作为购物中心的批发和零售业、餐饮业产业活动单位，否则不单独划分单位；对于批发和零售业法人企业，其自营的餐饮经营活动，如能够单独掌握收入和支出等业务核算资料则作为购物中心的餐饮业产业活动单位，否则不单独划分单位。

(2) 出租店面或柜台的活动。由购物中心统一核算收支(或统一收银结算范围内)的出租店面或柜台，不单独划分单位，其各项指标包含在主体法人企业中；不在购物中心统一核算收支(或统一收银结算范围内)，但已进行登记注册的承租单位，根据登记执照确定单位；未进行登记注册的承租单位，均作为个体经营户。

百货商场、超市、仓储会员店以及其他商品零售门店或场所内出租店面或柜台的参照上述情况处理。

2. 商品交易市场内经营单位的划分

商品交易市场是指经有关部门和组织批准设立，有固定场所、设施，有经营管理部门和监管人员，若干市场经营者入内，常年或实际开业三个月以上，集中、公开、独立地进行生活消费品、生产资料等现货商品交易以及提供相关服务的交易场所，包括各类消费品市场、生产资料市场等。

商品交易市场内，已进行登记注册的经营单位，根据登记注册情况确定单位类型；未进行登记注册的经

营单位，若有固定摊位，均作为个体经营户；固定摊位以外进行经营的个体经营户，不作为普查对象。

（七）关于一户多证（照）的问题

领取多个法人执照的单位，如果是一套人员、在同一个场地、从事同种活动的，由主体单位统一填报一套普查表，其他证照不再填报普查表；如果从事多种活动，并分别掌握收入和支出等业务核算资料的，应按执照和财务核算情况分别作为不同的法人单位。

（八）其他有关单位的具体划分问题

1. 律师事务所、公证、司法鉴定机构问题

由司法部门管辖并登记批准的律师事务所、公证机构、司法鉴定机构等单位，按司法部门登记的类型确定法人单位和产业活动单位（分支机构）。

2. 宗教组织与宗教场所问题

（1）各类宗教团体法人单位以民政部门颁发的《社会团体法人登记证书》为准；

（2）经各级宗教事务管理部门批准成立，财务上独立核算的寺庙、清真寺、教堂等宗教活动场所作为法人单位；财务上不独立核算的寺庙、清真寺、教堂等宗教活动场所作为上一级宗教组织法人单位的产业活动单位；

（3）不符合产业活动单位条件的宗教活动点和未经批准的自发的宗教活动场所不作为普查对象。

3. 跨地区水利系统的分支机构问题

凡跨县级以上行政区划的流域水利管理机构的县级及以上分支机构（河务局、处、所）视作法人单位。

4. 乡镇中小学问题

乡镇中小学若领取法人证书的，作为单独的法人单位；若未领取法人证书但能掌握收支和人员工资等财务资料的，则作为乡镇中心学校（法人单位）的产业活动单位；乡村教学点一律并入乡村中小学，不单独划分产业活动单位。

5. 村级经济合作社问题

村级经济合作社（或其他名称的村级集体经济组织），如与村（居）委会统一核算的，并入村（居）委会；如与村（居）委会分别核算的，无论是否办理工商登记，均单独作为一个法人单位。

6. 村和社区医疗服务单位问题

由医院或乡镇卫生院派遣医务人员的村和社区医疗服务单位，符合产业活动单位条件的可作为派出单位的产业活动单位；领取民政部门发的民办非企业单位证书的，作为民办非企业单位；领取卫生部门发的个体行医证的，作为个体经营户。不属于上述三种情况的村和社区医疗服务单位作为村委会（居委会）的产业活动单位。

7. 出租车及货运车辆问题

出租车公司能整体核算的，各出租车不单独作为个体户；如出租车或货运车辆挂靠运输企业，只交一定的管理费，而运输企业不对这些车辆进行整体核算，则应将这些车辆作个体经营户。

8. 借用法人单位名义问题

个人借用法人单位名义从事经营活动，仅交管理费的，作为个体经营户。

9. 乡镇所属的站、所问题

乡镇所属的站、所，如农业经济技术推广站等，虽然没有取得法人证书，但具备法人条件的，视同法人单位；不具备法人条件的作为乡镇政府机关法人的产业活动单位。

10. 彩票销售网点的问题

彩票销售网点是各级彩票中心下属的彩票投注站点，一般依附于其他单位存在，本次普查不作为单独的单位填报普查表。

（九）个体经营户的界定问题

1. 下列无证的个体活动不列入本次普查范围

（1）无个体行医证的个体医生；

（2）无固定场所的临时性早市或夜市摊贩及流动摊贩；

（3）农用汽车、拖拉机、三轮车、手推车运输；

（4）家庭保姆、家庭教师；

（5）农户对收获的（或有部分是收购的）农副产品进行一些季节性的简单加工（如香菇烘干、竹笋、地瓜晒干等）；

（6）家庭成员在家承接企业发包的对产品、零部件的简单加工或包装，领取劳动报酬的活动。

2. 个体建筑业的问题

在城镇、乡村从事建筑业活动的个体劳动者（如：泥瓦工、木工、油漆工等），对外承接工程、单独从事建筑业活动或雇佣人员进行施工、年累计经营活动达三个月以上、完成施工项目并同业主进行财务结算的，作为建筑业个体经营户；受雇于别人（即打工者）的人员不作为个体建筑业经营户。

第2部分

国民经济主要行业基本情况

● 工　业

全部工业企业主要经济指标(一)

单位:千元

指标名称	企业单位数(个)	其中:亏损企业数	工业总产值(当年价格)	主营业务收入
总 计	**13492**	**2508**	**688222258**	**687417466**
一、按登记注册类型分组				
内资企业	12185	2120	431882177	440200023
国有企业	201	73	102406412	107697298
集体企业	509	146	9515237	9609741
股份合作企业	220	48	3903379	3707387
联营企业	35	9	1083342	1029973
国有联营企业	5	0	210381	205902
集体联营企业	14	3	432207	415338
国有与集体联营企业	7	3	401081	372321
其他联营企业	9	3	39673	36412
有限责任公司	725	180	125041574	130746695
国有独资公司	17	2	14338302	15222130
其他有限责任公司	708	178	110703272	115524565
股份有限公司	182	34	71754906	72196666
私营企业	10160	1616	115941958	112987699
私营独资企业	3224	340	16053428	15415883
私营合伙企业	577	90	2965231	2905717
私营有限责任公司	6072	1132	89301868	87329007
私营股份有限公司	287	54	7621431	7337092
其他企业	153	14	2235369	2224564
港、澳、台商投资企业	484	144	50887721	49341528
合资经营企业(港或澳、台资)	190	55	29249070	28324646
合作经营企业(港或澳、台资)	13	2	578127	560806
港澳台商独资经营企业	268	83	19974298	19479253
港澳台商投资股份有限公司	13	4	1086226	976823

全部工业企业主要经济指标(一)(续表1)

单位:千元

指标名称	企业单位数(个)	其中:亏损企业数	工业总产值(当年价格)	主营业务收入
外商投资企业	823	244	205452360	197875915
中外合资经营企业	318	77	99776705	98212287
中外合作经营企业	20	3	890543	947019
外资企业	469	162	101542302	95910954
外商投资股份有限公司	16	2	3242810	2805655
二、按经济组织类型分组				
独资企业	4671	804	249491677	248113129
国有企业	201	73	102406412	107697298
集体企业	509	146	9515237	9609741
私营独资企业	3224	340	16053428	15415883
港澳台商独资经营企业	268	83	19974298	19479253
外资企业	469	162	101542302	95910954
合作、合伙企业	1018	166	11655991	11375466
股份合作企业	220	48	3903379	3707387
国有联营企业	5	0	210381	205902
集体联营企业	14	3	432207	415338
国有与集体联营企业	7	3	401081	372321
其他联营企业	9	3	39673	36412
私营合伙企业	577	90	2965231	2905717
合作经营企业(港或澳、台资)	13	2	578127	560806
中外合作经营企业	20	3	890543	947019
其他企业(内资)	153	14	2235369	2224564
股份有限公司	498	94	83705373	83316236
股份有限公司(内资)	182	34	71754906	72196666
私营股份有限公司	287	54	7621431	7337092
港澳台商投资股份有限公司	13	4	1086226	976823

全部工业企业主要经济指标(一)(续表2)

单位:千元

指标名称	企业单位数(个)	其中:亏损企业数	工业总产值(当年价格)	主营业务收入
外商投资股份有限公司	16	2	3242810	2805655
有限责任公司	7305	1444	343369217	344612635
国有独资公司	17	2	14338302	15222130
私营有限责任公司	6072	1132	89301868	87329007
合资经营企业(港或澳、台资)	190	55	29249070	28324646
中外合资经营企业	318	77	99776705	98212287
其他有限责任公司	708	178	110703272	115524565
三、按控股情况分组				
国有控股	391	123	221225196	232133245
集体控股	627	185	15634792	15888917
私人控股	10858	1747	157852766	153325206
港澳台控股	439	130	59885997	58278385
外商控股	657	207	177909065	171328400
其他	520	116	55714442	56463313
四、按轻重工业分组				
轻工业	1055	219	112848061	110639906
重工业	12437	2289	575374197	576777560
五、按企业规模分组				
大型企业	40	9	294752038	301805972
中型企业	264	53	168675248	167667326
小型企业	13188	2446	224794972	217944168
六、在总计中:亏损企业	2508	2508	197577026	203628123
七、在总计中:民营	11827	2006	216313116	213563172
八、按工业行业中类分组				
采矿业	170	11	5115093	4931973
黑色金属矿采选业	10	0	1936232	1840197

全部工业企业主要经济指标(一)(续表3)

单位:千元

指标名称	企业单位数(个)	其中:亏损企业数	工业总产值(当年价格)	主营业务收入
铁矿采选	10	0	1936232	1840197
有色金属矿采选业	3	1	510789	542328
常用有色金属矿采选	2	1	478702	512304
贵金属矿采选	1	0	32087	30024
非金属矿采选业	157	10	2668072	2549448
土砂石开采	152	9	2341485	2213447
化学矿采选	1	1	209521	221645
石棉及其他非金属矿采选	4	0	117066	114356
制造业	13187	2463	671087799	670023696
农副食品加工业	285	43	11029691	10436092
谷物磨制	49	3	1760105	1666491
饲料加工	25	5	615898	573529
植物油加工	23	6	4413159	3924992
制糖	1	0	4969	4969
屠宰及肉类加工	96	24	3183903	3258759
水产品加工	15	0	213204	187939
蔬菜、水果和坚果加工	27	0	625005	613666
其他农副食品加工	49	5	213448	205747
食品制造业	183	38	5134773	4982230
焙烤食品制造	61	12	557359	575057
糖果、巧克力及蜜饯制造	9	0	1553572	1524476
方便食品制造	27	6	797880	687777
液体乳及乳制品制造	8	4	828087	824458
罐头制造	5	1	23413	22201
调味品、发酵制品制造	16	2	175130	170560
其他食品制造	57	13	1199332	1177701

全部工业企业主要经济指标(一)(续表 4)

单位:千元

指标名称	企业单位数(个)	其中:亏损企业数	工业总产值(当年价格)	主营业务收入
饮料制造业	85	7	4142498	3735233
酒的制造	9	2	245481	196595
软饮料制造	42	4	3763929	3421973
精制茶加工	34	1	133088	116665
烟草制品业	2	0	10286934	10155975
卷烟制造	1	0	10286604	10155645
其他烟草制品加工	1	0	330	330
纺织业	274	51	5872019	5830827
棉、化纤纺织及印染精加工	70	13	1647027	1626104
毛纺织和染整精加工	5	0	243484	255643
麻纺织	6	1	193031	178609
丝绢纺织及精加工	14	4	259784	246986
纺织制成品制造	108	21	2615599	2574241
针织品、编织品及其制品制造	71	12	913094	949244
纺织服装、鞋、帽制造业	793	137	19055577	18277756
纺织服装制造	762	134	18671845	17921646
纺织面料鞋的制造	21	1	243430	217341
制帽	10	2	140302	138769
皮革、毛皮、羽毛(绒)及其制品业	112	14	3973699	3768725
皮革鞣制加工	2	1	13055	13010
皮革制品制造	66	7	1829063	1625527
毛皮鞣制及制品加工	21	4	169294	163906
羽毛(绒)加工及制品制造	23	2	1962287	1966282
木材加工及木、竹、藤、棕、草制品业	206	32	1239193	1212008
锯材、木片加工	29	3	73474	71976
人造板制造	31	5	575778	561877

全部工业企业主要经济指标(一)(续表5)

单位:千元

指标名称	企业单位数(个)	其中:亏损企业数	工业总产值(当年价格)	主营业务收入
木制品制造	134	24	558121	548097
竹、藤、棕、草制品制造	12	0	31820	30058
家具制造业	229	54	1310737	1238789
木质家具制造	170	45	694314	648587
竹、藤家具制造	2	1	47313	51128
金属家具制造	23	2	246546	228948
塑料家具制造	4	1	12660	10620
其他家具制造	30	5	309904	299506
造纸及纸制品业	325	49	3226635	3055199
纸浆制造	1	0	2008	2008
造纸	47	6	873085	771892
纸制品制造	277	43	2351542	2281299
印刷业和记录媒介的复制	465	127	3351646	3205866
印刷	374	98	3086665	2958639
装订及其他印刷服务活动	88	28	185223	181779
记录媒介的复制	3	1	79758	65448
文教体育用品制造业	200	31	3340771	3198783
文化用品制造	32	4	201094	197474
体育用品制造	42	5	786442	730979
乐器制造	14	8	125734	125536
玩具制造	106	12	2219747	2136429
游艺器材及娱乐用品制造	6	2	7754	8365
石油加工、炼焦及核燃料加工业	42	16	58126608	59039972
精炼石油产品的制造	41	16	58121988	59035352
炼焦	1	0	4620	4620
化学原料及化学制品制造业	877	147	125836952	132149761

全部工业企业主要经济指标(一)(续表6)

单位:千元

指标名称	企业单位数(个)	其中:亏损企业数	工业总产值(当年价格)	主营业务收入
基础化学原料制造	204	34	93220609	98221800
肥料制造	54	10	591033	604983
农药制造	27	8	6055415	7137629
涂料、油墨、颜料及类似产品制造	153	11	2961726	3094049
合成材料制造	85	14	8967020	8887129
专用化学产品制造	280	46	12095345	12024747
日用化学产品制造	74	24	1945804	2179424
医药制造业	132	33	7122691	7975966
化学药品原药制造	15	3	509991	446169
化学药品制剂制造	44	10	3776625	3534406
中药饮片加工	6	1	216620	197063
中成药制造	4	1	1652959	2794152
兽用药品制造	15	5	318041	294609
生物、生化制品的制造	31	9	587756	647510
卫生材料及医药用品制造	17	4	60699	62057
化学纤维制造业	17	2	3538009	3392661
纤维素纤维原料及纤维制造	8	0	1763009	1708856
合成纤维制造	9	2	1775000	1683805
橡胶制品业	120	15	5521841	4818511
轮胎制造	9	4	3072818	2439730
橡胶板、管、带的制造	29	2	1472168	1436887
橡胶零件制造	31	5	89143	84922
再生橡胶制造	8	0	657695	644592
日用及医用橡胶制品制造	5	0	14519	14304
橡胶靴鞋制造	3	0	8999	8710
其他橡胶制品制造	35	4	206499	189366

全部工业企业主要经济指标(一)(续表7)

单位:千元

指标名称	企业单位数(个)	其中:亏损企业数	工业总产值(当年价格)	主营业务收入
塑料制品业	588	101	9037182	8995678
塑料薄膜制造	61	13	1409509	1327264
塑料板、管、型材的制造	107	18	1388603	1344304
塑料丝、绳及编织品的制造	46	4	662563	811945
泡沫塑料制造	36	6	1841736	1844607
塑料人造革、合成革制造	1	0	4591	4130
塑料包装箱及容器制造	90	17	1149161	1165876
塑料零件制造	57	7	455447	451011
日用塑料制造	50	8	457505	440281
其他塑料制品制造	140	28	1668067	1606260
非金属矿物制品业	1031	178	18619429	17907090
水泥、石灰和石膏的制造	65	11	4829437	4867043
水泥及石膏制品制造	286	55	6777810	6699461
砖瓦、石材及其他建筑材料制造	406	63	2284694	2151638
玻璃及玻璃制品制造	178	37	2910368	2637585
陶瓷制品制造	22	1	816205	500386
耐火材料制品制造	30	4	403040	398318
石墨及其他非金属矿物制品制造	44	7	597875	652659
黑色金属冶炼及压延加工业	99	20	62727626	64672284
炼铁	15	5	1113019	1030350
炼钢	4	0	23433	23256
钢压延加工	74	15	61171170	63217650
铁合金冶炼	6	0	420004	401028
有色金属冶炼及压延加工业	180	33	23326835	22265369
常用有色金属冶炼	24	2	3585685	3127446
贵金属冶炼	4	2	570045	568174

全部工业企业主要经济指标(一)(续表8)

单位:千元

指标名称	企业单位数(个)	其中:亏损企业数	工业总产值(当年价格)	主营业务收入
稀有稀土金属冶炼	8	3	289532	283039
有色金属合金制造	28	5	1197631	1192991
有色金属压延加工	116	21	17683942	17093719
金属制品业	1392	187	21977987	21744023
结构性金属制品制造	639	87	11751298	11876724
金属工具制造	203	16	1534849	1456601
集装箱及金属包装容器制造	76	6	2569206	2450378
金属丝绳及其制品的制造	54	5	571945	572973
建筑、安全用金属制品制造	104	19	1329333	1275387
金属表面处理及热处理加工	159	21	1730272	1645222
搪瓷制品制造	7	4	222111	206213
不锈钢及类似日用金属制品制造	57	14	445290	467339
其他金属制品制造	93	15	1823683	1793186
通用设备制造业	1718	284	30579178	29078101
锅炉及原动机制造	54	5	3739314	3692795
金属加工机械制造	333	78	3357394	3268890
起重运输设备制造	49	9	704599	676309
泵、阀门、压缩机及类似机械的制造	136	29	2824483	2789269
轴承、齿轮、传动和驱动部件的制造	63	6	5629134	4732864
烘炉、熔炉及电炉制造	38	7	428463	420538
风机、衡器、包装设备等通用设备制造	203	40	4822940	4643662
通用零部件制造及机械修理	529	80	4445350	4438631
金属铸、锻加工	313	30	4627501	4415143
专用设备制造业	814	192	12456633	11961459
矿山、冶金、建筑专用设备制造	101	25	2590806	2490308
化工、木材、非金属加工专用设备制造	184	43	2475137	2277383

全部工业企业主要经济指标(一)(续表9)

单位:千元

指标名称	企业单位数(个)	其中:亏损企业数	工业总产值(当年价格)	主营业务收入
食品、饮料、烟草及饲料生产专用设备制造	42	12	670782	626615
印刷、制药、日化生产专用设备制造	77	20	359107	338704
纺织、服装和皮革工业专用设备制造	16	6	60955	63724
电子和电工机械专用设备制造	105	23	1148936	1140581
农、林、牧、渔专用机械制造	25	6	865748	768637
医疗仪器设备及器械制造	92	27	638204	627925
环保、社会公共安全及其他专用设备制造	172	30	3646958	3627582
交通运输设备制造业	861	154	44635589	45881604
铁路运输设备制造	101	9	4863331	5659205
汽车制造	552	114	22214508	24629562
摩托车制造	25	4	950669	905435
自行车制造	31	6	358930	353207
船舶及浮动装置制造	119	14	12389342	10023180
航空航天器制造	7	1	3729215	4162481
交通器材及其他交通运输设备制造	26	6	129594	148534
电气机械及器材制造业	892	174	32440000	32807076
电机制造	91	21	1195838	1173855
输配电及控制设备制造	411	71	15915322	16574002
电线、电缆、光缆及电工器材制造	101	15	2735236	2495007
电池制造	28	3	2757206	2588256
家用电力器具制造	42	7	6381745	6664186
非电力家用器具制造	40	10	1464297	1440632
照明器具制造	139	39	1551798	1459785
其他电气机械及器材制造	40	8	438558	411353
通信设备、计算机及其他电子设备制造业	566	173	129273130	124374434
通信设备制造	96	37	29546301	29679522
雷达及配套设备制造	7	1	4986313	5035224
广播电视设备制造	22	5	3453586	3485340
电子计算机制造	51	17	61603268	56670609

全部工业企业主要经济指标(一)(续表10)

单位：千元

指标名称	企业单位数(个)	其中：亏损企业数	工业总产值(当年价格)	主营业务收入
电子器件制造	97	27	9797734	9966407
电子元件制造	198	59	7247611	7058342
家用视听设备制造	13	6	11434975	11298109
其他电子设备制造	82	21	1203342	1180881
仪器仪表及文化、办公用机械制造业	443	120	8837556	8683759
通用仪器仪表制造	217	55	6017399	5893420
专用仪器仪表制造	83	21	586820	573062
钟表与计时仪器制造	11	2	17415	15926
光学仪器及眼镜制造	86	26	1877058	1876270
文化、办公用机械制造	15	6	252405	229005
其他仪器仪表的制造及修理	31	10	86459	96076
工艺品及其他制造业	205	40	2449212	2603863
工艺美术品制造	165	32	2248135	2408651
日用杂品制造	19	5	90601	85172
煤制品制造	4	0	10252	10252
其他未列明的制造业	17	3	100224	99788
废弃资源和废旧材料回收加工业	51	11	2617168	2574602
金属废料和碎屑的加工处理	36	5	2596821	2552665
非金属废料和碎屑的加工处理	15	6	20347	21937
电力、燃气及水的生产和供应业	135	34	12019366	12461797
电力、热力的生产和供应业	21	11	8362264	8845359
电力生产	19	10	8287624	8766079
电力供应	2	1	74640	79280
燃气生产和供应业	17	3	2592963	2573920
燃气生产和供应业	17	3	2592963	2573920
水的生产和供应业	97	20	1064139	1042518
自来水的生产和供应	77	17	943310	922709
污水处理及其再生利用	16	2	116487	115702
其他水的处理、利用与分配	4	1	4342	4107

全部工业企业主要经济指标(二)

单位:千元

指标名称	主营业务成本	主营业务税金及附加	营业利润	亏损企业亏损额
总　计	**608046632**	**9274008**	**20674239**	**13202449**
一、按登记注册类型分组				
内资企业	387157238	8863099	11949557	10505403
国有企业	94958801	5968884	498468	4400611
集体企业	8286072	63732	463423	88243
股份合作企业	3126830	28179	152316	28467
联营企业	867238	9279	88587	9991
国有联营企业	178537	2982	8025	0
集体联营企业	315525	5667	61618	4397
国有与集体联营企业	341345	564	17398	5283
其他联营企业	31831	66	1546	311
有限责任公司	109646589	944367	6577863	1576053
国有独资公司	13087293	71120	-238719	773417
其他有限责任公司	96559296	873247	6816582	802636
股份有限公司	70901251	1286034	-3070538	3854591
私营企业	97406985	554156	7147923	536124
私营独资企业	13183479	105572	1384568	33742
私营合伙企业	2533380	19129	170652	10105
私营有限责任公司	75505165	392179	5025423	469032
私营股份有限公司	6184961	37276	567280	23245
其他企业	1963472	8468	91515	11323
港、澳、台商投资企业	42248848	49101	3406676	251703
合资经营企业(港或澳、台资)	24915450	14522	1751851	96867
合作经营企业(港或澳、台资)	483623	298	47378	1783
港澳台商独资经营企业	16176395	27135	1428423	150646
港澳台商投资股份有限公司	673380	7146	179024	2407

全部工业企业主要经济指标(二)(续表1)

单位:千元

指标名称	主营业务成本	主营业务税金及附加	营业利润	亏损企业亏损额
外商投资企业	178640546	361808	5318006	2445343
中外合资经营企业	88158523	190084	2926867	1125850
中外合作经营企业	721465	714	111104	2437
外资企业	87448192	55329	2137608	1315614
外商投资股份有限公司	2312366	115681	142427	1442
二、按经济组织类型分组				
独资企业	220052939	6220652	5912490	5988856
国有企业	94958801	5968884	498468	4400611
集体企业	8286072	63732	463423	88243
私营独资企业	13183479	105572	1384568	33742
港澳台商独资经营企业	16176395	27135	1428423	150646
外资企业	87448192	55329	2137608	1315614
合作、合伙企业	9696008	66067	661552	64106
股份合作企业	3126830	28179	152316	28467
国有联营企业	178537	2982	8025	0
集体联营企业	315525	5667	61618	4397
国有与集体联营企业	341345	564	17398	5283
其他联营企业	31831	66	1546	311
私营合伙企业	2533380	19129	170652	10105
合作经营企业(港或澳、台资)	483623	298	47378	1783
中外合作经营企业	721465	714	111104	2437
其他企业(内资)	1963472	8468	91515	11323
股份有限公司	80071958	1446137	－2181807	3881685
股份有限公司(内资)	70901251	1286034	－3070538	3854591
私营股份有限公司	6184961	37276	567280	23245
港澳台商投资股份有限公司	673380	7146	179024	2407

全部工业企业主要经济指标(二)(续表2)

单位:千元

指标名称	主营业务成本	主营业务税金及附加	营业利润	亏损企业亏损额
外商投资股份有限公司	2312366	115681	142427	1442
有限责任公司	298225727	1541152	16282004	3267802
国有独资公司	13087293	71120	-238719	773417
私营有限责任公司	75505165	392179	5025423	469032
合资经营企业(港或澳、台资)	24915450	14522	1751851	96867
中外合资经营企业	88158523	190084	2926867	1125850
其他有限责任公司	96559296	873247	6816582	802636
三、按控股情况分组				
国有控股	210195999	7696675	-2655769	9594425
集体控股	13605193	93745	851369	140387
私人控股	130545597	850145	10126183	890882
港澳台控股	51654533	42666	3042786	601513
外商控股	154626316	199862	4599782	1898081
其他	47418994	390915	4709888	77161
四、按轻重工业分组				
轻工业	85311337	5470444	7947370	751393
重工业	522735295	3803564	12726869	12451056
五、按企业规模分组				
大型企业	284077048	2662728	-914965	8723366
中型企业	136831149	5780493	9038336	1825285
小型企业	187138435	830787	12550868	2653798
六、在总计中:亏损企业	202904883	2138939	-12934397	13202449
七、在总计中:民营	181853704	1208869	14799315	1055564
八、按工业行业中类分组				
采矿业	3678322	76750	552591	18418
黑色金属矿采选业	1178713	41633	251328	0

全部工业企业主要经济指标(二)(续表3)

单位:千元

指标名称	主营业务成本	主营业务税金及附加	营业利润	亏损企业亏损额
铁矿采选	1178713	41633	251328	0
有色金属矿采选业	378059	9393	87906	1600
常用有色金属矿采选	349843	9333	90687	1600
贵金属矿采选	28216	60	－2781	0
非金属矿采选业	2121550	25724	213357	16818
土砂石开采	1823985	24179	219767	6826
化学矿采选	193110	823	－10632	9992
石棉及其他非金属矿采选	104455	722	4222	0
制造业	593392853	9128516	19891872	12397245
农副食品加工业	9062275	15240	680631	185616
谷物磨制	1392849	5444	216771	279
饲料加工	463362	213	52875	1818
植物油加工	3835574	504	－26971	145753
制糖	2516	4	378	0
屠宰及肉类加工	2559420	6397	334561	37091
水产品加工	119350	249	59450	0
蔬菜、水果和坚果加工	520814	1246	31498	0
其他农副食品加工	168390	1183	12069	675
食品制造业	3640494	11997	572335	35236
焙烤食品制造	454993	563	70911	4044
糖果、巧克力及蜜饯制造	977836	1276	335467	0
方便食品制造	565971	5155	24078	8579
液体乳及乳制品制造	580261	2613	14854	10411
罐头制造	18915	115	－1534	2259
调味品、发酵制品制造	114289	28	39075	135
其他食品制造	928229	2247	89484	9808

全部工业企业主要经济指标(二)(续表4)

单位:千元

指标名称	主营业务成本	主营业务税金及附加	营业利润	亏损企业亏损额
饮料制造业	2786581	35531	275365	104036
酒的制造	108943	29865	-98728	103081
软饮料制造	2581059	2553	365707	953
精制茶加工	96579	3113	8386	2
烟草制品业	2311349	5081456	2216325	0
卷烟制造	2311223	5081455	2216201	0
其他烟草制品加工	126	1	124	0
纺织业	5073622	15633	210289	97947
棉、化纤纺织及印染精加工	1449401	4311	28784	53238
毛纺织和染整精加工	209307	96	13818	0
麻纺织	156646	73	12495	300
丝绢纺织及精加工	213372	747	724	1912
纺织制成品制造	2258222	6663	118600	40647
针织品、编织品及其制品制造	786674	3743	35868	1850
纺织服装、鞋、帽制造业	16109741	71489	900338	74838
纺织服装制造	15795409	70254	884678	73246
纺织面料鞋的制造	193643	926	10684	684
制帽	120689	309	4976	908
皮革、毛皮、羽毛(绒)及其制品业	3159161	8098	273364	15476
皮革鞣制加工	10048	48	-108	215
皮革制品制造	1251492	3807	121131	13469
毛皮鞣制及制品加工	129840	3410	8001	52
羽毛(绒)加工及制品制造	1767781	833	144340	1740
木材加工及木、竹、藤、棕、草制品业	1057903	8344	64817	5815
锯材、木片加工	63010	198	4149	416
人造板制造	475786	4481	39156	423

全部工业企业主要经济指标(二)(续表5)

单位:千元

指标名称	主营业务成本	主营业务税金及附加	营业利润	亏损企业亏损额
木制品制造	494247	2940	19826	4976
竹、藤、棕、草制品制造	24860	725	1686	0
家具制造业	1046186	5741	56118	11597
木质家具制造	533223	3234	33180	7259
竹、藤家具制造	42990	0	4292	10
金属家具制造	198317	680	15271	69
塑料家具制造	9542	10	−535	562
其他家具制造	262114	1817	3910	3697
造纸及纸制品业	2621055	12311	225791	11722
纸浆制造	0	0	1796	0
造纸	601176	4857	136083	422
纸制品制造	2019879	7454	87912	11300
印刷业和记录媒介的复制	2630389	15174	247245	44218
印刷	2421733	14166	230852	40981
装订及其他印刷服务活动	157093	998	4614	3095
记录媒介的复制	51563	10	11779	142
文教体育用品制造业	2768116	13018	187289	14290
文化用品制造	169707	589	6887	386
体育用品制造	593174	1874	66014	1050
乐器制造	105330	544	4918	469
玩具制造	1893093	10002	109382	12090
游艺器材及娱乐用品制造	6812	9	88	295
石油加工、炼焦及核燃料加工业	60230151	1212773	−3505249	3618472
精炼石油产品的制造	60225741	1212743	−3505299	3618472
炼焦	4410	30	50	0
化学原料及化学制品制造业	124591547	693721	−350851	5132148

全部工业企业主要经济指标(二)(续表6)

单位:千元

指标名称	主营业务成本	主营业务税金及附加	营业利润	亏损企业亏损额
基础化学原料制造	94915597	629237	－2344739	4721403
肥料制造	551983	1192	8979	4940
农药制造	6331122	6492	485955	10660
涂料、油墨、颜料及类似产品制造	2648588	11626	233644	6341
合成材料制造	7799223	14399	450754	296761
专用化学产品制造	10545518	26451	673368	83047
日用化学产品制造	1799516	4324	141188	8996
医药制造业	4222062	39373	772882	91817
化学药品原药制造	272135	3589	38044	7134
化学药品制剂制造	1391690	13005	409430	64142
中药饮片加工	105274	2979	24542	25
中成药制造	1925767	17266	145090	4810
兽用药品制造	178602	1415	28197	2519
生物、生化制品的制造	299072	858	131020	3921
卫生材料及医药用品制造	49522	261	－3441	9266
化学纤维制造业	2719695	999	330989	31
纤维素纤维原料及纤维制造	1422836	760	161759	0
合成纤维制造	1296859	239	169230	31
橡胶制品业	4154024	15424	352071	6148
轮胎制造	2129920	1381	190677	5127
橡胶板、管、带的制造	1225102	10074	57376	56
橡胶零件制造	68381	937	7283	903
再生橡胶制造	544111	1673	86201	0
日用及医用橡胶制品制造	11959	164	971	0
橡胶靴鞋制造	7692	60	573	0
其他橡胶制品制造	166859	1135	8990	62

全部工业企业主要经济指标(二)(续表7)

单位:千元

指标名称	主营业务成本	主营业务税金及附加	营业利润	亏损企业亏损额
塑料制品业	7863629	32081	466409	40282
塑料薄膜制造	1206685	3697	34473	13850
塑料板、管、型材的制造	1173658	5255	45471	12947
塑料丝、绳及编织品的制造	691192	3374	86143	244
泡沫塑料制造	1617595	3831	119617	1476
塑料人造革、合成革制造	3565	124	289	0
塑料包装箱及容器制造	972170	6461	80969	1986
塑料零件制造	372954	2365	34106	1832
日用塑料制造	379744	1643	13547	6400
其他塑料制品制造	1446066	5331	51794	1547
非金属矿物制品业	15295131	92604	707624	262601
水泥、石灰和石膏的制造	4235053	27024	125383	103154
水泥及石膏制品制造	5891351	33525	237631	33068
砖瓦、石材及其他建筑材料制造	1811178	16998	107488	14586
玻璃及玻璃制品制造	2043609	8792	154694	101721
陶瓷制品制造	371043	2033	21254	252
耐火材料制品制造	367266	935	17161	7081
石墨及其他非金属矿物制品制造	575631	3297	44013	2739
黑色金属冶炼及压延加工业	56863821	499049	4119499	119326
炼铁	959432	6528	13655	18679
炼钢	17385	537	3647	0
钢压延加工	55578475	491482	4034150	100647
铁合金冶炼	308529	502	68047	0
有色金属冶炼及压延加工业	20530322	151264	859217	438817
常用有色金属冶炼	2699372	117712	84436	35982
贵金属冶炼	515509	52	49286	1109

全部工业企业主要经济指标(二)(续表8)

单位：千元

指标名称	主营业务成本	主营业务税金及附加	营业利润	亏损企业亏损额
稀有稀土金属冶炼	233213	832	18471	2400
有色金属合金制造	1041959	2512	64706	1443
有色金属压延加工	16040269	30156	642318	397883
金属制品业	18450014	79030	1862211	90542
结构性金属制品制造	10256586	37980	897823	41037
金属工具制造	1223547	6322	109770	7160
集装箱及金属包装容器制造	2067048	6283	172467	3831
金属丝绳及其制品的制造	498136	3395	33081	1848
建筑、安全用金属制品制造	1057576	3942	109891	2130
金属表面处理及热处理加工	1453790	8415	212725	9320
搪瓷制品制造	204324	15	－17671	18271
不锈钢及类似日用金属制品制造	412843	823	10171	3165
其他金属制品制造	1276164	11855	333954	3780
通用设备制造业	23613961	99213	2555824	114263
锅炉及原动机制造	2733562	4921	586776	5275
金属加工机械制造	2682485	12247	192478	35109
起重运输设备制造	596425	3833	－2124	18374
泵、阀门、压缩机及类似机械的制造	2221794	8161	147546	23492
轴承、齿轮、传动和驱动部件的制造	3889224	5374	540705	3587
烘炉、熔炉及电炉制造	334666	938	43767	1678
风机、衡器、包装设备等通用设备制造	3720238	10578	414789	9070
通用零部件制造及机械修理	3595852	29668	372211	9775
金属铸、锻加工	3839715	23493	259676	7903
专用设备制造业	9812762	72794	890155	86755
矿山、冶金、建筑专用设备制造	2022422	10912	258635	24029
化工、木材、非金属加工专用设备制造	1877140	23703	142963	7317

全部工业企业主要经济指标(二)(续表9)

单位:千元

指标名称	主营业务成本	主营业务税金及附加	营业利润	亏损企业亏损额
食品、饮料、烟草及饲料生产专用设备制造	527960	3278	31469	3911
印刷、制药、日化生产专用设备制造	293120	1365	14317	2732
纺织、服装和皮革工业专用设备制造	50308	508	-4214	5730
电子和电工机械专用设备制造	932294	6318	34624	9062
农、林、牧、渔专用机械制造	632547	1453	119506	1495
医疗仪器设备及器械制造	438125	2617	36703	18708
环保、社会公共安全及其他专用设备制造	3038846	22640	256152	13771
交通运输设备制造业	39823608	380054	598501	887605
铁路运输设备制造	4796164	25623	456558	17531
汽车制造	21897982	310650	-893302	850478
摩托车制造	765039	1552	54616	3440
自行车制造	307462	1977	9825	6044
船舶及浮动装置制造	8538269	19151	911236	8996
航空航天器制造	3405159	18853	54952	245
交通器材及其他交通运输设备制造	113533	2248	4616	871
电气机械及器材制造业	25302129	304373	1791615	198033
电机制造	998134	3087	66386	15846
输配电及控制设备制造	12038759	149292	1163461	80614
电线、电缆、光缆及电工器材制造	2196025	5672	141776	7403
电池制造	2361226	1268	-24224	47268
家用电力器具制造	4904178	129612	296715	1257
非电力家用器具制造	1233399	9430	69755	25572
照明器具制造	1262930	5231	32794	18486
其他电气机械及器材制造	307478	781	44952	1587
通信设备、计算机及其他电子设备制造业	116509739	72946	1697852	567167
通信设备制造	27539355	21194	104677	80020
雷达及配套设备制造	3901975	12590	409861	189
广播电视设备制造	3106123	5716	135486	367
电子计算机制造	54980126	5957	502705	16667

全部工业企业主要经济指标(二)(续表10)

单位:千元

指标名称	主营业务成本	主营业务税金及附加	营业利润	亏损企业亏损额
电子器件制造	8936485	17503	118435	329912
电子元件制造	6285325	8706	216361	100810
家用视听设备制造	10701017	315	178828	30403
其他电子设备制造	1059333	965	31499	8799
仪器仪表及文化、办公用机械制造业	6657989	46498	612366	121481
通用仪器仪表制造	4308101	39005	581023	20392
专用仪器仪表制造	420410	4117	51119	7543
钟表与计时仪器制造	11632	274	1269	95
光学仪器及眼镜制造	1656106	2249	8132	51027
文化、办公用机械制造	184740	356	-4640	9856
其他仪器仪表的制造及修理	77000	497	-24537	32568
工艺品及其他制造业	2368239	18988	57234	13080
工艺美术品制造	2196759	18161	53069	6736
日用杂品制造	73504	240	5754	741
煤制品制造	6259	175	1050	0
其他未列明的制造业	91717	412	-2639	5603
废弃资源和废旧材料回收加工业	2117158	23300	163616	7886
金属废料和碎屑的加工处理	2097923	23189	162880	6571
非金属废料和碎屑的加工处理	19235	111	736	1315
电力、燃气及水的生产和供应业	10975457	68742	229776	786786
电力、热力的生产和供应业	8020209	56381	-72344	761906
电力生产	7963072	55112	-78502	760825
电力供应	57137	1269	6158	1081
燃气生产和供应业	2241855	2313	264263	468
燃气生产和供应业	2241855	2313	264263	468
水的生产和供应业	713393	10048	37857	24412
自来水的生产和供应	635517	9516	11445	24034
污水处理及其再生利用	74276	419	26194	327
其他水的处理、利用与分配	3600	113	218	51

全部工业企业主要经济指标(三)

单位:千元

指标名称	职工工资和福利费	本年应交增值税	固定资产原价	所有者权益合计
总　计	**28194456**	**19948167**	**287662218**	**229618081**
一、按登记注册类型分组				
内资企业	19944870	12960232	190693287	152306778
国有企业	3750673	3881626	63076364	53823543
集体企业	582931	311561	1641817	1741443
股份合作企业	189418	205757	2798560	1948665
联营企业	61000	43261	318743	201623
国有联营企业	13440	10900	147454	119507
集体联营企业	21578	23524	120851	109684
国有与集体联营企业	20791	7917	31322	-39857
其他联营企业	5191	920	19116	12289
有限责任公司	6624476	4038593	70313022	54015112
国有独资公司	1487533	345933	16058511	10937158
其他有限责任公司	5136943	3692660	54254511	43077954
股份有限公司	1428853	359094	24928513	10804483
私营企业	7150975	4056451	27063995	29119297
私营独资企业	1178359	558830	3568912	3099453
私营合伙企业	242629	103508	793273	680495
私营有限责任公司	5355249	3063482	21574330	23493507
私营股份有限公司	374738	330631	1127480	1845842
其他企业	156544	63889	552273	652612
港、澳、台商投资企业	2414020	1683941	14153836	18225412
合资经营企业(港或澳、台资)	1206947	855589	7933883	8132989
合作经营企业(港或澳、台资)	24256	23802	154441	129503
港澳台商独资经营企业	1130106	765195	5764556	9274280
港澳台商投资股份有限公司	52711	39355	300956	688640

全部工业企业主要经济指标(三)(续表1)

单位:千元

指标名称	职工工资和福利费	本年应交增值税	固定资产原价	所有者权益合计
外商投资企业	5835566	5303994	82815095	59085891
中外合资经营企业	2663613	3608278	50607019	32579276
中外合作经营企业	62102	45859	625796	719537
外资企业	2962574	1559833	31172597	24607000
外商投资股份有限公司	147277	90024	409683	1180078
二、按经济组织类型分组				
独资企业	9604643	7077045	105224246	92545719
国有企业	3750673	3881626	63076364	53823543
集体企业	582931	311561	1641817	1741443
私营独资企业	1178359	558830	3568912	3099453
港澳台商独资经营企业	1130106	765195	5764556	9274280
外资企业	2962574	1559833	31172597	24607000
合作、合伙企业	735949	486076	5243086	4332435
股份合作企业	189418	205757	2798560	1948665
国有联营企业	13440	10900	147454	119507
集体联营企业	21578	23524	120851	109684
国有与集体联营企业	20791	7917	31322	－39857
其他联营企业	5191	920	19116	12289
私营合伙企业	242629	103508	793273	680495
合作经营企业(港或澳、台资)	24256	23802	154441	129503
中外合作经营企业	62102	45859	625796	719537
其他企业(内资)	156544	63889	552273	652612
股份有限公司	2003579	819104	26766632	14519043
股份有限公司(内资)	1428853	359094	24928513	10804483
私营股份有限公司	374738	330631	1127480	1845842
港澳台商投资股份有限公司	52711	39355	300956	688640

全部工业企业主要经济指标(三)(续表 2)

单位:千元

指标名称	职工工资和福利费	本年应交增值税	固定资产原价	所有者权益合计
外商投资股份有限公司	147277	90024	409683	1180078
有限责任公司	15850285	11565942	150428254	118220884
国有独资公司	1487533	345933	16058511	10937158
私营有限责任公司	5355249	3063482	21574330	23493507
合资经营企业(港或澳、台资)	1206947	855589	7933883	8132989
中外合资经营企业	2663613	3608278	50607019	32579276
其他有限责任公司	5136943	3692660	54254511	43077954
三、按控股情况分组				
国有控股	9036653	5643738	133871020	93328458
集体控股	939209	611668	4009624	4261199
私人控股	9433033	5425600	38258463	42380861
港澳台控股	2312226	1529379	13509683	17007815
外商控股	4988681	4677161	75088947	51556789
其他	1484654	2060621	22924481	21082959
四、按轻重工业分组				
轻工业	5868327	5406798	36468845	42162327
重工业	22326129	14541369	251193373	187455754
五、按企业规模分组				
大型企业	8476287	4924462	138253032	82122215
中型企业	7201647	7255936	76480050	68987735
小型企业	12516522	7767769	72929136	78508131
六、在总计中:亏损企业	6152553	1910994	101038108	46198471
七、在总计中:民营	11227753	7571630	62216282	62608223
八、按工业行业中类分组				
采矿业	424650	263963	2081197	1939870
黑色金属矿采选业	246529	163568	1343451	1226092

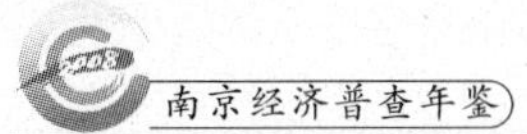

全部工业企业主要经济指标(三)(续表3)

单位:千元

指标名称	职工工资和福利费	本年应交增值税	固定资产原价	所有者权益合计
铁矿采选	246529	163568	1343451	1226092
有色金属矿采选业	51115	32920	265057	299418
常用有色金属矿采选	46565	32454	252481	301066
贵金属矿采选	4550	466	12576	-1648
非金属矿采选业	127006	67475	472689	414360
土砂石开采	110986	62488	406537	385663
化学矿采选	8887	3255	56976	19052
石棉及其他非金属矿采选	7133	1732	9176	9645
制造业	26961045	19055034	259209473	211115400
农副食品加工业	364186	269341	1520237	2075995
谷物磨制	44202	50950	165523	202707
饲料加工	18179	7251	104844	189887
植物油加工	36969	20090	460513	206065
制糖	625	47	1255	3000
屠宰及肉类加工	170889	143574	540942	1198995
水产品加工	9369	19316	40269	99460
蔬菜、水果和坚果加工	58821	22300	139304	113855
其他农副食品加工	25132	5813	67587	62026
食品制造业	358430	261940	1975441	2828036
焙烤食品制造	48276	23631	397413	341592
糖果、巧克力及蜜饯制造	88938	107241	436988	1259722
方便食品制造	60475	33872	336253	246620
液体乳及乳制品制造	82690	38439	305124	196565
罐头制造	4242	561	14482	29876
调味品、发酵制品制造	11041	11069	53290	164616
其他食品制造	62768	47127	431891	589045

全部工业企业主要经济指标(三)(续表4)

单位:千元

指标名称	职工工资和福利费	本年应交增值税	固定资产原价	所有者权益合计
饮料制造业	266764	160716	1873615	1312435
酒的制造	66358	9349	519026	198577
软饮料制造	182310	147538	1292774	1053044
精制茶加工	18096	3829	61815	60814
烟草制品业	175085	1411066	2333222	8678991
卷烟制造	175022	1411058	2333022	8678145
其他烟草制品加工	63	8	200	846
纺织业	454701	180057	2682521	2510658
棉、化纤纺织及印染精加工	165118	46134	1068853	775202
毛纺织和染整精加工	24793	7878	255416	294673
麻纺织	4275	2773	26215	23552
丝绢纺织及精加工	20266	20869	98941	75390
纺织制成品制造	147840	66918	905507	855912
针织品、编织品及其制品制造	92409	35485	327589	485929
纺织服装、鞋、帽制造业	1842490	672783	3610443	4264474
纺织服装制造	1791938	657238	3524893	4169182
纺织面料鞋的制造	37270	6993	44694	34531
制帽	13282	8552	40856	60761
皮革、毛皮、羽毛(绒)及其制品业	197505	238147	565371	827955
皮革鞣制加工	2846	358	7085	5103
皮革制品制造	134364	62288	281402	486598
毛皮鞣制及制品加工	26937	2343	32627	41204
羽毛(绒)加工及制品制造	33358	173158	244257	295050
木材加工及木、竹、藤、棕、草制品业	69830	34781	387876	524072
锯材、木片加工	7425	2024	18918	99962
人造板制造	22407	17448	202301	259462

全部工业企业主要经济指标(三)(续表5)

单位:千元

指标名称	职工工资和福利费	本年应交增值税	固定资产原价	所有者权益合计
木制品制造	36341	14272	154128	154632
竹、藤、棕、草制品制造	3657	1037	12529	10016
家具制造业	136673	41763	502396	494771
木质家具制造	79818	18395	290326	179152
竹、藤家具制造	2403	2050	19657	29653
金属家具制造	39794	7824	76514	105231
塑料家具制造	648	140	11842	11500
其他家具制造	14010	13354	104057	169235
造纸及纸制品业	203260	105130	1097106	1037406
纸浆制造	33	53	1032	600
造纸	36558	41317	228316	285511
纸制品制造	166669	63760	867758	751295
印刷业和记录媒介的复制	280676	141697	2221304	1617306
印刷	256685	128798	2118200	1523698
装订及其他印刷服务活动	19140	5492	98617	85867
记录媒介的复制	4851	7407	4487	7741
文教体育用品制造业	315884	154831	695663	792830
文化用品制造	25426	9049	66673	112233
体育用品制造	99851	28955	218554	233908
乐器制造	12482	3147	61814	55266
玩具制造	177101	113616	340878	371520
游艺器材及娱乐用品制造	1024	64	7744	19903
石油加工、炼焦及核燃料加工业	362085	-189038	15469147	2874709
精炼石油产品的制造	361995	-189058	15468897	2874409
炼焦	90	20	250	300
化学原料及化学制品制造业	3278092	2635291	71865906	47047551

全部工业企业主要经济指标(三)(续表6)

单位:千元

指标名称	职工工资和福利费	本年应交增值税	固定资产原价	所有者权益合计
基础化学原料制造	2172851	1984717	61223356	37234526
肥料制造	28791	15336	123239	144291
农药制造	189024	106664	2129194	2724877
涂料、油墨、颜料及类似产品制造	131715	84000	553679	962247
合成材料制造	186048	78568	2531519	1563140
专用化学产品制造	493753	315694	4942762	3945822
日用化学产品制造	75910	50312	362157	472648
医药制造业	522068	533358	3883954	5836924
化学药品原药制造	42017	34128	475078	362725
化学药品制剂制造	174160	238492	1424260	2363053
中药饮片加工	6718	15007	231704	136963
中成药制造	224949	155388	1275344	2258893
兽用药品制造	37151	15893	246868	147445
生物、生化制品的制造	27634	72320	134781	406062
卫生材料及医药用品制造	9439	2130	95919	161783
化学纤维制造业	191691	117348	3989649	1924538
纤维素纤维原料及纤维制造	147251	80741	2035351	1499466
合成纤维制造	44440	36607	1954298	425072
橡胶制品业	237937	210910	2892376	1604294
轮胎制造	84093	39743	2383665	1140851
橡胶板、管、带的制造	113773	116515	304419	250915
橡胶零件制造	10850	5001	49677	60514
再生橡胶制造	10154	40739	61679	41440
日用及医用橡胶制品制造	1677	435	3185	5665
橡胶靴鞋制造	756	255	5120	1855
其他橡胶制品制造	16634	8222	84631	103054

全部工业企业主要经济指标(三)(续表7)

单位:千元

指标名称	职工工资和福利费	本年应交增值税	固定资产原价	所有者权益合计
塑料制品业	532022	305665	2939022	3212285
塑料薄膜制造	78054	40292	535884	332450
塑料板、管、型材的制造	88216	39831	531882	373077
塑料丝、绳及编织品的制造	56715	33642	185389	273061
泡沫塑料制造	65037	46786	383572	975134
塑料人造革、合成革制造	286	131	1650	500
塑料包装箱及容器制造	64822	48802	412348	416090
塑料零件制造	29814	17146	117324	107706
日用塑料制造	33849	22392	185314	183306
其他塑料制品制造	115229	56643	585659	550961
非金属矿物制品业	1107823	840432	11522862	8509781
水泥、石灰和石膏的制造	246610	276067	5007485	2651474
水泥及石膏制品制造	329955	323833	2984162	2505667
砖瓦、石材及其他建筑材料制造	239637	80609	1054741	1128618
玻璃及玻璃制品制造	211052	112741	2003533	1502605
陶瓷制品制造	42175	19663	266244	531555
耐火材料制品制造	10112	8683	78225	33265
石墨及其他非金属矿物制品制造	28282	18836	128472	156597
黑色金属冶炼及压延加工业	1168914	2485551	33986440	22390754
炼铁	67238	46648	339454	233735
炼钢	6220	2127	14672	62203
钢压延加工	1083413	2404741	33592554	22041737
铁合金冶炼	12043	32035	39760	53079
有色金属冶炼及压延加工业	386112	518658	2174782	2772028
常用有色金属冶炼	114696	92343	547878	1265054
贵金属冶炼	7242	53298	13442	10144

全部工业企业主要经济指标(三)(续表8)

单位:千元

指标名称	职工工资和福利费	本年应交增值税	固定资产原价	所有者权益合计
稀有稀土金属冶炼	19772	6609	72819	71162
有色金属合金制造	55486	67215	115340	155323
有色金属压延加工	188916	299193	1425303	1270345
金属制品业	1283581	780473	5492983	6094291
结构性金属制品制造	564081	405321	1985285	2403777
金属工具制造	131616	50012	522438	609580
集装箱及金属包装容器制造	138356	49440	525058	991764
金属丝绳及其制品的制造	31381	18114	128433	106760
建筑、安全用金属制品制造	80624	56613	346473	431116
金属表面处理及热处理加工	118936	51501	294596	293324
搪瓷制品制造	16607	10521	293713	66880
不锈钢及类似日用金属制品制造	27978	17426	97477	154279
其他金属制品制造	174002	121525	1299510	1036811
通用设备制造业	2172744	1052546	10550609	12983499
锅炉及原动机制造	313543	188489	1210092	1990205
金属加工机械制造	298320	107131	1254694	1512529
起重运输设备制造	54202	21714	405583	379571
泵、阀门、压缩机及类似机械的制造	197690	93615	956794	1066140
轴承、齿轮、传动和驱动部件的制造	221284	106632	2021750	2736826
烘炉、熔炉及电炉制造	30407	16609	85114	127530
风机、衡器、包装设备等通用设备制造	381504	150635	1897574	2135273
通用零部件制造及机械修理	294962	205619	1414314	1977507
金属铸、锻加工	380832	162102	1304694	1057918
专用设备制造业	981299	429488	3724446	4993276
矿山、冶金、建筑专用设备制造	176618	69792	686828	791806
化工、木材、非金属加工专用设备制造	242292	101570	682741	718384

全部工业企业主要经济指标(三)(续表9)

单位:千元

指标名称	职工工资和福利费	本年应交增值税	固定资产原价	所有者权益合计
食品、饮料、烟草及饲料生产专用设备制造	63846	25659	324647	299806
印刷、制药、日化生产专用设备制造	35011	12042	114143	133226
纺织、服装和皮革工业专用设备制造	12014	2570	108355	80741
电子和电工机械专用设备制造	126754	48175	574495	583573
农、林、牧、渔专用机械制造	21281	23419	73128	157898
医疗仪器设备及器械制造	95536	31664	230942	374309
环保、社会公共安全及其他专用设备制造	207947	114597	929167	1853533
交通运输设备制造业	3469278	1417295	25155416	14956923
铁路运输设备制造	426849	273849	1214483	2016365
汽车制造	1648345	866258	17193276	7681848
摩托车制造	73332	40714	553519	433608
自行车制造	29630	10128	82880	86556
船舶及浮动装置制造	956991	177114	2949139	1937753
航空航天器制造	317694	46470	3079989	2680832
交通器材及其他交通运输设备制造	16437	2762	82130	119961
电气机械及器材制造业	1808837	1644796	8601898	15798227
电机制造	100861	61646	400782	635078
输配电及控制设备制造	980145	866274	3077625	10836377
电线、电缆、光缆及电工器材制造	139326	64380	1216875	486075
电池制造	99550	213852	541503	967447
家用电力器具制造	261487	332805	1970968	1362106
非电力家用器具制造	56487	43291	491282	369103
照明器具制造	136215	42050	710647	829004
其他电气机械及器材制造	34766	20498	192216	313037
通信设备、计算机及其他电子设备制造业	3822763	2087447	34030791	25764051
通信设备制造	799243	1208327	4313238	5433547
雷达及配套设备制造	606553	37435	7193571	3508141
广播电视设备制造	128631	8858	908734	839320
电子计算机制造	738818	189297	7579596	5588294

全部工业企业主要经济指标(三)(续表10)

单位:千元

指标名称	职工工资和福利费	本年应交增值税	固定资产原价	所有者权益合计
电子器件制造	854618	211821	9649042	5505504
电子元件制造	530978	153879	3343513	3287448
家用视听设备制造	104848	255847	880713	1133170
其他电子设备制造	59074	21983	162384	468627
仪器仪表及文化、办公用机械制造业	779134	355379	2787311	6613511
通用仪器仪表制造	463790	279697	1112873	3734238
专用仪器仪表制造	57403	28479	263532	504320
钟表与计时仪器制造	6108	813	20708	39093
光学仪器及眼镜制造	211571	32138	1091808	1932388
文化、办公用机械制造	26203	10713	205228	324611
其他仪器仪表的制造及修理	14059	3539	93162	78861
工艺品及其他制造业	104556	51803	452259	487402
工艺美术品制造	85475	46317	391528	396916
日用杂品制造	11747	2587	38415	50227
煤制品制造	2486	561	2757	6302
其他未列明的制造业	4848	2338	19559	33957
废弃资源和废旧材料回收加工业	86625	105380	224427	286427
金属废料和碎屑的加工处理	83413	103926	208075	257693
非金属废料和碎屑的加工处理	3212	1454	16352	28734
电力、燃气及水的生产和供应业	808761	629170	26371548	16562811
电力、热力的生产和供应业	509942	466309	19153533	11014206
电力生产	505202	463414	18911867	10976656
电力供应	4740	2895	241666	37550
燃气生产和供应业	121127	111040	1999853	1617178
燃气生产和供应业	121127	111040	1999853	1617178
水的生产和供应业	177692	51821	5218162	3931427
自来水的生产和供应	169361	42926	4958877	3613597
污水处理及其再生利用	8065	8751	258029	316664
其他水的处理、利用与分配	266	144	1256	1166

全部工业企业主要经济指标(四)

单位:千元

指标名称	实收资本	1. 国家资本	2. 集体资本	3. 法人资本
总　计	**153121642**	**21619096**	**1794973**	**69905856**
一、按登记注册类型分组				
内资企业	99212120	19220818	1699684	60720689
国有企业	34894130	10969644	11694	23468365
集体企业	824610	18358	751009	29109
股份合作企业	1699830	17	32064	1505151
联营企业	95353	19121	54239	11917
国有联营企业	10922	9872	0	0
集体联营企业	60484	0	52033	2668
国有与集体联营企业	11891	6933	1906	3052
其他联营企业	12056	2316	300	6197
有限责任公司	33295237	6151730	691867	23532439
国有独资公司	8931770	1255069	0	7676701
其他有限责任公司	24363467	4896661	691867	15855738
股份有限公司	10057096	1921743	68775	7203318
私营企业	17825399	5213	75732	4670360
私营独资企业	1998611	2006	6055	480799
私营合伙企业	500248	260	3890	95838
私营有限责任公司	14381643	2947	62287	3792490
私营股份有限公司	944897	0	3500	301233
其他企业	520465	134992	14304	300030
港、澳、台商投资企业	12075615	267280	81390	2130200
合资经营企业(港或澳、台资)	4903538	267280	63993	1516762
合作经营企业(港或澳、台资)	68920	0	16240	18248
港澳台商独资经营企业	6607969	0	0	401690
港澳台商投资股份有限公司	495188	0	1157	193500

全部工业企业主要经济指标(四)(续表1)

单位:千元

指标名称	实收资本	1. 国家资本	2. 集体资本	3. 法人资本
外商投资企业	41833907	2130998	13899	7054967
中外合资经营企业	20120116	2130998	13450	5789944
中外合作经营企业	603232	0	449	90317
外资企业	20755439	0	0	1140014
外商投资股份有限公司	355120	0	0	34692
二、按经济组织类型分组				
独资企业	65080759	10990008	768758	25519977
国有企业	34894130	10969644	11694	23468365
集体企业	824610	18358	751009	29109
私营独资企业	1998611	2006	6055	480799
港澳台商独资经营企业	6607969	0	0	401690
外资企业	20755439	0	0	1140014
合作、合伙企业	3488048	154390	121186	2021501
股份合作企业	1699830	17	32064	1505151
国有联营企业	10922	9872	0	0
集体联营企业	60484	0	52033	2668
国有与集体联营企业	11891	6933	1906	3052
其他联营企业	12056	2316	300	6197
私营合伙企业	500248	260	3890	95838
合作经营企业(港或澳、台资)	68920	0	16240	18248
中外合作经营企业	603232	0	449	90317
其他企业(内资)	520465	134992	14304	300030
股份有限公司	11852301	1921743	73432	7732743
股份有限公司(内资)	10057096	1921743	68775	7203318
私营股份有限公司	944897	0	3500	301233
港澳台商投资股份有限公司	495188	0	1157	193500

全部工业企业主要经济指标(四)(续表2)

单位:千元

指标名称	实收资本	1. 国家资本	2. 集体资本	3. 法人资本
外商投资股份有限公司	355120	0	0	34692
有限责任公司	72700534	8552955	831597	34631635
国有独资公司	8931770	1255069	0	7676701
私营有限责任公司	14381643	2947	62287	3792490
合资经营企业(港或澳、台资)	4903538	267280	63993	1516762
中外合资经营企业	20120116	2130998	13450	5789944
其他有限责任公司	24363467	4896661	691867	15855738
三、按控股情况分组				
国有控股	70490487	20735354	47469	47230413
集体控股	2254798	10594	1699945	429484
私人控股	24900668	161055	36402	8147460
港澳台控股	11678529	243844	7613	1336151
外商控股	36475401	457561	1366	5803428
其他	7321759	10688	2178	6958920
四、按轻重工业分组				
轻工业	21876856	2497127	306178	4482514
重工业	131244786	19121969	1488795	65423342
五、按企业规模分组				
大型企业	64810133	11366048	0	44274549
中型企业	30444657	5549342	300603	11202926
小型企业	57866852	4703706	1494370	14428381
六、在总计中:亏损企业	59799486	5593843	547959	36063464
七、在总计中:民营	31702442	181380	1652215	13733627
八、按工业行业中类分组				
采矿业	829982	26301	11294	637427
黑色金属矿采选业	527015	2507	0	502065

全部工业企业主要经济指标(四)(续表 3)

单位：千元

指标名称	实收资本	1. 国家资本	2. 集体资本	3. 法人资本
铁矿采选	527015	2507	0	502065
有色金属矿采选业	112162	19280	0	91702
常用有色金属矿采选	108838	19280	0	88378
贵金属矿采选	3324	0	0	3324
非金属矿采选业	190805	4514	11294	43660
土砂石开采	186410	4514	10294	43660
化学矿采选	1000	0	950	0
石棉及其他非金属矿采选	3395	0	50	0
制造业	137633569	18164757	1696226	59587222
农副食品加工业	1650692	66841	10467	340635
谷物磨制	87993	3010	2720	9500
饲料加工	142303	63660	0	3546
植物油加工	282191	0	514	135328
制糖	3000	0	0	0
屠宰及肉类加工	945266	171	3277	117041
水产品加工	59511	0	0	15053
蔬菜、水果和坚果加工	74257	0	3700	33447
其他农副食品加工	56171	0	256	26720
食品制造业	1607875	16955	27654	274138
焙烤食品制造	458518	2960	0	16617
糖果、巧克力及蜜饯制造	270525	5095	0	71531
方便食品制造	107058	0	0	48880
液体乳及乳制品制造	134951	0	0	25000
罐头制造	36600	0	0	30500
调味品、发酵制品制造	130441	1050	0	1110
其他食品制造	469782	7850	27654	80500

全部工业企业主要经济指标(四)(续表4)

单位:千元

指标名称	实收资本	1. 国家资本	2. 集体资本	3. 法人资本
饮料制造业	1352716	56026	4104	107623
酒的制造	635837	0	0	30211
软饮料制造	681499	37224	604	76049
精制茶加工	35380	18802	3500	1363
烟草制品业	372555	372086	0	469
卷烟制造	372086	372086	0	0
其他烟草制品加工	469	0	0	469
纺织业	2348876	50503	22651	338221
棉、化纤纺织及印染精加工	942409	46402	2497	100869
毛纺织和染整精加工	177432	0	0	52324
麻纺织	24933	0	16300	200
丝绢纺织及精加工	39780	0	258	8182
纺织制成品制造	744980	0	3596	128086
针织品、编织品及其制品制造	419342	4101	0	48560
纺织服装、鞋、帽制造业	2192840	151615	10587	407476
纺织服装制造	2145410	151615	9944	400352
纺织面料鞋的制造	22561	0	643	5050
制帽	24869	0	0	2074
皮革、毛皮、羽毛(绒)及其制品业	495276	985	29888	48872
皮革鞣制加工	5950	0	0	5150
皮革制品制造	297102	0	19041	35512
毛皮鞣制及制品加工	19587	0	0	3060
羽毛(绒)加工及制品制造	172637	985	10847	5150
木材加工及木、竹、藤、棕、草制品业	466609	1510	418	152644
锯材、木片加工	96642	0	418	89902
人造板制造	244370	0	0	31302

全部工业企业主要经济指标(四)(续表5)

单位:千元

指标名称	实收资本	1. 国家资本	2. 集体资本	3. 法人资本
木制品制造	120484	1500	0	30940
竹、藤、棕、草制品制造	5113	10	0	500
家具制造业	455814	0	2228	82646
木质家具制造	264547	0	1686	58400
竹、藤家具制造	27605	0	91	0
金属家具制造	98751	0	300	12080
塑料家具制造	11710	0	0	230
其他家具制造	53201	0	151	11936
造纸及纸制品业	722059	0	30349	142816
纸浆制造	600	0	0	0
造纸	110021	0	16896	11629
纸制品制造	611438	0	13453	131187
印刷业和记录媒介的复制	956821	242722	72536	209082
印刷	884693	242354	67191	174287
装订及其他印刷服务活动	65628	368	5345	30295
记录媒介的复制	6500	0	0	4500
文教体育用品制造业	477955	6322	2730	103426
文化用品制造	77458	5963	630	33123
体育用品制造	128441	0	0	15422
乐器制造	38387	359	0	20245
玩具制造	214325	0	2100	29586
游艺器材及娱乐用品制造	19344	0	0	5050
石油加工、炼焦及核燃料加工业	5929446	0	343655	5426276
精炼石油产品的制造	5929146	0	343655	5426276
炼焦	300	0	0	0
化学原料及化学制品制造业	34093886	1204784	184660	24359467

全部工业企业主要经济指标(四)(续表6)

单位:千元

指标名称	实收资本	1. 国家资本	2. 集体资本	3. 法人资本
基础化学原料制造	27660547	696170	22428	22719577
肥料制造	129553	0	24272	38385
农药制造	1336740	241227	12292	583393
涂料、油墨、颜料及类似产品制造	666899	0	107225	85580
合成材料制造	1260454	18830	3226	524189
专用化学产品制造	2765927	237140	14787	382461
日用化学产品制造	273766	11417	430	25882
医药制造业	3051945	410607	10900	1219349
化学药品原药制造	195870	26330	0	121500
化学药品制剂制造	1453856	204329	9900	556165
中药饮片加工	77971	0	0	75000
中成药制造	769182	96160	0	300512
兽用药品制造	189474	49105	0	44145
生物、生化制品的制造	217548	34683	0	70547
卫生材料及医药用品制造	148044	0	1000	51480
化学纤维制造业	1580894	109500	0	580814
纤维素纤维原料及纤维制造	801747	108500	0	282406
合成纤维制造	779147	1000	0	298408
橡胶制品业	1232634	64410	7139	334572
轮胎制造	917306	12960	5694	221238
橡胶板、管、带的制造	164564	51450	693	52800
橡胶零件制造	43926	0	202	7364
再生橡胶制造	12536	0	0	1000
日用及医用橡胶制品制造	3673	0	0	1100
橡胶靴鞋制造	1638	0	0	0
其他橡胶制品制造	88991	0	550	51070

全部工业企业主要经济指标(四)(续表7)

单位：千元

指标名称	实收资本	1. 国家资本	2. 集体资本	3. 法人资本
塑料制品业	2175810	77968	42052	802496
塑料薄膜制造	254665	36968	5860	127048
塑料板、管、型材的制造	332096	0	9974	164722
塑料丝、绳及编织品的制造	112987	0	346	6450
泡沫塑料制造	516629	0	5	387596
塑料人造革、合成革制造	500	0	0	0
塑料包装箱及容器制造	239520	0	2254	35213
塑料零件制造	72961	0	7997	13293
日用塑料制造	205264	1000	0	14454
其他塑料制品制造	441188	40000	15616	53720
非金属矿物制品业	6503327	578223	156237	1381584
水泥、石灰和石膏的制造	1799669	492545	90303	185804
水泥及石膏制品制造	1677872	51875	11688	506467
砖瓦、石材及其他建筑材料制造	816026	2950	14946	208052
玻璃及玻璃制品制造	1847962	4853	7065	399573
陶瓷制品制造	215472	26000	0	61339
耐火材料制品制造	26394	0	0	5380
石墨及其他非金属矿物制品制造	119932	0	32235	14969
黑色金属冶炼及压延加工业	9990377	6492025	9862	2914938
炼铁	108591	0	3795	32188
炼钢	54540	0	0	35292
钢压延加工	9808655	6492025	6067	2842064
铁合金冶炼	18591	0	0	5394
有色金属冶炼及压延加工业	1575446	53646	9259	135717
常用有色金属冶炼	478618	0	700	15320
贵金属冶炼	6344	0	3994	1617

全部工业企业主要经济指标(四)(续表 8)

单位:千元

指标名称	实收资本	1. 国家资本	2. 集体资本	3. 法人资本
稀有稀土金属冶炼	24748	5572	0	4900
有色金属合金制造	71705	0	356	7427
有色金属压延加工	994031	48074	4209	106453
金属制品业	3910802	168445	39254	1127553
结构性金属制品制造	1445538	9818	17663	424805
金属工具制造	428532	2135	50	29585
集装箱及金属包装容器制造	557008	156092	650	87544
金属丝绳及其制品的制造	54772	0	403	15948
建筑、安全用金属制品制造	369081	0	1000	29493
金属表面处理及热处理加工	132542	400	14539	15095
搪瓷制品制造	167540	0	0	0
不锈钢及类似日用金属制品制造	140605	0	3800	26222
其他金属制品制造	615184	0	1149	498861
通用设备制造业	7533359	318156	57860	2980888
锅炉及原动机制造	712524	70959	2359	214605
金属加工机械制造	1021386	20100	22569	202289
起重运输设备制造	225607	7355	3360	49681
泵、阀门、压缩机及类似机械的制造	778023	67927	3638	160563
轴承、齿轮、传动和驱动部件的制造	1617259	48507	6010	1457652
烘炉、熔炉及电炉制造	80449	1800	0	22822
风机、衡器、包装设备等通用设备制造	1417224	58228	977	341512
通用零部件制造及机械修理	1056644	17992	13574	364586
金属铸、锻加工	624243	25288	5373	167178
专用设备制造业	3587517	94696	98910	801059
矿山、冶金、建筑专用设备制造	617230	5091	400	157634
化工、木材、非金属加工专用设备制造	469647	3802	70993	44823

全部工业企业主要经济指标(四)(续表9)

单位:千元

指标名称	实收资本	1. 国家资本	2. 集体资本	3. 法人资本
食品、饮料、烟草及饲料生产专用设备制造	260810	500	2993	93716
印刷、制药、日化生产专用设备制造	86735	2070	10187	26030
纺织、服装和皮革工业专用设备制造	30409	0	0	14321
电子和电工机械专用设备制造	374797	1000	8009	93854
农、林、牧、渔专用机械制造	49178	200	418	1710
医疗仪器设备及器械制造	336818	904	500	98126
环保、社会公共安全及其他专用设备制造	1361893	81129	5410	270845
交通运输设备制造业	16485136	3270320	141726	9560678
铁路运输设备制造	1477996	341855	32977	855693
汽车制造	12478770	1771342	70675	7993341
摩托车制造	403609	121390	15936	67541
自行车制造	107584	0	1298	50050
船舶及浮动装置制造	1042385	243536	15646	535671
航空航天器制造	900924	792197	0	43542
交通器材及其他交通运输设备制造	73868	0	5194	14840
电气机械及器材制造业	6989203	618846	106647	1375974
电机制造	621300	38366	4435	235587
输配电及控制设备制造	2292516	180385	24180	671300
电线、电缆、光缆及电工器材制造	833145	177925	9293	61670
电池制造	990730	7890	278	18172
家用电力器具制造	970343	128692	13	51205
非电力家用器具制造	421490	0	36370	105215
照明器具制造	630740	85040	23020	164887
其他电气机械及器材制造	228939	548	9058	67938
通信设备、计算机及其他电子设备制造业	16523149	3261727	76681	3356364
通信设备制造	3104553	1405445	54520	302152
雷达及配套设备制造	1143005	635000	0	507738
广播电视设备制造	471714	37844	356	341247
电子计算机制造	3700837	659559	0	100789

全部工业企业主要经济指标(四)(续表10)

单位:千元

指标名称	实收资本	1. 国家资本	2. 集体资本	3. 法人资本
电子器件制造	5079567	509175	0	1505999
电子元件制造	1925045	14102	16222	542562
家用视听设备制造	798590	0	483	6820
其他电子设备制造	299838	602	5100	49057
仪器仪表及文化、办公用机械制造业	2886797	475819	119735	962082
通用仪器仪表制造	1489831	217520	115427	544525
专用仪器仪表制造	303200	60691	1358	113593
钟表与计时仪器制造	36494	0	0	27290
光学仪器及眼镜制造	651389	113293	2300	249089
文化、办公用机械制造	297004	82186	650	25704
其他仪器仪表的制造及修理	108879	2129	0	1881
工艺品及其他制造业	350806	20	42549	52563
工艺美术品制造	272930	20	40768	29288
日用杂品制造	44990	0	1731	600
煤制品制造	1475	0	0	1175
其他未列明的制造业	31411	0	50	21500
废弃资源和废旧材料回收加工业	132947	0	35488	6800
金属废料和碎屑的加工处理	114158	0	34839	6800
非金属废料和碎屑的加工处理	18789	0	649	0
电力、燃气及水的生产和供应业	14658091	3428038	87453	9681207
电力、热力的生产和供应业	11553825	2070795	0	8877371
电力生产	11510825	2070795	0	8834371
电力供应	43000	0	0	43000
燃气生产和供应业	1071753	335300	0	129044
燃气生产和供应业	1071753	335300	0	129044
水的生产和供应业	2032513	1021943	87453	674792
自来水的生产和供应	1713114	847467	87030	672292
污水处理及其再生利用	318289	174476	423	2500
其他水的处理、利用与分配	1110	0	0	0

全部工业企业主要经济指标(五)

单位:千元

指标名称	4. 个人资本	5. 港澳台资本	6. 外商资本	全部从业人员年平均人数(人)
总　计	**17501019**	**10739791**	**31560907**	**902103**
一、按登记注册类型分组				
内资企业	16804346	97338	669245	658740
国有企业	248941	9015	186471	78130
集体企业	26134	0	0	27597
股份合作企业	162437	30	131	8532
联营企业	3783	1050	5243	2848
国有联营企业	0	1050	0	609
集体联营企业	540	0	5243	821
国有与集体联营企业	0	0	0	1150
其他联营企业	3243	0	0	268
有限责任公司	2605302	30569	283330	164349
国有独资公司	0	0	0	26893
其他有限责任公司	2605302	30569	283330	137456
股份有限公司	716816	46444	100000	30740
私营企业	12969794	10230	94070	340336
私营独资企业	1503486	6074	191	67687
私营合伙企业	398360	0	1900	14772
私营有限责任公司	10427784	4156	91979	242265
私营股份有限公司	640164	0	0	15612
其他企业	71139	0	0	6208
港、澳、台商投资企业	222295	9097152	277298	77185
合资经营企业(港或澳、台资)	208396	2602340	244767	36428
合作经营企业(港或澳、台资)	1864	31739	829	778
港澳台商独资经营企业	11072	6163505	31702	38602
港澳台商投资股份有限公司	963	299568	0	1377

全部工业企业主要经济指标(五)(续表1)

单位:千元

指标名称	4. 个人资本	5. 港澳台资本	6. 外商资本	全部从业人员年平均人数(人)
外商投资企业	474378	1545301	30614364	166178
中外合资经营企业	357928	1489821	10337975	66474
中外合作经营企业	11971	9750	490745	2668
外资企业	6479	45730	19563216	93089
外商投资股份有限公司	98000	0	222428	3947
二、按经济组织类型分组				
独资企业	1796112	6224324	19781580	305105
国有企业	248941	9015	186471	78130
集体企业	26134	0	0	27597
私营独资企业	1503486	6074	191	67687
港澳台商独资经营企业	11072	6163505	31702	38602
外资企业	6479	45730	19563216	93089
合作、合伙企业	649554	42569	498848	35806
股份合作企业	162437	30	131	8532
国有联营企业	0	1050	0	609
集体联营企业	540	0	5243	821
国有与集体联营企业	0	0	0	1150
其他联营企业	3243	0	0	268
私营合伙企业	398360	0	1900	14772
合作经营企业(港或澳、台资)	1864	31739	829	778
中外合作经营企业	11971	9750	490745	2668
其他企业(内资)	71139	0	0	6208
股份有限公司	1455943	346012	322428	51676
股份有限公司(内资)	716816	46444	100000	30740
私营股份有限公司	640164	0	0	15612
港澳台商投资股份有限公司	963	299568	0	1377

全部工业企业主要经济指标(五)(续表2)

单位:千元

指标名称	4. 个人资本	5. 港澳台资本	6. 外商资本	全部从业人员年平均人数(人)
外商投资股份有限公司	98000	0	222428	3947
有限责任公司	13599410	4126886	10958051	509516
国有独资公司	0	0	0	26893
私营有限责任公司	10427784	4156	91979	242265
合资经营企业(港或澳、台资)	208396	2602340	244767	36428
中外合资经营企业	357928	1489821	10337975	66474
其他有限责任公司	2605302	30569	283330	137456
三、按控股情况分组				
国有控股	873170	480650	1123431	191747
集体控股	56770	26873	31132	40999
私人控股	16191674	92735	271342	421628
港澳台控股	59746	9972407	58768	70367
外商控股	157220	96437	29959389	140552
其他	162439	70689	116845	36810
四、按轻重工业分组				
轻工业	3061671	2906865	8622501	218619
重工业	14439348	7832926	22938406	683484
五、按企业规模分组				
大型企业	1067341	1685696	6416499	182509
中型企业	1623201	2564071	9204514	200812
小型企业	14810477	6490024	15939894	518782
六、在总计中:亏损企业	3298601	3624995	10670624	185761
七、在总计中:民营	15974733	59405	101082	476624
八、按工业行业中类分组				
采矿业	152070	0	2890	12323
黑色金属矿采选业	22443	0	0	4619

全部工业企业主要经济指标(五)(续表3)

单位:千元

指标名称	4. 个人资本	5. 港澳台资本	6. 外商资本	全部从业人员年平均人数(人)
铁矿采选	22443	0	0	4619
有色金属矿采选业	1180	0	0	1370
常用有色金属矿采选	1180	0	0	1174
贵金属矿采选	0	0	0	196
非金属矿采选业	128447	0	2890	6334
土砂石开采	125052	0	2890	5621
化学矿采选	50	0	0	403
石棉及其他非金属矿采选	3345	0	0	310
制造业	17307104	10187290	30690970	873663
农副食品加工业	239806	787840	205103	13112
谷物磨制	48464	0	24299	2083
饲料加工	13677	17990	43430	619
植物油加工	18143	0	128206	781
制糖	3000	0	0	30
屠宰及肉类加工	85055	739222	500	5900
水产品加工	13942	29408	1108	561
蔬菜、水果和坚果加工	29550	0	7560	1660
其他农副食品加工	27975	1220	0	1478
食品制造业	310745	321224	657159	12977
焙烤食品制造	32339	121212	285390	2227
糖果、巧克力及蜜饯制造	31660	162239	0	1905
方便食品制造	24442	25722	8014	3140
液体乳及乳制品制造	106869	463	2619	2315
罐头制造	5600	0	500	127
调味品、发酵制品制造	40801	0	87480	493
其他食品制造	69034	11588	273156	2770

全部工业企业主要经济指标(五)(续表4)

单位:千元

指标名称	4. 个人资本	5. 港澳台资本	6. 外商资本	全部从业人员年平均人数(人)
饮料制造业	94743	92999	997221	6607
酒的制造	3360	0	602266	1306
软饮料制造	79700	92999	394923	4053
精制茶加工	11683	0	32	1248
烟草制品业	0	0	0	1662
卷烟制造	0	0	0	1658
其他烟草制品加工	0	0	0	4
纺织业	267175	422819	1247507	20152
棉、化纤纺织及印染精加工	60376	88980	643285	7002
毛纺织和染整精加工	15500	0	109608	954
麻纺织	3190	0	5243	190
丝绢纺织及精加工	31090	0	250	1154
纺织制成品制造	56328	319339	237631	6147
针织品、编织品及其制品制造	100691	14500	251490	4705
纺织服装、鞋、帽制造业	889311	245820	488031	98121
纺织服装制造	861144	244194	478161	95610
纺织面料鞋的制造	14168	0	2700	1910
制帽	13999	1626	7170	601
皮革、毛皮、羽毛(绒)及其制品业	101817	269584	44130	8746
皮革鞣制加工	800	0	0	215
皮革制品制造	63985	165374	13190	5672
毛皮鞣制及制品加工	8527	8000	0	1152
羽毛(绒)加工及制品制造	28505	96210	30940	1707
木材加工及木、竹、藤、棕、草制品业	209719	72384	29934	3891
锯材、木片加工	6322	0	0	413
人造板制造	141184	71884	0	1228

全部工业企业主要经济指标(五)(续表5)

单位:千元

指标名称	4. 个人资本	5. 港澳台资本	6. 外商资本	全部从业人员年平均人数(人)
木制品制造	58423	500	29121	2051
竹、藤、棕、草制品制造	3790	0	813	199
家具制造业	191180	43032	136728	6257
木质家具制造	136269	30164	38028	3808
竹、藤家具制造	0	0	27514	181
金属家具制造	9210	12868	64293	1583
塑料家具制造	11480	0	0	55
其他家具制造	34221	0	6893	630
造纸及纸制品业	226221	9394	313279	9357
纸浆制造	600	0	0	12
造纸	81496	0	0	1369
纸制品制造	144125	9394	313279	7976
印刷业和记录媒介的复制	293215	71182	68084	11899
印刷	261595	71182	68084	10448
装订及其他印刷服务活动	29620	0	0	1192
记录媒介的复制	2000	0	0	259
文教体育用品制造业	129907	100957	134613	15569
文化用品制造	25786	1000	10956	1204
体育用品制造	44559	57442	11018	3980
乐器制造	7422	0	10361	856
玩具制造	48570	42515	91554	9459
游艺器材及娱乐用品制造	3570	0	10724	70
石油加工、炼焦及核燃料加工业	123172	0	36343	6371
精炼石油产品的制造	122872	0	36343	6368
炼焦	300	0	0	3
化学原料及化学制品制造业	2112410	530748	5701817	65601

全部工业企业主要经济指标(五)(续表6)

单位:千元

指标名称	4. 个人资本	5. 港澳台资本	6. 外商资本	全部从业人员年平均人数(人)
基础化学原料制造	452665	89551	3680156	31150
肥料制造	56915	0	9981	1587
农药制造	470504	10089	19235	6880
涂料、油墨、颜料及类似产品制造	231960	28107	214027	5022
合成材料制造	344042	133922	236245	4684
专用化学产品制造	428015	228254	1475270	13670
日用化学产品制造	128309	40825	66903	2608
医药制造业	586544	528547	295998	14845
化学药品原药制造	31390	0	16650	1905
化学药品制剂制造	130535	405555	147372	4983
中药饮片加工	2971	0	0	264
中成药制造	285141	50591	36778	5373
兽用药品制造	65580	0	30644	966
生物、生化制品的制造	31957	71573	8788	822
卫生材料及医药用品制造	38970	828	55766	532
化学纤维制造业	175638	59296	655646	6194
纤维素纤维原料及纤维制造	143210	59296	208335	5285
合成纤维制造	32428	0	447311	909
橡胶制品业	143170	15813	667530	8367
轮胎制造	13750	7600	656064	2952
橡胶板、管、带的制造	48175	0	11446	3512
橡胶零件制造	36340	0	20	529
再生橡胶制造	11536	0	0	412
日用及医用橡胶制品制造	968	1605	0	71
橡胶靴鞋制造	1638	0	0	58
其他橡胶制品制造	30763	6608	0	833

全部工业企业主要经济指标(五)(续表7)

单位:千元

指标名称				全部从业人员年平均人数(人)
	4. 个人资本	5. 港澳台资本	6. 外商资本	
塑料制品业	557767	133892	561635	21322
塑料薄膜制造	42553	31709	10527	2663
塑料板、管、型材的制造	83493	0	73907	3964
塑料丝、绳及编织品的制造	95760	1476	8955	1999
泡沫塑料制造	89737	0	39291	1860
塑料人造革、合成革制造	500	0	0	13
塑料包装箱及容器制造	81334	13152	107567	2814
塑料零件制造	47778	2139	1754	1552
日用塑料制造	25174	39731	124905	1561
其他塑料制品制造	91438	45685	194729	4896
非金属矿物制品业	1760174	381239	2245870	51976
水泥、石灰和石膏的制造	146365	72000	812652	9671
水泥及石膏制品制造	845380	84045	178417	12795
砖瓦、石材及其他建筑材料制造	360994	147730	81354	15954
玻璃及玻璃制品制造	218057	47487	1170927	9099
陶瓷制品制造	128133	0	0	2662
耐火材料制品制造	21014	0	0	587
石墨及其他非金属矿物制品制造	40231	29977	2520	1208
黑色金属冶炼及压延加工业	249086	112743	211723	24162
炼铁	35808	36800	0	2496
炼钢	4380	0	14868	345
钢压延加工	199854	75943	192702	21050
铁合金冶炼	9044	0	4153	271
有色金属冶炼及压延加工业	388614	607316	380894	14272
常用有色金属冶炼	195650	0	266948	3646
贵金属冶炼	650	83	0	274

全部工业企业主要经济指标(五)(续表8)

单位:千元

指标名称	4. 个人资本	5. 港澳台资本	6. 外商资本	全部从业人员年平均人数(人)
稀有稀土金属冶炼	6381	0	7895	524
有色金属合金制造	40836	20770	2316	1611
有色金属压延加工	145097	586463	103735	8217
金属制品业	1540918	325070	709562	50810
结构性金属制品制造	808086	88892	96274	23218
金属工具制造	166216	70912	159634	5938
集装箱及金属包装容器制造	146335	103596	62791	4178
金属丝绳及其制品的制造	33024	3415	1982	1662
建筑、安全用金属制品制造	147435	16875	174278	3867
金属表面处理及热处理加工	88918	871	12719	5498
搪瓷制品制造	12799	0	154741	627
不锈钢及类似日用金属制品制造	75012	23433	12138	1474
其他金属制品制造	63093	17076	35005	4348
通用设备制造业	1645038	1159048	1372369	77772
锅炉及原动机制造	50746	331896	41959	7193
金属加工机械制造	344597	131328	300503	12044
起重运输设备制造	124931	17400	22880	2381
泵、阀门、压缩机及类似机械的制造	133574	73958	338363	7042
轴承、齿轮、传动和驱动部件的制造	50050	0	55040	5636
烘炉、熔炉及电炉制造	51964	3363	500	1674
风机、衡器、包装设备等通用设备制造	266661	412625	337221	14415
通用零部件制造及机械修理	336265	65444	258783	12274
金属铸、锻加工	286250	123034	17120	15113
专用设备制造业	1263484	842435	486933	33426
矿山、冶金、建筑专用设备制造	212604	153805	87696	5666
化工、木材、非金属加工专用设备制造	219848	42041	88140	6923

全部工业企业主要经济指标(五)(续表9)

单位:千元

指标名称	4. 个人资本	5. 港澳台资本	6. 外商资本	全部从业人员年平均人数(人)
食品、饮料、烟草及饲料生产专用设备制造	47181	33559	82861	2120
印刷、制药、日化生产专用设备制造	36208	8221	4019	1739
纺织、服装和皮革工业专用设备制造	13060	0	3028	901
电子和电工机械专用设备制造	135868	85173	50893	4582
农、林、牧、渔专用机械制造	33136	0	13714	1002
医疗仪器设备及器械制造	116072	24042	97174	3463
环保、社会公共安全及其他专用设备制造	449507	495594	59408	7030
交通运输设备制造业	995470	528749	1988193	100572
铁路运输设备制造	117673	5395	124403	15832
汽车制造	595962	445558	1601892	49005
摩托车制造	13341	0	185401	3045
自行车制造	56236	0	0	1499
船舶及浮动装置制造	142823	49347	55362	23893
航空航天器制造	42500	1550	21135	6645
交通器材及其他交通运输设备制造	26935	26899	0	653
电气机械及器材制造业	1300409	634024	2953303	51163
电机制造	193800	44830	104282	4650
输配电及控制设备制造	620094	345300	451257	22014
电线、电缆、光缆及电工器材制造	224244	47618	312395	5823
电池制造	43430	0	920960	2941
家用电力器具制造	41701	762	747970	4856
非电力家用器具制造	43058	41000	195847	2443
照明器具制造	115426	102315	140052	7036
其他电气机械及器材制造	18656	52199	80540	1400
通信设备、计算机及其他电子设备制造业	828219	1469141	7531017	105205
通信设备制造	377343	308869	656224	18382
雷达及配套设备制造	267	0	0	8495
广播电视设备制造	72650	12444	7173	2443
电子计算机制造	46660	844100	2049729	19293

全部工业企业主要经济指标(五)(续表10)

单位:千元

指标名称	4. 个人资本	5. 港澳台资本	6. 外商资本	全部从业人员年平均人数(人)
电子器件制造	82819	134219	2847355	29753
电子元件制造	125007	65604	1161548	19261
家用视听设备制造	66080	65889	659318	5051
其他电子设备制造	57393	38016	149670	2527
仪器仪表及文化、办公用机械制造业	552662	286933	489566	23328
通用仪器仪表制造	271805	145395	195159	10680
专用仪器仪表制造	80882	25988	20688	2258
钟表与计时仪器制造	4204	5000	0	718
光学仪器及眼镜制造	80245	67091	139371	7064
文化、办公用机械制造	102070	43459	42935	2081
其他仪器仪表的制造及修理	13456	0	91413	527
工艺品及其他制造业	79831	135061	40782	5666
工艺美术品制造	52473	109599	40782	4713
日用杂品制造	17197	25462	0	619
煤制品制造	300	0	0	64
其他未列明的制造业	9861	0	0	270
废弃资源和废旧材料回收加工业	50659	0	40000	4261
金属废料和碎屑的加工处理	32519	0	40000	4076
非金属废料和碎屑的加工处理	18140	0	0	185
电力、燃气及水的生产和供应业	41845	552501	867047	16117
电力、热力的生产和供应业	8700	0	596959	7527
电力生产	8700	0	596959	7317
电力供应	0	0	0	210
燃气生产和供应业	9708	551501	46200	3181
燃气生产和供应业	9708	551501	46200	3181
水的生产和供应业	23437	1000	223888	5409
自来水的生产和供应	15777	0	90548	5099
污水处理及其再生利用	6550	1000	133340	293
其他水的处理、利用与分配	1110	0	0	17

规模以上工业企业主要经济指标(一)

计量单位：千元

指标名称	企业单位数（个）	亏损企业	工业总产值（当年价格）	工业销售产值（当年价格）	出口交货值
总　计	**3430**	**648**	**663574026**	**651331128**	**117372327**
一、按登记注册类型分组					
内资企业	2603	434	408496391	404852661	27465916
国有企业	89	25	102213572	102411996	7627696
集体企业	115	26	8642991	8487098	123897
股份合作企业	40	11	3500644	3407383	56040
联营企业	16	2	1033032	1000032	111230
国有联营企业	3	0	210255	205396	0
集体联营企业	6	1	405294	391680	4060
国有与集体联营企业	5	1	393163	381646	107170
其他联营企业	2	0	24320	21310	0
有限责任公司	357	75	124058065	123305022	11979515
国有独资公司	14	2	14338301	14269845	2198030
其他有限责任公司	343	73	109719764	109035177	9781485
股份有限公司	69	14	71446671	71179054	605082
私营企业	1893	278	95658030	93085896	6962456
私营独资企业	226	23	8706009	8492154	119411
私营合伙企业	62	13	1647189	1617208	174573
私营有限责任公司	1533	227	78222526	76090683	6418747
私营股份有限公司	72	15	7082306	6885851	249725
其他企业	24	3	1943386	1976180	0
港、澳、台商投资企业	286	68	50420835	49191933	15828287
合资经营企业(港或澳、台资)	127	29	29093499	28516571	12444060
合作经营企业(港或澳、台资)	8	2	564453	557071	16600
港澳台商独资经营企业	142	35	19686148	19083100	3358777
港澳台商投资股份有限公司	9	2	1076735	1035191	8850

规模以上工业企业主要经济指标(一)(续表1)

计量单位:千元

指标名称	企业单位数(个)	亏损企业	工业总产值(当年价格)	工业销售产值(当年价格)	出口交货值
外商投资企业	541	146	204656800	197286534	74078124
中外合资经营企业	223	46	99510618	98009781	20228861
中外合作经营企业	17	2	883004	867605	178824
外资企业	290	98	101042365	95525187	52456088
外商投资股份有限公司	11	0	3220813	2883961	1214351
二、按经济组织类型分组					
独资企业	862	207	240291085	233999535	63685869
国有企业	89	25	102213572	102411996	7627696
集体企业	115	26	8642991	8487098	123897
私营独资企业	226	23	8706009	8492154	119411
港澳台商独资经营企业	142	35	19686148	19083100	3358777
外资企业	290	98	101042365	95525187	52456088
合作、合伙企业	167	33	9571708	9425479	537267
股份合作企业	40	11	3500644	3407383	56040
国有联营企业	3	0	210255	205396	0
集体联营企业	6	1	405294	391680	4060
国有与集体联营企业	5	1	393163	381646	107170
其他联营企业	2	0	24320	21310	0
私营合伙企业	62	13	1647189	1617208	174573
合作经营企业(港或澳、台资)	8	2	564453	557071	16600
中外合作经营企业	17	2	883004	867605	178824
其他企业(内资)	24	3	1943386	1976180	0
股份有限公司	161	31	82826525	81984057	2078008
股份有限公司(内资)	69	14	71446671	71179054	605082
私营股份有限公司	72	15	7082306	6885851	249725
港澳台商投资股份有限公司	9	2	1076735	1035191	8850

规模以上工业企业主要经济指标(一)(续表2)

计量单位:千元

指标名称	企业单位数(个)	亏损企业	工业总产值(当年价格)	工业销售产值(当年价格)	出口交货值
外商投资股份有限公司	11	0	3220813	2883961	1214351
有限责任公司	2240	377	330884708	325922057	51071183
国有独资公司	14	2	14338301	14269845	2198030
私营有限责任公司	1533	227	78222526	76090683	6418747
合资经营企业(港或澳、台资)	127	29	29093499	28516571	12444060
中外合资经营企业	223	46	99510618	98009781	20228861
其他有限责任公司	343	73	109719764	109035177	9781485
三、按控股情况分组					
国有控股	216	48	220885502	220929377	13656330
集体控股	187	43	14635888	14416202	370991
私人控股	2241	350	136607090	132633255	11211078
港澳台控股	255	63	59457152	58004187	15613283
外商控股	446	125	177298469	170569977	71602013
其他	85	19	54689925	54778130	4918632
四、按轻重工业分组					
轻工业	1055	219	112848061	109957477	21474458
重工业	2375	429	550725965	541373651	95897869
五、按企业规模分组					
大型企业	40	9	294752038	289933459	73546032
中型企业	264	53	168675248	166188131	27977451
小型企业	3126	586	200146740	195209538	15848844
六、在总计中:亏损企业	648	648	194296494	192537197	22333092
七、在总计中:民营	2414	392	193255548	189679086	13895391
八、按工业行业小类分组					
采矿业	52	3	4782745	4658447	0
黑色金属矿采选业	7	0	1934908	1923800	0

规模以上工业企业主要经济指标(一)(续表3)

计量单位：千元

指标名称	企业单位数（个）	亏损企业	工业总产值(当年价格)	工业销售产值(当年价格)	出口交货值
铁矿采选	7	0	1934908	1923800	0
有色金属矿采选业	3	1	510789	477840	0
常用有色金属矿采选	2	1	478702	447816	0
贵金属矿采选	1	0	32087	30024	0
非金属矿采选业	42	2	2337048	2256807	0
土砂石开采	39	1	2015877	1942563	0
化学矿采选	1	1	209521	209414	0
石棉及其他非金属矿采选	2	0	111650	104830	0
制造业	3338	632	646982879	634830024	117372301
农副食品加工业	63	12	10451249	9896877	6803
谷物磨制	14	1	1659835	1596160	0
饲料加工	6	3	568487	565419	4355
植物油加工	6	3	4381324	3916878	0
屠宰及肉类加工	21	5	3012750	3001677	2448
水产品加工	2	0	174585	174585	0
蔬菜、水果和坚果加工	6	0	550383	541797	0
其他农副食品加工	8	0	103885	100361	0
食品制造业	49	14	4836862	4697695	56952
焙烤食品制造	9	2	445229	468897	52361
糖果、巧克力及蜜饯制造	3	0	1539153	1517818	0
方便食品制造	8	2	748253	642899	0
液体乳及乳制品制造	5	3	817391	814060	0
罐头制造	2	1	22147	21935	0
调味品、发酵制品制造	1	0	147479	142150	0
其他食品制造	21	6	1117210	1089936	4591
饮料制造业	18	3	3970348	3938721	0

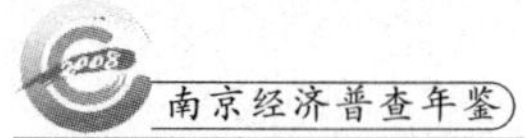

规模以上工业企业主要经济指标(一)(续表4)

计量单位:千元

指标名称	企业单位数(个)	亏损企业	工业总产值(当年价格)	工业销售产值(当年价格)	出口交货值
酒的制造	3	2	231543	240649	0
软饮料制造	13	1	3702935	3675192	0
精制茶加工	2	0	35870	22880	0
烟草制品业	1	0	10286604	10155645	8552
卷烟制造	1	0	10286604	10155645	8552
纺织业	83	19	5375684	5258260	1377569
棉、化纤纺织及印染精加工	24	7	1519119	1516007	217229
毛纺织和染整精加工	3	0	240619	251907	90259
麻纺织	2	0	192497	182367	0
丝绢纺织及精加工	6	2	243451	235285	53974
纺织制成品制造	32	5	2420026	2363205	715203
针织品、编织品及其制品制造	16	5	759972	709489	300904
纺织服装、鞋、帽制造业	246	51	17378506	16844353	7023896
纺织服装制造	233	49	17054207	16531416	6930474
纺织面料鞋的制造	7	1	196555	186944	18084
制帽	6	1	127744	125993	75338
皮革、毛皮、羽毛(绒)及其制品业	26	8	3771987	3638768	613032
皮革鞣制加工	1	1	8122	8122	0
皮革制品制造	12	5	1696178	1565370	238773
毛皮鞣制及制品加工	1	0	131330	126510	0
羽毛(绒)加工及制品制造	12	2	1936357	1938766	374259
木材加工及木、竹、藤、棕、草制品业	22	5	837134	821582	37031
人造板制造	10	2	519307	508113	29657
木制品制造	11	3	311827	308343	7374
竹、藤、棕、草制品制造	1	0	6000	5126	0
家具制造业	26	6	918627	896953	179894

规模以上工业企业主要经济指标(一)(续表5)

计量单位:千元

指标名称	企业单位数(个)	亏损企业	工业总产值(当年价格)	工业销售产值(当年价格)	出口交货值
木质家具制造	17	4	408266	402601	43002
竹、藤家具制造	1	0	47313	51128	0
金属家具制造	4	0	195293	182549	136892
塑料家具制造	1	1	8000	7890	0
其他家具制造	3	1	259755	252785	0
造纸及纸制品业	67	8	2601494	2473470	59442
造纸	13	0	800936	729047	0
纸制品制造	54	8	1800558	1744423	59442
印刷业和记录媒介的复制	72	13	2587859	2549340	99950
印刷	66	11	2467859	2429640	99950
装订及其他印刷服务活动	5	2	41100	40800	0
记录媒介的复制	1	0	78900	78900	0
文教体育用品制造业	52	9	2945423	2833205	975769
文化用品制造	3	1	139447	132239	112147
体育用品制造	15	2	720290	687183	128777
乐器制造	2	1	93759	92250	23576
玩具制造	32	5	1991927	1921533	711269
石油加工、炼焦及核燃料加工业	18	9	58071858	58018676	171550
精炼石油产品的制造	18	9	58071858	58018676	171550
化学原料及化学制品制造业	335	63	124485658	123470993	7410417
基础化学原料制造	106	21	92995346	93082065	2197843
肥料制造	10	3	472249	465768	0
农药制造	17	5	6023187	5886863	1232356
涂料、油墨、颜料及类似产品制造	42	2	2657464	2513078	66842
合成材料制造	38	7	8850781	8555178	404601
专用化学产品制造	106	20	11650815	11192666	3503137

规模以上工业企业主要经济指标(一)(续表6)

计量单位:千元

指标名称	企业单位数(个)	亏损企业	工业总产值(当年价格)	工业销售产值(当年价格)	出口交货值
日用化学产品制造	16	5	1835816	1775375	5638
医药制造业	49	7	6946129	6809702	437560
化学药品原药制造	5	0	487762	475101	50479
化学药品制剂制造	25	6	3733848	3581329	9185
中药饮片加工	1	0	203182	191862	0
中成药制造	2	0	1651618	1623134	136681
兽用药品制造	7	1	289947	272793	0
生物、生化制品的制造	5	0	550882	636505	241215
卫生材料及医药用品制造	4	0	28890	28978	0
化学纤维制造业	6	0	3520034	3459747	353211
纤维素纤维原料及纤维制造	3	0	1755440	1790678	282121
合成纤维制造	3	0	1764594	1669069	71090
橡胶制品业	26	1	5301431	4768966	1244348
轮胎制造	1	0	3060818	2584079	1086377
橡胶板、管、带的制造	13	1	1440445	1396402	151673
橡胶零件制造	1	0	6226	6226	0
再生橡胶制造	4	0	651356	643558	1338
其他橡胶制品制造	7	0	142586	138701	4960
塑料制品业	129	24	7877426	7764690	529951
塑料薄膜制造	15	3	1296356	1296970	218538
塑料板、管、型材的制造	24	5	1179356	1142967	92215
塑料丝、绳及编织品的制造	13	1	590959	597057	0
泡沫塑料制造	11	0	1775909	1774820	0
塑料包装箱及容器制造	19	4	964293	908049	6939
塑料零件制造	13	3	322858	321297	2119
日用塑料制造	11	4	364577	360148	161728

规模以上工业企业主要经济指标(一)(续表7)

计量单位：千元

指标名称	企业单位数(个)	亏损企业	工业总产值(当年价格)	工业销售产值(当年价格)	出口交货值
其他塑料制品制造	23	4	1383118	1363382	48412
非金属矿物制品业	238	54	16543902	16120557	785729
水泥、石灰和石膏的制造	35	10	4732405	4724766	187070
水泥及石膏制品制造	79	23	6275972	6270829	67329
砖瓦、石材及其他建筑材料制造	47	4	1285952	1202299	12050
玻璃及玻璃制品制造	48	11	2605363	2307099	391972
陶瓷制品制造	9	1	785310	747114	117125
耐火材料制品制造	4	2	330930	324314	0
石墨及其他非金属矿物制品制造	16	3	527970	544136	10183
黑色金属冶炼及压延加工业	49	12	62610545	62312198	5338947
炼铁	9	5	1090586	1040925	0
炼钢	1	0	10390	10390	0
钢压延加工	35	7	61091526	60818286	5338947
铁合金冶炼	4	0	418043	442597	0
有色金属冶炼及压延加工业	80	12	23058736	22388641	1413622
常用有色金属冶炼	10	1	3546745	3187973	1024534
贵金属冶炼	2	1	568934	568934	0
稀有稀土金属冶炼	3	1	280592	258126	114123
有色金属合金制造	15	1	1163618	1135076	92224
有色金属压延加工	50	8	17498847	17238532	182741
金属制品业	304	45	18997166	18683020	774230
结构性金属制品制造	146	23	10444524	10379886	302572
金属工具制造	28	5	993716	955406	63679
集装箱及金属包装容器制造	26	2	2419741	2312000	186648
金属丝绳及其制品的制造	14	2	457973	453877	54492
建筑、安全用金属制品制造	21	2	1119652	1091439	54010

规模以上工业企业主要经济指标(一)(续表8)

计量单位:千元

指标名称	企业单位数(个)	亏损企业	工业总产值(当年价格)	工业销售产值(当年价格)	出口交货值
金属表面处理及热处理加工	34	3	1369257	1358138	0
搪瓷制品制造	2	1	216334	215830	6970
不锈钢及类似日用金属制品制造	15	4	364049	356556	9230
其他金属制品制造	18	3	1611920	1559888	96629
通用设备制造业	393	52	27272048	26757628	2407457
锅炉及原动机制造	17	0	3624953	3620947	355342
金属加工机械制造	60	10	2737501	2537895	237781
起重运输设备制造	16	4	615887	600823	0
泵、阀门、压缩机及类似机械的制造	40	9	2589532	2452173	159329
轴承、齿轮、传动和驱动部件的制造	20	1	5485630	5601006	802340
烘炉、熔炉及电炉制造	10	3	375477	357936	0
风机、衡器、包装设备等通用设备制造	48	5	4472029	4362126	566302
通用零部件制造及机械修理	73	10	3421261	3441370	114326
金属铸、锻加工	109	10	3949778	3783352	172037
专用设备制造业	193	35	11041440	10740808	582353
矿山、冶金、建筑专用设备制造	34	7	2431665	2424966	197816
化工、木材、非金属加工专用设备制造	44	7	2157174	2005190	150509
食品、饮料、烟草及饲料生产专用设备制造	17	5	598786	554990	9451
印刷、制药、日化生产专用设备制造	9	2	237727	222265	395
纺织、服装和皮革工业专用设备制造	3	2	21522	16682	0
电子和电工机械专用设备制造	24	2	937068	955524	38909
农、林、牧、渔专用机械制造	6	1	815938	790730	0
医疗仪器设备及器械制造	20	6	517873	488702	34061
环保、社会公共安全及其他专用设备制造	36	3	3323687	3281759	151212
交通运输设备制造业	210	50	43165574	43016495	9909050
铁路运输设备制造	36	4	4696249	5274319	3376

规模以上工业企业主要经济指标(一)(续表9)

计量单位:千元

指标名称	企业单位数(个)	亏损企业	工业总产值(当年价格)	工业销售产值(当年价格)	出口交货值
汽车制造	112	34	21297718	20888322	1480151
摩托车制造	9	2	909322	866983	2632
自行车制造	6	3	294962	288905	0
船舶及浮动装置制造	39	5	12166475	11975694	6506767
航空航天器制造	3	0	3720453	3642890	1910813
交通器材及其他交通运输设备制造	5	2	80395	79382	5311
电气机械及器材制造业	268	54	30950598	30800609	5306425
电机制造	28	9	1073015	1052350	133758
输配电及控制设备制造	128	24	15224747	15048797	339369
电线、电缆、光缆及电工器材制造	37	4	2538315	2559046	244118
电池制造	6	2	2700662	2543280	1124117
家用电力器具制造	12	1	6320255	6596227	2861394
非电力家用器具制造	10	3	1378742	1384633	219893
照明器具制造	40	10	1350777	1284263	382206
其他电气机械及器材制造	7	1	364085	332013	1570
通信设备、计算机及其他电子设备制造业	183	42	128453073	123335612	69227970
通信设备制造	28	5	29413153	29441057	10542252
雷达及配套设备制造	5	0	4985128	5030326	91425
广播电视设备制造	10	1	3432835	3385091	1620399
电子计算机制造	23	7	61534458	56707895	48346884
电子器件制造	34	8	9647905	9505452	2714799
电子元件制造	60	17	6951136	6894699	889365
家用视听设备制造	7	3	11420968	11319654	4626496

规模以上工业企业主要经济指标(一)(续表10)

计量单位:千元

指标名称	企业单位数(个)	亏损企业	工业总产值(当年价格)	工业销售产值(当年价格)	出口交货值
其他电子设备制造	16	1	1067490	1051438	396350
仪器仪表及文化、办公用机械制造业	92	19	8093068	7806749	792785
通用仪器仪表制造	55	9	5614615	5445255	524846
专用仪器仪表制造	14	3	456809	429793	3909
光学仪器及眼镜制造	16	4	1741492	1678212	117039
文化、办公用机械制造	4	2	229772	203272	146991
其他仪器仪表的制造及修理	3	1	50380	50217	0
工艺品及其他制造业	27	4	2104540	2081700	247806
工艺美术品制造	20	3	1973011	1950672	230196
日用杂品制造	5	1	58315	57814	17610
其他未列明的制造业	2	0	73214	73214	0
废弃资源和废旧材料回收加工业	13	1	2527876	2488364	0
金属废料和碎屑的加工处理	13	1	2527876	2488364	0
电力、燃气及水的生产和供应业	40	13	11808402	11842657	26
电力、热力的生产和供应业	17	9	8355902	8415658	0
电力生产	16	8	8286162	8345918	0
电力供应	1	1	69740	69740	0
燃气生产和供应业	10	0	2570412	2568041	0
燃气生产和供应业	10	0	2570412	2568041	0
水的生产和供应业	13	4	882088	858958	26
自来水的生产和供应	11	4	797000	774207	26
污水处理及其再生利用	2	0	85088	84751	0

规模以上工业企业主要经济指标(二)

计量单位:千元

指标名称	流动资产合计	应收账款	存货	
				产成品
总　计	**252652702**	**62535596**	**67756793**	**21993135**
一、按登记注册类型分组				
内资企业	170374536	35044256	47232640	13648500
国有企业	43290284	4153921	12661433	2170776
集体企业	2427627	989383	545488	230203
股份合作企业	1106860	232024	311916	137143
联营企业	261320	73719	77366	47530
国有联营企业	43217	6924	13685	4288
集体联营企业	151057	42615	46085	31832
国有与集体联营企业	56711	17801	14046	9100
其他联营企业	10335	6379	3550	2310
有限责任公司	74726945	14190003	20188340	5323196
国有独资公司	9181014	1482081	2570650	737098
其他有限责任公司	65545931	12707922	17617690	4586098
股份有限公司	12851340	4304180	3801757	977425
私营企业	35039999	10832257	9498741	4661595
私营独资企业	2121101	1033497	438056	252779
私营合伙企业	408995	172511	130455	68989
私营有限责任公司	28595543	8472231	8016294	3990302
私营股份有限公司	3914360	1154018	913936	349525
其他企业	670161	268769	147599	100632
港、澳、台商投资企业	20415045	4586925	5293888	1803596
合资经营企业(港或澳、台资)	10771356	2136542	2890823	999092
合作经营企业(港或澳、台资)	243253	55692	102695	27364
港澳台商独资经营企业	8535431	2068166	2165149	735484
港澳台商投资股份有限公司	865005	326525	135221	41656

规模以上工业企业主要经济指标(二)(续表1)

计量单位:千元

指标名称	流动资产合计	应收账款	存货	产成品
外商投资企业	61863121	22904415	15230265	6541039
中外合资经营企业	32454405	13131931	8291372	3920604
中外合作经营企业	570135	178381	98788	41939
外资企业	27465849	9173235	6392115	2291074
外商投资股份有限公司	1372732	420868	447990	287422
二、按经济组织类型分组				
独资企业	83840292	17418202	22202241	5680316
国有企业	43290284	4153921	12661433	2170776
集体企业	2427627	989383	545488	230203
私营独资企业	2121101	1033497	438056	252779
港澳台商独资经营企业	8535431	2068166	2165149	735484
外资企业	27465849	9173235	6392115	2291074
合作、合伙企业	3260724	981096	868819	423597
股份合作企业	1106860	232024	311916	137143
国有联营企业	43217	6924	13685	4288
集体联营企业	151057	42615	46085	31832
国有与集体联营企业	56711	17801	14046	9100
其他联营企业	10335	6379	3550	2310
私营合伙企业	408995	172511	130455	68989
合作经营企业(港或澳、台资)	243253	55692	102695	27364
中外合作经营企业	570135	178381	98788	41939
其他企业(内资)	670161	268769	147599	100632
股份有限公司	19003437	6205591	5298904	1656028
股份有限公司(内资)	12851340	4304180	3801757	977425
私营股份有限公司	3914360	1154018	913936	349525
港澳台商投资股份有限公司	865005	326525	135221	41656

规模以上工业企业主要经济指标(二)(续表2)

计量单位:千元

指标名称	流动资产合计	应收账款	存货	产成品
外商投资股份有限公司	1372732	420868	447990	287422
有限责任公司	146548249	37930707	39386829	14233194
国有独资公司	9181014	1482081	2570650	737098
私营有限责任公司	28595543	8472231	8016294	3990302
合资经营企业(港或澳、台资)	10771356	2136542	2890823	999092
中外合资经营企业	32454405	13131931	8291372	3920604
其他有限责任公司	65545931	12707922	17617690	4586098
三、按控股情况分组				
国有控股	92632031	14974359	24269955	5563317
集体控股	5627088	1704627	1396803	655082
私人控股	55973049	15460617	15691315	6863056
港澳台控股	19717885	4111711	5246660	1806796
外商控股	53398460	20319669	12775523	5553498
其他	25304189	5964613	8376537	1551386
四、按轻重工业分组				
轻工业	49463022	10731175	12777998	4600551
重工业	203189680	51804421	54978795	17392584
五、按企业规模分组				
大型企业	87084662	13818295	23587945	5615039
中型企业	88303250	26624369	23194061	7500517
小型企业	77264790	22092932	20974787	8877579
六、在总计中:亏损企业	49604628	10198343	14625563	4415570
七、在总计中:民营	81139757	21395986	24013814	8430252
八、按工业行业小类分组				
采矿业	2475688	667204	309523	210917
黑色金属矿采选业	1379400	290240	97223	36669

规模以上工业企业主要经济指标(二)(续表3)

计量单位:千元

指标名称	流动资产合计	应收账款	存货	
				产成品
铁矿采选	1379400	290240	97223	36669
有色金属矿采选业	454204	164650	37656	28620
常用有色金属矿采选	450761	164140	36698	27927
贵金属矿采选	3443	510	958	693
非金属矿采选业	642084	212314	174644	145628
土砂石开采	422979	199945	138386	119409
化学矿采选	213005	9339	33188	23249
石棉及其他非金属矿采选	6100	3030	3070	2970
制造业	242648321	60911008	66720065	21749777
农副食品加工业	3785159	673201	903326	349672
谷物磨制	334725	46301	132464	111893
饲料加工	108780	27009	23219	3320
植物油加工	549984	50782	381745	137801
屠宰及肉类加工	2284795	519446	269691	71298
水产品加工	368017	54	43257	0
蔬菜、水果和坚果加工	88407	19589	32194	10301
其他农副食品加工	50451	10020	20756	15059
食品制造业	2930178	556039	510934	146004
焙烤食品制造	213575	84144	30167	7746
糖果、巧克力及蜜饯制造	1201985	28814	102750	33739
方便食品制造	143160	56757	22331	8438
液体乳及乳制品制造	571465	163426	68424	4682
罐头制造	16981	1559	2701	2241
调味品、发酵制品制造	83673	42035	15411	2747
其他食品制造	699339	179304	269150	86411
饮料制造业	1344922	278141	413260	152942

规模以上工业企业主要经济指标(二)(续表4)

计量单位:千元

指标名称	流动资产合计	应收账款	存货	
				产成品
酒的制造	301428	19059	119470	15506
软饮料制造	1019820	253044	293118	136973
精制茶加工	23674	6038	672	463
烟草制品业	7944678	88029	2937363	101907
卷烟制造	7944678	88029	2937363	101907
纺织业	2395015	663612	988142	531541
棉、化纤纺织及印染精加工	858195	130271	414465	270470
毛纺织和染整精加工	199712	47978	102055	18206
麻纺织	37080	8633	20687	19190
丝绢纺织及精加工	177792	43124	61456	39591
纺织制成品制造	839089	352589	243862	90465
针织品、编织品及其制品制造	283147	81017	145617	93619
纺织服装、鞋、帽制造业	4452495	1251234	1265540	751448
纺织服装制造	4365409	1232300	1232547	734210
纺织面料鞋的制造	52455	15041	26380	15285
制帽	34631	3893	6613	1953
皮革、毛皮、羽毛(绒)及其制品业	1114982	265613	385255	181527
皮革鞣制加工	13563	4834	1061	0
皮革制品制造	713382	84299	230847	148963
毛皮鞣制及制品加工	12330	1310	5680	5450
羽毛(绒)加工及制品制造	375707	175170	147667	27114
木材加工及木、竹、藤、棕、草制品业	289400	63255	103966	29127
人造板制造	174947	26781	79172	13903
木制品制造	111448	34814	24068	14637
竹、藤、棕、草制品制造	3005	1660	726	587
家具制造业	406658	95224	128224	48367

规模以上工业企业主要经济指标(二)(续表5)

计量单位：千元

指标名称	流动资产合计	应收账款	存货	产成品
木质家具制造	156722	29447	80124	13465
竹、藤家具制造	29374	9878	9104	3280
金属家具制造	67139	14653	24825	19101
塑料家具制造	32880	28950	3010	1800
其他家具制造	120543	12296	11161	10721
造纸及纸制品业	1058682	438277	213697	87974
造纸	272278	72897	41873	26517
纸制品制造	786404	365380	171824	61457
印刷业和记录媒介的复制	1138906	336329	281936	94548
印刷	1087295	327690	267724	87323
装订及其他印刷服务活动	26691	7522	13275	6288
记录媒介的复制	24920	1117	937	937
文教体育用品制造业	1045772	291837	256028	160621
文化用品制造	54502	14077	19199	13738
体育用品制造	313686	55347	127105	76182
乐器制造	52950	10195	20077	13385
玩具制造	624634	212218	89647	57316
石油加工、炼焦及核燃料加工业	3933376	592897	1695196	170740
精炼石油产品的制造	3933376	592897	1695196	170740
化学原料及化学制品制造业	31048436	4957723	8462249	3104456
基础化学原料制造	18495905	2515471	4945709	1666315
肥料制造	143123	14889	58470	15320
农药制造	4984143	403901	1250638	367226
涂料、油墨、颜料及类似产品制造	961017	216900	337137	186367
合成材料制造	2029729	371535	578953	292445
专用化学产品制造	3828754	1222960	1116624	484337

规模以上工业企业主要经济指标(二)(续表 6)

计量单位:千元

指标名称	流动资产合计	应收账款	存货	
				产成品
日用化学产品制造	605765	212067	174718	92446
医药制造业	5195770	1694095	877524	403577
化学药品原药制造	215777	63119	45647	24160
化学药品制剂制造	2341212	1062504	287723	141016
中药饮片加工	172376	71448	11266	4358
中成药制造	1943760	342844	372329	188122
兽用药品制造	123094	25372	59160	25989
生物、生化制品的制造	372408	118948	96642	18790
卫生材料及医药用品制造	27143	9860	4757	1142
化学纤维制造业	771178	238100	350985	186383
纤维素纤维原料及纤维制造	409709	101068	213184	126589
合成纤维制造	361469	137032	137801	59794
橡胶制品业	2064559	1025710	297445	228854
轮胎制造	1442682	818775	131034	131034
橡胶板、管、带的制造	519048	156062	148305	86209
橡胶零件制造	2103	2014	89	89
再生橡胶制造	29254	6681	9591	6391
其他橡胶制品制造	71472	42178	8426	5131
塑料制品业	2903847	947470	610954	304046
塑料薄膜制造	269533	42019	61938	22812
塑料板、管、型材的制造	266372	93207	71210	44850
塑料丝、绳及编织品的制造	270431	66471	71498	30562
泡沫塑料制造	743535	168631	104121	51055
塑料包装箱及容器制造	423604	155260	53869	22155
塑料零件制造	150070	71864	48216	36940
日用塑料制造	184858	55233	51120	17990

规模以上工业企业主要经济指标(二)(续表7)

计量单位:千元

指标名称	流动资产合计	应收账款	存货	产成品
其他塑料制品制造	595444	294785	148982	77682
非金属矿物制品业	9263037	2766660	2377468	1303848
水泥、石灰和石膏的制造	2087549	562498	486621	167799
水泥及石膏制品制造	3923707	1413759	1051058	741253
砖瓦、石材及其他建筑材料制造	798340	305727	112113	53942
玻璃及玻璃制品制造	1705718	363361	536175	271328
陶瓷制品制造	480714	50978	106438	44381
耐火材料制品制造	36240	5327	17612	12161
石墨及其他非金属矿物制品制造	230769	65010	67451	12984
黑色金属冶炼及压延加工业	16380447	1039951	7391220	1549733
炼铁	378446	18770	182075	94121
炼钢	701	701	0	0
钢压延加工	15922875	984752	7184600	1449548
铁合金冶炼	78425	35728	24545	6064
有色金属冶炼及压延加工业	4716673	1335985	1366946	567797
常用有色金属冶炼	1597013	597535	447306	251951
贵金属冶炼	19576	1981	12886	1760
稀有稀土金属冶炼	180497	48017	63129	15638
有色金属合金制造	324828	93646	116435	41474
有色金属压延加工	2594759	594806	727190	256974
金属制品业	8829892	2322533	2660600	1035554
结构性金属制品制造	4670962	1175099	1342358	553049
金属工具制造	448701	146499	188788	88239
集装箱及金属包装容器制造	1751243	453482	398687	92003
金属丝绳及其制品的制造	108921	31937	42484	32949
建筑、安全用金属制品制造	451561	166372	108094	52148

规模以上工业企业主要经济指标(二)(续表8)

计量单位:千元

指标名称	流动资产合计	应收账款	存货	产成品
金属表面处理及热处理加工	368547	171870	80399	44348
搪瓷制品制造	38382	1977	29964	15920
不锈钢及类似日用金属制品制造	126189	42662	48831	28460
其他金属制品制造	865386	132635	420995	128438
通用设备制造业	16808697	4690112	5937624	2069551
锅炉及原动机制造	3610227	654664	1357450	382092
金属加工机械制造	1938224	555496	746489	298364
起重运输设备制造	465130	84211	183195	34095
泵、阀门、压缩机及类似机械的制造	1454659	531228	527698	227361
轴承、齿轮、传动和驱动部件的制造	3683537	851214	1379226	176846
烘炉、熔炉及电炉制造	187963	26241	49279	13652
风机、衡器、包装设备等通用设备制造	2545200	865880	864990	556476
通用零部件制造及机械修理	1714810	640581	464662	175244
金属铸、锻加工	1208947	480597	364635	205421
专用设备制造业	6501124	1822120	2159052	606339
矿山、冶金、建筑专用设备制造	1370733	420440	525776	130991
化工、木材、非金属加工专用设备制造	1023922	225306	316509	55567
食品、饮料、烟草及饲料生产专用设备制造	369687	76281	124992	12199
印刷、制药、日化生产专用设备制造	163100	41492	65139	20737
纺织、服装和皮革工业专用设备制造	112972	11340	95588	75630
电子和电工机械专用设备制造	552874	191097	162059	117430
农、林、牧、渔专用机械制造	69570	19264	19994	14519
医疗仪器设备及器械制造	315103	87686	91373	38081
环保、社会公共安全及其他专用设备制造	2523163	749214	757622	141185
交通运输设备制造业	36577096	5818909	9950808	2154623
铁路运输设备制造	3482120	1004258	987701	354743

规模以上工业企业主要经济指标(二)(续表9)

计量单位:千元

指标名称	流动资产合计	应收账款	存货	
				产成品
汽车制造	16228239	3396770	3941387	1007611
摩托车制造	411449	131358	108813	46623
自行车制造	114423	37255	54347	22880
船舶及浮动装置制造	13351854	574320	4056164	407223
航空航天器制造	2907075	640519	781728	314547
交通器材及其他交通运输设备制造	81936	34429	20668	996
电气机械及器材制造业	24784684	9145331	4582844	1258132
电机制造	363665	145128	138720	54646
输配电及控制设备制造	18002146	6983611	2852012	448728
电线、电缆、光缆及电工器材制造	1027793	434524	266786	140493
电池制造	1960660	233542	424558	198128
家用电力器具制造	1894785	925408	443897	225980
非电力家用器具制造	547103	90789	146028	21314
照明器具制造	685709	261146	191584	104438
其他电气机械及器材制造	302823	71183	119259	64405
通信设备、计算机及其他电子设备制造业	36361347	15247227	7462294	3506134
通信设备制造	15960008	7469941	3684463	2070448
雷达及配套设备制造	2555751	900670	351814	67720
广播电视设备制造	1168564	430789	279345	87100
电子计算机制造	4525547	2318893	691754	345238
电子器件制造	4548264	1714365	1105716	544003
电子元件制造	2967675	1370816	740877	232553
家用视听设备制造	4080552	860268	417184	83657

规模以上工业企业主要经济指标(二)(续表10)

计量单位:千元

指标名称	流动资产合计	应收账款	存货	
				产成品
其他电子设备制造	554986	181485	191141	75415
仪器仪表及文化、办公用机械制造业	8000233	2124333	1931968	512786
通用仪器仪表制造	5715690	1595445	1393062	349033
专用仪器仪表制造	422889	168648	91447	36880
光学仪器及眼镜制造	1632946	291714	349228	113880
文化、办公用机械制造	168192	39872	70464	12578
其他仪器仪表的制造及修理	60516	28654	27767	415
工艺品及其他制造业	294874	73691	130515	97341
工艺美术品制造	257811	65523	108357	80595
日用杂品制造	27495	3414	21900	16489
其他未列明的制造业	9568	4754	258	257
废弃资源和废旧材料回收加工业	306204	67370	86702	54205
金属废料和碎屑的加工处理	306204	67370	86702	54205
电力、燃气及水的生产和供应业	7528693	957384	727205	32441
电力、热力的生产和供应业	4930476	749799	483918	23626
电力生产	4898826	739359	471322	23626
电力供应	31650	10440	12596	0
燃气生产和供应业	750119	126331	93359	6182
燃气生产和供应业	750119	126331	93359	6182
水的生产和供应业	1848098	81254	149928	2633
自来水的生产和供应	1828716	71456	148786	2633
污水处理及其再生利用	19382	9798	1142	0

规模以上工业企业主要经济指标(三)

计量单位:千元

指标名称	流动资产年平均余额	固定资产合计	固定资产原价	累计折旧
总　计	**252734203**	**198085057**	**273902945**	**106889428**
一、按登记注册类型分组				
内资企业	170547387	129171152	179836160	75650564
国有企业	46531760	42376409	62574298	33686452
集体企业	2413727	711602	1157106	499504
股份合作企业	1074181	2068789	2572269	511223
联营企业	239148	201339	270462	76851
国有联营企业	43267	115037	141354	26321
集体联营企业	149956	73874	104429	38148
国有与集体联营企业	35765	9074	17031	7957
其他联营企业	10160	3354	7648	4425
有限责任公司	71817257	53211312	69333927	24312193
国有独资公司	8747390	10075173	16056398	6365703
其他有限责任公司	63069867	43136139	53277529	17946490
股份有限公司	15092901	16204453	24732208	9885752
私营企业	32786038	13982485	18746622	6549291
私营独资企业	2024250	798048	1272515	528980
私营合伙企业	377658	276105	385303	136937
私营有限责任公司	26647854	12191758	16210748	5545582
私营股份有限公司	3736276	716574	878056	337792
其他企业	592375	414763	449268	129298
港、澳、台商投资企业	19513080	9769814	13110230	4003739
合资经营企业(港或澳、台资)	10098021	5671997	7557804	2224971
合作经营企业(港或澳、台资)	304553	91905	139615	48683
港澳台商独资经营企业	8278019	3813188	5131045	1607780
港澳台商投资股份有限公司	832487	192724	281766	122305

规模以上工业企业主要经济指标(三)(续表1)

计量单位:千元

指标名称	流动资产年平均余额	固定资产合计	固定资产原价	累计折旧
外商投资企业	62673736	59144091	80956555	27235125
中外合资经营企业	34053912	36038137	50308900	16986665
中外合作经营企业	587500	333933	599099	284277
外资企业	26647922	22362752	29662527	9838659
外商投资股份有限公司	1384402	409269	386029	125524
二、按经济组织类型分组				
独资企业	85895678	70061999	99797491	46161375
国有企业	46531760	42376409	62574298	33686452
集体企业	2413727	711602	1157106	499504
私营独资企业	2024250	798048	1272515	528980
港澳台商独资经营企业	8278019	3813188	5131045	1607780
外资企业	26647922	22362752	29662527	9838659
合作、合伙企业	3175415	3386834	4416016	1187269
股份合作企业	1074181	2068789	2572269	511223
国有联营企业	43267	115037	141354	26321
集体联营企业	149956	73874	104429	38148
国有与集体联营企业	35765	9074	17031	7957
其他联营企业	10160	3354	7648	4425
私营合伙企业	377658	276105	385303	136937
合作经营企业(港或澳、台资)	304553	91905	139615	48683
中外合作经营企业	587500	333933	599099	284277
其他企业(内资)	592375	414763	449268	129298
股份有限公司	21046066	17523020	26278059	10471373
股份有限公司(内资)	15092901	16204453	24732208	9885752
私营股份有限公司	3736276	716574	878056	337792
港澳台商投资股份有限公司	832487	192724	281766	122305

规模以上工业企业主要经济指标(三)(续表 2)

计量单位:千元

指标名称	流动资产年平均余额	固定资产合计	固定资产原价	累计折旧
外商投资股份有限公司	1384402	409269	386029	125524
有限责任公司	142617044	107113204	143411379	49069411
国有独资公司	8747390	10075173	16056398	6365703
私营有限责任公司	26647854	12191758	16210748	5545582
合资经营企业(港或澳、台资)	10098021	5671997	7557804	2224971
中外合资经营企业	34053912	36038137	50308900	16986665
其他有限责任公司	63069867	43136139	53277529	17946490
三、按控股情况分组				
国有控股	96430960	92101632	133076320	58696715
集体控股	5404510	2093456	3209592	1341094
私人控股	53306073	24382083	29523404	9746038
港澳台控股	19185506	8996643	12563489	4229987
外商控股	54071943	53904671	73407690	24683425
其他	24335211	16606572	22122450	8192169
四、按轻重工业分组				
轻工业	49652149	29769163	36468845	12147254
重工业	203082054	168315894	237434100	94742174
五、按企业规模分组				
大型企业	92105037	91025048	138253032	63563853
中型企业	86952598	61411273	76480050	24676697
小型企业	73676568	45648736	59169863	18648878
六、在总计中:亏损企业	55741615	58660927	97118949	44945967
七、在总计中:民营	77448056	40854056	52130415	18561743
八、按工业行业小类分组				
采矿业	2106998	824485	1889637	1114270
黑色金属矿采选业	1208074	518272	1330440	813387

规模以上工业企业主要经济指标(三)(续表3)

计量单位:千元

指标名称	流动资产年平均余额	固定资产合计	固定资产原价	累计折旧
铁矿采选	1208074	518272	1330440	813387
有色金属矿采选业	402965	115750	265057	167982
常用有色金属矿采选	399387	112169	252481	158987
贵金属矿采选	3578	3581	12576	8995
非金属矿采选业	495959	190463	294140	132901
土砂石开采	387836	162985	231794	94663
化学矿采选	102127	20448	56976	36528
石棉及其他非金属矿采选	5996	7030	5370	1710
制造业	244110102	175659310	245993567	97856905
农副食品加工业	3926115	1171689	1275078	385760
谷物磨制	345306	91635	128802	46591
饲料加工	103188	83911	81669	27930
植物油加工	657969	432030	450426	50355
屠宰及肉类加工	2305934	455867	466892	217213
水产品加工	396837	16389	19580	3191
蔬菜、水果和坚果加工	70969	55468	84784	33565
其他农副食品加工	45912	36389	42925	6915
食品制造业	2868674	1310916	1727678	550263
焙烤食品制造	248575	162334	332306	175157
糖果、巧克力及蜜饯制造	1085653	287806	394071	110272
方便食品制造	168921	257666	308453	55641
液体乳及乳制品制造	556953	243707	302241	61535
罐头制造	16625	18988	13145	2130
调味品、发酵制品制造	80438	32418	46756	14339
其他食品制造	711509	307997	330706	131189
饮料制造业	1214041	1442462	1733928	539292

规模以上工业企业主要经济指标(三)(续表4)

计量单位:千元

指标名称	流动资产年平均余额	固定资产合计	固定资产原价	累计折旧
酒的制造	302637	393321	514785	128341
软饮料制造	895670	1013651	1194919	405157
精制茶加工	15734	35490	24224	5794
烟草制品业	7576389	1680759	2333022	1225090
卷烟制造	7576389	1680759	2333022	1225090
纺织业	2361125	1826144	2457352	793492
棉、化纤纺织及印染精加工	914792	677587	1025232	429653
毛纺织和染整精加工	198648	217628	254415	40582
麻纺织	36449	24100	25080	7850
丝绢纺织及精加工	164382	73650	93728	21153
纺织制成品制造	834683	662236	814448	208990
针织品、编织品及其制品制造	212171	170943	244449	85264
纺织服装、鞋、帽制造业	4400223	2326658	2884072	805548
纺织服装制造	4308547	2282496	2811375	775364
纺织面料鞋的制造	55272	21195	35482	15315
制帽	36404	22967	37215	14869
皮革、毛皮、羽毛(绒)及其制品业	1007398	310515	436015	150876
皮革鞣制加工	12600	3381	6184	2803
皮革制品制造	582772	128602	187277	83732
毛皮鞣制及制品加工	12330	16970	22990	6020
羽毛(绒)加工及制品制造	399696	161562	219564	58321
木材加工及木、竹、藤、棕、草制品业	246781	120059	169593	62060
人造板制造	141640	90085	120153	42584
木制品制造	102136	29071	48121	19060
竹、藤、棕、草制品制造	3005	903	1319	416
家具制造业	382925	237129	330511	163296

规模以上工业企业主要经济指标(三)(续表5)

计量单位:千元

指标名称	流动资产年平均余额	固定资产合计	固定资产原价	累计折旧
木质家具制造	152237	155164	183784	88799
竹、藤家具制造	19700	18316	19361	1045
金属家具制造	61668	42363	48725	10297
塑料家具制造	30295	3412	5223	1811
其他家具制造	119025	17874	73418	61344
造纸及纸制品业	1068656	616049	899135	320163
造纸	268064	163747	205887	67037
纸制品制造	800592	452302	693248	253126
印刷业和记录媒介的复制	1112340	1123685	1783863	763747
印刷	1063116	1092477	1738738	744957
装订及其他印刷服务活动	24304	28313	41093	17653
记录媒介的复制	24920	2895	4032	1137
文教体育用品制造业	1057417	454332	531614	180070
文化用品制造	49843	24967	39923	18306
体育用品制造	287929	142401	191728	66212
乐器制造	51054	16812	38945	23133
玩具制造	668591	270152	261018	72419
石油加工、炼焦及核燃料加工业	6013495	9556864	15427472	6705897
精炼石油产品的制造	6013495	9556864	15427472	6705897
化学原料及化学制品制造业	35718569	45227785	71092703	31443500
基础化学原料制造	23783175	36697011	61104518	28363087
肥料制造	141312	62632	81448	22037
农药制造	4667115	1863475	2120123	645152
涂料、油墨、颜料及类似产品制造	949145	909757	447615	222584
合成材料制造	2052200	2127059	2493997	469181
专用化学产品制造	3511096	3396571	4519291	1563104

规模以上工业企业主要经济指标(三)(续表6)

计量单位:千元

指标名称	流动资产年平均余额	固定资产合计	固定资产原价	累计折旧
日用化学产品制造	614526	171280	325711	158355
医药制造业	5193698	2609055	3530105	1236520
化学药品原药制造	273372	367106	459985	109174
化学药品制剂制造	2364069	975656	1283202	402963
中药饮片加工	149537	194570	207363	78455
中成药制造	1942237	847652	1244809	518967
兽用药品制造	127291	151959	231837	90620
生物、生化制品的制造	313942	61181	91368	34182
卫生材料及医药用品制造	23250	10931	11541	2159
化学纤维制造业	2143963	3099661	3982906	1013089
纤维素纤维原料及纤维制造	1485059	1761628	2031575	269947
合成纤维制造	658904	1338033	1951331	743142
橡胶制品业	2011745	1913228	2759589	958387
轮胎制造	1422232	1597303	2365553	768250
橡胶板、管、带的制造	486561	238523	282199	152880
橡胶零件制造	1914	568	2687	2191
再生橡胶制造	29975	43809	59708	16221
其他橡胶制品制造	71063	33025	49442	18845
塑料制品业	3009942	1503963	2355481	971339
塑料薄膜制造	282791	308616	484731	177801
塑料板、管、型材的制造	247165	165461	298708	140893
塑料丝、绳及编织品的制造	298133	112037	167013	56713
泡沫塑料制造	821295	208183	363951	165309
塑料包装箱及容器制造	431620	278210	356586	111786
塑料零件制造	147419	38591	69930	33536
日用塑料制造	173287	94045	143099	51741

规模以上工业企业主要经济指标(三)(续表7)

计量单位:千元

指标名称	流动资产年平均余额	固定资产合计	固定资产原价	累计折旧
其他塑料制品制造	608232	298820	471463	233560
非金属矿物制品业	8854739	6861683	10364129	4158565
水泥、石灰和石膏的制造	2272846	3074989	4833295	1960440
水泥及石膏制品制造	3584761	1700966	2726667	1131722
砖瓦、石材及其他建筑材料制造	724527	408222	585597	243576
玻璃及玻璃制品制造	1552541	1254515	1848283	722557
陶瓷制品制造	468704	330152	232405	52214
耐火材料制品制造	35713	27589	41432	16017
石墨及其他非金属矿物制品制造	215647	65250	96450	32039
黑色金属冶炼及压延加工业	17805993	29478388	33908164	13868565
炼铁	302804	243814	330574	112516
炼钢	942	661	516	160
钢压延加工	17419316	29211633	33537998	13739093
铁合金冶炼	82931	22280	39076	16796
有色金属冶炼及压延加工业	4810016	1897706	2070488	686132
常用有色金属冶炼	1609785	469099	530875	194185
贵金属冶炼	19171	13480	13331	5999
稀有稀土金属冶炼	134005	44664	60415	21811
有色金属合金制造	274169	84952	106026	26645
有色金属压延加工	2772886	1285511	1359841	437492
金属制品业	8343889	2800266	4414776	1847761
结构性金属制品制造	4412810	953108	1549773	700009
金属工具制造	498702	225384	319463	118751
集装箱及金属包装容器制造	1583636	362385	475370	136761
金属丝绳及其制品的制造	97204	35554	93300	58260
建筑、安全用金属制品制造	423942	157043	253931	100376

规模以上工业企业主要经济指标(三)(续表8)

计量单位:千元

指标名称	流动资产年平均余额	固定资产合计	固定资产原价	累计折旧
金属表面处理及热处理加工	362710	148601	180981	46868
搪瓷制品制造	50889	145178	291974	153597
不锈钢及类似日用金属制品制造	116735	41471	51301	14282
其他金属制品制造	797261	731542	1198683	518857
通用设备制造业	15610416	7857091	9089882	2989436
锅炉及原动机制造	3621341	682232	1145447	602049
金属加工机械制造	1796501	752894	883617	260830
起重运输设备制造	427620	306817	318194	101086
泵、阀门、压缩机及类似机械的制造	1336784	504024	836250	404019
轴承、齿轮、传动和驱动部件的制造	3146168	2496815	1967141	453679
烘炉、熔炉及电炉制造	173223	49347	63511	19484
风机、衡器、包装设备等通用设备制造	2514296	1387267	1762514	487950
通用零部件制造及机械修理	1479075	918508	1036322	271582
金属铸、锻加工	1115408	759187	1076886	388757
专用设备制造业	5887278	1903694	2822813	1089191
矿山、冶金、建筑专用设备制造	1246113	363092	527432	204774
化工、木材、非金属加工专用设备制造	925529	293552	500174	220379
食品、饮料、烟草及饲料生产专用设备制造	324777	223255	253537	35923
印刷、制药、日化生产专用设备制造	157125	34659	48345	20207
纺织、服装和皮革工业专用设备制造	118438	21816	75678	54232
电子和电工机械专用设备制造	541865	283879	479011	202488
农、林、牧、渔专用机械制造	72107	27632	31756	11194
医疗仪器设备及器械制造	259739	128745	156501	35114
环保、社会公共安全及其他专用设备制造	2241585	527064	750379	304880
交通运输设备制造业	35327707	19150823	24221972	8321214
铁路运输设备制造	2917755	1601908	1170067	430682

规模以上工业企业主要经济指标(三)(续表9)

计量单位:千元

指标名称	流动资产年平均余额	固定资产合计	固定资产原价	累计折旧
汽车制造	16656043	12468412	16561688	5533935
摩托车制造	378265	315171	512737	211292
自行车制造	116239	22934	28766	10074
船舶及浮动装置制造	12445389	2644101	2823939	598915
航空航天器制造	2732836	2047412	3057221	1519502
交通器材及其他交通运输设备制造	81180	50885	67554	16814
电气机械及器材制造业	23346319	5726004	7397487	2305918
电机制造	350620	165802	268239	112059
输配电及控制设备制造	16525159	2207581	2745939	749270
电线、电缆、光缆及电工器材制造	1031918	529012	1070563	592299
电池制造	1892702	708909	514815	84511
家用电力器具制造	2132240	1546846	1935291	427369
非电力家用器具制造	442626	90246	132623	42727
照明器具制造	708767	336410	569202	262414
其他电气机械及器材制造	262287	141198	160815	35269
通信设备、计算机及其他电子设备制造业	34850936	21245728	33209062	13444108
通信设备制造	15473902	2717632	4193358	1912565
雷达及配套设备制造	1139898	6375132	7193009	985665
广播电视设备制造	1466157	596980	902799	357660
电子计算机制造	5051700	3824690	7544809	4014665
电子器件制造	4628145	4833404	9211231	4624578
电子元件制造	3062877	2272676	3182895	1156275
家用视听设备制造	3475483	545480	867054	346849

规模以上工业企业主要经济指标(三)(续表10)

计量单位:千元

指标名称	流动资产年平均余额	固定资产合计	固定资产原价	累计折旧
其他电子设备制造	552774	79734	113907	45851
仪器仪表及文化、办公用机械制造业	7308337	1909712	2357848	741309
通用仪器仪表制造	5041910	795503	983294	307892
专用仪器仪表制造	375723	192733	207791	90650
光学仪器及眼镜制造	1636865	747089	930452	279838
文化、办公用机械制造	197036	95694	151664	56975
其他仪器仪表的制造及修理	56803	78693	84647	5954
工艺品及其他制造业	352103	161866	242856	83975
工艺美术品制造	298203	149142	225550	79194
日用杂品制造	44103	9247	12777	3710
其他未列明的制造业	9797	3477	4529	1071
废弃资源和废旧材料回收加工业	298873	135396	183973	52342
金属废料和碎屑的加工处理	298873	135396	183973	52342
电力、燃气及水的生产和供应业	6517103	21601262	26019741	7918253
电力、热力的生产和供应业	4006798	14713326	19151835	6270848
电力生产	3977048	14502730	18911369	6240978
电力供应	29750	210596	240466	29870
燃气生产和供应业	680234	1737515	1986911	324827
燃气生产和供应业	680234	1737515	1986911	324827
水的生产和供应业	1830071	5150421	4880995	1322578
自来水的生产和供应	1804369	4994798	4710345	1307545
污水处理及其再生利用	25702	155623	170650	15033

规模以上工业企业主要经济指标(四)

计量单位:千元

指标名称	固定资产净值年平均余额	资产总计	流动负债合计	
				应付账款
总 计	**159955325**	**509016012**	**251293797**	**67188261**
一、按登记注册类型分组				
内资企业	95510471	344122060	175360744	40240724
国有企业	27116472	94204552	35325083	10394110
集体企业	649397	3437676	1765651	613725
股份合作企业	2106913	7061930	1423311	275142
联营企业	209709	477052	204975	74636
国有联营企业	118690	161969	15191	9051
集体联营企业	79888	232743	124173	41127
国有与集体联营企业	7583	67309	56212	20273
其他联营企业	3548	15031	9399	4185
有限责任公司	39984103	150037625	83979845	16488954
国有独资公司	9539325	24980286	12813536	2400245
其他有限责任公司	30444778	125057339	71166309	14088709
股份有限公司	13019675	32927515	19187703	3557897
私营企业	12091431	54688284	32644897	8578505
私营独资企业	737666	3163765	1914654	559062
私营合伙企业	238848	751891	466969	206662
私营有限责任公司	10521231	45321815	26718351	7077019
私营股份有限公司	593686	5450813	3544923	735762
其他企业	332771	1287426	829279	257755
港、澳、台商投资企业	9411501	34161534	16623576	4014375
合资经营企业(港或澳、台资)	5278057	17880526	9407052	1931890
合作经营企业(港或澳、台资)	93137	349464	228989	69087
港澳台商独资经营企业	3863959	14559979	6268369	1857289
港澳台商投资股份有限公司	176348	1371565	719166	156109

规模以上工业企业主要经济指标(四)(续表1)

计量单位:千元

指标名称	固定资产净值年平均余额	资产总计	流动负债合计	
				应付账款
外商投资企业	55033353	130732418	59309477	22933162
中外合资经营企业	34110916	74385349	32261509	11997197
中外合作经营企业	412109	1007902	334028	120364
外资企业	20121882	52986414	25614866	10515228
外商投资股份有限公司	388446	2352753	1099074	300373
二、按经济组织类型分组				
独资企业	52489376	168352386	70888623	23939414
国有企业	27116472	94204552	35325083	10394110
集体企业	649397	3437676	1765651	613725
私营独资企业	737666	3163765	1914654	559062
港澳台商独资经营企业	3863959	14559979	6268369	1857289
外资企业	20121882	52986414	25614866	10515228
合作、合伙企业	3393487	10935665	3487551	1003646
股份合作企业	2106913	7061930	1423311	275142
国有联营企业	118690	161969	15191	9051
集体联营企业	79888	232743	124173	41127
国有与集体联营企业	7583	67309	56212	20273
其他联营企业	3548	15031	9399	4185
私营合伙企业	238848	751891	466969	206662
合作经营企业(港或澳、台资)	93137	349464	228989	69087
中外合作经营企业	412109	1007902	334028	120364
其他企业(内资)	332771	1287426	829279	257755
股份有限公司	14178155	42102646	24550866	4750141
股份有限公司(内资)	13019675	32927515	19187703	3557897
私营股份有限公司	593686	5450813	3544923	735762
港澳台商投资股份有限公司	176348	1371565	719166	156109

规模以上工业企业主要经济指标(四)(续表 2)

计量单位:千元

指标名称	固定资产净值年平均余额	资产总计	流动负债合计	
				应付账款
外商投资股份有限公司	388446	2352753	1099074	300373
有限责任公司	89894307	287625315	152366757	37495060
国有独资公司	9539325	24980286	12813536	2400245
私营有限责任公司	10521231	45321815	26718351	7077019
合资经营企业(港或澳、台资)	5278057	17880526	9407052	1931890
中外合资经营企业	34110916	74385349	32261509	11997197
其他有限责任公司	30444778	125057339	71166309	14088709
三、按控股情况分组				
国有控股	65769741	217198896	103588788	22016873
集体控股	1767819	8473657	4301169	1471113
私人控股	19315600	91391662	53657394	13890005
港澳台控股	8863699	32479188	15994906	3887946
外商控股	49953018	114161206	51767737	20831462
其他	14285448	45311403	21983803	5090862
四、按轻重工业分组				
轻工业	23988975	88632648	39485553	9873644
重工业	135966350	420383364	211808244	57314617
五、按企业规模分组				
大型企业	68338546	207372857	108295171	22125705
中型企业	51155808	161776986	73913567	24063053
小型企业	40460971	139866169	69085059	20999503
六、在总计中:亏损企业	50432620	124513592	72553180	17086959
七、在总计中:民营	33394923	135791434	74926708	19208961
八、按工业行业小类分组				
采矿业	753536	3829772	1410173	399957
黑色金属矿采选业	509108	2359675	621981	110703

规模以上工业企业主要经济指标(四)(续表3)

计量单位:千元

指标名称	固定资产净值年平均余额	资产总计	流动负债合计	
				应付账款
铁矿采选	509108	2359675	621981	110703
有色金属矿采选业	91267	612896	241003	50857
常用有色金属矿采选	87839	596567	230953	50444
贵金属矿采选	3428	16329	10050	413
非金属矿采选业	153161	857201	547189	238397
土砂石开采	129394	610618	338416	150166
化学矿采选	15817	233453	202703	86001
石棉及其他非金属矿采选	7950	13130	6070	2230
制造业	141967323	468861208	238679807	65787990
农副食品加工业	841486	6846413	4628882	982482
谷物磨制	63043	510004	315055	157186
饲料加工	53533	206696	90125	29267
植物油加工	398832	1026239	638396	422299
屠宰及肉类加工	225771	4074722	2741507	334988
水产品加工	13858	790648	717051	6463
蔬菜、水果和坚果加工	51202	149401	69089	18445
其他农副食品加工	35247	88703	57659	13834
食品制造业	1193763	4516806	1816162	556009
焙烤食品制造	164438	424725	171499	39446
糖果、巧克力及蜜饯制造	286974	1526338	270524	117931
方便食品制造	246573	440942	188695	45431
液体乳及乳制品制造	242465	893068	603142	118802
罐头制造	11404	57932	29934	10928
调味品、发酵制品制造	31556	136249	21632	11120
其他食品制造	210353	1037552	530736	212351
饮料制造业	1256782	3146163	1939391	460167

规模以上工业企业主要经济指标(四)(续表4)

计量单位:千元

指标名称	固定资产净值年平均余额	资产总计	流动负债合计	应付账款
酒的制造	387615	948593	687610	103476
软饮料制造	853010	2138406	1208121	319616
精制茶加工	16157	59164	43660	37075
烟草制品业	1114993	9884812	1190740	536225
卷烟制造	1114993	9884812	1190740	536225
纺织业	1539015	4610528	1998048	553774
棉、化纤纺织及印染精加工	658658	1746723	904886	245464
毛纺织和染整精加工	138266	428733	133008	20252
麻纺织	17230	67408	47200	7203
丝绢纺织及精加工	71333	262837	179999	21237
纺织制成品制造	525829	1627226	550857	214014
针织品、编织品及其制品制造	127699	477601	182098	45604
纺织服装、鞋、帽制造业	2115331	7527682	3752647	951604
纺织服装制造	2057637	7351492	3675094	921265
纺织面料鞋的制造	37830	113632	63008	25755
制帽	19864	62558	14545	4584
皮革、毛皮、羽毛(绒)及其制品业	287231	1679460	816443	342614
皮革鞣制加工	3381	16944	12862	3710
皮革制品制造	111769	1086334	535916	257135
毛皮鞣制及制品加工	16970	29970	640	530
羽毛(绒)加工及制品制造	155111	546212	267025	81239
木材加工及木、竹、藤、棕、草制品业	122026	493584	315710	59503
人造板制造	82491	341887	191762	35715
木制品制造	38614	147789	120561	21976
竹、藤、棕、草制品制造	921	3908	3387	1812
家具制造业	166896	734102	388064	74833

规模以上工业企业主要经济指标(四)(续表5)

计量单位:千元

指标名称	固定资产净值年平均余额	资产总计	流动负债合计	
				应付账款
木质家具制造	103601	392696	287366	55043
竹、藤家具制造	8485	47690	18136	9999
金属家具制造	39263	110907	32547	4814
塑料家具制造	3411	36292	29078	3152
其他家具制造	12136	146517	20937	1825
造纸及纸制品业	583595	1811316	873503	162387
造纸	135362	470563	192092	23896
纸制品制造	448233	1340753	681411	138491
印刷业和记录媒介的复制	981575	2439726	1088160	323247
印刷	959387	2346195	1021952	307822
装订及其他印刷服务活动	19293	55710	33940	11493
记录媒介的复制	2895	37821	32268	3932
文教体育用品制造业	310803	1597155	934174	315642
文化用品制造	21859	81820	16263	4046
体育用品制造	108702	491046	259718	90076
乐器制造	16718	81296	54342	17862
玩具制造	163524	942993	603851	203658
石油加工、炼焦及核燃料加工业	6728961	13587372	10894917	1745958
精炼石油产品的制造	6728961	13587372	10894917	1745958
化学原料及化学制品制造业	41014035	87012352	31925526	5983868
基础化学原料制造	34413825	62519424	18565136	3563373
肥料制造	44348	234618	169291	73768
农药制造	1358557	8978208	5995998	631701
涂料、油墨、颜料及类似产品制造	221571	2013595	794782	226057
合成材料制造	1916954	4702418	2701986	429627
专用化学产品制造	2905483	7710329	3265056	885475

规模以上工业企业主要经济指标(四)(续表6)

计量单位:千元

指标名称	固定资产净值年平均余额	资产总计	流动负债合计	
				应付账款
日用化学产品制造	153297	853760	433277	173867
医药制造业	2379542	8924776	3470358	531938
化学药品原药制造	360282	652832	226093	33784
化学药品制剂制造	911636	3983753	1753632	239319
中药饮片加工	139060	406197	299063	12113
中成药制造	739986	3053971	777364	222505
兽用药品制造	160957	314687	186168	11569
生物、生化制品的制造	55879	475262	204309	2852
卫生材料及医药用品制造	11742	38074	23729	9796
化学纤维制造业	3008146	5673378	1549690	191689
纤维素纤维原料及纤维制造	1786394	3855542	817845	68464
合成纤维制造	1221752	1817836	731845	123225
橡胶制品业	1792555	5166481	3063183	584361
轮胎制造	1576786	4109200	2495663	457247
橡胶板、管、带的制造	138021	860891	481170	97086
橡胶零件制造	1724	9912	6324	0
再生橡胶制造	43044	76179	37091	6293
其他橡胶制品制造	32980	110299	42935	23735
塑料制品业	1381861	4971020	2219870	638944
塑料薄膜制造	318696	592914	306261	53931
塑料板、管、型材的制造	158071	448599	282679	65751
塑料丝、绳及编织品的制造	106834	447233	184766	54773
泡沫塑料制造	202148	1313571	332708	102633
塑料包装箱及容器制造	261499	719959	304230	87707
塑料零件制造	38888	194522	126078	44392
日用塑料制造	95886	297473	168006	27145

规模以上工业企业主要经济指标(四)(续表7)

计量单位:千元

指标名称	固定资产净值年平均余额	资产总计	流动负债合计	
				应付账款
其他塑料制品制造	199839	956749	515142	202612
非金属矿物制品业	6211947	17562737	9490125	2179324
水泥、石灰和石膏的制造	2860651	5630564	2737191	467196
水泥及石膏制品制造	1611268	6057331	3702446	1181146
砖瓦、石材及其他建筑材料制造	404966	1320925	615455	167004
玻璃及玻璃制品制造	1065955	3304961	1804942	267853
陶瓷制品制造	180731	880979	380938	25634
耐火材料制品制造	25144	64793	55003	6594
石墨及其他非金属矿物制品制造	63232	303184	194150	63897
黑色金属冶炼及压延加工业	19461113	50970286	22966285	5690207
炼铁	226294	721026	477287	141656
炼钢	313	1362	638	466
钢压延加工	19215428	50142811	22434863	5536398
铁合金冶炼	19078	105087	53497	11687
有色金属冶炼及压延加工业	1582863	7550981	4553044	1310612
常用有色金属冶炼	446815	2750897	1381870	470080
贵金属冶炼	7367	55238	45744	2120
稀有稀土金属冶炼	39322	281501	139950	63544
有色金属合金制造	80690	440981	259675	61827
有色金属压延加工	1008669	4022364	2725805	713041
金属制品业	2550943	12885363	7801189	1684738
结构性金属制品制造	842063	6331002	4339981	983141
金属工具制造	204745	744968	358843	169820
集装箱及金属包装容器制造	335105	2397048	1408910	195489
金属丝绳及其制品的制造	31675	148633	82109	26726
建筑、安全用金属制品制造	158853	699704	381600	64670

规模以上工业企业主要经济指标(四)(续表8)

计量单位:千元

指标名称	固定资产净值年平均余额	资产总计	流动负债合计	
				应付账款
金属表面处理及热处理加工	132065	541427	355404	114328
搪瓷制品制造	141932	208281	127947	7589
不锈钢及类似日用金属制品制造	35080	181721	94466	22275
其他金属制品制造	669425	1632579	651929	100700
通用设备制造业	6191126	26455310	13326581	3860378
锅炉及原动机制造	494538	4515742	2292382	403537
金属加工机械制造	575914	2912730	1506952	584713
起重运输设备制造	220281	809784	465198	145312
泵、阀门、压缩机及类似机械的制造	491868	2313463	1176269	597562
轴承、齿轮、传动和驱动部件的制造	1152390	6328244	3563937	572978
烘炉、熔炉及电炉制造	43498	274567	176491	32016
风机、衡器、包装设备等通用设备制造	1748659	4272845	1744714	735520
通用零部件制造及机械修理	804970	2899020	1182626	396231
金属铸、锻加工	659008	2128915	1218012	392509
专用设备制造业	1577039	9435339	5629743	1747596
矿山、冶金、建筑专用设备制造	310656	1968723	1190302	405220
化工、木材、非金属加工专用设备制造	260166	1431743	861691	312657
食品、饮料、烟草及饲料生产专用设备制造	218366	667474	366365	53132
印刷、制药、日化生产专用设备制造	28224	227605	151827	29763
纺织、服装和皮革工业专用设备制造	21850	157013	80874	38309
电子和电工机械专用设备制造	241155	905960	515491	99304
农、林、牧、渔专用机械制造	21457	206693	64675	21647
医疗仪器设备及器械制造	104998	484621	248923	101421
环保、社会公共安全及其他专用设备制造	370167	3385507	2149595	686143
交通运输设备制造业	15342790	63823062	43692181	10133722
铁路运输设备制造	712228	5397635	3300482	1317979

规模以上工业企业主要经济指标(四)(续表 9)

计量单位:千元

指标名称	固定资产净值年平均余额	资产总计	流动负债合计	
				应付账款
汽车制造	11070813	36028058	23816017	5834796
摩托车制造	315883	770925	358125	98109
自行车制造	17751	154961	117228	66151
船舶及浮动装置制造	1768512	15962562	13848680	2148632
航空航天器制造	1412592	5341177	2171052	657203
交通器材及其他交通运输设备制造	45011	167744	80597	10852
电气机械及器材制造业	4654811	32749271	15932986	6890781
电机制造	168079	588085	380864	152082
输配电及控制设备制造	1747375	21766383	9353579	4900379
电线、电缆、光缆及电工器材制造	463333	1612110	790079	414017
电池制造	505739	2731967	1809046	381897
家用电力器具制造	1269021	3703694	2387877	673365
非电力家用器具制造	86705	666590	440271	100323
照明器具制造	298503	1228746	561388	186972
其他电气机械及器材制造	116056	451696	209882	81746
通信设备、计算机及其他电子设备制造业	15609733	64023011	36253858	15277563
通信设备制造	2222001	20698744	15228863	8312723
雷达及配套设备制造	1844584	9141059	3514492	238556
广播电视设备制造	614825	1901968	1032806	385158
电子计算机制造	3963241	9996464	4394753	1673490
电子器件制造	4577674	10803854	5430800	1976402
电子元件制造	1795314	6067440	2727359	1243405
家用视听设备制造	523898	4738511	3629158	1244512

规模以上工业企业主要经济指标(四)(续表 10)

计量单位:千元

指标名称	固定资产净值年平均余额	资产总计	流动负债合计	
				应付账款
其他电子设备制造	68196	674971	295627	203317
仪器仪表及文化、办公用机械制造业	1665991	11775383	5695370	1886025
通用仪器仪表制造	657789	7401384	3827433	1309061
专用仪器仪表制造	173470	766701	375706	130319
光学仪器及眼镜制造	668968	3035057	1193826	371472
文化、办公用机械制造	87408	401267	187351	29816
其他仪器仪表的制造及修理	78356	170974	111054	45357
工艺品及其他制造业	160022	563340	269829	63807
工艺美术品制造	138338	489802	222963	53282
日用杂品制造	18212	60481	40851	7620
其他未列明的制造业	3472	13057	6015	2905
废弃资源和废旧材料回收加工业	140349	443999	203148	67992
金属废料和碎屑的加工处理	140349	443999	203148	67992
电力、燃气及水的生产和供应业	17234466	36325032	11203817	1000314
电力、热力的生产和供应业	12252872	25853750	8088509	809137
电力生产	12038492	25587620	7908629	729832
电力供应	214380	266130	179880	79305
燃气生产和供应业	1594321	2996211	1012171	74339
燃气生产和供应业	1594321	2996211	1012171	74339
水的生产和供应业	3387273	7475071	2103137	116838
自来水的生产和供应	3280517	7240345	2036596	104887
污水处理及其再生利用	106756	234726	66541	11951

规模以上工业企业主要经济指标(五)

计量单位:千元

指标名称	长期负债合计	负债合计	所有者权益合计	其中:实收资本
总　计	**46085308**	**299242026**	**209773986**	**134956164**
一、按登记注册类型分组				
内资企业	27657655	204874183	139247877	87518464
国有企业	6046152	41371236	52833316	33671021
集体企业	131532	1904439	1533237	476582
股份合作企业	3868819	5292131	1769799	1544893
联营企业	18604	223579	253473	65596
国有联营企业	3500	18691	143278	8687
集体联营企业	13603	137776	94967	44282
国有与集体联营企业	1500	57712	9597	7732
其他联营企业	1	9400	5631	4895
有限责任公司	12277602	98082305	51955320	31401735
国有独资公司	1228708	14201058	10779228	8774850
其他有限责任公司	11048894	83881247	41176092	22626885
股份有限公司	3224933	22417019	10510496	9814555
私营企业	2007466	34671648	20016636	10291175
私营独资企业	158342	2072996	1090769	452147
私营合伙企业	46085	513509	238382	172170
私营有限责任公司	1488240	28225421	17096394	8941381
私营股份有限公司	314799	3859722	1591091	725477
其他企业	82547	911826	375600	252907
港、澳、台商投资企业	1856043	18484133	15677401	9617690
合资经营企业(港或澳、台资)	1196205	10607771	7272755	4047500
合作经营企业(港或澳、台资)	1369	230358	119106	57104
港澳台商独资经营企业	658039	6926408	7633571	5052381
港澳台商投资股份有限公司	430	719596	651969	460705

规模以上工业企业主要经济指标(五)(续表1)

计量单位:千元

指标名称	长期负债合计	负债合计	所有者权益合计	其中:实收资本
外商投资企业	16571610	75883710	54848708	37820010
中外合资经营企业	10961693	43225076	31160273	18785334
中外合作经营企业	3472	338245	669657	563455
外资企业	5462175	31077045	21909369	18173357
外商投资股份有限公司	144270	1243344	1109409	297864
二、按经济组织类型分组				
独资企业	12456240	83352124	85000262	57825488
国有企业	6046152	41371236	52833316	33671021
集体企业	131532	1904439	1533237	476582
私营独资企业	158342	2072996	1090769	452147
港澳台商独资经营企业	658039	6926408	7633571	5052381
外资企业	5462175	31077045	21909369	18173357
合作、合伙企业	4020896	7509648	3426017	2656125
股份合作企业	3868819	5292131	1769799	1544893
国有联营企业	3500	18691	143278	8687
集体联营企业	13603	137776	94967	44282
国有与集体联营企业	1500	57712	9597	7732
其他联营企业	1	9400	5631	4895
私营合伙企业	46085	513509	238382	172170
合作经营企业(港或澳、台资)	1369	230358	119106	57104
中外合作经营企业	3472	338245	669657	563455
其他企业(内资)	82547	911826	375600	252907
股份有限公司	3684432	28239681	13862965	11298601
股份有限公司(内资)	3224933	22417019	10510496	9814555
私营股份有限公司	314799	3859722	1591091	725477
港澳台商投资股份有限公司	430	719596	651969	460705

规模以上工业企业主要经济指标(五)(续表2)

计量单位:千元

指标名称	长期负债合计	负债合计	所有者权益合计	其中:实收资本
外商投资股份有限公司	144270	1243344	1109409	297864
有限责任公司	25923740	180140573	107484742	63175950
国有独资公司	1228708	14201058	10779228	8774850
私营有限责任公司	1488240	28225421	17096394	8941381
合资经营企业(港或澳、台资)	1196205	10607771	7272755	4047500
中外合资经营企业	10961693	43225076	31160273	18785334
其他有限责任公司	11048894	83881247	41176092	22626885
三、按控股情况分组				
国有控股	20397623	125814753	91384143	68273966
集体控股	459951	4768378	3705279	1638063
私人控股	5053544	58731123	32660539	16850906
港澳台控股	1478543	17477965	15001223	9755103
外商控股	14519203	66287690	47873516	32947868
其他	4176444	26162117	19149286	5490258
四、按轻重工业分组				
轻工业	6962182	46470321	42162327	21876856
重工业	39123126	252771705	167611659	113079308
五、按企业规模分组				
大型企业	16914278	125250642	82122215	64810133
中型企业	17074869	92789251	68987735	30444657
小型企业	12096161	81202133	58664036	39701374
六、在总计中:亏损企业	11157161	83723622	40789970	54321784
七、在总计中:民营	9429790	84383941	51407493	22160785
八、按工业行业小类分组				
采矿业	604400	2014573	1815199	724943
黑色金属矿采选业	510231	1132212	1227463	523943

规模以上工业企业主要经济指标(五)(续表3)

计量单位:千元

指标名称	长期负债合计	负债合计	所有者权益合计	其中:实收资本
铁矿采选	510231	1132212	1227463	523943
有色金属矿采选业	72475	313478	299418	112162
常用有色金属矿采选	64548	295501	301066	108838
贵金属矿采选	7927	17977	-1648	3324
非金属矿采选业	21694	568883	288318	88838
土砂石开采	9996	348412	262206	86568
化学矿采选	11698	214401	19052	1000
石棉及其他非金属矿采选	0	6070	7060	1270
制造业	36504918	277047645	191813563	119879466
农副食品加工业	428417	5057300	1789113	1405038
谷物磨制	27256	342311	167693	63531
饲料加工	1178	91303	115393	70242
植物油加工	189372	827769	198470	276183
屠宰及肉类加工	208028	2949535	1125187	878802
水产品加工	0	717051	73597	43011
蔬菜、水果和坚果加工	814	69903	79498	47099
其他农副食品加工	1769	59428	29275	26170
食品制造业	145412	1971457	2545349	1363421
焙烤食品制造	11	171510	253215	392851
糖果、巧克力及蜜饯制造	0	270524	1255814	259830
方便食品制造	30826	219521	221421	89738
液体乳及乳制品制造	85818	698843	194225	132619
罐头制造	150	30084	27848	35000
调味品、发酵制品制造	0	21632	114617	82770
其他食品制造	28607	559343	478209	370613
饮料制造业	79925	2019316	1126847	1191861

规模以上工业企业主要经济指标(五)(续表4)

计量单位:千元

指标名称	长期负债合计	负债合计	所有者权益合计	其中:实收资本
酒的制造	66141	753751	194842	632266
软饮料制造	13284	1221405	917001	556683
精制茶加工	500	44160	15004	2912
烟草制品业	15927	1206667	8678145	372086
卷烟制造	15927	1206667	8678145	372086
纺织业	556738	2554786	2055742	1884583
棉、化纤纺织及印染精加工	110972	1015858	730865	904174
毛纺织和染整精加工	6750	139758	288975	171932
麻纺织	50	47250	20158	21543
丝绢纺织及精加工	11078	191077	71760	36350
纺织制成品制造	343134	893991	733235	636984
针织品、编织品及其制品制造	84754	266852	210749	113600
纺织服装、鞋、帽制造业	130142	3887626	3640056	1701499
纺织服装制造	105588	3785518	3565974	1672192
纺织面料鞋的制造	23706	86714	26918	16688
制帽	848	15394	47164	12619
皮革、毛皮、羽毛(绒)及其制品业	158063	974512	704948	398147
皮革鞣制加工	0	12862	4082	5150
皮革制品制造	153689	689611	396723	227557
毛皮鞣制及制品加工	900	1540	28430	8000
羽毛(绒)加工及制品制造	3474	270499	275713	157440
木材加工及木、竹、藤、棕、草制品业	26	315736	177848	163527
人造板制造	0	191762	150125	140440
木制品制造	26	120587	27202	22567
竹、藤、棕、草制品制造	0	3387	521	520
家具制造业	65705	453769	280333	259555

规模以上工业企业主要经济指标(五)(续表5)

计量单位：千元

指标名称	长期负债合计	负债合计	所有者权益合计	其中：实收资本
木质家具制造	65654	353020	39676	133768
竹、藤家具制造	1	18137	29553	27514
金属家具制造	50	32597	78310	74293
塑料家具制造	0	29078	7214	9980
其他家具制造	0	20937	125580	14000
造纸及纸制品业	89581	963953	847363	566620
造纸	20587	212679	257884	91210
纸制品制造	68994	751274	589479	475410
印刷业和记录媒介的复制	208238	1296400	1143326	510497
印刷	208126	1230080	1116115	493197
装订及其他印刷服务活动	112	34052	21658	13300
记录媒介的复制	0	32268	5553	4000
文教体育用品制造业	82304	1016478	580677	279244
文化用品制造	958	17221	64599	19559
体育用品制造	23286	283004	208042	106538
乐器制造	0	54342	26954	10289
玩具制造	58060	661911	281082	142858
石油加工、炼焦及核燃料加工业	115184	11010101	2577271	5648123
精炼石油产品的制造	115184	11010101	2577271	5648123
化学原料及化学制品制造业	10963088	42889430	44122922	31312479
基础化学原料制造	8495944	27061827	35457597	25916000
肥料制造	1500	170857	63761	54342
农药制造	286678	6282676	2695532	1316975
涂料、油墨、颜料及类似产品制造	548913	1343695	669900	405819
合成材料制造	698241	3400227	1302191	1004767
专用化学产品制造	924731	4189789	3520540	2392008

规模以上工业企业主要经济指标(五)(续表6)

计量单位:千元

指标名称	长期负债合计	负债合计	所有者权益合计	其中:实收资本
日用化学产品制造	7081	440359	413401	222568
医药制造业	271288	3744248	5180528	2460353
化学药品原药制造	121185	347278	305554	143630
化学药品制剂制造	63180	1819414	2164339	1295431
中药饮片加工	300	299363	106834	50000
中成药制造	85476	862840	2191131	701421
兽用药品制造	1143	187311	127376	169894
生物、生化制品的制造	3	204312	270950	92822
卫生材料及医药用品制造	1	23730	14344	7155
化学纤维制造业	2216331	3766021	1907357	1564274
纤维素纤维原料及纤维制造	1551931	2369776	1485766	788047
合成纤维制造	664400	1396245	421591	776227
橡胶制品业	660353	3723537	1442944	1097369
轮胎制造	512791	3008454	1100746	874752
橡胶板、管、带的制造	143310	624481	236410	152636
橡胶零件制造	3551	9875	37	709
再生橡胶制造	201	37292	38887	10436
其他橡胶制品制造	500	43435	66864	58836
塑料制品业	111560	2331431	2639589	1697273
塑料薄膜制造	17471	323732	269182	204365
塑料板、管、型材的制造	122	282801	165798	147938
塑料丝、绳及编织品的制造	8065	192831	254402	97702
泡沫塑料制造	20031	352739	960832	507032
塑料包装箱及容器制造	53321	357551	362408	194306
塑料零件制造	1242	127320	67202	43599
日用塑料制造	5593	173599	123874	157150

规模以上工业企业主要经济指标(五)(续表7)

计量单位:千元

指标名称	长期负债合计	负债合计	所有者权益合计	其中:实收资本
其他塑料制品制造	5715	520858	435891	345181
非金属矿物制品业	662968	10160636	7402101	5501986
水泥、石灰和石膏的制造	355356	3092766	2537798	1663664
水泥及石膏制品制造	111899	3817286	2240045	1465804
砖瓦、石材及其他建筑材料制造	53115	668570	652355	408621
玻璃及玻璃制品制造	133774	1938716	1366245	1704326
陶瓷制品制造	5233	390554	490425	175572
耐火材料制品制造	0	55003	9790	11469
石墨及其他非金属矿物制品制造	3591	197741	105443	72530
黑色金属冶炼及压延加工业	5832833	28799118	22171168	9782511
炼铁	15013	492300	228726	105931
炼钢	10	648	714	600
钢压延加工	5817810	28252673	21890138	9658879
铁合金冶炼	0	53497	51590	17101
有色金属冶炼及压延加工业	264234	4817278	2733703	1498671
常用有色金属冶炼	116520	1498390	1252507	470448
贵金属冶炼	0	45744	9494	5694
稀有稀土金属冶炼	26705	166655	114846	16696
有色金属合金制造	24434	284109	156872	63032
有色金属压延加工	96575	2822380	1199984	942801
金属制品业	250442	8051631	4833732	2890702
结构性金属制品制造	138301	4478282	1852720	977624
金属工具制造	5383	364226	380742	246667
集装箱及金属包装容器制造	54905	1463815	933233	502532
金属丝绳及其制品的制造	7238	89347	59286	29865
建筑、安全用金属制品制造	2734	384334	315370	263978

规模以上工业企业主要经济指标(五)(续表8)

计量单位:千元

指标名称	长期负债合计	负债合计	所有者权益合计	其中:实收资本
金属表面处理及热处理加工	716	356120	185307	65005
搪瓷制品制造	15838	143785	64496	165778
不锈钢及类似日用金属制品制造	491	94957	86764	79666
其他金属制品制造	24836	676765	955814	559587
通用设备制造业	1829703	15160798	11294512	6123206
锅炉及原动机制造	277190	2574085	1941657	677374
金属加工机械制造	252134	1759086	1153644	691972
起重运输设备制造	31612	496810	312974	159536
泵、阀门、压缩机及类似机械的制造	212242	1388511	924952	681495
轴承、齿轮、传动和驱动部件的制造	146333	3710271	2617973	1503022
烘炉、熔炉及电炉制造	1102	177593	96974	51030
风机、衡器、包装设备等通用设备制造	683501	2428215	1844630	1154475
通用零部件制造及机械修理	163527	1346153	1552867	732578
金属铸、锻加工	62062	1280074	848841	471724
专用设备制造业	213732	5843475	3591864	2200933
矿山、冶金、建筑专用设备制造	14679	1204981	763742	497174
化工、木材、非金属加工专用设备制造	10682	872373	559370	332569
食品、饮料、烟草及饲料生产专用设备制造	16679	383044	284430	233538
印刷、制药、日化生产专用设备制造	6334	158161	69444	33368
纺织、服装和皮革工业专用设备制造	33548	114422	42591	11680
电子和电工机械专用设备制造	818	516309	389651	211014
农、林、牧、渔专用机械制造	5313	69988	136705	28952
医疗仪器设备及器械制造	9748	258671	225950	167254
环保、社会公共安全及其他专用设备制造	115931	2265526	1119981	685384
交通运输设备制造业	6118649	49818548	14004514	15438483
铁路运输设备制造	132795	3433277	1964358	1442938

规模以上工业企业主要经济指标(五)(续表9)

计量单位:千元

指标名称	长期负债合计	负债合计	所有者权益合计	其中:实收资本
汽车制造	5189136	29012869	7015189	11816340
摩托车制造	3312	361438	409487	381332
自行车制造	0	117228	37733	66250
船舶及浮动装置制造	246356	14095037	1867525	844230
航空航天器制造	547050	2718102	2623075	843524
交通器材及其他交通运输设备制造	0	80597	87147	43869
电气机械及器材制造业	1225923	18786639	13962632	5149083
电机制造	20037	400901	187184	211360
输配电及控制设备制造	718721	11700030	10066353	1586853
电线、电缆、光缆及电工器材制造	463120	1253199	358911	693566
电池制造	1001	1810047	921920	944061
家用电力器具制造	1221	2389098	1314596	925479
非电力家用器具制造	3840	444111	222479	171079
照明器具制造	17839	579227	649519	454832
其他电气机械及器材制造	144	210026	241670	161853
通信设备、计算机及其他电子设备制造业	3462334	39911689	24111322	14949498
通信设备制造	397524	15626387	5072357	2761766
雷达及配套设备制造	1961606	5634912	3506147	1142000
广播电视设备制造	90270	1123076	778892	413193
电子计算机制造	441358	4836112	5160352	3311377
电子器件制造	365308	5832790	4971064	4555101
电子元件制造	206166	2933525	3133915	1780294
家用视听设备制造	1	3629159	1109352	774746

规模以上工业企业主要经济指标(五)(续表10)

计量单位:千元

指标名称	长期负债合计	负债合计	所有者权益合计	其中:实收资本
其他电子设备制造	101	295728	379243	211021
仪器仪表及文化、办公用机械制造业	300345	5996615	5778768	2221682
通用仪器仪表制造	49253	3877586	3523798	1301389
专用仪器仪表制造	63251	438957	327744	181068
光学仪器及眼镜制造	187840	1381666	1653391	412061
文化、办公用机械制造	1	187352	213915	233251
其他仪器仪表的制造及修理	0	111054	59920	93913
工艺品及其他制造业	39085	308914	254426	146888
工艺美术品制造	29557	252520	237282	130451
日用杂品制造	9428	50279	10202	10937
其他未列明的制造业	100	6115	6942	5500
废弃资源和废旧材料回收加工业	6388	209536	234463	99874
金属废料和碎屑的加工处理	6388	209536	234463	99874
电力、燃气及水的生产和供应业	8975990	20179808	16145224	14351755
电力、热力的生产和供应业	6763735	14852244	11001506	11541425
电力生产	6713735	14622364	10965256	11499425
电力供应	50000	229880	36250	42000
燃气生产和供应业	379694	1391866	1604345	1059153
燃气生产和供应业	379694	1391866	1604345	1059153
水的生产和供应业	1832561	3935698	3539373	1751177
自来水的生产和供应	1800961	3837557	3402788	1605811
污水处理及其再生利用	31600	98141	136585	145366

规模以上工业企业主要经济指标(六)

计量单位:千元

指标名称	主营业务收入	主营业务成本	主营业务税金及附加	其他业务收入
总　计	**663553998**	**587966972**	**9061342**	**10977182**
一、按登记注册类型分组				
内资企业	417557266	368050116	8659140	8355935
国有企业	107513990	94813544	5966529	1707950
集体企业	8760346	7562407	55581	454254
股份合作企业	3322684	2797273	24606	32180
联营企业	980304	826819	9067	4341
国有联营企业	205776	178439	2973	326
集体联营企业	388889	292643	5525	0
国有与集体联营企业	364580	337124	519	2
其他联营企业	21059	18613	50	4013
有限责任公司	129799457	108888978	935307	3977747
国有独资公司	15222129	13087292	71120	975626
其他有限责任公司	114577328	95801686	864187	3002121
股份有限公司	71908292	70657523	1283266	269946
私营企业	93335040	80788429	377942	1852249
私营独资企业	8271917	7101238	32997	151115
私营合伙企业	1628723	1437898	7431	3305
私营有限责任公司	76620042	66500741	304678	1279425
私营股份有限公司	6814358	5748552	32836	418404
其他企业	1937153	1715143	6842	57268
港、澳、台商投资企业	48883380	41883482	46253	520436
合资经营企业(港或澳、台资)	28169514	24793804	14049	258516
合作经营企业(港或澳、台资)	548950	474192	281	4207
港澳台商独资经营企业	19197584	15948913	24778	241307
港澳台商投资股份有限公司	967332	666573	7145	16406

规模以上工业企业主要经济指标(六)(续表1)

计量单位:千元

指标名称	主营业务收入	主营业务成本	主营业务税金及附加	其他业务收入
外商投资企业	197113352	178033374	355949	2100811
中外合资经营企业	97956998	87959833	189213	1302100
中外合作经营企业	939380	716127	541	33762
外资企业	95433709	87062206	51032	756188
外商投资股份有限公司	2783265	2295208	115163	8761
二、按经济组织类型分组				
独资企业	239177546	212488308	6130917	3310814
国有企业	107513990	94813544	5966529	1707950
集体企业	8760346	7562407	55581	454254
私营独资企业	8271917	7101238	32997	151115
港澳台商独资经营企业	19197584	15948913	24778	241307
外资企业	95433709	87062206	51032	756188
合作、合伙企业	9357194	7967452	48768	135063
股份合作企业	3322684	2797273	24606	32180
国有联营企业	205776	178439	2973	326
集体联营企业	388889	292643	5525	0
国有与集体联营企业	364580	337124	519	2
其他联营企业	21059	18613	50	4013
私营合伙企业	1628723	1437898	7431	3305
合作经营企业(港或澳、台资)	548950	474192	281	4207
中外合作经营企业	939380	716127	541	33762
其他企业(内资)	1937153	1715143	6842	57268
股份有限公司	82473247	79367856	1438410	713517
股份有限公司(内资)	71908292	70657523	1283266	269946
私营股份有限公司	6814358	5748552	32836	418404
港澳台商投资股份有限公司	967332	666573	7145	16406

规模以上工业企业主要经济指标(六)(续表2)

计量单位:千元

指标名称	主营业务收入	主营业务成本	主营业务税金及附加	其他业务收入
外商投资股份有限公司	2783265	2295208	115163	8761
有限责任公司	332546011	288143356	1443247	6817788
国有独资公司	15222129	13087292	71120	975626
私营有限责任公司	76620042	66500741	304678	1279425
合资经营企业(港或澳、台资)	28169514	24793804	14049	258516
中外合资经营企业	97956998	87959833	189213	1302100
其他有限责任公司	114577328	95801686	864187	3002121
三、按控股情况分组				
国有控股	231817250	209940161	7692590	5205865
集体控股	14926099	12796693	85101	579776
私人控股	132740802	113147264	668532	3010064
港澳台控股	57859347	51318223	39496	614138
外商控股	170744175	154157810	195614	1318676
其他	55466325	46606821	380009	248663
四、按轻重工业分组				
轻工业	110639906	85311337	5470444	2352409
重工业	552914092	502655635	3590898	8624773
五、按企业规模分组				
大型企业	301805972	284077048	2662728	3795241
中型企业	167667326	136831149	5780493	3902120
小型企业	194080700	167058775	618121	3279821
六、在总计中:亏损企业	200469487	200088015	2113356	3305441
七、在总计中:民营	191225983	162993620	1008967	3680367
八、按工业行业小类分组				
采矿业	4609028	3414525	71210	172966
黑色金属矿采选业	1839082	1177864	41577	148990

规模以上工业企业主要经济指标(六)(续表3)

计量单位:千元

指标名称	主营业务收入	主营业务成本	主营业务税金及附加	其他业务收入
铁矿采选	1839082	1177864	41577	148990
有色金属矿采选业	542328	378059	9393	7675
常用有色金属矿采选	512304	349843	9333	7626
贵金属矿采选	30024	28216	60	49
非金属矿采选业	2227618	1858602	20240	16301
土砂石开采	1897033	1565374	18697	350
化学矿采选	221645	193110	823	15951
石棉及其他非金属矿采选	108940	100118	720	0
制造业	646688163	573738398	8924826	10299873
农副食品加工业	9875541	8591545	10766	206051
谷物磨制	1567801	1308702	4720	482
饲料加工	527757	425225	0	972
植物油加工	3894368	3809542	272	19985
屠宰及肉类加工	3092917	2416543	4649	182780
水产品加工	149713	90295	151	0
蔬菜、水果和坚果加工	541804	460320	507	0
其他农副食品加工	101181	80918	467	1832
食品制造业	4695888	3397530	10188	144499
焙烤食品制造	464655	359439	119	5760
糖果、巧克力及蜜饯制造	1511272	966870	1218	8786
方便食品制造	642534	526020	4789	3420
液体乳及乳制品制造	814435	571525	2497	1010
罐头制造	20935	17782	107	0
调味品、发酵制品制造	143904	91326	0	1259
其他食品制造	1098153	864568	1458	124264
饮料制造业	3567858	2648488	33228	85968

规模以上工业企业主要经济指标(六)(续表4)

计量单位:千元

指标名称	主营业务收入	主营业务成本	主营业务税金及附加	其他业务收入
酒的制造	183241	98614	29632	2610
软饮料制造	3361737	2530458	1580	83358
精制茶加工	22880	19416	2016	0
烟草制品业	10155645	2311223	5081455	145954
卷烟制造	10155645	2311223	5081455	145954
纺织业	5346929	4676743	12145	47799
棉、化纤纺织及印染精加工	1500897	1344018	3516	1950
毛纺织和染整精加工	253122	207240	88	590
麻纺织	178117	156282	72	0
丝绢纺织及精加工	231060	199526	490	702
纺织制成品制造	2384331	2101951	5519	13331
针织品、编织品及其制品制造	799402	667726	2460	31226
纺织服装、鞋、帽制造业	16645783	14718203	55915	274561
纺织服装制造	16347321	14452958	55169	274336
纺织面料鞋的制造	171641	154616	597	74
制帽	126821	110629	149	151
皮革、毛皮、羽毛(绒)及其制品业	3572313	2991125	6340	5262
皮革鞣制加工	8122	5806	5	0
皮革制品制造	1495635	1140972	2541	5055
毛皮鞣制及制品加工	127390	97630	3180	0
羽毛(绒)加工及制品制造	1941166	1746717	614	207
木材加工及木、竹、藤、棕、草制品业	823020	722731	4829	8
人造板制造	506667	429041	4125	8
木制品制造	311227	288767	699	0
竹、藤、棕、草制品制造	5126	4923	5	0
家具制造业	855623	721674	2758	2916

规模以上工业企业主要经济指标(六)(续表5)

计量单位:千元

指标名称	主营业务收入	主营业务成本	主营业务税金及附加	其他业务收入
木质家具制造	370476	300078	878	2916
竹、藤家具制造	51128	42990	0	0
金属家具制造	177080	154161	347	0
塑料家具制造	7894	7093	9	0
其他家具制造	249045	217352	1524	0
造纸及纸制品业	2446510	2098351	8253	28255
造纸	702286	541549	4498	11328
纸制品制造	1744224	1556802	3755	16927
印刷业和记录媒介的复制	2459936	1993141	7733	29574
印刷	2356031	1907774	7572	29504
装订及其他印刷服务活动	39315	34483	161	70
记录媒介的复制	64590	50884	0	0
文教体育用品制造业	2813542	2447925	8911	14878
文化用品制造	136990	118790	69	925
体育用品制造	668602	544610	1189	12413
乐器制造	92250	76827	200	97
玩具制造	1915700	1707698	7453	1443
石油加工、炼焦及核燃料加工业	58985727	60182039	1212555	227479
精炼石油产品的制造	58985727	60182039	1212555	227479
化学原料及化学制品制造业	130836689	123496733	683406	2928104
基础化学原料制造	98002533	94731188	627312	1632014
肥料制造	492404	457301	785	1912
农药制造	7107280	6304434	6327	4260
涂料、油墨、颜料及类似产品制造	2799762	2397835	8835	129925
合成材料制造	8770680	7704636	13725	694979
专用化学产品制造	11588386	10184969	23389	449053

规模以上工业企业主要经济指标(六)(续表6)

计量单位:千元

指标名称	主营业务收入	主营业务成本	主营业务税金及附加	其他业务收入
日用化学产品制造	2075644	1716370	3033	15961
医药制造业	7807371	4082714	37981	28611
化学药品原药制造	426823	256249	3263	2450
化学药品制剂制造	3495077	1361958	12450	2467
中药饮片加工	184475	95210	2965	3477
中成药制造	2793062	1924426	17263	13597
兽用药品制造	267584	155501	1226	1050
生物、生化制品的制造	609989	267267	732	5570
卫生材料及医药用品制造	30361	22103	82	0
化学纤维制造业	3376151	2706339	843	143276
纤维素纤维原料及纤维制造	1701829	1416790	730	3
合成纤维制造	1674322	1289549	113	143273
橡胶制品业	4606438	3975442	13210	4202
轮胎制造	2427773	2119575	944	812
橡胶板、管、带的制造	1405881	1198246	9841	878
橡胶零件制造	6226	4519	54	0
再生橡胶制造	638437	538994	1646	0
其他橡胶制品制造	128121	114108	725	2512
塑料制品业	7866991	6884216	23984	176416
塑料薄膜制造	1217270	1106544	3011	51275
塑料板、管、型材的制造	1142707	999979	3423	2213
塑料丝、绳及编织品的制造	741057	631094	2904	86479
泡沫塑料制造	1780833	1560199	3545	9160
塑料包装箱及容器制造	986223	821680	5309	16780
塑料零件制造	320310	263165	1124	155
日用塑料制造	348870	301501	929	1647

规模以上工业企业主要经济指标(六)(续表7)

计量单位:千元

指标名称	主营业务收入	主营业务成本	主营业务税金及附加	其他业务收入
其他塑料制品制造	1329721	1200054	3739	8707
非金属矿物制品业	15895814	13587770	73695	179746
水泥、石灰和石膏的制造	4770885	4151599	26149	23295
水泥及石膏制品制造	6215025	5479663	29132	48904
砖瓦、石材及其他建筑材料制造	1187723	992570	5706	4201
玻璃及玻璃制品制造	2338342	1784711	7456	28517
陶瓷制品制造	469889	345495	1773	31378
耐火材料制品制造	328183	310785	574	1628
石墨及其他非金属矿物制品制造	585767	522947	2905	41823
黑色金属冶炼及压延加工业	64561348	56769564	496959	30750
炼铁	1010549	942919	6458	3799
炼钢	10390	9478	107	0
钢压延加工	63141130	55510125	489915	26907
铁合金冶炼	399279	307042	479	44
有色金属冶炼及压延加工业	22005319	20306086	148120	175957
常用有色金属冶炼	3089405	2667947	117170	25248
贵金属冶炼	567063	514507	50	620
稀有稀土金属冶炼	274141	225372	823	56
有色金属合金制造	1159208	1012664	2368	1299
有色金属压延加工	16915502	15885596	27709	148734
金属制品业	18874899	16005635	57448	674408
结构性金属制品制造	10603940	9160311	29535	223581
金属工具制造	954819	804600	2727	16819
集装箱及金属包装容器制造	2307330	1946770	5028	157130
金属丝绳及其制品的制造	460936	404956	965	120
建筑、安全用金属制品制造	1076695	888279	2449	14154

规模以上工业企业主要经济指标(六)(续表8)

计量单位:千元

指标名称	主营业务收入	主营业务成本	主营业务税金及附加	其他业务收入
金属表面处理及热处理加工	1291769	1152000	5691	217208
搪瓷制品制造	200534	199527	0	1380
不锈钢及类似日用金属制品制造	390110	347813	596	1712
其他金属制品制造	1588766	1101379	10457	42304
通用设备制造业	25894813	20905974	70252	598480
锅炉及原动机制造	3580668	2639641	4372	121814
金属加工机械制造	2681781	2173202	7776	102581
起重运输设备制造	594847	528419	3133	5926
泵、阀门、压缩机及类似机械的制造	2563207	2038800	6246	11636
轴承、齿轮、传动和驱动部件的制造	4592939	3768084	4210	101451
烘炉、熔炉及电炉制造	369450	290565	686	3163
风机、衡器、包装设备等通用设备制造	4308404	3445831	8406	79008
通用零部件制造及机械修理	3436050	2744360	18213	166331
金属铸、锻加工	3767467	3277072	17210	6570
专用设备制造业	10606123	8700705	62320	92153
矿山、冶金、建筑专用设备制造	2343880	1901899	10133	24968
化工、木材、非金属加工专用设备制造	1966339	1614744	21483	8025
食品、饮料、烟草及饲料生产专用设备制造	558673	472623	2963	5497
印刷、制药、日化生产专用设备制造	222223	193207	317	13466
纺织、服装和皮革工业专用设备制造	24842	17292	182	0
电子和电工机械专用设备制造	940649	770155	4578	14977
农、林、牧、渔专用机械制造	719804	590453	1046	87
医疗仪器设备及器械制造	508974	348074	1979	4647
环保、社会公共安全及其他专用设备制造	3320739	2792258	19639	20486
交通运输设备制造业	44452476	38633799	367993	1972316
铁路运输设备制造	5495676	4661349	24300	319170

规模以上工业企业主要经济指标(六)(续表 9)

计量单位:千元

指标名称	主营业务收入	主营业务成本	主营业务税金及附加	其他业务收入
汽车制造	23736803	21148547	303336	1312932
摩托车制造	865920	733276	1161	4327
自行车制造	291649	257910	1564	757
船舶及浮动装置制造	9807234	8357948	17433	291486
航空航天器制造	4154437	3400568	18734	41450
交通器材及其他交通运输设备制造	100757	74201	1465	2194
电气机械及器材制造业	31359549	24098654	291014	823741
电机制造	1055083	902412	2578	33785
输配电及控制设备制造	15898530	11480212	141540	387778
电线、电缆、光缆及电工器材制造	2305315	2036047	4821	3934
电池制造	2531635	2313678	626	166694
家用电力器具制造	6603772	4854836	129301	174483
非电力家用器具制造	1359229	1169312	7545	23003
照明器具制造	1267024	1095992	4228	26751
其他电气机械及器材制造	338961	246165	375	7313
通信设备、计算机及其他电子设备制造业	123580224	115856842	66774	588672
通信设备制造	29554441	27437691	20160	167405
雷达及配套设备制造	5034039	3901024	12572	14774
广播电视设备制造	3465409	3088219	5643	14399
电子计算机制造	56600173	54928435	4751	67502
电子器件制造	9819638	8818237	16132	130348
电子元件制造	6772777	6040614	6853	119287
家用视听设备制造	11283996	10690534	300	68917

规模以上工业企业主要经济指标(六)(续表10)

计量单位:千元

指标名称	主营业务收入	主营业务成本	主营业务税金及附加	其他业务收入
其他电子设备制造	1049751	952088	363	6040
仪器仪表及文化、办公用机械制造业	7962717	6095166	40515	247110
通用仪器仪表制造	5504736	3994700	35568	82901
专用仪器仪表制造	445696	324742	3303	6679
光学仪器及眼镜制造	1743637	1549850	1256	156585
文化、办公用机械制造	209368	175043	156	945
其他仪器仪表的制造及修理	59280	50831	232	0
工艺品及其他制造业	2271552	2089328	14794	422708
工艺美术品制造	2143039	1970510	14535	422708
日用杂品制造	55293	48980	131	0
其他未列明的制造业	73220	69838	128	0
废弃资源和废旧材料回收加工业	2485374	2042713	20442	19
金属废料和碎屑的加工处理	2485374	2042713	20442	19
电力、燃气及水的生产和供应业	12256807	10814049	65306	504343
电力、热力的生产和供应业	8838399	8018400	55189	36380
电力生产	8764019	7961620	55109	36380
电力供应	74380	56780	80	0
燃气生产和供应业	2551387	2223518	2014	390203
燃气生产和供应业	2551387	2223518	2014	390203
水的生产和供应业	867021	572131	8103	77760
自来水的生产和供应	782170	519471	8056	77760
污水处理及其再生利用	84851	52660	47	0

规模以上工业企业主要经济指标(七)

计量单位:千元

指标名称	其他业务利润	营业费用	管理费用	
				税金
总　计	**2249400**	**15817538**	**28049952**	**996028**
一、按登记注册类型分组				
内资企业	1531368	8545472	19016777	728691
国有企业	240288	1219742	5011187	214801
集体企业	14262	236007	425836	17822
股份合作企业	6661	97817	159870	13168
联营企业	1332	10250	36237	12983
国有联营企业	305	1732	14676	7920
集体联营企业	0	7119	16383	4974
国有与集体联营企业	2	1321	3595	29
其他联营企业	1025	78	1583	60
有限责任公司	849814	3981733	7998705	272095
国有独资公司	109988	516064	1594682	78851
其他有限责任公司	739826	3465669	6404023	193244
股份有限公司	31834	710680	1663717	29897
私营企业	384121	2243711	3633445	165219
私营独资企业	62123	112972	214171	8459
私营合伙企业	2675	33543	51014	1016
私营有限责任公司	305410	1929179	3119160	138123
私营股份有限公司	13913	168017	249100	17621
其他企业	3056	45532	87780	2706
港、澳、台商投资企业	161617	1434802	2071388	56984
合资经营企业(港或澳、台资)	112938	656944	969956	20944
合作经营企业(港或澳、台资)	1681	6684	20560	348
港澳台商独资经营企业	36923	710382	1027492	34051
港澳台商投资股份有限公司	10075	60792	53380	1641

规模以上工业企业主要经济指标(七)(续表1)

计量单位:千元

指标名称	其他业务利润	营业费用	管理费用	税金
外商投资企业	556415	5837264	6961787	210353
中外合资经营企业	344641	3080769	3517901	91566
中外合作经营企业	-12501	27608	69258	1946
外资企业	221684	2638902	3292438	101779
外商投资股份有限公司	2591	89985	82190	15062
二、按经济组织类型分组				
独资企业	575280	4918005	9971124	376912
国有企业	240288	1219742	5011187	214801
集体企业	14262	236007	425836	17822
私营独资企业	62123	112972	214171	8459
港澳台商独资经营企业	36923	710382	1027492	34051
外资企业	221684	2638902	3292438	101779
合作、合伙企业	2904	221434	424719	32167
股份合作企业	6661	97817	159870	13168
国有联营企业	305	1732	14676	7920
集体联营企业	0	7119	16383	4974
国有与集体联营企业	2	1321	3595	29
其他联营企业	1025	78	1583	60
私营合伙企业	2675	33543	51014	1016
合作经营企业(港或澳、台资)	1681	6684	20560	348
中外合作经营企业	-12501	27608	69258	1946
其他企业(内资)	3056	45532	87780	2706
股份有限公司	58413	1029474	2048387	64221
股份有限公司(内资)	31834	710680	1663717	29897
私营股份有限公司	13913	168017	249100	17621
港澳台商投资股份有限公司	10075	60792	53380	1641

规模以上工业企业主要经济指标(七)(续表2)

计量单位:千元

指标名称	其他业务利润	营业费用	管理费用	税金
外商投资股份有限公司	2591	89985	82190	15062
有限责任公司	1612803	9648625	15605722	522728
国有独资公司	109988	516064	1594682	78851
私营有限责任公司	305410	1929179	3119160	138123
合资经营企业(港或澳、台资)	112938	656944	969956	20944
中外合资经营企业	344641	3080769	3517901	91566
其他有限责任公司	739826	3465669	6404023	193244
三、按控股情况分组				
国有控股	1027317	4384710	11714866	405481
集体控股	46388	369976	788889	31868
私人控股	620781	3753368	5829496	240784
港澳台控股	140217	1390762	1998773	59603
外商控股	334808	5039059	6094020	175637
其他	79889	879663	1623908	82655
四、按轻重工业分组				
轻工业	427735	5854327	5674780	192943
重工业	1821665	9963211	22375172	803085
五、按企业规模分组				
大型企业	694214	4365464	9790730	355746
中型企业	823419	6154885	9383712	296579
小型企业	731767	5297189	8875510	343703
六、在总计中:亏损企业	559533	2588645	6745198	212873
七、在总计中:民营	713239	4327811	7689871	332308
八、按工业行业小类分组				
采矿业	14873	107932	487100	8644
黑色金属矿采选业	7003	11818	363714	5706

规模以上工业企业主要经济指标(七)(续表3)

计量单位:千元

指标名称	其他业务利润	营业费用	管理费用	税金
铁矿采选	7003	11818	363714	5706
有色金属矿采选业	6589	8750	57364	521
常用有色金属矿采选	6589	8664	53335	486
贵金属矿采选	0	86	4029	35
非金属矿采选业	1281	87364	66022	2417
土砂石开采	136	73960	36548	1709
化学矿采选	1145	12054	27244	58
石棉及其他非金属矿采选	0	1350	2230	650
制造业	1993213	15409617	26860970	872067
农副食品加工业	24707	370364	260855	9686
谷物磨制	180	22245	18906	911
饲料加工	972	32893	21242	362
植物油加工	1418	51682	47416	3346
屠宰及肉类加工	20319	220739	141137	4817
水产品加工	0	933	3448	3
蔬菜、水果和坚果加工	0	32092	21723	193
其他农副食品加工	1818	9780	6983	54
食品制造业	13709	465201	234153	8497
焙烤食品制造	2982	15349	26916	1679
糖果、巧克力及蜜饯制造	3787	179667	32754	326
方便食品制造	1903	52411	29799	2260
液体乳及乳制品制造	-1541	138783	55790	1414
罐头制造	0	1628	2970	48
调味品、发酵制品制造	537	8641	8572	380
其他食品制造	6041	68722	77352	2390
饮料制造业	20051	438478	182719	7139

规模以上工业企业主要经济指标(七)(续表4)

计量单位:千元

指标名称	其他业务利润	营业费用	管理费用	税金
酒的制造	-1325	64774	73742	2455
软饮料制造	21376	373604	108249	4684
精制茶加工	0	100	728	0
烟草制品业	3780	130630	510528	12014
卷烟制造	3780	130630	510528	12014
纺织业	6174	148088	268475	9853
棉、化纤纺织及印染精加工	422	47150	74576	1926
毛纺织和染整精加工	581	8940	17631	1406
麻纺织	0	1848	2806	0
丝绢纺织及精加工	530	4772	18927	177
纺织制成品制造	3955	55317	93831	4270
针织品、编织品及其制品制造	686	30061	60704	2074
纺织服装、鞋、帽制造业	88513	353093	707735	21892
纺织服装制造	88316	347823	695351	21514
纺织面料鞋的制造	53	787	6525	125
制帽	144	4483	5859	253
皮革、毛皮、羽毛(绒)及其制品业	2577	203709	92114	4677
皮革鞣制加工	0	1072	1156	0
皮革制品制造	2377	183454	51521	891
毛皮鞣制及制品加工	0	3440	16560	1670
羽毛(绒)加工及制品制造	200	15743	22877	2116
木材加工及木、竹、藤、棕、草制品业	-544	20994	21906	675
人造板制造	-544	15644	14932	551
木制品制造	0	5350	6802	124
竹、藤、棕、草制品制造	0	0	172	0
家具制造业	346	30444	53600	1405

规模以上工业企业主要经济指标(七)(续表5)

计量单位:千元

指标名称	其他业务利润	营业费用	管理费用	税金
木质家具制造	346	7590	36151	1226
竹、藤家具制造	0	1482	2174	0
金属家具制造	0	2520	6860	179
塑料家具制造	0	61	729	0
其他家具制造	0	18791	7686	0
造纸及纸制品业	16368	54638	97464	4468
造纸	1863	7182	15634	436
纸制品制造	14505	47456	81830	4032
印刷业和记录媒介的复制	21032	57801	158040	5650
印刷	20969	56128	154736	5622
装订及其他印刷服务活动	63	1182	2195	28
记录媒介的复制	0	491	1109	0
文教体育用品制造业	2794	68393	110675	2145
文化用品制造	894	2097	12797	89
体育用品制造	1848	23794	37143	650
乐器制造	97	3088	6879	150
玩具制造	－45	39414	53856	1256
石油加工、炼焦及核燃料加工业	9679	55885	720131	6766
精炼石油产品的制造	9679	55885	720131	6766
化学原料及化学制品制造业	356863	1949768	4593720	153034
基础化学原料制造	162798	1234969	3228258	101704
肥料制造	1832	11932	20678	414
农药制造	1543	136453	253621	13436
涂料、油墨、颜料及类似产品制造	57529	81923	132862	12429
合成材料制造	94357	152028	424786	4306
专用化学产品制造	32521	244942	434141	17209

规模以上工业企业主要经济指标(七)(续表6)

计量单位:千元

指标名称	其他业务利润	营业费用	管理费用	税金
日用化学产品制造	6283	87521	99374	3536
医药制造业	14693	1801736	933947	26652
化学药品原药制造	2320	52886	65095	1913
化学药品制剂制造	855	1301455	389630	11086
中药饮片加工	－35	15232	46774	2105
中成药制造	8305	322822	261168	8503
兽用药品制造	559	37880	35243	2093
生物、生化制品的制造	2689	70058	134319	922
卫生材料及医药用品制造	0	1403	1718	30
化学纤维制造业	1732	21284	182673	1898
纤维素纤维原料及纤维制造	2	7239	72611	0
合成纤维制造	1730	14045	110062	1898
橡胶制品业	805	120500	158807	6300
轮胎制造	30	67805	54812	1488
橡胶板、管、带的制造	649	43192	92658	4167
橡胶零件制造	0	198	297	0
再生橡胶制造	0	5781	5900	432
其他橡胶制品制造	126	3524	5140	213
塑料制品业	25714	171557	341421	10621
塑料薄膜制造	－482	28000	39609	1895
塑料板、管、型材的制造	1595	47133	51584	1550
塑料丝、绳及编织品的制造	17574	12629	25473	1217
泡沫塑料制造	4304	28167	62848	1721
塑料包装箱及容器制造	2090	17665	65191	1309
塑料零件制造	132	11979	14707	449
日用塑料制造	－270	4196	30101	670

规模以上工业企业主要经济指标(七)(续表7)

计量单位:千元

指标名称	其他业务利润	营业费用	管理费用	
				税金
其他塑料制品制造	771	21788	51908	1810
非金属矿物制品业	42256	593548	890560	53711
水泥、石灰和石膏的制造	10822	159822	265495	18677
水泥及石膏制品制造	12564	185304	258525	22460
砖瓦、石材及其他建筑材料制造	483	50541	70626	3993
玻璃及玻璃制品制造	12969	170691	198222	7488
陶瓷制品制造	4565	18826	79103	426
耐火材料制品制造	151	1462	3298	102
石墨及其他非金属矿物制品制造	702	6902	15291	565
黑色金属冶炼及压延加工业	1980	565933	1216257	129421
炼铁	-989	6956	34677	13216
炼钢	0	0	208	17
钢压延加工	2925	542904	1174981	116181
铁合金冶炼	44	16073	6391	7
有色金属冶炼及压延加工业	14508	192975	326377	24547
常用有色金属冶炼	4343	79569	77609	13454
贵金属冶炼	620	0	3694	0
稀有稀土金属冶炼	-10	5156	22308	807
有色金属合金制造	764	22892	35417	574
有色金属压延加工	8791	85358	187349	9712
金属制品业	189085	366127	784681	37396
结构性金属制品制造	22399	202350	304907	18635
金属工具制造	4243	38407	44714	492
集装箱及金属包装容器制造	6489	53219	124117	3965
金属丝绳及其制品的制造	-158	10776	17071	596
建筑、安全用金属制品制造	8068	17493	61948	4622

规模以上工业企业主要经济指标(七)(续表8)

计量单位:千元

指标名称	其他业务利润	营业费用	管理费用	税金
金属表面处理及热处理加工	115346	11182	42863	1830
搪瓷制品制造	198	938	12549	1226
不锈钢及类似日用金属制品制造	190	16058	16367	1472
其他金属制品制造	32310	15704	160145	4558
通用设备制造业	205038	707318	1968848	77665
锅炉及原动机制造	79484	82449	365921	7956
金属加工机械制造	28726	85813	265072	4954
起重运输设备制造	1119	13484	52366	5387
泵、阀门、压缩机及类似机械的制造	4477	116668	251190	13967
轴承、齿轮、传动和驱动部件的制造	44518	63505	238419	5685
烘炉、熔炉及电炉制造	1792	10947	26220	265
风机、衡器、包装设备等通用设备制造	26048	129682	341979	10169
通用零部件制造及机械修理	16690	144072	259857	19539
金属铸、锻加工	2184	60698	167824	9743
专用设备制造业	34305	288756	682048	15398
矿山、冶金、建筑专用设备制造	8923	54129	119166	2542
化工、木材、非金属加工专用设备制造	5255	52118	146365	1886
食品、饮料、烟草及饲料生产专用设备制造	368	12069	38210	1525
印刷、制药、日化生产专用设备制造	3231	9069	14140	329
纺织、服装和皮革工业专用设备制造	0	2453	10135	110
电子和电工机械专用设备制造	2755	27321	102546	2761
农、林、牧、渔专用机械制造	41	3918	6541	180
医疗仪器设备及器械制造	2892	55018	69823	1397
环保、社会公共安全及其他专用设备制造	10840	72661	175122	4668
交通运输设备制造业	366876	1659321	3212159	101116
铁路运输设备制造	18097	65660	337640	2423

规模以上工业企业主要经济指标(七)(续表9)

计量单位:千元

指标名称	其他业务利润	营业费用	管理费用	
				税金
汽车制造	307174	1215089	1995652	73878
摩托车制造	2404	18055	50027	1397
自行车制造	690	9476	15759	-323
船舶及浮动装置制造	25832	123667	412518	13821
航空航天器制造	12520	219909	388618	9345
交通器材及其他交通运输设备制造	159	7465	11945	575
电气机械及器材制造业	214457	2546752	2600294	30312
电机制造	8663	22345	68616	1784
输配电及控制设备制造	136458	1364735	1763145	8955
电线、电缆、光缆及电工器材制造	2841	54013	108671	2763
电池制造	3449	26414	144768	1835
家用电力器具制造	53790	1001011	321446	12159
非电力家用器具制造	2718	30698	64074	650
照明器具制造	1134	28921	97588	1052
其他电气机械及器材制造	5404	18615	31986	1114
通信设备、计算机及其他电子设备制造业	244811	1497178	4390347	79336
通信设备制造	40058	331432	1541101	21812
雷达及配套设备制造	2000	51530	619065	1905
广播电视设备制造	2241	89008	153122	5715
电子计算机制造	46920	543877	648904	21689
电子器件制造	68352	271437	586023	12268
电子元件制造	47262	151426	361257	9794
家用视听设备制造	34097	36158	439013	5545

规模以上工业企业主要经济指标(七)(续表10)

计量单位:千元

指标名称	其他业务利润	营业费用	管理费用	
				税金
其他电子设备制造	3881	22310	41862	608
仪器仪表及文化、办公用机械制造业	69364	363614	951519	11270
通用仪器仪表制造	53194	299995	661543	7054
专用仪器仪表制造	1940	21121	42611	1509
光学仪器及眼镜制造	13285	34398	186062	2283
文化、办公用机械制造	945	5539	26564	393
其他仪器仪表的制造及修理	0	2561	34739	31
工艺品及其他制造业	1540	50934	62940	12043
工艺美术品制造	1877	48389	59916	11964
日用杂品制造	−13	1214	1918	10
其他未列明的制造业	−324	1331	1106	69
废弃资源和废旧材料回收加工业	0	114598	145977	6480
金属废料和碎屑的加工处理	0	114598	145977	6480
电力、燃气及水的生产和供应业	241314	299989	701882	115317
电力、热力的生产和供应业	24648	1188	482657	95424
电力生产	24648	1188	481807	95424
电力供应	0	0	850	0
燃气生产和供应业	185947	146322	116704	1532
燃气生产和供应业	185947	146322	116704	1532
水的生产和供应业	30719	152479	102521	18361
自来水的生产和供应	30719	151999	98609	18019
污水处理及其再生利用	0	480	3912	342

规模以上工业企业主要经济指标(八)

计量单位:千元

指标名称	财务费用		营业利润	投资收益
		利息支出		
总　计	**5210886**	**5718079**	**19621235**	**－918855**
一、按登记注册类型分组				
内资企业	3811956	3507473	10780361	－393107
国有企业	5580	－82367	531412	105093
集体企业	34139	29328	460638	－14833
股份合作企业	106795	103093	142984	－5038
联营企业	5404	3127	92367	－5301
国有联营企业	246	230	8015	0
集体联营企业	4730	2494	60997	0
国有与集体联营企业	221	198	21802	－4998
其他联营企业	207	205	1553	－303
有限责任公司	2229034	2154989	6580693	311226
国有独资公司	332132	299773	－238719	－23938
其他有限责任公司	1896902	1855216	6819412	335164
股份有限公司	705045	702529	－3077995	8563
私营企业	713354	586472	5977955	－789247
私营独资企业	21087	16110	851575	－222225
私营合伙企业	6273	4962	95239	－10015
私营有限责任公司	593248	480760	4494121	－536599
私营股份有限公司	92746	84640	537020	－20408
其他企业	12605	10302	72307	－3570
港、澳、台商投资企业	189279	226450	3418887	－11086
合资经营企业(港或澳、台资)	90697	78618	1756096	－36843
合作经营企业(港或澳、台资)	1950	1582	46964	2236
港澳台商独资经营企业	85490	138067	1437452	30843
港澳台商投资股份有限公司	11142	8183	178375	－7322

规模以上工业企业主要经济指标(八)(续表1)

计量单位:千元

指标名称	财务费用	利息支出	营业利润	投资收益
外商投资企业	1209651	1984156	5421987	－514662
中外合资经营企业	768706	1324981	2935462	－547474
中外合作经营企业	1814	2393	111531	2876
外资企业	378662	619664	2232153	47223
外商投资股份有限公司	60469	37118	142841	－17287
二、按经济组织类型分组				
独资企业	524958	720802	5513230	－53899
国有企业	5580	－82367	531412	105093
集体企业	34139	29328	460638	－14833
私营独资企业	21087	16110	851575	－222225
港澳台商独资经营企业	85490	138067	1437452	30843
外资企业	378662	619664	2232153	47223
合作、合伙企业	134841	125459	561392	－18812
股份合作企业	106795	103093	142984	－5038
国有联营企业	246	230	8015	0
集体联营企业	4730	2494	60997	0
国有与集体联营企业	221	198	21802	－4998
其他联营企业	207	205	1553	－303
私营合伙企业	6273	4962	95239	－10015
合作经营企业(港或澳、台资)	1950	1582	46964	2236
中外合作经营企业	1814	2393	111531	2876
其他企业(内资)	12605	10302	72307	－3570
股份有限公司	869402	832470	－2219759	－36454
股份有限公司(内资)	705045	702529	－3077995	8563
私营股份有限公司	92746	84640	537020	－20408
港澳台商投资股份有限公司	11142	8183	178375	－7322

规模以上工业企业主要经济指标(八)(续表2)

计量单位:千元

指标名称	财务费用		营业利润	投资收益
		利息支出		
外商投资股份有限公司	60469	37118	142841	-17287
有限责任公司	3681685	4039348	15766372	-809690
国有独资公司	332132	299773	-238719	-23938
私营有限责任公司	593248	480760	4494121	-536599
合资经营企业(港或澳、台资)	90697	78618	1756096	-36843
中外合资经营企业	768706	1324981	2935462	-547474
其他有限责任公司	1896902	1855216	6819412	335164
三、按控股情况分组				
国有控股	1857432	1700039	-2600272	369340
集体控股	66156	77806	858153	12384
私人控股	1048377	891310	8929713	-1274537
港澳台控股	199588	298975	3051816	-225669
外商控股	1035593	1773946	4707132	-217446
其他	1003740	976003	4674693	417073
四、按轻重工业分组				
轻工业	685850	640881	7947370	-275115
重工业	4525036	5077198	11673865	-643740
五、按企业规模分组				
大型企业	2234872	2323429	-914965	326021
中型企业	1510712	1861445	9038336	146092
小型企业	1465302	1533205	11497864	-1390968
六、在总计中:亏损企业	1732585	1630623	-12400409	-315858
七、在总计中:民营	1973017	1838185	13576204	-762435
八、按工业行业小类分组				
采矿业	14636	17240	528498	-40384
黑色金属矿采选业	-23	6136	251135	8391

规模以上工业企业主要经济指标(八)(续表3)

计量单位:千元

指标名称	财务费用	利息支出	营业利润	投资收益
铁矿采选	-23	6136	251135	8391
有色金属矿采选业	7445	7367	87906	1
常用有色金属矿采选	7031	6955	90687	0
贵金属矿采选	414	412	-2781	1
非金属矿采选业	7214	3737	189457	-48776
土砂石开采	5793	3466	196797	-59426
化学矿采选	191	191	-10632	10650
石棉及其他非金属矿采选	1230	80	3292	0
制造业	4800015	5306588	18872077	-887406
农副食品加工业	24233	36501	642485	-30193
谷物磨制	4459	2203	208949	-57226
饲料加工	307	116	49062	5776
植物油加工	17150	16575	-30276	25622
屠宰及肉类加工	1578	15138	328590	-4865
水产品加工	-1835	0	56721	0
蔬菜、水果和坚果加工	1280	1209	25882	500
其他农副食品加工	1294	1260	3557	0
食品制造业	44693	41278	557832	-5751
焙烤食品制造	381	284	65433	0
糖果、巧克力及蜜饯制造	244	703	334306	-2859
方便食品制造	9856	5388	21562	312
液体乳及乳制品制造	29995	30011	14304	-3252
罐头制造	72	72	-1624	0
调味品、发酵制品制造	-950	0	36852	0
其他食品制造	5095	4820	86999	48
饮料制造业	21041	24353	263955	-41101

规模以上工业企业主要经济指标(八)(续表4)

计量单位:千元

指标名称	财务费用		营业利润	投资收益
		利息支出		
酒的制造	14405	12862	-99251	0
软饮料制造	6795	11491	362427	-41101
精制茶加工	-159	0	779	0
烟草制品业	-90612	-90739	2216201	130
卷烟制造	-90612	-90739	2216201	130
纺织业	70492	69883	177160	-3572
棉、化纤纺织及印染精加工	12707	14548	19352	-443
毛纺织和染整精加工	6281	5209	13523	0
麻纺织	4357	2309	12752	0
丝绢纺织及精加工	7919	6237	-44	21
纺织制成品制造	28043	33480	103625	-3267
针织品、编织品及其制品制造	11185	8100	27952	117
纺织服装、鞋、帽制造业	84087	51648	815647	-55916
纺织服装制造	83124	51017	801596	-55916
纺织面料鞋的制造	716	491	8453	0
制帽	247	140	5598	0
皮革、毛皮、羽毛(绒)及其制品业	19540	15800	262062	89
皮革鞣制加工	302	0	-219	0
皮革制品制造	5639	3707	113885	77
毛皮鞣制及制品加工	380	340	6200	0
羽毛(绒)加工及制品制造	13219	11753	142196	12
木材加工及木、竹、藤、棕、草制品业	7754	4847	44262	19
人造板制造	6215	3390	36166	19
木制品制造	1530	1456	8079	0
竹、藤、棕、草制品制造	9	1	17	0
家具制造业	4684	3643	42809	0

规模以上工业企业主要经济指标(八)(续表5)

计量单位:千元

指标名称	财务费用	利息支出	营业利润	投资收益
木质家具制造	2817	2300	23308	0
竹、藤家具制造	180	179	4302	0
金属家具制造	566	45	12626	0
塑料家具制造	559	559	-557	0
其他家具制造	562	560	3130	0
造纸及纸制品业	10344	12025	193828	10429
造纸	1949	341	133337	12434
纸制品制造	8395	11684	60491	-2005
印刷业和记录媒介的复制	15237	10171	248996	7519
印刷	14394	9570	236376	7519
装订及其他印刷服务活动	644	601	713	0
记录媒介的复制	199	0	11907	0
文教体育用品制造业	16425	8512	164007	800
文化用品制造	644	5	3487	0
体育用品制造	2554	360	61160	0
乐器制造	1574	1716	3779	0
玩具制造	11653	6431	95581	800
石油加工、炼焦及核燃料加工业	320415	341583	-3495619	107
精炼石油产品的制造	320415	341583	-3495619	107
化学原料及化学制品制造业	994001	1202582	-425001	-489740
基础化学原料制造	549500	743564	-2359648	-206487
肥料制造	2590	2242	950	1514
农药制造	175598	164452	485217	21418
涂料、油墨、颜料及类似产品制造	19127	16984	216709	-38150
合成材料制造	125334	119959	444528	-273723
专用化学产品制造	85801	128312	647665	4510

规模以上工业企业主要经济指标(八)(续表6)

计量单位:千元

指标名称	财务费用		营业利润	投资收益
		利息支出		
日用化学产品制造	36051	27069	139578	1178
医药制造业	42691	64544	803461	-117551
化学药品原药制造	7253	7244	44397	-9850
化学药品制剂制造	12002	33681	418432	3064
中药饮片加工	0	0	24259	0
中成药制造	5959	5273	149900	-110818
兽用药品制造	10170	9723	28423	0
生物、生化制品的制造	7136	8463	133166	53
卫生材料及医药用品制造	171	160	4884	0
化学纤维制造业	136804	139214	329940	0
纤维素纤维原料及纤维制造	43378	53024	161083	0
合成纤维制造	93426	86190	168857	0
橡胶制品业	-3062	89326	342346	-189312
轮胎制造	-10549	83862	195216	-188741
橡胶板、管、带的制造	6165	4974	56428	0
橡胶零件制造	501	52	657	-43
再生橡胶制造	313	190	85803	0
其他橡胶制品制造	508	248	4242	-528
塑料制品业	59254	54701	409111	9742
塑料薄膜制造	8698	8030	30926	-636
塑料板、管、型材的制造	5852	4999	36331	-200
塑料丝、绳及编织品的制造	5388	4529	81143	3179
泡沫塑料制造	11534	14006	118844	8912
塑料包装箱及容器制造	8868	7210	69600	2014
塑料零件制造	3944	3510	25523	36
日用塑料制造	4901	3284	6972	-1000

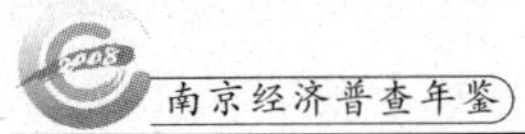

规模以上工业企业主要经济指标(八)(续表7)

计量单位:千元

指标名称	财务费用		营业利润	投资收益
		利息支出		
其他塑料制品制造	10069	9133	39772	-2563
非金属矿物制品业	198473	202546	597663	-16699
水泥、石灰和石膏的制造	54810	69097	123830	-4956
水泥及石膏制品制造	69933	69476	205032	1289
砖瓦、石材及其他建筑材料制造	11640	6808	60764	208
玻璃及玻璃制品制造	49501	45655	140730	-348
陶瓷制品制造	9628	8641	19629	537
耐火材料制品制造	1336	1326	10879	-10452
石墨及其他非金属矿物制品制造	1625	1543	36799	-2977
黑色金属冶炼及压延加工业	1024900	1010235	4112335	275209
炼铁	6984	3850	11566	0
炼钢	0	0	597	0
钢压延加工	1016590	1005316	4032160	321091
铁合金冶炼	1326	1069	68012	-45882
有色金属冶炼及压延加工业	198165	181947	848104	-509885
常用有色金属冶炼	69524	45717	81929	-17283
贵金属冶炼	104	104	49328	0
稀有稀土金属冶炼	2313	2029	18159	0
有色金属合金制造	21738	16203	64893	-458
有色金属压延加工	104486	117894	633795	-492144
金属制品业	183127	170779	1666966	-85990
结构性金属制品制造	114291	103968	814945	1106
金属工具制造	-34	13087	68648	-12503
集装箱及金属包装容器制造	24379	18366	160306	-21455
金属丝绳及其制品的制造	1104	479	25906	0
建筑、安全用金属制品制造	18323	13641	96271	-1376

规模以上工业企业主要经济指标(八)(续表8)

计量单位:千元

指标名称	财务费用		营业利润	投资收益
		利息支出		
金属表面处理及热处理加工	4564	2721	190815	-52440
搪瓷制品制造	5429	3298	-17711	0
不锈钢及类似日用金属制品制造	2773	2510	6693	0
其他金属制品制造	12298	12709	321093	678
通用设备制造业	100653	105101	2387959	-4666
锅炉及原动机制造	-19373	-24402	587142	614
金属加工机械制造	15782	16024	168342	-13702
起重运输设备制造	5304	4958	-6740	142
泵、阀门、压缩机及类似机械的制造	15483	12465	139297	-1675
轴承、齿轮、传动和驱动部件的制造	31247	28627	531992	198
烘炉、熔炉及电炉制造	799	672	42025	-24859
风机、衡器、包装设备等通用设备制造	10007	35982	400217	-10075
通用零部件制造及机械修理	13280	10048	306961	72760
金属铸、锻加工	28124	20727	218723	-28069
专用设备制造业	61274	56083	845326	-88621
矿山、冶金、建筑专用设备制造	9795	10011	257682	-27087
化工、木材、非金属加工专用设备制造	11356	8236	125528	646
食品、饮料、烟草及饲料生产专用设备制造	5046	4763	28130	-98
印刷、制药、日化生产专用设备制造	-74	-179	8795	-2396
纺织、服装和皮革工业专用设备制造	277	140	-5497	0
电子和电工机械专用设备制造	8464	7819	30340	0
农、林、牧、渔专用机械制造	366	235	117521	-65141
医疗仪器设备及器械制造	833	2624	36139	-536
环保、社会公共安全及其他专用设备制造	25211	22434	246688	5991
交通运输设备制造业	626859	560527	531599	158100
铁路运输设备制造	35216	21049	437107	-1058

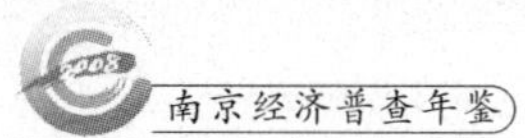

规模以上工业企业主要经济指标(八)(续表9)

计量单位:千元

指标名称	财务费用	利息支出	营业利润	投资收益
汽车制造	465498	506523	-923143	114573
摩托车制造	11154	6726	54651	0
自行车制造	1613	1375	6017	0
船舶及浮动装置制造	19669	-20617	900658	-797
航空航天器制造	89529	41079	54649	34460
交通器材及其他交通运输设备制造	4180	4392	1660	10922
电气机械及器材制造业	250325	253477	1786017	99847
电机制造	7859	6336	59936	0
输配电及控制设备制造	115013	111793	1169237	94007
电线、电缆、光缆及电工器材制造	-32022	38981	136782	860
电池制造	77256	41505	-27658	-1889
家用电力器具制造	59713	40152	291255	7172
非电力家用器具制造	7508	4177	82810	0
照明器具制造	10445	6013	30984	-303
其他电气机械及器材制造	4553	4520	42671	0
通信设备、计算机及其他电子设备制造业	352449	650054	1709976	141747
通信设备制造	150612	268189	115105	27090
雷达及配套设备制造	54618	60220	409839	12623
广播电视设备制造	-3898	26130	135556	79
电子计算机制造	17450	131785	503675	83117
电子器件制造	114195	102790	116346	34739
电子元件制造	36967	31840	222922	-17348
家用视听设备制造	-26757	23852	178845	870

规模以上工业企业主要经济指标(八)(续表 10)

计量单位:千元

指标名称	财务费用	利息支出	营业利润	投资收益
其他电子设备制造	9262	5248	27688	577
仪器仪表及文化、办公用机械制造业	17052	30831	585828	55594
通用仪器仪表制造	1740	14749	564384	29606
专用仪器仪表制造	10459	10405	45400	4348
光学仪器及眼镜制造	1409	1730	5560	21640
文化、办公用机械制造	3624	3947	－613	0
其他仪器仪表的制造及修理	－180	0	－28903	0
工艺品及其他制造业	9390	3474	44505	－7803
工艺美术品制造	9093	3364	41272	－7803
日用杂品制造	299	112	2738	0
其他未列明的制造业	－2	－2	495	0
废弃资源和废旧材料回收加工业	－673	1662	162317	62
金属废料和碎屑的加工处理	－673	1662	162317	62
电力、燃气及水的生产和供应业	396235	394251	220660	8935
电力、热力的生产和供应业	378067	340758	－72454	－1195
电力生产	367007	329698	－78064	－69
电力供应	11060	11060	5610	－1126
燃气生产和供应业	－15288	10054	264064	9171
燃气生产和供应业	－15288	10054	264064	9171
水的生产和供应业	33456	43439	29050	959
自来水的生产和供应	28403	38390	6351	959
污水处理及其再生利用	5053	5049	22699	0

规模以上工业企业主要经济指标(九)

计量单位:千元

指标名称	补贴收入	营业外收入	营业外支出	利税
总　计	**1349315**	**3435784**	**4307272**	**47032370**
一、按登记注册类型分组				
内资企业	446318	2728670	3075181	30969234
国有企业	40117	442279	522840	10358315
集体企业	46734	35601	98469	754455
股份合作企业	7703	5247	29987	340321
联营企业	0	207	3200	134826
国有联营企业	0	12	215	21685
集体联营企业	0	141	166	89359
国有与集体联营企业	0	54	2054	22728
其他联营企业	0	0	765	1054
有限责任公司	195151	1974840	946358	12543020
国有独资公司	2063	223423	95574	217190
其他有限责任公司	193088	1751417	850784	12325830
股份有限公司	10739	168568	70818	－1059739
私营企业	145470	99194	1399795	7766647
私营独资企业	5140	4163	297008	702265
私营合伙企业	1986	1529	20628	130634
私营有限责任公司	135756	88027	1025619	6122537
私营股份有限公司	2588	5475	56540	811211
其他企业	404	2734	3714	131389
港、澳、台商投资企业	22136	160024	522905	4777004
合资经营企业(港或澳、台资)	8949	65120	210909	2441781
合作经营企业(港或澳、台资)	733	131	8609	64410
港澳台商独资经营企业	9611	90002	259437	2089666
港澳台商投资股份有限公司	2843	4771	43950	181147

规模以上工业企业主要经济指标(九)(续表1)

计量单位:千元

指标名称	补贴收入	营业外收入	营业外支出	利税
外商投资企业	880861	547090	709186	11286132
中外合资经营企业	863913	300994	453026	6835031
中外合作经营企业	190	7287	15493	152937
外资企业	16758	238803	225921	3984941
外商投资股份有限公司	0	6	14746	313223
二、按经济组织类型分组				
独资企业	118360	810848	1403675	17889642
国有企业	40117	442279	522840	10358315
集体企业	46734	35601	98469	754455
私营独资企业	5140	4163	297008	702265
港澳台商独资经营企业	9611	90002	259437	2089666
外资企业	16758	238803	225921	3984941
合作、合伙企业	11016	17135	81631	954517
股份合作企业	7703	5247	29987	340321
国有联营企业	0	12	215	21685
集体联营企业	0	141	166	89359
国有与集体联营企业	0	54	2054	22728
其他联营企业	0	0	765	1054
私营合伙企业	1986	1529	20628	130634
合作经营企业(港或澳、台资)	733	131	8609	64410
中外合作经营企业	190	7287	15493	152937
其他企业(内资)	404	2734	3714	131389
股份有限公司	16170	178820	186054	245842
股份有限公司(内资)	10739	168568	70818	-1059739
私营股份有限公司	2588	5475	56540	811211
港澳台商投资股份有限公司	2843	4771	43950	181147

规模以上工业企业主要经济指标(九)(续表 2)

计量单位:千元

指标名称	补贴收入	营业外收入	营业外支出	利税
外商投资股份有限公司	0	6	14746	313223
有限责任公司	1203769	2428981	2635912	27942369
国有独资公司	2063	223423	95574	217190
私营有限责任公司	135756	88027	1025619	6122537
合资经营企业(港或澳、台资)	8949	65120	210909	2441781
中外合资经营企业	863913	300994	453026	6835031
其他有限责任公司	193088	1751417	850784	12325830
三、按控股情况分组				
国有控股	114920	1962105	1088002	12087219
集体控股	63472	43227	140868	1473236
私人控股	267321	263568	1852748	11708105
港澳台控股	23631	164056	512655	4056171
外商控股	860799	532368	573559	10172977
其他	19172	470460	139440	7534662
四、按轻重工业分组				
轻工业	93253	314576	901339	18188152
重工业	1256062	3121208	3405933	28844218
五、按企业规模分组				
大型企业	55294	2258298	845306	8250950
中型企业	1043921	646957	1318957	22438113
小型企业	250100	530529	2143009	16343307
六、在总计中:亏损企业	104971	1209130	1160414	-8372999
七、在总计中:民营	333498	773575	1999083	19373763
八、按工业行业小类分组				
采矿业	5392	36991	43069	800344
黑色金属矿采选业	0	32268	4069	492835

规模以上工业企业主要经济指标(九)(续表3)

计量单位:千元

指标名称	补贴收入	营业外收入	营业外支出	利税
铁矿采选	0	32268	4069	492835
有色金属矿采选业	3674	3642	3251	134285
常用有色金属矿采选	3674	565	3233	133480
贵金属矿采选	0	3077	18	805
非金属矿采选业	1718	1081	35749	173224
土砂石开采	1718	331	35537	173528
化学矿采选	0	750	110	-5914
石棉及其他非金属矿采选	0	0	102	5610
制造业	1325967	3273629	3984411	45454237
农副食品加工业	10159	17314	106332	801031
谷物磨制	1123	1483	62353	145483
饲料加工	5080	282	202	66227
植物油加工	0	47	10700	8466
屠宰及肉类加工	3846	13947	31529	453567
水产品加工	0	1190	0	75234
蔬菜、水果和坚果加工	0	34	1454	44959
其他农副食品加工	110	331	94	7095
食品制造业	21718	41082	53740	825110
焙烤食品制造	0	6690	840	92174
糖果、巧克力及蜜饯制造	0	21399	44532	416472
方便食品制造	16325	1452	5359	71685
液体乳及乳制品制造	2206	5455	1197	58145
罐头制造	0	3	188	-1174
调味品、发酵制品制造	190	571	67	48015
其他食品制造	2997	5512	1557	139793
饮料制造业	3974	7690	51034	370266

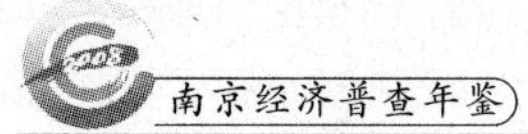

规模以上工业企业主要经济指标(九)(续表4)

计量单位:千元

指标名称	补贴收入	营业外收入	营业外支出	利税
酒的制造	0	124	3850	－64722
软饮料制造	3974	7536	47184	431693
精制茶加工	0	30	0	3295
烟草制品业	8135	1015	11925	8706069
卷烟制造	8135	1015	11925	8706069
纺织业	4968	15237	58899	310191
棉、化纤纺织及印染精加工	1904	8881	21068	54312
毛纺织和染整精加工	0	48	3142	18292
麻纺织	0	0	0	15595
丝绢纺织及精加工	1758	3846	647	25480
纺织制成品制造	1306	1819	21284	148317
针织品、编织品及其制品制造	0	643	12758	48195
纺织服装、鞋、帽制造业	12233	14879	181908	1251091
纺织服装制造	12217	14618	181184	1223475
纺织面料鞋的制造	0	0	10	14527
制帽	16	261	714	13089
皮革、毛皮、羽毛(绒)及其制品业	288	2718	59356	443353
皮革鞣制加工	0	32	28	－11
皮革制品制造	81	1468	2916	172658
毛皮鞣制及制品加工	0	0	2510	8260
羽毛(绒)加工及制品制造	207	1218	53902	262446
木材加工及木、竹、藤、棕、草制品业	234	428	10665	62748
人造板制造	234	380	9598	47431
木制品制造	0	48	1067	15169
竹、藤、棕、草制品制造	0	0	0	148
家具制造业	0	1856	6710	72445

规模以上工业企业主要经济指标(九)(续表5)

计量单位:千元

指标名称	补贴收入	营业外收入	营业外支出	利税
木质家具制造	0	1826	3642	32872
竹、藤家具制造	0	0	0	6352
金属家具制造	0	0	2960	16960
塑料家具制造	0	3	8	-426
其他家具制造	0	27	100	16687
造纸及纸制品业	5766	88609	18475	375739
造纸	5331	77424	7065	264981
纸制品制造	435	11185	11410	110758
印刷业和记录媒介的复制	5462	14117	12711	387963
印刷	5425	13138	7754	370252
装订及其他印刷服务活动	37	979	16	3346
记录媒介的复制	0	0	4941	14365
文教体育用品制造业	335	6693	14965	307662
文化用品制造	0	0	41	10440
体育用品制造	270	882	6924	83152
乐器制造	40	125	42	5962
玩具制造	25	5686	7958	208108
石油加工、炼焦及核燃料加工业	746	10879	8567	-2189922
精炼石油产品的制造	746	10879	8567	-2189922
化学原料及化学制品制造业	23786	304070	633381	1943288
基础化学原料制造	3259	242033	194315	-62912
肥料制造	0	52	118	15481
农药制造	450	6955	13737	595811
涂料、油墨、颜料及类似产品制造	984	653	58322	202015
合成材料制造	2024	14701	251017	90965
专用化学产品制造	16992	39396	57730	969389

规模以上工业企业主要经济指标(九)(续表6)

计量单位:千元

指标名称	补贴收入	营业外收入	营业外支出	利税
日用化学产品制造	77	280	58142	132539
医药制造业	9745	29599	78229	1320517
化学药品原药制造	0	4065	5925	68298
化学药品制剂制造	9269	9701	58217	631008
中药饮片加工	0	535	2535	40053
中成药制造	0	14924	8566	328908
兽用药品制造	300	330	2280	42695
生物、生化制品的制造	153	29	678	203254
卫生材料及医药用品制造	23	15	28	6301
化学纤维制造业	1084	10620	18036	440775
纤维素纤维原料及纤维制造	0	1170	34	243383
合成纤维制造	1084	9450	18002	197392
橡胶制品业	3811	20501	48305	343497
轮胎制造	0	19601	0	66264
橡胶板、管、带的制造	1293	900	5905	178102
橡胶零件制造	0	0	416	519
再生橡胶制造	0	0	41931	85970
其他橡胶制品制造	2518	0	53	12642
塑料制品业	22494	29099	58724	704654
塑料薄膜制造	30	6448	10334	67028
塑料板、管、型材的制造	1982	192	14833	59150
塑料丝、绳及编织品的制造	20000	2044	6761	134297
泡沫塑料制造	0	8309	7764	176461
塑料包装箱及容器制造	0	1657	3364	119043
塑料零件制造	0	1361	1213	37506
日用塑料制造	16	2251	5615	23240

规模以上工业企业主要经济指标(九)(续表7)

计量单位:千元

指标名称	补贴收入	营业外收入	营业外支出	利税
其他塑料制品制造	466	6837	8840	87929
非金属矿物制品业	127134	93454	184112	1433750
水泥、石灰和石膏的制造	92061	44116	31175	498208
水泥及石膏制品制造	16479	8998	29209	540261
砖瓦、石材及其他建筑材料制造	13818	3183	4981	121152
玻璃及玻璃制品制造	2355	37016	90674	199778
陶瓷制品制造	764	75	110	41161
耐火材料制品制造	0	17	5106	1259
石墨及其他非金属矿物制品制造	1657	49	22857	31931
黑色金属冶炼及压延加工业	14559	708465	271583	7496040
炼铁	800	67	784	63778
炼钢	0	0	0	1938
钢压延加工	13245	704624	255203	7387162
铁合金冶炼	514	3774	15596	43162
有色金属冶炼及压延加工业	7388	25094	409275	624098
常用有色金属冶炼	1090	6404	7216	277131
贵金属冶炼	0	1477	22432	81711
稀有稀土金属冶炼	480	613	408	26170
有色金属合金制造	0	451	15189	118327
有色金属压延加工	5818	16149	364030	120759
金属制品业	6358	18792	296893	2047533
结构性金属制品制造	3872	7002	171869	1048389
金属工具制造	245	319	19636	70403
集装箱及金属包装容器制造	72	6523	31755	165882
金属丝绳及其制品的制造	240	126	632	40333
建筑、安全用金属制品制造	483	158	11494	136634

规模以上工业企业主要经济指标(九)(续表8)

计量单位:千元

指标名称	补贴收入	营业外收入	营业外支出	利税
金属表面处理及热处理加工	1138	297	56213	127053
搪瓷制品制造	0	244	661	-7739
不锈钢及类似日用金属制品制造	8	197	682	20935
其他金属制品制造	300	3926	3951	445643
通用设备制造业	66602	57351	144762	3282351
锅炉及原动机制造	1740	3723	2654	779400
金属加工机械制造	8431	10287	25762	236441
起重运输设备制造	784	1229	517	15403
泵、阀门、压缩机及类似机械的制造	1510	6155	26304	207213
轴承、齿轮、传动和驱动部件的制造	28764	12447	10595	666109
烘炉、熔炉及电炉制造	50	317	1853	30690
风机、衡器、包装设备等通用设备制造	3865	14024	21515	532525
通用零部件制造及机械修理	9066	7225	8553	500453
金属铸、锻加工	12392	1944	47009	314117
专用设备制造业	17256	16771	171198	1055192
矿山、冶金、建筑专用设备制造	7036	3140	61354	247929
化工、木材、非金属加工专用设备制造	560	2689	14430	229709
食品、饮料、烟草及饲料生产专用设备制造	17	298	5893	47411
印刷、制药、日化生产专用设备制造	1169	4098	305	20563
纺织、服装和皮革工业专用设备制造	1040	310	90	-2630
电子和电工机械专用设备制造	1490	250	2978	72494
农、林、牧、渔专用机械制造	0	1386	42250	33934
医疗仪器设备及器械制造	4044	824	1362	67047
环保、社会公共安全及其他专用设备制造	1900	3776	42536	338735
交通运输设备制造业	34615	984764	686261	2666383
铁路运输设备制造	10	6762	72467	651734

规模以上工业企业主要经济指标(九)(续表9)

计量单位:千元

指标名称	补贴收入	营业外收入	营业外支出	利税
汽车制造	33045	899308	562502	651749
摩托车制造	834	1848	955	96361
自行车制造	0	1166	5507	11882
船舶及浮动装置制造	4	3385	41096	1050434
航空航天器制造	0	72295	3445	188530
交通器材及其他交通运输设备制造	722	0	289	15693
电气机械及器材制造业	21053	237359	77153	3971492
电机制造	661	1945	20698	101276
输配电及控制设备制造	19773	224204	18368	2470401
电线、电缆、光缆及电工器材制造	39	1058	5241	194148
电池制造	0	867	5256	183699
家用电力器具制造	0	4589	9527	754058
非电力家用器具制造	0	464	1432	146064
照明器具制造	580	4057	11192	65693
其他电气机械及器材制造	0	175	5439	56153
通信设备、计算机及其他电子设备制造业	855964	384230	228077	4949870
通信设备制造	831466	96173	83188	2200462
雷达及配套设备制造	0	32375	811	491339
广播电视设备制造	3500	3782	886	175091
电子计算机制造	962	33261	21982	779249
电子器件制造	11176	164606	65868	455551
电子元件制造	8581	44494	44477	368683
家用视听设备制造	0	5888	9741	431406

规模以上工业企业主要经济指标(九)(续表10)

计量单位:千元

指标名称	补贴收入	营业外收入	营业外支出	利税
其他电子设备制造	279	3651	1124	48089
仪器仪表及文化、办公用机械制造业	38313	108066	24784	1110717
通用仪器仪表制造	31008	96390	6311	1020509
专用仪器仪表制造	6403	3561	9174	75471
光学仪器及眼镜制造	522	7566	7609	33003
文化、办公用机械制造	380	527	1655	8334
其他仪器仪表的制造及修理	0	22	35	-26600
工艺品及其他制造业	1787	20730	33817	79050
工艺美术品制造	1690	20730	32938	73381
日用杂品制造	0	0	871	3629
其他未列明的制造业	97	0	8	2040
废弃资源和废旧材料回收加工业	0	2147	24534	261284
金属废料和碎屑的加工处理	0	2147	24534	261284
电力、燃气及水的生产和供应业	17956	125164	279792	777789
电力、热力的生产和供应业	14649	100012	261831	300677
电力生产	14649	100012	256266	298783
电力供应	0	0	5565	1894
燃气生产和供应业	2988	15323	11295	389935
燃气生产和供应业	2988	15323	11295	389935
水的生产和供应业	319	9829	6666	87177
自来水的生产和供应	210	9770	5473	57796
污水处理及其再生利用	109	59	1193	29381

规模以上工业企业主要经济指标(十)

计量单位:千元

指标名称	利润总额	亏损企业亏损额	应交所得税	本年应付工资总额
总　计	**18468194**	**12668461**	**4295913**	**22724296**
一、按登记注册类型分组				
内资企业	9859694	10159236	3044589	15650476
国有企业	518343	4358835	1081005	3398332
集体企业	424447	38219	52606	362216
股份合作企业	123235	20244	27744	122977
联营企业	84073	3630	6660	40713
国有联营企业	7812	0	2190	10767
集体联营企业	60972	2751	3782	16003
国有与集体联营企业	14804	879	640	12110
其他联营企业	485	0	48	1833
有限责任公司	7597803	1518067	1166823	5962169
国有独资公司	－199863	773417	－7909	1390990
其他有限责任公司	7797666	744650	1174732	4571179
股份有限公司	－2971254	3844234	102352	1296182
私营企业	4014886	367214	597204	4353503
私营独资企业	341645	9975	41032	318283
私营合伙企业	68106	3808	5314	77021
私营有限责任公司	3137000	335697	453228	3681108
私营股份有限公司	468135	17734	97630	277091
其他企业	68161	8793	10195	114384
港、澳、台商投资企业	3062478	213847	435679	2142972
合资经营企业(港或澳、台资)	1579216	83972	262716	1064192
合作经营企业(港或澳、台资)	41034	1783	5823	19355
港澳台商独资经营企业	1307511	126146	159562	1009727
港澳台商投资股份有限公司	134717	1946	7578	49698

规模以上工业企业主要经济指标(十)(续表1)

计量单位:千元

指标名称	利润总额	亏损企业亏损额	应交所得税	本年应付工资总额
外商投资企业	5546022	2295378	815645	4930848
中外合资经营企业	3023676	1105372	487503	2180921
中外合作经营企业	106391	1735	17578	55846
外资企业	2305141	1188271	290883	2565814
外商投资股份有限公司	110814	0	19681	128267
二、按经济组织类型分组				
独资企业	4897087	5721446	1625088	7654372
国有企业	518343	4358835	1081005	3398332
集体企业	424447	38219	52606	362216
私营独资企业	341645	9975	41032	318283
港澳台商独资经营企业	1307511	126146	159562	1009727
外资企业	2305141	1188271	290883	2565814
合作、合伙企业	491000	39993	73314	430296
股份合作企业	123235	20244	27744	122977
国有联营企业	7812	0	2190	10767
集体联营企业	60972	2751	3782	16003
国有与集体联营企业	14804	879	640	12110
其他联营企业	485	0	48	1833
私营合伙企业	68106	3808	5314	77021
合作经营企业(港或澳、台资)	41034	1783	5823	19355
中外合作经营企业	106391	1735	17578	55846
其他企业(内资)	68161	8793	10195	114384
股份有限公司	-2257588	3863914	227241	1751238
股份有限公司(内资)	-2971254	3844234	102352	1296182
私营股份有限公司	468135	17734	97630	277091
港澳台商投资股份有限公司	134717	1946	7578	49698

规模以上工业企业主要经济指标(十)(续表 2)

计量单位:千元

指标名称	利润总额	亏损企业亏损额	应交所得税	本年应付工资总额
外商投资股份有限公司	110814	0	19681	128267
有限责任公司	15337695	3043108	2370270	12888390
国有独资公司	－199863	773417	－7909	1390990
私营有限责任公司	3137000	335697	453228	3681108
合资经营企业(港或澳、台资)	1579216	83972	262716	1064192
中外合资经营企业	3023676	1105372	487503	2180921
其他有限责任公司	7797666	744650	1174732	4571179
三、按控股情况分组				
国有控股	－1515618	9526436	1440727	8254513
集体控股	820136	72816	104187	659569
私人控股	6312407	702308	858844	6350916
港澳台控股	2497022	568021	430383	1979358
外商控股	5233232	1756677	706265	4261812
其他	5121015	42203	755507	1218128
四、按轻重工业分组				
轻工业	7282190	751393	1248090	5398174
重工业	11186004	11917068	3047823	17326122
五、按企业规模分组				
大型企业	383493	8723366	1377931	7752395
中型企业	9381567	1825285	1687838	6514197
小型企业	8703134	2119810	1230144	8457704
六、在总计中:亏损企业	－12668461	12668461	－12882	5063365
七、在总计中:民营	11568101	775224	1634583	7692959
八、按工业行业小类分组				
采矿业	476778	11737	104843	341715
黑色金属矿采选业	287725	0	64965	217425

规模以上工业企业主要经济指标(十)(续表3)

计量单位:千元

指标名称	利润总额	亏损企业亏损额	应交所得税	本年应付工资总额
铁矿采选	287725	0	64965	217425
有色金属矿采选业	91972	1600	20787	49233
常用有色金属矿采选	91693	1600	20787	45213
贵金属矿采选	279	0	0	4020
非金属矿采选业	97081	10137	19091	75057
土砂石开采	103883	145	18963	63848
化学矿采选	-9992	9992	26	7589
石棉及其他非金属矿采选	3190	0	102	3620
制造业	17901421	11876375	4131059	21686690
农副食品加工业	533933	181742	54953	279835
谷物磨制	92476	195	2256	32769
饲料加工	59998	1691	14713	13494
植物油加工	-15307	145714	1080	33304
屠宰及肉类加工	309989	34142	30311	139890
水产品加工	57911	0	5	4671
蔬菜、水果和坚果加工	24962	0	5985	45631
其他农副食品加工	3904	0	603	10076
食品制造业	561141	31400	112798	304763
焙烤食品制造	71283	3212	13495	32092
糖果、巧克力及蜜饯制造	308314	0	76651	84476
方便食品制造	34292	8462	501	55699
液体乳及乳制品制造	17516	10366	753	71905
罐头制造	-1809	2259	90	3600
调味品、发酵制品制造	37546	0	6918	7200
其他食品制造	93999	7101	14390	49791
饮料制造业	183484	103979	19717	208561

规模以上工业企业主要经济指标(十)(续表4)

计量单位:千元

指标名称	利润总额	亏损企业亏损额	应交所得税	本年应付工资总额
酒的制造	-102977	103081	0	51830
软饮料制造	285652	898	19717	151791
精制茶加工	809	0	0	4940
烟草制品业	2213556	0	553389	154255
卷烟制造	2213556	0	553389	154255
纺织业	134894	94578	18347	342575
棉、化纤纺织及印染精加工	8626	52615	1225	134634
毛纺织和染整精加工	10429	0	0	24244
麻纺织	12752	0	65	3552
丝绢纺织及精加工	4934	1847	254	16814
纺织制成品制造	82199	38726	14386	110818
针织品、编织品及其制品制造	15954	1390	2417	52513
纺织服装、鞋、帽制造业	597553	60859	66788	1365681
纺织服装制造	583949	60155	66360	1331466
纺织面料鞋的制造	8443	684	139	24454
制帽	5161	20	289	9761
皮革、毛皮、羽毛(绒)及其制品业	205801	15346	30852	148839
皮革鞣制加工	-215	215	0	2160
皮革制品制造	112595	13391	14398	101512
毛皮鞣制及制品加工	3690	0	1210	19840
羽毛(绒)加工及制品制造	89731	1740	15244	25327
木材加工及木、竹、藤、棕、草制品业	34278	1620	989	25289
人造板制造	27201	285	657	13880
木制品制造	7060	1335	329	11011
竹、藤、棕、草制品制造	17	0	3	398
家具制造业	37955	5368	567	83114

规模以上工业企业主要经济指标(十)(续表5)

计量单位:千元

指标名称	利润总额	亏损企业亏损额	应交所得税	本年应付工资总额
木质家具制造	21492	2641	298	43261
竹、藤家具制造	4302	0	0	2393
金属家具制造	9666	0	143	29689
塑料家具制造	-562	562	0	450
其他家具制造	3057	2165	126	7321
造纸及纸制品业	280157	8476	52756	128536
造纸	221461	0	44861	26275
纸制品制造	58696	8476	7895	102261
印刷业和记录媒介的复制	263383	5755	60550	178067
印刷	254704	5698	58726	169737
装订及其他印刷服务活动	1713	57	83	3758
记录媒介的复制	6966	0	1741	4572
文教体育用品制造业	156870	12098	28380	228242
文化用品制造	3446	166	221	15807
体育用品制造	55388	840	10098	83352
乐器制造	3902	43	986	7199
玩具制造	94134	11049	17075	121884
石油加工、炼焦及核燃料加工业	-3492454	3604995	8939	338076
精炼石油产品的制造	-3492454	3604995	8939	338076
化学原料及化学制品制造业	-1398771	5112315	344494	2841316
基础化学原料制造	-2670982	4720199	113203	2019756
肥料制造	2398	4558	498	16337
农药制造	483070	10343	101819	164418
涂料、油墨、颜料及类似产品制造	121650	5414	9156	96691
合成材料制造	-63487	292774	14719	162116
专用化学产品制造	645609	72275	97503	322108

规模以上工业企业主要经济指标(十)(续表6)

计量单位:千元

指标名称	利润总额	亏损企业亏损额	应交所得税	本年应付工资总额
日用化学产品制造	82971	6752	7596	59890
医药制造业	757583	52960	104694	462951
化学药品原药制造	32687	0	2611	36620
化学药品制剂制造	382289	52010	45804	152894
中药饮片加工	22259	0	4218	5251
中成药制造	156258	0	36733	211636
兽用药品制造	26473	950	2606	33983
生物、生化制品的制造	132723	0	12504	20479
卫生材料及医药用品制造	4894	0	218	2088
化学纤维制造业	323608	0	975	183883
纤维素纤维原料及纤维制造	162219	0	0	146263
合成纤维制造	161389	0	975	37620
橡胶制品业	129041	6	12522	180491
轮胎制造	26076	0	0	63162
橡胶板、管、带的制造	52716	6	11551	98116
橡胶零件制造	198	0	0	721
再生橡胶制造	43872	0	812	8626
其他橡胶制品制造	6179	0	159	9866
塑料制品业	411715	32964	51624	387949
塑料薄膜制造	26434	12839	9503	62501
塑料板、管、型材的制造	23472	11280	3548	57175
塑料丝、绳及编织品的制造	99605	156	4782	45397
泡沫塑料制造	128301	0	20093	57650
塑料包装箱及容器制造	69907	774	6481	46992
塑料零件制造	25707	1362	963	14060
日用塑料制造	2624	6033	453	24003

规模以上工业企业主要经济指标(十)(续表7)

计量单位:千元

指标名称	利润总额	亏损企业亏损额	应交所得税	本年应付工资总额
其他塑料制品制造	35665	520	5801	80171
非金属矿物制品业	588096	231688	118236	751803
水泥、石灰和石膏的制造	199075	98495	67541	212571
水泥及石膏制品制造	201688	27912	25430	251930
砖瓦、石材及其他建筑材料制造	69350	283	5555	60980
玻璃及玻璃制品制造	89079	95746	14526	168107
陶瓷制品制造	20895	252	3134	34224
耐火材料制品制造	－4662	6880	182	4042
石墨及其他非金属矿物制品制造	12671	2120	1868	19949
黑色金属冶炼及压延加工业	4518042	117077	657275	1082209
炼铁	11649	18679	8165	62875
炼钢	597	0	130	1538
钢压延加工	4494974	98398	647125	1011014
铁合金冶炼	10822	0	1855	6782
有色金属冶炼及压延加工业	－38574	434796	63304	321555
常用有色金属冶炼	64924	35952	18499	95692
贵金属冶炼	28373	1067	4860	6380
稀有稀土金属冶炼	18844	1769	3345	16773
有色金属合金制造	49697	80	8009	45907
有色金属压延加工	－200412	395928	28591	156803
金属制品业	1305136	68453	248139	867243
结构性金属制品制造	650959	30270	132736	376333
金属工具制造	37073	3311	2527	58882
集装箱及金属包装容器制造	113691	3507	17551	117563
金属丝绳及其制品的制造	25640	1491	1462	17540
建筑、安全用金属制品制造	84042	994	4213	56571

规模以上工业企业主要经济指标(十)(续表8)

计量单位:千元

指标名称	利润总额	亏损企业亏损额	应交所得税	本年应付工资总额
金属表面处理及热处理加工	83597	7110	6314	71044
搪瓷制品制造	-18128	18156	0	15641
不锈钢及类似日用金属制品制造	6216	1878	2290	17750
其他金属制品制造	322046	1736	81046	135919
通用设备制造业	2281312	79404	232808	1618447
锅炉及原动机制造	590565	0	68075	234655
金属加工机械制造	141251	23227	24411	216947
起重运输设备制造	-5102	17979	2341	39768
泵、阀门、压缩机及类似机械的制造	118983	19260	22333	155383
轴承、齿轮、传动和驱动部件的制造	562806	3379	10437	182610
烘炉、熔炉及电炉制造	15680	883	366	21139
风机、衡器、包装设备等通用设备制造	386077	5120	40931	310017
通用零部件制造及机械修理	313071	2960	41524	175003
金属铸、锻加工	157981	6596	22390	282925
专用设备制造业	613154	40881	85314	713175
矿山、冶金、建筑专用设备制造	173037	13745	21985	141850
化工、木材、非金属加工专用设备制造	114993	3148	12978	185017
食品、饮料、烟草及饲料生产专用设备制造	22454	1462	3097	50871
印刷、制药、日化生产专用设备制造	11361	694	2315	18616
纺织、服装和皮革工业专用设备制造	-4237	5224	135	5704
电子和电工机械专用设备制造	29102	4033	4870	95512
农、林、牧、渔专用机械制造	11516	140	202	12238
医疗仪器设备及器械制造	39109	10145	7245	65728
环保、社会公共安全及其他专用设备制造	215819	2290	32487	137639
交通运输设备制造业	928878	856827	326899	3029755
铁路运输设备制造	360754	16862	52957	382705

规模以上工业企业主要经济指标(十)(续表9)

计量单位:千元

指标名称	利润总额	亏损企业亏损额	应交所得税	本年应付工资总额
汽车制造	-488648	828108	76831	1401647
摩托车制造	56378	1864	12263	63201
自行车制造	1676	5378	2076	21163
船舶及浮动装置制造	862204	4010	165021	871498
航空航天器制造	123499	0	17519	279828
交通器材及其他交通运输设备制造	13015	605	232	9713
电气机械及器材制造业	2066977	109237	283693	1482887
电机制造	41844	13144	4495	77840
输配电及控制设备制造	1488863	31100	202852	817286
电线、电缆、光缆及电工器材制造	133342	1772	8974	105736
电池制造	-33936	46477	2306	90396
家用电力器具制造	293489	847	40645	227339
非电力家用器具制造	81842	6676	13409	40744
照明器具制造	24126	8962	5756	100059
其他电气机械及器材制造	37407	259	5256	23487
通信设备、计算机及其他电子设备制造业	2797902	512362	487710	3231349
通信设备制造	976843	64501	209153	695350
雷达及配套设备制造	441417	0	15520	538883
广播电视设备制造	142031	113	13117	105769
电子计算机制造	590052	11015	111800	592019
电子器件制造	225050	322022	62191	719483
电子元件制造	215577	78524	50536	443896
家用视听设备制造	175862	30011	18807	96081

规模以上工业企业主要经济指标(十)(续表10)

计量单位:千元

指标名称	利润总额	亏损企业亏损额	应交所得税	本年应付工资总额
其他电子设备制造	31070	6176	6586	39868
仪器仪表及文化、办公用机械制造业	741377	94090	84530	617847
通用仪器仪表制造	715077	10279	72313	379888
专用仪器仪表制造	50538	2452	8240	34433
光学仪器及眼镜制造	6039	45376	3740	179155
文化、办公用机械制造	-1361	3913	7	16326
其他仪器仪表的制造及修理	-28916	32070	230	8045
工艺品及其他制造业	25402	3176	4933	60984
工艺美术品制造	22951	2799	4753	51709
日用杂品制造	1867	377	30	7135
其他未列明的制造业	584	0	150	2140
废弃资源和废旧材料回收加工业	139992	3923	14884	67013
金属废料和碎屑的加工处理	139992	3923	14884	67013
电力、燃气及水的生产和供应业	89995	780349	60011	695891
电力、热力的生产和供应业	-220819	761468	26725	451654
电力生产	-219738	760387	26725	448914
电力供应	-1081	1081	0	2740
燃气生产和供应业	277323	0	31301	111226
燃气生产和供应业	277323	0	31301	111226
水的生产和供应业	33491	18881	1985	133011
自来水的生产和供应	11817	18881	1985	129672
污水处理及其再生利用	21674	0	0	3339

规模以上工业企业主要经济指标(十一)

计量单位:千元

指标名称	本年应付福利费总额	本年应交增值税	本年销项税额	全部从业人员年平均人数(人)
总　计	**2259959**	**19065624**	**90094772**	**709582**
一、按登记注册类型分组				
内资企业	1356716	12145695	65090758	479989
国有企业	288303	3872923	18289933	74596
集体企业	49497	274427	1120012	16184
股份合作企业	11078	192480	512433	4923
联营企业	5153	41686	91496	1933
国有联营企业	1509	10900	5136	448
集体联营企业	2231	22862	20508	641
国有与集体联营企业	1282	7405	61978	745
其他联营企业	131	519	3874	99
有限责任公司	490855	3992442	19437790	154876
国有独资公司	96543	345933	1789097	26793
其他有限责任公司	394312	3646509	17648693	128083
股份有限公司	94881	347961	11672414	28308
私营企业	408469	3367390	13674568	194971
私营独资企业	40039	327623	1300117	15786
私营合伙企业	8961	55097	260589	4692
私营有限责任公司	333651	2674430	10848718	163391
私营股份有限公司	25818	310240	1265144	11102
其他企业	8480	56386	292112	4198
港、澳、台商投资企业	183175	1659577	5253342	72184
合资经营企业(港或澳、台资)	108764	845416	2618098	34493
合作经营企业(港或澳、台资)	3340	23095	78108	705
港澳台商独资经营企业	69292	751781	2447682	35676
港澳台商投资股份有限公司	1779	39285	109454	1310

规模以上工业企业主要经济指标(十一)(续表1)

计量单位:千元

指标名称	本年应付福利费总额	本年应交增值税	本年销项税额	全部从业人员年平均人数(人)
外商投资企业	720068	5260352	19750672	157409
中外合资经营企业	436619	3595343	13767634	63360
中外合作经营企业	5165	45579	124148	2617
外资企业	264004	1532184	5421988	87719
外商投资股份有限公司	14280	87246	436902	3713
二、按经济组织类型分组				
独资企业	711135	6758938	28579732	229961
国有企业	288303	3872923	18289933	74596
集体企业	49497	274427	1120012	16184
私营独资企业	40039	327623	1300117	15786
港澳台商独资经营企业	69292	751781	2447682	35676
外资企业	264004	1532184	5421988	87719
合作、合伙企业	42177	414323	1358886	19068
股份合作企业	11078	192480	512433	4923
国有联营企业	1509	10900	5136	448
集体联营企业	2231	22862	20508	641
国有与集体联营企业	1282	7405	61978	745
其他联营企业	131	519	3874	99
私营合伙企业	8961	55097	260589	4692
合作经营企业(港或澳、台资)	3340	23095	78108	705
中外合作经营企业	5165	45579	124148	2617
其他企业(内资)	8480	56386	292112	4198
股份有限公司	136758	784732	13483914	44433
股份有限公司(内资)	94881	347961	11672414	28308
私营股份有限公司	25818	310240	1265144	11102
港澳台商投资股份有限公司	1779	39285	109454	1310

规模以上工业企业主要经济指标(十一)(续表2)

计量单位:千元

指标名称	本年应付福利费总额	本年应交增值税	本年销项税额	全部从业人员年平均人数(人)
外商投资股份有限公司	14280	87246	436902	3713
有限责任公司	1369889	11107631	46672240	416120
国有独资公司	96543	345933	1789097	26793
私营有限责任公司	333651	2674430	10848718	163391
合资经营企业(港或澳、台资)	108764	845416	2618098	34493
中外合资经营企业	436619	3595343	13767634	63360
其他有限责任公司	394312	3646509	17648693	128083
三、按控股情况分组				
国有控股	682153	5627978	36287377	185464
集体控股	78184	567999	1970473	27936
私人控股	551066	4701079	19305807	268822
港澳台控股	256024	1508482	6640190	65665
外商控股	578693	4642136	15442543	134181
其他	113839	2017950	10448382	27514
四、按轻重工业分组				
轻工业	470153	5406798	14183484	218619
重工业	1789806	13658826	75911288	490963
五、按企业规模分组				
大型企业	723892	4924462	40610221	182509
中型企业	687450	7255936	21823008	200812
小型企业	848617	6885226	27661543	326261
六、在总计中:亏损企业	467049	1790342	29747386	149272
七、在总计中:民营	696144	6772777	29845847	303791
八、按工业行业小类分组				
采矿业	41760	252356	473754	9585
黑色金属矿采选业	28878	163533	262066	4605

规模以上工业企业主要经济指标(十一)(续表3)

计量单位:千元

指标名称	本年应付福利费总额	本年应交增值税	本年销项税额	全部从业人员年平均人数(人)
铁矿采选	28878	163533	262066	4605
有色金属矿采选业	1882	32920	67593	1370
常用有色金属矿采选	1352	32454	66864	1174
贵金属矿采选	530	466	729	196
非金属矿采选业	11000	55903	144095	3610
土砂石开采	6552	50948	136018	2911
化学矿采选	1298	3255	7261	403
石棉及其他非金属矿采选	3150	1700	816	296
制造业	2137195	18191157	87966504	685471
农副食品加工业	23859	251330	1220191	9291
谷物磨制	2086	48287	124055	1473
饲料加工	675	6229	5080	392
植物油加工	1220	19200	475144	622
屠宰及肉类加工	15479	138228	513442	4877
水产品加工	355	17172	28539	162
蔬菜、水果和坚果加工	2712	19490	60883	1085
其他农副食品加工	1332	2724	13048	680
食品制造业	22093	253781	741946	11053
焙烤食品制造	4514	20772	73354	1470
糖果、巧克力及蜜饯制造	3091	106940	254269	1826
方便食品制造	581	32604	97190	2848
液体乳及乳制品制造	9343	38132	116806	2258
罐头制造	301	528	3526	109
调味品、发酵制品制造	899	10469	24735	299
其他食品制造	3364	44336	172066	2243
饮料制造业	35943	153554	777479	5193

规模以上工业企业主要经济指标(十一)(续表4)

计量单位:千元

指标名称	本年应付福利费总额	本年应交增值税	本年销项税额	全部从业人员年平均人数(人)
酒的制造	13063	8623	41378	1180
软饮料制造	22222	144461	736041	3607
精制茶加工	658	470	60	406
烟草制品业	20767	1411058	1749938	1658
卷烟制造	20767	1411058	1749938	1658
纺织业	30531	162406	692202	15106
棉、化纤纺织及印染精加工	13678	42170	207661	5985
毛纺织和染整精加工	190	7775	23885	938
麻纺织	451	2771	12892	180
丝绢纺织及精加工	1182	20056	18941	995
纺织制成品制造	12027	59853	321158	4365
针织品、编织品及其制品制造	3003	29781	107665	2643
纺织服装、鞋、帽制造业	121738	597432	1917603	74255
纺织服装制造	117579	584166	1878896	72477
纺织面料鞋的制造	2879	5487	29385	1296
制帽	1280	7779	9322	482
皮革、毛皮、羽毛(绒)及其制品业	13803	231212	488209	6245
皮革鞣制加工	35	199	1209	170
皮革制品制造	8026	57522	230571	3859
毛皮鞣制及制品加工	2780	1390	21650	831
羽毛(绒)加工及制品制造	2962	172101	234779	1385
木材加工及木、竹、藤、棕、草制品业	2175	23641	91717	1492
人造板制造	1170	16105	62158	803
木制品制造	1001	7410	28688	653
竹、藤、棕、草制品制造	4	126	871	36
家具制造业	7179	31578	98883	3404

规模以上工业企业主要经济指标(十一)(续表5)

计量单位:千元

指标名称	本年应付福利费总额	本年应交增值税	本年销项税额	全部从业人员年平均人数(人)
木质家具制造	1956	10348	33339	1705
竹、藤家具制造	0	2050	6317	180
金属家具制造	4157	6947	4339	1244
塑料家具制造	54	127	1485	30
其他家具制造	1012	12106	53403	245
造纸及纸制品业	15111	87329	448201	5413
造纸	3472	39022	112101	956
纸制品制造	11639	48307	336100	4457
印刷业和记录媒介的复制	12985	116327	307413	6778
印刷	12614	107456	291404	6316
装订及其他印刷服务活动	371	1472	5029	224
记录媒介的复制	0	7399	10980	238
文教体育用品制造业	20096	141221	342717	10661
文化用品制造	371	6925	8778	624
体育用品制造	7731	25915	75858	3400
乐器制造	200	1860	4914	374
玩具制造	11794	106521	253167	6263
石油加工、炼焦及核燃料加工业	20768	-190290	10000033	6197
精炼石油产品的制造	20768	-190290	10000033	6197
化学原料及化学制品制造业	301515	2580443	20183857	58220
基础化学原料制造	129363	1975418	16204350	29912
肥料制造	1855	12298	27145	777
农药制造	20147	105579	579136	6655
涂料、油墨、颜料及类似产品制造	8215	71424	372735	3539
合成材料制造	10148	73581	1466633	4052
专用化学产品制造	126252	295608	1327210	11328

规模以上工业企业主要经济指标(十一)(续表6)

计量单位:千元

指标名称	本年应付福利费总额	本年应交增值税	本年销项税额	全部从业人员年平均人数(人)
日用化学产品制造	5535	46535	206648	1957
医药制造业	33674	524953	1062648	13452
化学药品原药制造	2506	32348	65563	1740
化学药品制剂制造	16110	236269	339969	4677
中药饮片加工	0	14829	35350	160
中成药制造	12313	155387	522890	5333
兽用药品制造	927	14996	22070	828
生物、生化制品的制造	1555	69799	71941	520
卫生材料及医药用品制造	263	1325	4865	194
化学纤维制造业	5190	116324	442467	5961
纤维素纤维原料及纤维制造	0	80434	138204	5190
合成纤维制造	5190	35890	304263	771
橡胶制品业	25224	201246	795424	6602
轮胎制造	15670	39244	234734	2600
橡胶板、管、带的制造	8531	115545	438074	3150
橡胶零件制造	101	267	1058	23
再生橡胶制造	498	40452	105629	358
其他橡胶制品制造	424	5738	15929	471
塑料制品业	34659	268955	1189869	14691
塑料薄膜制造	6134	37583	191236	2014
塑料板、管、型材的制造	11115	32255	176416	2685
塑料丝、绳及编织品的制造	4141	31788	131858	1561
泡沫塑料制造	1777	44615	271702	1520
塑料包装箱及容器制造	1642	43827	149861	1762
塑料零件制造	1917	10675	53240	702
日用塑料制造	1753	19687	29320	1078

规模以上工业企业主要经济指标(十一)(续表7)

计量单位:千元

指标名称	本年应付福利费总额	本年应交增值税	本年销项税额	全部从业人员年平均人数(人)
其他塑料制品制造	6180	48525	186236	3369
非金属矿物制品业	69774	771959	1979647	32152
水泥、石灰和石膏的制造	23217	272984	728340	8963
水泥及石膏制品制造	29941	309441	577686	9835
砖瓦、石材及其他建筑材料制造	4705	46096	220926	3325
玻璃及玻璃制品制造	6811	103243	289334	6641
陶瓷制品制造	2953	18493	32277	2283
耐火材料制品制造	483	5347	42223	262
石墨及其他非金属矿物制品制造	1664	16355	88861	843
黑色金属冶炼及压延加工业	71106	2481039	13171400	23190
炼铁	1988	45671	132870	2350
炼钢	0	1234	1772	90
钢压延加工	64527	2402273	12996728	20503
铁合金冶炼	4591	31861	40030	247
有色金属冶炼及压延加工业	37206	510634	3472897	12674
常用有色金属冶炼	15316	91119	520531	3462
贵金属冶炼	690	53288	96378	263
稀有稀土金属冶炼	1546	6503	39075	440
有色金属合金制造	3977	66262	192159	1291
有色金属压延加工	15677	293462	2624754	7218
金属制品业	96696	682393	2925105	32843
结构性金属制品制造	48409	367842	1656835	15448
金属工具制造	6612	30603	140770	2412
集装箱及金属包装容器制造	6519	44660	347284	3428
金属丝绳及其制品的制造	2072	13728	41221	1034
建筑、安全用金属制品制造	4473	50143	162673	2843

规模以上工业企业主要经济指标(十一)(续表8)

计量单位:千元

指标名称	本年应付福利费总额	本年应交增值税	本年销项税额	全部从业人员年平均人数(人)
金属表面处理及热处理加工	7537	37765	199323	2956
搪瓷制品制造	597	10389	35653	594
不锈钢及类似日用金属制品制造	1996	14123	74012	989
其他金属制品制造	18481	113140	267334	3139
通用设备制造业	170010	929345	3861956	56431
锅炉及原动机制造	57305	184463	585258	6076
金属加工机械制造	12444	86558	400483	8235
起重运输设备制造	2364	17372	78312	1723
泵、阀门、压缩机及类似机械的制造	12559	81818	361431	5321
轴承、齿轮、传动和驱动部件的制造	24058	98673	718397	4923
烘炉、熔炉及电炉制造	1833	14324	61327	1060
风机、衡器、包装设备等通用设备制造	30852	138042	640923	12165
通用零部件制造及机械修理	9585	169169	457186	5940
金属铸、锻加工	19010	138926	558639	10988
专用设备制造业	69700	377377	1685762	22772
矿山、冶金、建筑专用设备制造	10005	64759	374204	4554
化工、木材、非金属加工专用设备制造	17094	91092	283800	4723
食品、饮料、烟草及饲料生产专用设备制造	4995	21994	90284	1737
印刷、制药、日化生产专用设备制造	2305	8885	38983	702
纺织、服装和皮革工业专用设备制造	91	1425	1940	602
电子和电工机械专用设备制造	4899	38635	143149	3165
农、林、牧、渔专用机械制造	1488	21372	134402	498
医疗仪器设备及器械制造	4900	25959	68429	2201
环保、社会公共安全及其他专用设备制造	23923	103256	550571	4590
交通运输设备制造业	237779	1369512	5801365	89364
铁路运输设备制造	23572	266680	900264	14658

规模以上工业企业主要经济指标(十一)(续表9)

计量单位:千元

指标名称	本年应付福利费总额	本年应交增值税	本年销项税额	全部从业人员年平均人数(人)
汽车制造	119983	837061	3802231	42062
摩托车制造	3696	38822	139261	2607
自行车制造	845	8642	36609	1082
船舶及浮动装置制造	53087	170797	687633	22173
航空航天器制造	35796	46297	225683	6457
交通器材及其他交通运输设备制造	800	1213	9684	325
电气机械及器材制造业	121282	1588716	4084630	40030
电机制造	5894	56854	149527	3794
输配电及控制设备制造	66732	837610	2342423	17236
电线、电缆、光缆及电工器材制造	8332	54929	286997	4309
电池制造	2604	211809	235820	2588
家用电力器具制造	26263	331268	699261	4384
非电力家用器具制造	1224	40989	173935	1467
照明器具制造	7926	36886	140803	5258
其他电气机械及器材制造	2307	18371	55864	994
通信设备、计算机及其他电子设备制造业	449681	2053216	6818652	96899
通信设备制造	79517	1203459	2912667	16940
雷达及配套设备制造	67367	37350	20905	8480
广播电视设备制造	20579	8324	266121	2198
电子计算机制造	132173	183970	1008401	18501
电子器件制造	104713	204833	688358	27965
电子元件制造	37661	143380	685319	16596
家用视听设备制造	6095	255244	1109622	4723

规模以上工业企业主要经济指标(十一)(续表10)

计量单位:千元

指标名称	本年应付福利费总额	本年应交增值税	本年销项税额	全部从业人员年平均人数(人)
其他电子设备制造	1576	16656	127259	1496
仪器仪表及文化、办公用机械制造业	52204	324762	1080951	16660
通用仪器仪表制造	34164	265801	927563	8088
专用仪器仪表制造	3022	21630	56114	1308
光学仪器及眼镜制造	11815	25708	86239	5579
文化、办公用机械制造	716	9539	7648	1391
其他仪器仪表的制造及修理	2487	2084	3387	294
工艺品及其他制造业	4581	38854	140937	2997
工艺美术品制造	3727	35895	126854	2564
日用杂品制造	638	1631	7837	348
其他未列明的制造业	216	1328	6246	85
废弃资源和废旧材料回收加工业	9866	100850	392405	3787
金属废料和碎屑的加工处理	9866	100850	392405	3787
电力、燃气及水的生产和供应业	81004	622111	1654514	14526
电力、热力的生产和供应业	55750	466307	1221593	7394
电力生产	55750	463412	1210130	7284
电力供应	0	2895	11463	110
燃气生产和供应业	6999	110221	379030	3034
燃气生产和供应业	6999	110221	379030	3034
水的生产和供应业	18255	45583	53891	4098
自来水的生产和供应	18255	37923	39570	4016
污水处理及其再生利用	0	7660	14321	82

规模以上国有工业企业主要经济指标

计量单位:千元

指标名称	企业单位数(个)	亏损企业	工业总产值(当年价格)	工业销售产值(当年价格)	出口交货值
总　计	**89**	**25**	**102213572**	**102411996**	**7627696**
一、按轻重工业分组					
轻工业	33	9	14536001	14188330	260263
重工业	56	16	87677571	88223666	7367433
二、按企业规模分组					
大型企业	8	2	78457021	79461289	6369608
中型企业	26	7	20304545	19588874	1256704
小型企业	55	16	3452006	3361833	1384
三、在总计中:亏损企业	25	25	50264087	50581109	108584
四、按工业行业大类分组					
采矿业	2	1	1331553	1331576	0
黑色金属矿采选业	1	0	1275893	1275916	0
有色金属矿采选业	1	1	55660	55660	0
制造业	76	18	98777961	99001332	7627696
农副食品加工业	2	0	59830	56638	0
饮料制造业	1	0	28000	15540	0
烟草制品业	1	0	10286604	10155645	8552
纺织业	1	1	28595	28595	0
纺织服装、鞋、帽制造业	5	1	1017063	881057	115030
印刷业和记录媒介的复制	9	3	331371	326876	0
化学原料及化学制品制造业	8	2	55164333	55533035	148020
医药制造业	4	0	1773457	1758128	136681
橡胶制品业	1	0	292270	248620	0
非金属矿物制品业	4	1	746500	726937	0
黑色金属冶炼及压延加工业	2	1	13647761	13747080	1336620
金属制品业	4	0	1280420	1252963	0
通用设备制造业	5	0	745056	738505	48549
专用设备制造业	4	0	1058573	1050023	5581
交通运输设备制造业	9	2	9950196	10336956	5685363
电气机械及器材制造业	5	2	344561	314200	0
通信设备、计算机及其他电子设备制造业	4	2	249381	222987	0
仪器仪表及文化、办公用机械制造业	7	3	1773990	1607547	143300
电力、燃气及水的生产和供应业	11	6	2104058	2079088	0
电力、热力的生产和供应业	5	4	1351518	1344098	0
水的生产和供应业	6	2	752540	734990	0

规模以上国有工业企业主要经济指标(续表 1)

计量单位:千元

指标名称	流动资产合计			
		应收账款	存货	
				产成品
总　计	**43290284**	**4153921**	**12661433**	**2170776**
一、按轻重工业分组				
轻工业	12847731	709282	3845260	546039
重工业	30442553	3444639	8816173	1624737
二、按企业规模分组				
大型企业	25494549	1596479	6721189	1161659
中型企业	15818038	2080919	5432337	831847
小型企业	1977697	476523	507907	177270
三、在总计中:亏损企业	8805471	895658	2452242	673132
四、按工业行业大类分组				
采矿业	951550	30209	80570	27065
黑色金属矿采选业	932168	25932	78881	26879
有色金属矿采选业	19382	4277	1689	186
制造业	39874974	3794819	12349127	2141164
农副食品加工业	2530	940	1010	850
饮料制造业	14114	5348	122	13
烟草制品业	7944678	88029	2937363	101907
纺织业	22669	139	6341	0
纺织服装、鞋、帽制造业	752837	82056	254687	174999
印刷业和记录媒介的复制	265139	38734	37107	13954
化学原料及化学制品制造业	8703241	728794	2474545	735639
医药制造业	2005006	332148	388006	201096
橡胶制品业	161370	57470	72730	45360
非金属矿物制品业	213159	48378	77327	27275
黑色金属冶炼及压延加工业	3049366	260890	1085934	41332
金属制品业	774497	62413	410732	102456
通用设备制造业	399726	116308	180416	106298
专用设备制造业	756687	280948	238198	102990
交通运输设备制造业	11831993	847688	3409929	380705
电气机械及器材制造业	387479	136328	95979	26620
通信设备、计算机及其他电子设备制造业	180859	72658	66033	36427
仪器仪表及文化、办公用机械制造业	2409624	635550	612668	43243
电力、燃气及水的生产和供应业	2463760	328893	231736	2547
电力、热力的生产和供应业	822276	263823	93261	0
水的生产和供应业	1641484	65070	138475	2547

规模以上国有工业企业主要经济指标(续表2)

计量单位:千元

指标名称	流动资产年平均余额	固定资产合计	固定资产原价	累计折旧
总　计	**46531760**	**42376409**	**62574298**	**33686452**
一、按轻重工业分组				
轻工业	12462905	7859682	9044784	3459003
重工业	34068855	34516727	53529514	30227449
二、按企业规模分组				
大型企业	29773916	30506843	48901819	28094213
中型企业	14892139	10152143	11160166	4681227
小型企业	1865705	1717423	2512313	911012
三、在总计中:亏损企业	12719313	14710383	31486642	19538378
四、按工业行业大类分组				
采矿业	833120	451413	1171976	733961
黑色金属矿采选业	802460	423253	1133274	710021
有色金属矿采选业	30660	28160	38702	23940
制造业	43360801	33613495	53815784	30453042
农副食品加工业	9480	11280	21530	10490
饮料制造业	14114	30200	18574	5434
烟草制品业	7576389	1680759	2333022	1225090
纺织业	7164	143013	182096	39083
纺织服装、鞋、帽制造业	686461	264881	316139	91211
印刷业和记录媒介的复制	271613	349089	557878	261481
化学原料及化学制品制造业	12832378	10913111	29603975	19598898
医药制造业	2011932	935799	1380798	575500
橡胶制品业	151360	59590	140600	81010
非金属矿物制品业	207559	74711	162460	88955
黑色金属冶炼及压延加工业	4454851	14727480	13870725	6409123
金属制品业	722956	729054	1195712	509935
通用设备制造业	453569	156225	244717	131548
专用设备制造业	729494	77073	123060	53682
交通运输设备制造业	10648134	3104510	3138704	1154897
电气机械及器材制造业	332645	35051	74589	44155
通信设备、计算机及其他电子设备制造业	145368	39220	80308	41326
仪器仪表及文化、办公用机械制造业	2105334	282449	370897	131224
电力、燃气及水的生产和供应业	2337839	8311501	7586538	2499449
电力、热力的生产和供应业	644969	3887990	3424660	1300449
水的生产和供应业	1692870	4423511	4161878	1199000

规模以上国有工业企业主要经济指标(续表3)

计量单位:千元

指标名称	固定资产净值年平均余额	资产总计	流动负债合计	
				应付账款
总　计	**27116472**	**94204552**	**35325083**	**10394110**
一、按轻重工业分组				
轻工业	5677142	21667216	4881548	1149563
重工业	21439330	72537336	30443535	9244547
二、按企业规模分组				
大型企业	19878685	63085085	22759874	7340921
中型企业	5633948	27115235	10754057	2582034
小型企业	1603839	4004232	1811152	471155
三、在总计中:亏损企业	11942115	27798546	7014839	1687856
四、按工业行业大类分组				
采矿业	440755	1790250	324067	98073
黑色金属矿采选业	426394	1742208	291015	93749
有色金属矿采选业	14361	48042	33052	4324
制造业	22427794	81204221	30267393	9976071
农副食品加工业	2120	22290	1370	540
饮料制造业	13207	44314	34320	33495
烟草制品业	1114993	9884812	1190740	536225
纺织业	151177	165682	138525	0
纺织服装、鞋、帽制造业	231518	1029722	521162	212376
印刷业和记录媒介的复制	299099	660926	261440	35039
化学原料及化学制品制造业	10276820	23680240	4221500	1414821
医药制造业	822379	3192636	768146	210313
橡胶制品业	63900	269190	128390	48540
非金属矿物制品业	106311	288935	181836	115326
黑色金属冶炼及压延加工业	6491487	20370766	6951573	3839072
金属制品业	648666	1544341	631251	44205
通用设备制造业	109285	593946	409369	160703
专用设备制造业	63502	895000	715234	156187
交通运输设备制造业	1743680	14830716	11850391	2372531
电气机械及器材制造业	29273	502062	228624	85909
通信设备、计算机及其他电子设备制造业	38365	249113	139080	67304
仪器仪表及文化、办公用机械制造业	222012	2979530	1894442	643485
电力、燃气及水的生产和供应业	4247923	11210081	4733623	319966
电力、热力的生产和供应业	1236078	4769045	2919077	251859
水的生产和供应业	3011845	6441036	1814546	68107

规模以上国有工业企业主要经济指标(续表 4)

计量单位:千元

指标名称	长期负债合计	负债合计	所有者权益合计	其中:实收资本
总　计	**6046152**	**41371236**	**52833316**	**33671021**
一、按轻重工业分组				
轻工业	1852655	6734204	14933012	2724901
重工业	4193497	34637032	37900304	30946120
二、按企业规模分组				
大型企业	3799668	26559542	36525543	27764159
中型企业	2074705	12828762	14286473	4767310
小型企业	171779	1982932	2021300	1139552
三、在总计中:亏损企业	2034394	9049234	18749312	18695696
四、按工业行业大类分组				
采矿业	510255	834322	955928	519280
黑色金属矿采选业	509985	801000	941208	500000
有色金属矿采选业	270	33322	14720	19280
制造业	2998610	33266004	47938217	30269225
农副食品加工业	700	2070	20220	1510
饮料制造业	0	34320	9994	2312
烟草制品业	15927	1206667	8678145	372086
纺织业	0	138525	27157	10000
纺织服装、鞋、帽制造业	15463	536625	493097	181367
印刷业和记录媒介的复制	42140	303580	357346	128492
化学原料及化学制品制造业	149293	4370794	19309446	19157865
医药制造业	93766	861912	2330724	724856
橡胶制品业	55410	183800	85390	51450
非金属矿物制品业	0	181836	107099	67960
黑色金属冶炼及压延加工业	2028118	8979691	11391075	6261870
金属制品业	0	631251	913090	575504
通用设备制造业	61040	470409	123537	75954
专用设备制造业	1	715235	179765	114029
交通运输设备制造业	478506	12328897	2501819	2033563
电气机械及器材制造业	2	228626	273436	158248
通信设备、计算机及其他电子设备制造业	7173	146253	102860	55560
仪器仪表及文化、办公用机械制造业	51071	1945513	1034017	296599
电力、燃气及水的生产和供应业	2537287	7270910	3939171	2882516
电力、热力的生产和供应业	854000	3773077	995968	1685418
水的生产和供应业	1683287	3497833	2943203	1197098

规模以上国有工业企业主要经济指标(续表5)

计量单位:千元

指标名称	主营业务收入	主营业务成本	主营业务税金及附加	其他业务收入
总　计	**107513990**	**94813544**	**5966529**	**1707950**
一、按轻重工业分组				
轻工业	15386283	6209051	5116367	295054
重工业	92127707	88604493	850162	1412896
二、按企业规模分组				
大型企业	84817334	82290884	812264	1116055
中型企业	19371507	9871263	5134240	515731
小型企业	3325149	2651397	20025	76164
三、在总计中:亏损企业	55229804	56863473	520724	97249
四、按工业行业大类分组				
采矿业	1285708	807940	34052	43339
黑色金属矿采选业	1230048	754419	33259	35867
有色金属矿采选业	55660	53521	793	7472
制造业	103965543	91880145	5916901	1595392
农副食品加工业	56798	45150	1145	0
饮料制造业	15540	13190	1921	0
烟草制品业	10155645	2311223	5081455	145954
纺织业	28595	41647	128	0
纺织服装、鞋、帽制造业	901833	781299	2284	59958
印刷业和记录媒介的复制	331329	294303	1862	11637
化学原料及化学制品制造业	60459566	61188298	590561	604801
医药制造业	2906223	1999589	18153	14169
橡胶制品业	300170	226580	1160	0
非金属矿物制品业	709681	630050	2099	2976
黑色金属冶炼及压延加工业	14331651	13150532	154284	13111
金属制品业	1240665	795701	9330	38660
通用设备制造业	653322	526043	3365	34043
专用设备制造业	1010400	874974	6487	10048
交通运输设备制造业	8521026	7197347	24727	569149
电气机械及器材制造业	377882	326203	3682	241
通信设备、计算机及其他电子设备制造业	235156	186671	1101	20034
仪器仪表及文化、办公用机械制造业	1730061	1291345	13157	70611
电力、燃气及水的生产和供应业	2262739	2125459	15576	69219
电力、热力的生产和供应业	1527492	1645816	8130	7761
水的生产和供应业	735247	479643	7446	61458

规模以上国有工业企业主要经济指标(续表6)

计量单位:千元

指标名称	其他业务利润	营业费用	管理费用	
				税金
总　计	**240288**	**1219742**	**5011187**	**214801**
一、按轻重工业分组				
轻工业	51467	646031	998805	47847
重工业	188821	573711	4012382	166954
二、按企业规模分组				
大型企业	77345	695416	3157740	113605
中型企业	122561	389355	1568565	87279
小型企业	40382	134971	284882	13917
三、在总计中:亏损企业	39755	312085	1573804	71770
四、按工业行业大类分组				
采矿业	10215	7254	294932	5929
黑色金属矿采选业	3690	6890	286560	5706
有色金属矿采选业	6525	364	8372	223
制造业	200021	1063749	4567774	148362
农副食品加工业	0	1090	4265	430
饮料制造业	0	0	620	0
烟草制品业	3780	130630	510528	12014
纺织业	0	0	979	6
纺织服装、鞋、帽制造业	5269	20663	73839	8258
印刷业和记录媒介的复制	11160	5546	40733	1075
化学原料及化学制品制造业	43520	188123	1896375	52686
医药制造业	8421	332031	270833	8919
橡胶制品业	0	10990	46800	2830
非金属矿物制品业	2121	16781	32276	192
黑色金属冶炼及压延加工业	92	112076	426384	45329
金属制品业	32405	5457	134289	5100
通用设备制造业	10770	12114	103444	1059
专用设备制造业	688	19282	81408	1481
交通运输设备制造业	31200	59322	663011	6947
电气机械及器材制造业	27	12462	20846	751
通信设备、计算机及其他电子设备制造业	8461	12651	44055	319
仪器仪表及文化、办公用机械制造业	42107	124531	217089	966
电力、燃气及水的生产和供应业	30052	148739	148481	60510
电力、热力的生产和供应业	7345	0	64645	43463
水的生产和供应业	22707	148739	83836	17047

规模以上国有工业企业主要经济指标(续表7)

计量单位:千元

指标名称	财务费用	利息支出	营业利润	投资收益
总　计	**5580**	**－82367**	**531412**	**105093**
一、按轻重工业分组				
轻工业	－51414	－47687	2398843	－110007
重工业	56994	－34680	－1867431	215100
二、按企业规模分组				
大型企业	－63646	－124899	－2224061	63104
中型企业	55382	25000	2495061	42506
小型企业	13844	17532	260412	－517
三、在总计中:亏损企业	－38342	－84194	－4133988	88760
四、按工业行业大类分组				
采矿业	－3888	0	155633	7539
黑色金属矿采选业	－3879	0	156489	7539
有色金属矿采选业	－9	0	－856	0
制造业	－90682	－142200	621393	96664
农副食品加工业	120	0	5028	－500
饮料制造业	－260	0	69	0
烟草制品业	－90612	－90739	2216201	130
纺织业	0	0	－14159	0
纺织服装、鞋、帽制造业	－548	1870	29347	222
印刷业和记录媒介的复制	－695	－166	720	0
化学原料及化学制品制造业	－142275	－144425	－3371748	155824
医药制造业	5678	5664	168531	－110818
橡胶制品业	2070	2070	12570	0
非金属矿物制品业	175	380	30421	0
黑色金属冶炼及压延加工业	101173	91720	387294	0
金属制品业	13067	13799	315226	678
通用设备制造业	5059	5594	15776	80
专用设备制造业	3463	3925	25474	0
交通运输设备制造业	21784	－34315	651861	27895
电气机械及器材制造业	561	2395	14155	0
通信设备、计算机及其他电子设备制造业	－400	－371	－461	－150
仪器仪表及文化、办公用机械制造业	－9042	399	135088	23303
电力、燃气及水的生产和供应业	100150	59833	－245614	890
电力、热力的生产和供应业	65172	24062	－248926	－69
水的生产和供应业	34978	35771	3312	959

规模以上国有工业企业主要经济指标(续表8)

计量单位:千元

指标名称	补贴收入	营业外收入	营业外支出	利税
总 计	**40117**	**442279**	**522840**	**10358315**
一、按轻重工业分组				
轻工业	10654	39775	30797	9187264
重工业	29463	402504	492043	1171051
二、按企业规模分组				
大型企业	0	371517	226475	636811
中型企业	35121	49919	282672	9256358
小型企业	4996	20843	13693	465146
三、在总计中:亏损企业	2257	34546	261368	-3624497
四、按工业行业大类分组				
采矿业	0	32193	3939	339638
黑色金属矿采选业	0	32193	3195	338278
有色金属矿采选业	0	0	744	1360
制造业	37910	400173	266491	10377428
农副食品加工业	0	0	2440	6563
饮料制造业	0	0	0	2050
烟草制品业	8135	1015	11925	8706069
纺织业	0	1967	0	-10945
纺织服装、鞋、帽制造业	2469	3188	1389	51464
印刷业和记录媒介的复制	0	9712	524	28288
化学原料及化学制品制造业	320	31065	28725	-2086250
医药制造业	0	14192	9209	355118
橡胶制品业	0	380	2910	22560
非金属矿物制品业	888	105	3493	69817
黑色金属冶炼及压延加工业	0	290956	179280	1490744
金属制品业	0	3269	1591	425222
通用设备制造业	4010	4669	5731	42433
专用设备制造业	0	54	885	61943
交通运输设备制造业	0	14406	11590	888248
电气机械及器材制造业	0	521	105	28474
通信设备、计算机及其他电子设备制造业	0	1455	229	4756
仪器仪表及文化、办公用机械制造业	22088	23219	6465	290874
电力、燃气及水的生产和供应业	2207	9913	252410	-358751
电力、热力的生产和供应业	2207	702	246157	-408605
水的生产和供应业	0	9211	6253	49854

规模以上国有工业企业主要经济指标(续表9)

计量单位：千元

指标名称	利润总额	亏损企业亏损额	应交所得税	本年应付工资总额
总　计	**518343**	**4358835**	**1081005**	**3398332**
一、按轻重工业分组				
轻工业	2419714	43099	604854	637230
重工业	-1901371	4315736	476151	2761102
二、按企业规模分组				
大型企业	-2070521	3692208	339883	2146187
中型企业	2316323	629780	666954	987764
小型企业	272541	36847	74168	264381
三、在总计中：亏损企业	-4358835	4358835	-31037	797572
四、按工业行业大类分组				
采矿业	191426	1600	41017	174790
黑色金属矿采选业	193026	0	41017	167827
有色金属矿采选业	-1600	1600	0	6963
制造业	811931	3808408	1031989	2988983
农副食品加工业	2588	0	310	2310
饮料制造业	69	0	0	4150
烟草制品业	2213556	0	553389	154255
纺织业	-12192	12192	0	4687
纺织服装、鞋、帽制造业	33765	1421	5439	60647
印刷业和记录媒介的复制	9908	3179	2193	45000
化学原料及化学制品制造业	-3369088	3684347	136266	819614
医药制造业	173514	0	41228	231363
橡胶制品业	10040	0	2510	32870
非金属矿物制品业	27921	2352	1965	31403
黑色金属冶炼及压延加工业	498970	20790	37429	334197
金属制品业	317582	0	81806	103653
通用设备制造业	14714	0	506	75383
专用设备制造业	24643	0	1744	68327
交通运输设备制造业	653522	76619	135560	838197
电气机械及器材制造业	14571	3716	14891	46840
通信设备、计算机及其他电子设备制造业	615	1667	170	30148
仪器仪表及文化、办公用机械制造业	197233	2125	16583	105939
电力、燃气及水的生产和供应业	-485014	548827	7999	234559
电力、热力的生产和供应业	-492243	530658	6647	117467
水的生产和供应业	7229	18169	1352	117092

规模以上国有工业企业主要经济指标(续表10)

计量单位:千元

指标名称	本年应付福利费总额	本年应交增值税	本年销项税额	全部从业人员年平均人数(人)
总　计	**288303**	**3872923**	**18289933**	**74596**
一、按轻重工业分组				
轻工业	68409	1650663	2498876	16476
重工业	219894	2222260	15791057	58120
二、按企业规模分组				
大型企业	152747	1895068	14774906	40688
中型企业	104253	1805795	3021187	26298
小型企业	31303	172060	493840	7610
三、在总计中:亏损企业	82251	213614	9265185	16782
四、按工业行业大类分组				
采矿业	24815	114160	180450	3310
黑色金属矿采选业	23840	111993	173138	3110
有色金属矿采选业	975	2167	7312	200
制造业	218752	3648076	17823530	65321
农副食品加工业	210	2830	4560	78
饮料制造业	658	60	60	361
烟草制品业	20767	1411058	1749938	1658
纺织业	0	1119	4920	380
纺织服装、鞋、帽制造业	12316	15415	77912	2313
印刷业和记录媒介的复制	2740	15998	49486	1631
化学原料及化学制品制造业	53854	692277	10192286	11663
医药制造业	14153	163451	536453	5750
橡胶制品业	1261	11360	46300	826
非金属矿物制品业	6811	39797	76847	1253
黑色金属冶炼及压延加工业	10748	837490	3492961	4839
金属制品业	15490	98310	229587	2103
通用设备制造业	3936	24354	108217	2929
专用设备制造业	2805	30813	160622	1329
交通运输设备制造业	60598	209999	705118	23439
电气机械及器材制造业	4207	10221	62965	878
通信设备、计算机及其他电子设备制造业	3588	3040	25820	690
仪器仪表及文化、办公用机械制造业	4610	80484	299478	3201
电力、燃气及水的生产和供应业	44736	110687	285953	5965
电力、热力的生产和供应业	28199	75508	245566	2376
水的生产和供应业	16537	35179	40387	3589

规模以上集体工业企业主要经济指标

计量单位：千元

指标名称	企业单位数（个）	亏损企业	工业总产值（当年价格）	工业销售产值（当年价格）	出口交货值
总　计	**115**	**26**	**8642991**	**8487098**	**123897**
一、按轻重工业分组					
轻工业	31	7	2456973	2436156	69147
重工业	84	19	6186018	6050942	54750
二、按企业规模分组					
中型企业	7	4	1805975	1806979	0
小型企业	108	22	6837016	6680119	123897
三、在总计中：亏损企业	26	26	1139316	1134988	28449
四、在总计中：民营	115	26	8642991	8487098	123897
五、按工业行业大类分组					
采矿业	2	0	62479	58184	0
非金属矿采选业	2	0	62479	58184	0
制造业	112	25	8574752	8423154	123897
农副食品加工业	1	0	42548	42548	0
纺织业	3	2	155983	150521	0
纺织服装、鞋、帽制造业	4	0	159442	157417	13190
皮革、毛皮、羽毛(绒)及其制品业	3	1	111659	110662	9488
造纸及纸制品业	3	1	41058	38949	0
印刷业和记录媒介的复制	5	0	112840	113569	0
石油加工、炼焦及核燃料加工业	2	1	130883	130253	0
化学原料及化学制品制造业	13	2	1017319	1005378	0
橡胶制品业	1	1	7622	8561	0
塑料制品业	5	1	141883	142449	6500
非金属矿物制品业	6	1	423815	421107	0
黑色金属冶炼及压延加工业	2	0	214170	204660	0
有色金属冶炼及压延加工业	4	2	788928	760373	0
金属制品业	12	2	479442	477741	0
通用设备制造业	7	1	142364	143731	0
专用设备制造业	5	0	264080	227532	19801
交通运输设备制造业	17	5	550582	542363	0
电气机械及器材制造业	4	2	225090	217978	0
通信设备、计算机及其他电子设备制造业	2	0	17137	17137	0
仪器仪表及文化、办公用机械制造业	4	1	384481	372192	28449
工艺品及其他制造业	5	2	1492384	1489918	46469
废弃资源和废旧材料回收加工业	4	0	1671042	1648115	0
电力、燃气及水的生产和供应业	1	1	5760	5760	0
水的生产和供应业	1	1	5760	5760	0

规模以上集体工业企业主要经济指标(续表1)

计量单位:千元

指标名称	流动资产合计			
		应收账款	存货	
				产成品
总　计	**2427627**	**989383**	**545488**	**230203**
一、按轻重工业分组				
轻工业	395988	137841	112724	75400
重工业	2031639	851542	432764	154803
二、按企业规模分组				
中型企业	505671	148693	138797	73327
小型企业	1921956	840690	406691	156876
三、在总计中:亏损企业	650009	294450	126243	48660
四、在总计中:民营	2427627	989383	545488	230203
五、按工业行业大类分组				
采矿业	78691	61070	9033	5249
非金属矿采选业	78691	61070	9033	5249
制造业	2344205	928927	535905	224954
农副食品加工业	1766	398	1368	1368
纺织业	58268	39884	12559	4515
纺织服装、鞋、帽制造业	38112	6341	2061	749
皮革、毛皮、羽毛(绒)及其制品业	54468	29352	16350	5888
造纸及纸制品业	25191	1314	171	10
印刷业和记录媒介的复制	55313	11142	6736	166
石油加工、炼焦及核燃料加工业	12862	3928	543	309
化学原料及化学制品制造业	337080	202627	69215	19444
橡胶制品业	6264	3360	492	97
塑料制品业	44967	16505	13212	3468
非金属矿物制品业	281047	109947	48226	9490
黑色金属冶炼及压延加工业	28971	5361	19635	18025
有色金属冶炼及压延加工业	57215	21042	11572	4534
金属制品业	151014	83779	16566	4164
通用设备制造业	69187	19616	37680	3936
专用设备制造业	206523	54601	45167	1079
交通运输设备制造业	347773	128254	92214	50340
电气机械及器材制造业	103690	61827	6435	2190
通信设备、计算机及其他电子设备制造业	19347	12583	340	0
仪器仪表及文化、办公用机械制造业	204120	37661	41616	15733
工艺品及其他制造业	126046	39428	65799	56721
废弃资源和废旧材料回收加工业	114981	39977	27948	22728
电力、燃气及水的生产和供应业	4731	-614	550	0
水的生产和供应业	4731	-614	550	0

规模以上集体工业企业主要经济指标(续表 2)

计量单位:千元

指标名称	流动资产年平均余额	固定资产合计	固定资产原价	累计折旧
总　计	**2413727**	**711602**	**1157106**	**499504**
一、按轻重工业分组				
轻工业	451421	122329	224390	103593
重工业	1962306	589273	932716	395911
二、按企业规模分组				
中型企业	597276	218281	379438	184384
小型企业	1816451	493321	777668	315120
三、在总计中:亏损企业	662516	208171	370546	183525
四、在总计中:民营	2413727	711602	1157106	499504
五、按工业行业大类分组				
采矿业	70544	5193	12736	7543
非金属矿采选业	70544	5193	12736	7543
制造业	2341593	694128	1129174	489046
农副食品加工业	6789	768	8614	8056
纺织业	52281	16217	23934	7717
纺织服装、鞋、帽制造业	39247	6616	10767	4151
皮革、毛皮、羽毛(绒)及其制品业	50241	2214	9224	7190
造纸及纸制品业	21829	27279	30685	3616
印刷业和记录媒介的复制	56534	7877	21740	14029
石油加工、炼焦及核燃料加工业	12686	5172	8317	3145
化学原料及化学制品制造业	370721	75622	115467	40440
橡胶制品业	5034	2703	3554	906
塑料制品业	42996	17573	35090	17517
非金属矿物制品业	273210	131810	261192	148492
黑色金属冶炼及压延加工业	30740	13316	22186	14293
有色金属冶炼及压延加工业	81888	35080	37509	8527
金属制品业	144227	61327	84155	24189
通用设备制造业	64882	16360	33503	17625
专用设备制造业	180604	57418	89512	40164
交通运输设备制造业	331913	83198	117607	42942
电气机械及器材制造业	100793	10685	20534	9959
通信设备、计算机及其他电子设备制造业	15549	530	1996	1598
仪器仪表及文化、办公用机械制造业	160773	39572	60519	22556
工艺品及其他制造业	191063	38788	81135	43003
废弃资源和废旧材料回收加工业	107593	44003	51934	8931
电力、燃气及水的生产和供应业	1590	12281	15196	2915
水的生产和供应业	1590	12281	15196	2915

规模以上集体工业企业主要经济指标(续表 3)

计量单位:千元

指标名称	固定资产净值年平均余额	资产总计	流动负债合计	应付账款
总　计	**649397**	**3437676**	**1765651**	**613725**
一、按轻重工业分组				
轻工业	121066	627109	353794	62174
重工业	528331	2810567	1411857	551551
二、按企业规模分组				
中型企业	189809	847946	455312	126542
小型企业	459588	2589730	1310339	487183
三、在总计中:亏损企业	178380	936375	612074	153350
四、在总计中:民营	649397	3437676	1765651	613725
五、按工业行业大类分组				
采矿业	4694	84527	59669	52489
非金属矿采选业	4694	84527	59669	52489
制造业	638363	3336137	1695486	551825
农副食品加工业	3957	21036	745	0
纺织业	15081	74730	46237	6953
纺织服装、鞋、帽制造业	6595	54570	45010	2952
皮革、毛皮、羽毛(绒)及其制品业	2479	56823	22059	6156
造纸及纸制品业	27483	52470	67751	2633
印刷业和记录媒介的复制	9765	64211	20676	2792
石油加工、炼焦及核燃料加工业	5172	18034	4971	2114
化学原料及化学制品制造业	79386	472620	186946	63425
橡胶制品业	2555	8967	8217	2052
塑料制品业	18970	62540	42691	7317
非金属矿物制品业	125545	449812	179122	53531
黑色金属冶炼及压延加工业	2913	46137	24345	2456
有色金属冶炼及压延加工业	29150	105675	95714	12588
金属制品业	49094	214859	81472	38517
通用设备制造业	14611	85557	55949	36099
专用设备制造业	42293	281540	174695	76578
交通运输设备制造业	74531	448921	260658	92383
电气机械及器材制造业	10616	125963	74634	43223
通信设备、计算机及其他电子设备制造业	494	21895	7412	5286
仪器仪表及文化、办公用机械制造业	40163	278060	114030	42449
工艺品及其他制造业	39153	232303	111013	21043
废弃资源和废旧材料回收加工业	38357	159414	71139	31278
电力、燃气及水的生产和供应业	6340	17012	10496	9411
水的生产和供应业	6340	17012	10496	9411

规模以上集体工业企业主要经济指标(续表 4)

计量单位:千元

指标名称	长期负债合计	负债合计	所有者权益合计	其中:实收资本
总　计	**131532**	**1904439**	**1533237**	**476582**
一、按轻重工业分组				
轻工业	34172	387968	239141	84180
重工业	97360	1516471	1294096	392402
二、按企业规模分组				
中型企业	74864	530176	317770	120346
小型企业	56668	1374263	1215467	356236
三、在总计中:亏损企业	29087	648415	287960	153553
四、在总计中:民营	131532	1904439	1533237	476582
五、按工业行业大类分组				
采矿业	0	59669	24858	2059
非金属矿采选业	0	59669	24858	2059
制造业	130132	1832874	1503263	471814
农副食品加工业	597	1342	19694	720
纺织业	0	46237	28493	4032
纺织服装、鞋、帽制造业	20	45030	9540	1980
皮革、毛皮、羽毛(绒)及其制品业	354	22413	34410	6040
造纸及纸制品业	3402	71153	−18683	9607
印刷业和记录媒介的复制	145	20822	43389	5781
石油加工、炼焦及核燃料加工业	200	5171	12863	800
化学原料及化学制品制造业	714	187660	284960	36778
橡胶制品业	0	8217	750	600
塑料制品业	0	42691	19849	15459
非金属矿物制品业	66766	245888	203924	80180
黑色金属冶炼及压延加工业	0	24345	21792	4970
有色金属冶炼及压延加工业	0	95714	9961	6515
金属制品业	7238	88710	126149	23916
通用设备制造业	1276	57225	28332	13490
专用设备制造业	1792	176487	105053	64398
交通运输设备制造业	17601	285514	163407	52600
电气机械及器材制造业	143	74777	51186	14102
通信设备、计算机及其他电子设备制造业	0	7412	14483	1240
仪器仪表及文化、办公用机械制造业	0	114030	164030	75219
工艺品及其他制造业	28242	139255	93048	37287
废弃资源和废旧材料回收加工业	1642	72781	86633	16100
电力、燃气及水的生产和供应业	1400	11896	5116	2709
水的生产和供应业	1400	11896	5116	2709

规模以上集体工业企业主要经济指标(续表5)

计量单位:千元

指标名称	主营业务收入	主营业务成本	主营业务税金及附加	其他业务收入
总　计	**8760346**	**7562407**	**55581**	**454254**
一、按轻重工业分组				
轻工业	2544436	2320816	14774	417948
重工业	6215910	5241591	40807	36306
二、按企业规模分组				
中型企业	1974820	1793633	14080	413479
小型企业	6785526	5768774	41501	40775
三、在总计中:亏损企业	1165638	1044138	4608	7077
四、在总计中:民营	8760346	7562407	55581	454254
五、按工业行业大类分组				
采矿业	58184	52221	1666	1
非金属矿采选业	58184	52221	1666	1
制造业	8696402	7505146	53572	454243
农副食品加工业	38293	34097	39	0
纺织业	148821	117322	337	4811
纺织服装、鞋、帽制造业	146995	129129	365	30
皮革、毛皮、羽毛(绒)及其制品业	109069	102857	349	20
造纸及纸制品业	38949	30879	106	0
印刷业和记录媒介的复制	111938	84042	671	463
石油加工、炼焦及核燃料加工业	128234	118037	118	0
化学原料及化学制品制造业	1133043	935217	4880	5343
橡胶制品业	8561	7238	49	0
塑料制品业	145709	131229	348	0
非金属矿物制品业	434269	395839	2023	14877
黑色金属冶炼及压延加工业	201570	160289	1641	0
有色金属冶炼及压延加工业	745613	646761	3994	620
金属制品业	515528	465885	2468	4655
通用设备制造业	141324	130307	730	1
专用设备制造业	225460	186020	4848	2210
交通运输设备制造业	547262	483685	2725	105
电气机械及器材制造业	223628	204654	523	0
通信设备、计算机及其他电子设备制造业	17137	12515	154	0
仪器仪表及文化、办公用机械制造业	367422	283724	1573	8494
工艺品及其他制造业	1619367	1521446	11909	412614
废弃资源和废旧材料回收加工业	1648210	1323974	13722	0
电力、燃气及水的生产和供应业	5760	5040	343	10
水的生产和供应业	5760	5040	343	10

规模以上集体工业企业主要经济指标(续表6)

计量单位:千元

指标名称	其他业务利润	营业费用	管理费用	税金
总　计	**14262**	**236007**	**425836**	**17822**
一、按轻重工业分组				
轻工业	1371	56761	86644	13465
重工业	12891	179246	339192	4357
二、按企业规模分组				
中型企业	－587	45820	77412	12395
小型企业	14849	190187	348424	5427
三、在总计中:亏损企业	1005	26457	84354	2082
四、在总计中:民营	14262	236007	425836	17822
五、按工业行业大类分组				
采矿业	0	878	3059	13
非金属矿采选业	0	878	3059	13
制造业	14252	235129	422064	17793
农副食品加工业	0	98	83	0
纺织业	420	12061	17183	126
纺织服装、鞋、帽制造业	30	2116	6929	76
皮革、毛皮、羽毛(绒)及其制品业	20	229	2084	227
造纸及纸制品业	0	3288	3518	600
印刷业和记录媒介的复制	438	4130	6261	152
石油加工、炼焦及核燃料加工业	0	525	924	12
化学原料及化学制品制造业	2312	14690	44197	961
橡胶制品业	0	182	908	0
塑料制品业	0	4911	4147	13
非金属矿物制品业	139	15929	16617	226
黑色金属冶炼及压延加工业	0	2350	5310	193
有色金属冶炼及压延加工业	620	3884	16893	716
金属制品业	1929	5427	25317	606
通用设备制造业	1	1902	7495	255
专用设备制造业	1817	5785	22587	114
交通运输设备制造业	－516	6875	38810	720
电气机械及器材制造业	0	2520	11864	20
通信设备、计算机及其他电子设备制造业	0	5	1197	23
仪器仪表及文化、办公用机械制造业	6589	11298	29346	528
工艺品及其他制造业	453	28451	39145	11730
废弃资源和废旧材料回收加工业	0	108473	121249	495
电力、燃气及水的生产和供应业	10	0	713	16
水的生产和供应业	10	0	713	16

规模以上集体工业企业主要经济指标(续表7)

计量单位:千元

指标名称	财务费用	利息支出	营业利润	投资收益
总 计	**34139**	**29328**	**460638**	**-14833**
一、按轻重工业分组				
轻工业	12376	6723	54436	12
重工业	21763	22605	406202	-14845
二、按企业规模分组				
中型企业	14961	10283	28327	1414
小型企业	19178	19045	432311	-16247
三、在总计中:亏损企业	11882	11302	-4796	1929
四、在总计中:民营	34139	29328	460638	-14833
五、按工业行业大类分组				
采矿业	-257	-257	617	2
非金属矿采选业	-257	-257	617	2
制造业	34295	29585	460448	-14835
农副食品加工业	45	0	3931	0
纺织业	1342	1339	996	0
纺织服装、鞋、帽制造业	252	252	8234	0
皮革、毛皮、羽毛(绒)及其制品业	462	110	3108	12
造纸及纸制品业	600	600	558	0
印刷业和记录媒介的复制	543	562	16729	0
石油加工、炼焦及核燃料加工业	0	0	8630	0
化学原料及化学制品制造业	6737	6765	129634	1433
橡胶制品业	355	353	-171	0
塑料制品业	32	-18	5042	0
非金属矿物制品业	4612	4608	-612	0
黑色金属冶炼及压延加工业	-8	0	31988	0
有色金属冶炼及压延加工业	3590	3590	71111	-17491
金属制品业	388	525	17972	10
通用设备制造业	1509	1499	-618	0
专用设备制造业	1355	1534	6682	646
交通运输设备制造业	270	225	14381	490
电气机械及器材制造业	1640	1340	2427	0
通信设备、计算机及其他电子设备制造业	-7	-6	3273	0
仪器仪表及文化、办公用机械制造业	1205	1775	46865	3
工艺品及其他制造业	7884	3051	10985	0
废弃资源和废旧材料回收加工业	1489	1481	79303	62
电力、燃气及水的生产和供应业	101	0	-427	0
水的生产和供应业	101	0	-427	0

规模以上集体工业企业主要经济指标(续表8)

计量单位:千元

指标名称	补贴收入	营业外收入	营业外支出	利税
总　计	**46734**	**35601**	**98469**	**754455**
一、按轻重工业分组				
轻工业	4467	22153	24892	129311
重工业	42267	13448	73577	625144
二、按企业规模分组				
中型企业	21502	22893	63891	61232
小型企业	25232	12708	34578	693223
三、在总计中:亏损企业	12548	3841	51741	-8694
四、在总计中:民营	46734	35601	98469	754455
五、按工业行业大类分组				
采矿业	1228	0	76	4947
非金属矿采选业	1228	0	76	4947
制造业	45296	35535	98364	749216
农副食品加工业	0	0	0	5593
纺织业	496	206	589	5425
纺织服装、鞋、帽制造业	0	0	0	17672
皮革、毛皮、羽毛(绒)及其制品业	60	10	9	7057
造纸及纸制品业	0	158	0	1723
印刷业和记录媒介的复制	1242	0	182	24692
石油加工、炼焦及核燃料加工业	2	232	0	10107
化学原料及化学制品制造业	7341	473	495	173992
橡胶制品业	453	0	288	591
塑料制品业	0	47	5039	2972
非金属矿物制品业	15588	1978	10052	29720
黑色金属冶炼及压延加工业	0	0	39	43035
有色金属冶炼及压延加工业	3318	1527	42722	44972
金属制品业	739	3445	1750	45924
通用设备制造业	4124	0	30	11457
专用设备制造业	2180	0	126	22265
交通运输设备制造业	6675	636	8509	38287
电气机械及器材制造业	530	1000	3636	14423
通信设备、计算机及其他电子设备制造业	387	0	6	5204
仪器仪表及文化、办公用机械制造业	471	5115	3829	70710
工艺品及其他制造业	1690	20691	21037	39999
废弃资源和废旧材料回收加工业	0	17	26	133396
电力、燃气及水的生产和供应业	210	66	29	292
水的生产和供应业	210	66	29	292

规模以上集体工业企业主要经济指标(续表 9)

计量单位:千元

指标名称	利润总额	亏损企业亏损额	应交所得税	本年应付工资总额
总　计	**424447**	**38219**	**52606**	**362216**
一、按轻重工业分组				
轻工业	56176	3656	8916	69409
重工业	368271	34563	43690	292807
二、按企业规模分组				
中型企业	10245	20477	11206	59592
小型企业	414202	17742	41400	302624
三、在总计中:亏损企业	-38219	38219	4957	74479
四、在总计中:民营	424447	38219	52606	362216
五、按工业行业大类分组				
采矿业	1771	0	67	2763
非金属矿采选业	1771	0	67	2763
制造业	422856	38039	52329	358421
农副食品加工业	3931	0	0	598
纺织业	1109	1303	120	8827
纺织服装、鞋、帽制造业	8234	0	129	17940
皮革、毛皮、羽毛(绒)及其制品业	3181	511	673	4488
造纸及纸制品业	716	153	2	1948
印刷业和记录媒介的复制	17789	0	4019	3838
石油加工、炼焦及核燃料加工业	8864	31	2223	1100
化学原料及化学制品制造业	133162	3064	3621	39334
橡胶制品业	-6	6	0	1007
塑料制品业	50	680	269	8224
非金属矿物制品业	6902	8644	1521	18025
黑色金属冶炼及压延加工业	31949	0	1338	3819
有色金属冶炼及压延加工业	15743	4752	10595	14090
金属制品业	20416	6830	3521	38916
通用设备制造业	3476	75	216	12575
专用设备制造业	9382	0	729	40205
交通运输设备制造业	13673	8495	5171	45810
电气机械及器材制造业	321	1589	40	16115
通信设备、计算机及其他电子设备制造业	3654	0	118	526
仪器仪表及文化、办公用机械制造业	48625	397	5349	24847
工艺品及其他制造业	12329	1509	3068	20473
废弃资源和废旧材料回收加工业	79356	0	9607	35716
电力、燃气及水的生产和供应业	-180	180	210	1032
水的生产和供应业	-180	180	210	1032

规模以上集体工业企业主要经济指标(续表10)

计量单位:千元

指标名称	本年应付福利费总额	本年应交增值税	本年销项税额	全部从业人员年平均人数(人)
总　计	**49497**	**274427**	**1120012**	**16184**
一、按轻重工业分组				
轻工业	5714	58361	186611	3521
重工业	43783	216066	933401	12663
二、按企业规模分组				
中型企业	7447	36907	104217	3334
小型企业	42050	237520	1015795	12850
三、在总计中:亏损企业	14267	24917	173818	4484
四、在总计中:民营	49497	274427	1120012	16184
五、按工业行业大类分组				
采矿业	257	1510	3855	140
非金属矿采选业	257	1510	3855	140
制造业	49119	272788	1116157	16021
农副食品加工业	83	1623	7233	16
纺织业	804	3979	13771	554
纺织服装、鞋、帽制造业	1156	9073	20113	865
皮革、毛皮、羽毛(绒)及其制品业	486	3527	18806	260
造纸及纸制品业	－216	901	6618	143
印刷业和记录媒介的复制	369	6232	18992	172
石油加工、炼焦及核燃料加工业	49	1125	10159	51
化学原料及化学制品制造业	10557	35950	149217	1477
橡胶制品业	158	548	1456	75
塑料制品业	3892	2574	9854	403
非金属矿物制品业	1135	20795	76112	1169
黑色金属冶炼及压延加工业	540	9445	28026	178
有色金属冶炼及压延加工业	1659	25235	126735	799
金属制品业	4749	23040	74390	1165
通用设备制造业	588	7251	23883	634
专用设备制造业	5087	8035	24552	773
交通运输设备制造业	7530	21889	83709	2647
电气机械及器材制造业	1777	13579	36797	566
通信设备、计算机及其他电子设备制造业	74	1396	2895	41
仪器仪表及文化、办公用机械制造业	2428	20512	56853	636
工艺品及其他制造业	2077	15761	45790	1048
废弃资源和废旧材料回收加工业	4137	40318	280196	2349
电力、燃气及水的生产和供应业	121	129	0	23
水的生产和供应业	121	129	0	23

规模以上股份制工业企业主要经济指标(一)

计量单位：千元

指标名称	企业单位数(个)	亏损企业	工业总产值(当年价格)	工业销售产值(当年价格)	出口交货值
总　计	**161**	**31**	**82826525**	**81984057**	**2078008**
一、按登记注册类型分组					
股份有限公司(内资)	69	14	71446671	71179054	605082
私营股份有限公司	72	15	7082306	6885851	249725
港澳台商投资股份有限公司	9	2	1076735	1035191	8850
外商投资股份有限公司	11	0	3220813	2883961	1214351
二、按控股情况分组					
国有控股	16	4	64787832	64699674	532892
集体控股	6	1	577734	563331	31591
私人控股	111	22	13001317	12365049	1175560
港澳台控股	8	2	738305	696761	8850
外商控股	10	0	519749	490143	314489
其他	10	2	3201588	3169099	14626
三、按轻重工业分组					
轻工业	38	4	3532661	3472892	311192
重工业	123	27	79293864	78511165	1766816
四、按企业规模分组					
大型企业	3	1	58804180	58758700	218660
中型企业	21	2	14243896	13752883	1393799
小型企业	137	28	9778449	9472474	465549
五、在总计中：亏损企业	31	31	59383583	59263000	304515
六、在总计中：民营	125	25	13741145	13365231	321915
七、按工业行业大类分组					
采矿业	3	0	141346	140591	0
黑色金属矿采选业	1	0	6496	5841	0
非金属矿采选业	2	0	134850	134750	0
制造业	155	29	80181257	79343738	2078008
农副食品加工业	1	0	186700	186700	0
食品制造业	1	0	11360	10800	0

规模以上股份制工业企业主要经济指标(一)(续表)

计量单位:千元

指标名称	企业单位数(个)	亏损企业	工业总产值(当年价格)	工业销售产值(当年价格)	出口交货值
饮料制造业	2	0	45680	44190	0
纺织业	2	0	116650	114680	0
纺织服装、鞋、帽制造业	3	1	82447	82447	29740
家具制造业	2	0	395722	373542	136892
造纸及纸制品业	3	1	102528	97976	0
印刷业和记录媒介的复制	2	0	306800	293060	0
文教体育用品制造业	1	0	9833	8850	8850
石油加工、炼焦及核燃料加工业	3	3	56014166	55935834	171550
化学原料及化学制品制造业	19	6	1196699	1146889	205498
医药制造业	7	1	647406	635340	9185
化学纤维制造业	1	0	630870	673130	9400
橡胶制品业	2	0	709920	697650	115960
塑料制品业	5	0	1464005	1458612	0
非金属矿物制品业	11	1	1210625	1178218	117125
有色金属冶炼及压延加工业	1	0	2701064	2393818	899862
金属制品业	14	3	3734155	3641776	216685
通用设备制造业	18	3	1453196	1320433	35164
专用设备制造业	18	4	1027684	993491	27073
交通运输设备制造业	6	2	281852	268690	13000
电气机械及器材制造业	16	3	3151079	3153905	37710
通信设备、计算机及其他电子设备制造业	9	1	3066880	3014347	44314
仪器仪表及文化、办公用机械制造业	7	0	1498480	1490551	0
工艺品及其他制造业	1	0	135456	128809	0
电力、燃气及水的生产和供应业	3	2	2503922	2499728	0
电力、热力的生产和供应业	2	2	2478982	2479558	0
水的生产和供应业	1	0	24940	20170	0

规模以上股份制工业企业主要经济指标(二)

计量单位:千元

指标名称	流动资产合计	应收账款	存货	产成品
总　计	**19003437**	**6205591**	**5298904**	**1656028**
一、按登记注册类型分组				
股份有限公司(内资)	12851340	4304180	3801757	977425
私营股份有限公司	3914360	1154018	913936	349525
港澳台商投资股份有限公司	865005	326525	135221	41656
外商投资股份有限公司	1372732	420868	447990	287422
二、按控股情况分组				
国有控股	9285560	3362543	2964208	566704
集体控股	523667	119717	120735	59434
私人控股	6507195	2003076	1722969	862194
港澳台控股	273691	70639	92781	41656
外商控股	273971	69571	55792	44613
其他	2139353	580045	342419	81427
三、按轻重工业分组				
轻工业	1421626	319875	352116	211682
重工业	17581811	5885716	4946788	1444346
四、按企业规模分组				
大型企业	4942746	2076498	1859636	178750
中型企业	9102411	2434005	2427234	978602
小型企业	4958280	1695088	1012034	498676
五、在总计中:亏损企业	4212277	1001094	1960730	213132
六、在总计中:民营	7480140	2095655	1751485	760246
七、按工业行业大类分组				
采矿业	50259	17925	2339	2064
黑色金属矿采选业	26790	124	6	0
非金属矿采选业	23469	17801	2333	2064
制造业	18188086	5947446	5097914	1653964
农副食品加工业	34767	3390	1159	0
食品制造业	22250	14180	6297	5620

规模以上股份制工业企业主要经济指标(二)(续表)

计量单位:千元

指标名称	流动资产合计	应收账款	存货	产成品
饮料制造业	5420	980	3070	2700
纺织业	23126	12828	8940	4626
纺织服装、鞋、帽制造业	23274	4630	3790	313
家具制造业	160080	13512	29632	28134
造纸及纸制品业	52878	4034	24633	7899
印刷业和记录媒介的复制	28070	3675	8741	470
文教体育用品制造业	3846	2210	1250	1104
石油加工、炼焦及核燃料加工业	2822152	557076	1510526	51970
化学原料及化学制品制造业	637002	222051	143957	84113
医药制造业	285484	96291	88341	40176
化学纤维制造业	129560	71250	58310	58310
橡胶制品业	38791	6618	16913	11720
塑料制品业	553045	118031	74190	35616
非金属矿物制品业	663138	169474	116863	60576
有色金属冶炼及压延加工业	1098761	351297	392198	242809
金属制品业	2667329	637592	683392	204848
通用设备制造业	781378	261940	244663	135542
专用设备制造业	1091036	204737	345898	133263
交通运输设备制造业	157285	43856	49140	15388
电气机械及器材制造业	2595835	1719862	442332	149777
通信设备、计算机及其他电子设备制造业	2256480	773660	377457	192964
仪器仪表及文化、办公用机械制造业	2030047	645493	465237	185041
工艺品及其他制造业	27052	8779	985	985
电力、燃气及水的生产和供应业	765092	240220	198651	0
电力、热力的生产和供应业	667474	234179	192355	0
水的生产和供应业	97618	6041	6296	0

规模以上股份制工业企业主要经济指标(三)

计量单位:千元

指标名称	流动资产年平均余额	固定资产合计	固定资产原价	累计折旧
总　计	**21046066**	**17523020**	**26278059**	**10471373**
一、按登记注册类型分组				
股份有限公司(内资)	15092901	16204453	24732208	9885752
私营股份有限公司	3736276	716574	878056	337792
港澳台商投资股份有限公司	832487	192724	281766	122305
外商投资股份有限公司	1384402	409269	386029	125524
二、按控股情况分组				
国有控股	10920323	14466146	22535320	9148570
集体控股	401298	142493	316138	206469
私人控股	7106263	2272783	2621825	804801
港澳台控股	307690	134956	206592	98040
外商控股	271014	112549	154980	59853
其他	2039478	394093	443204	153640
三、按轻重工业分组				
轻工业	2333101	1624341	1788387	467637
重工业	18712965	15898679	24489672	10003736
四、按企业规模分组				
大型企业	7835271	10159026	16184658	6847123
中型企业	8566570	5589864	7966407	2834818
小型企业	4644225	1774130	2126994	789432
五、在总计中:亏损企业	6233537	13481957	21416603	8839155
六、在总计中:民营	7908854	2454881	3074944	1074974
七、按工业行业大类分组				
采矿业	49479	11051	27622	17699
黑色金属矿采选业	26651	1214	1379	165
非金属矿采选业	22828	9837	26243	17534
制造业	20359986	13395750	20085514	8296847
农副食品加工业	12000	14644	22744	12567
食品制造业	23380	5680	7533	1853

规模以上股份制工业企业主要经济指标(三)(续表)

计量单位:千元

指标名称	流动资产年平均余额	固定资产合计	固定资产原价	累计折旧
饮料制造业	5420	14160	19290	5330
纺织业	22873	6704	6864	915
纺织服装、鞋、帽制造业	23796	6136	7605	1630
家具制造业	156055	48030	57178	15048
造纸及纸制品业	54851	23579	33739	10220
印刷业和记录媒介的复制	25361	50608	73980	33377
文教体育用品制造业	3845	5336	8033	2697
石油加工、炼焦及核燃料加工业	5009690	9307526	15005392	6519357
化学原料及化学制品制造业	534556	230547	316566	117799
医药制造业	331091	219407	289884	106351
化学纤维制造业	1069270	676120	835690	159570
橡胶制品业	41362	32288	38667	15183
塑料制品业	625110	162033	217963	74227
非金属矿物制品业	626985	390083	324837	96881
有色金属冶炼及压延加工业	1113388	296720	231049	65671
金属制品业	2455849	268368	371222	130709
通用设备制造业	684784	429748	654349	317500
专用设备制造业	1066191	194431	225939	99369
交通运输设备制造业	161304	36877	47211	18415
电气机械及器材制造业	2314130	304719	515042	233792
通信设备、计算机及其他电子设备制造业	2173991	359993	495009	193478
仪器仪表及文化、办公用机械制造业	1821084	293753	254728	58168
工艺品及其他制造业	3620	18260	25000	6740
电力、燃气及水的生产和供应业	636601	4116219	6164923	2156827
电力、热力的生产和供应业	558525	3927433	6013700	2108857
水的生产和供应业	78076	188786	151223	47970

规模以上股份制工业企业主要经济指标(四)

计量单位:千元

指标名称	固定资产净值年平均余额	资产总计	流动负债合计	
				应付账款
总　计	**14178155**	**42102646**	**24550866**	**4750141**
一、按登记注册类型分组				
股份有限公司(内资)	13019675	32927515	19187703	3557897
私营股份有限公司	593686	5450813	3544923	735762
港澳台商投资股份有限公司	176348	1371565	719166	156109
外商投资股份有限公司	388446	2352753	1099074	300373
二、按控股情况分组				
国有控股	11515964	25125258	16152601	2872496
集体控股	126137	859851	393095	103263
私人控股	2024125	12090811	5928855	1311092
港澳台控股	118580	645165	317430	36995
外商控股	112579	395685	150165	23686
其他	280770	2985876	1608720	402609
三、按轻重工业分组				
轻工业	1346414	4895135	1560316	140579
重工业	12831741	37207511	22990550	4609562
四、按企业规模分组				
大型企业	7391009	17197662	12239208	2055067
中型企业	5376162	16987165	8106998	1528921
小型企业	1410984	7917819	4204660	1166153
五、在总计中:亏损企业	10698302	18156398	12552679	1887225
六、在总计中:民营	2097397	13253070	6580025	1421163
七、按工业行业大类分组				
采矿业	9446	63254	37731	3084
黑色金属矿采选业	353	28008	20121	0
非金属矿采选业	9093	35246	17610	3084
制造业	10093413	36986456	23019575	4677439
农副食品加工业	2086	50714	46029	0
食品制造业	5680	27930	22010	9876

规模以上股份制工业企业主要经济指标(四)(续表)

计量单位:千元

指标名称	固定资产净值年平均余额	资产总计	流动负债合计	
				应付账款
饮料制造业	13960	28570	910	680
纺织业	5948	30451	33408	8786
纺织服装、鞋、帽制造业	5928	29410	11995	7928
家具制造业	42018	217565	29212	0
造纸及纸制品业	23145	88559	23915	2209
印刷业和记录媒介的复制	43003	91651	26583	3983
文教体育用品制造业	4743	9182	3426	0
石油加工、炼焦及核燃料加工业	6525368	12136946	10335427	1604825
化学原料及化学制品制造业	194545	1053495	608740	193694
医药制造业	207088	711999	369456	51007
化学纤维制造业	676120	2385780	420141	0
橡胶制品业	25763	77277	50722	7966
塑料制品业	155935	1041145	245553	39318
非金属矿物制品业	228153	1075168	511440	83554
有色金属冶炼及压延加工业	275867	1957068	948909	276687
金属制品业	250358	3564178	2558002	262867
通用设备制造业	338949	1378861	629209	179857
专用设备制造业	122759	1499982	959237	199033
交通运输设备制造业	29172	222919	154534	51861
电气机械及器材制造业	293527	3468285	1987271	649675
通信设备、计算机及其他电子设备制造业	354481	3045289	1730285	545047
仪器仪表及文化、办公用机械制造业	260405	2748020	1288061	498586
工艺品及其他制造业	8412	46012	25100	0
电力、燃气及水的生产和供应业	4075296	5052936	1493560	69618
电力、热力的生产和供应业	3970896	4764319	1382993	61879
水的生产和供应业	104400	288617	110567	7739

规模以上股份制工业企业主要经济指标(五)

计量单位:千元

指标名称	长期负债合计	负债合计	所有者权益合计	其中:实收资本
总　计	**3684432**	**28239681**	**13862965**	**11298601**
一、按登记注册类型分组				
股份有限公司(内资)	3224933	22417019	10510496	9814555
私营股份有限公司	314799	3859722	1591091	725477
港澳台商投资股份有限公司	430	719596	651969	460705
外商投资股份有限公司	144270	1243344	1109409	297864
二、按控股情况分组				
国有控股	1944337	18101321	7023937	8363255
集体控股	135537	528632	331219	160975
私人控股	1554253	7483108	4607703	1594659
港澳台控股	148	317578	327587	267205
外商控股	32732	182897	212788	157864
其他	17425	1626145	1359731	754643
三、按轻重工业分组				
轻工业	1104762	2669461	2225674	989140
重工业	2579670	25570220	11637291	10309461
四、按企业规模分组				
大型企业	1471279	13710487	3487175	5445971
中型企业	1893092	10004473	6982692	3832963
小型企业	320061	4524721	3393098	2019667
五、在总计中:亏损企业	1560140	14112819	4043579	7650356
六、在总计中:民营	1595395	8175420	5077650	2176777
七、按工业行业大类分组				
采矿业	1164	38895	24359	14045
黑色金属矿采选业	246	20367	7641	5000
非金属矿采选业	918	18528	16718	9045
制造业	2298287	25322245	11664211	9067483
农副食品加工业	133	46162	4552	4135
食品制造业	20	22030	5900	5000

规模以上股份制工业企业主要经济指标(五)(续表)

计量单位:千元

指标名称	长期负债合计	负债合计	所有者权益合计	其中:实收资本
饮料制造业	670	1580	26990	4000
纺织业	0	33408	-2957	2920
纺织服装、鞋、帽制造业	0	11995	17415	1533
家具制造业	50	29262	188303	73293
造纸及纸制品业	44302	68217	20342	27519
印刷业和记录媒介的复制	34821	61404	30247	22085
文教体育用品制造业	2	3428	5754	5750
石油加工、炼焦及核燃料加工业	67990	10403417	1733529	5195970
化学原料及化学制品制造业	23723	632463	421032	292952
医药制造业	7899	377355	334644	246942
化学纤维制造业	980329	1400470	985310	255891
橡胶制品业	10	50732	26545	18040
塑料制品业	42678	288231	752914	384876
非金属矿物制品业	6839	522662	552506	167104
有色金属冶炼及压延加工业	111538	1060447	896621	140000
金属制品业	142804	2700806	863372	307832
通用设备制造业	190447	819656	559205	249854
专用设备制造业	50861	1010098	489884	302285
交通运输设备制造业	250	154784	68135	85392
电气机械及器材制造业	428472	2415743	1052542	173760
通信设备、计算机及其他电子设备制造业	97562	1827847	1217442	620776
仪器仪表及文化、办公用机械制造业	65575	1353636	1394384	474574
工艺品及其他制造业	1312	26412	19600	5000
电力、燃气及水的生产和供应业	1384981	2878541	2174395	2217073
电力、热力的生产和供应业	1377935	2760928	2003391	2055838
水的生产和供应业	7046	117613	171004	161235

规模以上股份制工业企业主要经济指标(六)

计量单位:千元

指标名称	主营业务收入	主营业务成本	主营业务税金及附加	其他业务收入
总　计	**82473247**	**79367856**	**1438410**	**713517**
一、按登记注册类型分组				
股份有限公司(内资)	71908292	70657523	1283266	269946
私营股份有限公司	6814358	5748552	32836	418404
港澳台商投资股份有限公司	967332	666573	7145	16406
外商投资股份有限公司	2783265	2295208	115163	8761
二、按控股情况分组				
国有控股	65368679	65357547	1246574	201876
集体控股	577496	420647	2973	8559
私人控股	12154126	9977063	167364	479028
港澳台控股	660482	503611	1386	2857
外商控股	484309	387091	2478	357
其他	3228155	2721897	17635	20840
三、按轻重工业分组				
轻工业	3019337	2375380	14372	49854
重工业	79453910	76992476	1424038	663663
四、按企业规模分组				
大型企业	59626923	60405308	1217895	64700
中型企业	13380486	11224514	163620	317717
小型企业	9465838	7738034	56895	331100
五、在总计中:亏损企业	60258249	61508142	1217025	226083
六、在总计中:民营	13353971	11048528	69528	486474
七、按工业行业大类分组				
采矿业	138611	109770	1520	0
黑色金属矿采选业	5841	3858	199	0
非金属矿采选业	132770	105912	1321	0
制造业	79812281	76760389	1427907	697149
农副食品加工业	155478	134025	234	1607
食品制造业	10500	9199	32	0

规模以上股份制工业企业主要经济指标(六)(续表)

计量单位:千元

指标名称	主营业务收入	主营业务成本	主营业务税金及附加	其他业务收入
饮料制造业	45550	34360	1140	0
纺织业	109410	102652	32	0
纺织服装、鞋、帽制造业	81968	75511	50	104
家具制造业	370772	321579	1465	0
造纸及纸制品业	92751	91295	83	1200
印刷业和记录媒介的复制	288650	273135	1059	0
文教体育用品制造业	8850	8083	34	0
石油加工、炼焦及核燃料加工业	56894954	58255796	1205479	22619
化学原料及化学制品制造业	1208185	1016202	8427	256384
医药制造业	608027	300959	7825	1298
化学纤维制造业	561845	453665	730	0
橡胶制品业	687670	644147	6346	0
塑料制品业	1463104	1288477	2664	0
非金属矿物制品业	866890	708500	4516	29369
有色金属冶炼及压延加工业	2298956	1908117	112685	8404
金属制品业	3612888	2913775	13702	236654
通用设备制造业	1384749	1099436	7557	10784
专用设备制造业	955057	796785	9764	2502
交通运输设备制造业	266259	217143	2473	2051
电气机械及器材制造业	3179906	2557259	14014	77963
通信设备、计算机及其他电子设备制造业	3024498	2445412	14320	45717
仪器仪表及文化、办公用机械制造业	1491110	984929	13186	493
工艺品及其他制造业	144254	119948	90	0
电力、燃气及水的生产和供应业	2522355	2497697	8983	16368
电力、热力的生产和供应业	2494379	2476156	8798	3191
水的生产和供应业	27976	21541	185	13177

规模以上股份制工业企业主要经济指标(七)

计量单位:千元

指标名称	其他业务利润	营业费用	管理费用	
				税金
总　计	**58413**	**1029474**	**2048387**	**64221**
一、按登记注册类型分组				
股份有限公司(内资)	31834	710680	1663717	29897
私营股份有限公司	13913	168017	249100	17621
港澳台商投资股份有限公司	10075	60792	53380	1641
外商投资股份有限公司	2591	89985	82190	15062
二、按控股情况分组				
国有控股	16007	428812	1277884	17414
集体控股	1175	23600	76277	2489
私人控股	24931	413006	487003	39241
港澳台控股	612	37252	30746	1641
外商控股	357	30002	29066	2192
其他	15331	96802	147411	1244
三、按轻重工业分组				
轻工业	11243	223256	182354	6489
重工业	47170	806218	1866033	57732
四、按企业规模分组				
大型企业	3890	211084	864199	7422
中型企业	15330	398401	696739	39298
小型企业	39193	419989	487449	17501
五、在总计中:亏损企业	2606	61503	828711	10846
六、在总计中:民营	29740	449885	634933	30104
七、按工业行业大类分组				
采矿业	0	5252	5326	0
黑色金属矿采选业	0	0	916	0
非金属矿采选业	0	5252	4410	0
制造业	53014	1022737	1966089	61533
农副食品加工业	－485	6098	1775	38
食品制造业	0	524	315	56

规模以上股份制工业企业主要经济指标(七)(续表)

计量单位:千元

指标名称	其他业务利润	营业费用	管理费用	
				税金
饮料制造业	0	920	5340	550
纺织业	0	230	999	40
纺织服装、鞋、帽制造业	104	1226	4423	977
家具制造业	0	21136	11835	0
造纸及纸制品业	253	2097	3174	263
印刷业和记录媒介的复制	0	528	4729	347
文教体育用品制造业	0	83	60	0
石油加工、炼焦及核燃料加工业	220	15456	679233	5680
化学原料及化学制品制造业	12077	39174	73343	2622
医药制造业	1058	179114	70140	4307
化学纤维制造业	0	2080	17530	0
橡胶制品业	0	5851	6136	170
塑料制品业	0	17802	42103	1359
非金属矿物制品业	3926	31784	77734	3026
有色金属冶炼及压延加工业	2234	59983	53124	12870
金属制品业	7787	77069	109412	12627
通用设备制造业	1489	42195	117328	5644
专用设备制造业	1592	42121	70571	1065
交通运输设备制造业	1831	15431	28236	712
电气机械及器材制造业	9952	218572	224710	2947
通信设备、计算机及其他电子设备制造业	10493	140018	163318	4509
仪器仪表及文化、办公用机械制造业	483	102647	198541	1724
工艺品及其他制造业	0	598	1980	0
电力、燃气及水的生产和供应业	5399	1485	76972	2688
电力、热力的生产和供应业	0	0	73228	2470
水的生产和供应业	5399	1485	3744	218

规模以上股份制工业企业主要经济指标（八）

计量单位：千元

指标名称	财务费用		营业利润	投资收益
		利息支出		
总　计	**869402**	**832470**	**－2219759**	**－36454**
一、按登记注册类型分组				
股份有限公司（内资）	705045	702529	－3077995	8563
私营股份有限公司	92746	84640	537020	－20408
港澳台商投资股份有限公司	11142	8183	178375	－7322
外商投资股份有限公司	60469	37118	142841	－17287
二、按控股情况分组				
国有控股	616272	616155	－3540293	11992
集体控股	11182	11184	43992	5874
私人控股	197161	166937	937460	－56408
港澳台控股	5446	3732	82653	－7322
外商控股	1440	328	34589	0
其他	37901	34134	221840	9410
三、按轻重工业分组				
轻工业	45345	41612	189873	－8957
重工业	824057	790858	－2409632	－27497
四、按企业规模分组				
大型企业	429975	428482	－3497648	1580
中型企业	365835	342513	548817	3537
小型企业	73592	61475	729072	－41571
五、在总计中：亏损企业	512869	505802	－3867395	－2306
六、在总计中：民营	181519	171014	999318	－23837
七、按工业行业大类分组				
采矿业	232	122	16511	－5000
黑色金属矿采选业	－1	－1	869	0
非金属矿采选业	233	123	15642	－5000
制造业	713283	676449	－2023000	－31454
农副食品加工业	160	0	12701	0
食品制造业	100	97	330	0

规模以上股份制工业企业主要经济指标(八)(续表)

计量单位:千元

指标名称	财务费用	利息支出	营业利润	投资收益
饮料制造业	140	120	3650	0
纺织业	1348	1220	4149	21
纺织服装、鞋、帽制造业	38	23	824	0
家具制造业	1055	560	13702	0
造纸及纸制品业	257	2	-3902	0
印刷业和记录媒介的复制	1250	1077	7949	0
文教体育用品制造业	0	0	590	0
石油加工、炼焦及核燃料加工业	338396	336893	-3599186	107
化学原料及化学制品制造业	25382	19530	57734	-1276
医药制造业	8447	7325	42600	-290
化学纤维制造业	22090	22090	65750	0
橡胶制品业	1488	1468	23702	0
塑料制品业	13272	11478	98786	8912
非金属矿物制品业	12404	11407	35878	537
有色金属冶炼及压延加工业	59029	36790	108252	-17287
金属制品业	62092	67837	444625	-30195
通用设备制造业	12627	10673	107095	-13026
专用设备制造业	11506	10853	25902	2324
交通运输设备制造业	2190	1238	2617	5000
电气机械及器材制造业	72927	72974	102376	1596
通信设备、计算机及其他电子设备制造业	53041	50446	220992	10311
仪器仪表及文化、办公用机械制造业	14044	12348	178246	9615
工艺品及其他制造业	0	0	21638	-7803
电力、燃气及水的生产和供应业	155887	155899	-213270	0
电力、热力的生产和供应业	155879	155891	-219682	0
水的生产和供应业	8	8	6412	0

规模以上股份制工业企业主要经济指标(九)

计量单位:千元

指标名称	补贴收入	营业外收入	营业外支出	利税
总　计	**16170**	**178820**	**186054**	**245842**
一、按登记注册类型分组				
股份有限公司(内资)	10739	168568	70818	-1059739
私营股份有限公司	2588	5475	56540	811211
港澳台商投资股份有限公司	2843	4771	43950	181147
外商投资股份有限公司	0	6	14746	313223
二、按控股情况分组				
国有控股	2463	142648	7692	-1749477
集体控股	389	2241	5559	77616
私人控股	7392	16453	112627	1474711
港澳台控股	0	4771	34613	65001
外商控股	0	6	11771	44639
其他	5926	12701	13792	333352
三、按轻重工业分组				
轻工业	2592	5637	41370	274967
重工业	13578	173183	144684	-29125
四、按企业规模分组				
大型企业	0	80678	5166	-2070932
中型企业	5196	70626	49261	1284405
小型企业	10974	27516	131627	1032369
五、在总计中:亏损企业	2446	14693	11352	-2483044
六、在总计中:民营	10864	31395	119666	1500949
七、按工业行业大类分组				
采矿业	0	0	2039	17400
黑色金属矿采选业	0	0	38	1623
非金属矿采选业	0	0	2001	15777
制造业	16170	178221	184006	284016
农副食品加工业	0	0	12000	1400
食品制造业	0	0	0	552

规模以上股份制工业企业主要经济指标(九)(续表)

计量单位：千元

指标名称	补贴收入	营业外收入	营业外支出	利税
饮料制造业	0	0	2660	3490
纺织业	0	20	2347	2909
纺织服装、鞋、帽制造业	0	0	24	1338
家具制造业	0	0	2924	29507
造纸及纸制品业	0	0	19	－1651
印刷业和记录媒介的复制	0	0	0	17083
文教体育用品制造业	0	0	100	819
石油加工、炼焦及核燃料加工业	744	6588	4310	－2389562
化学原料及化学制品制造业	10	8926	14663	96876
医药制造业	2592	5045	7029	85471
化学纤维制造业	0	0	0	99067
橡胶制品业	0	110	100	115868
塑料制品业	389	3782	1752	143597
非金属矿物制品业	750	37	6526	69112
有色金属冶炼及压延加工业	0	0	2975	268584
金属制品业	0	782	76072	491721
通用设备制造业	2318	2676	16185	135601
专用设备制造业	1604	2859	739	83180
交通运输设备制造业	0	640	5146	14453
电气机械及器材制造业	1224	75390	4901	316998
通信设备、计算机及其他电子设备制造业	6539	4506	10713	317270
仪器仪表及文化、办公用机械制造业	0	66860	1066	374826
工艺品及其他制造业	0	0	11755	5507
电力、燃气及水的生产和供应业	0	599	9	－55574
电力、热力的生产和供应业	0	599	9	－63681
水的生产和供应业	0	0	0	8107

规模以上股份制工业企业主要经济指标(十)

计量单位:千元

指标名称	利润总额	亏损企业亏损额	应交所得税	本年应付工资总额
总 计	**-2257588**	**3863914**	**227241**	**1751238**
一、按登记注册类型分组				
股份有限公司(内资)	-2971254	3844234	102352	1296182
私营股份有限公司	468135	17734	97630	277091
港澳台商投资股份有限公司	134717	1946	7578	49698
外商投资股份有限公司	110814	0	19681	128267
二、按控股情况分组				
国有控股	-3401193	3814285	53903	936599
集体控股	46937	7795	5811	51176
私人控股	792270	30685	133362	556164
港澳台控股	45489	1946	2551	29022
外商控股	22824	0	2953	64536
其他	236085	9203	28661	113741
三、按轻重工业分组				
轻工业	147775	10424	10649	231769
重工业	-2405363	3853490	216592	1519469
四、按企业规模分组				
大型企业	-3420556	3589536	23880	572792
中型企业	568604	219092	139792	703162
小型企业	594364	55286	63569	475284
五、在总计中:亏损企业	-3863914	3863914	3222	495393
六、在总计中:民营	898074	47683	146079	636674
七、按工业行业大类分组				
采矿业	9472	0	1666	6173
黑色金属矿采选业	831	0	194	1119
非金属矿采选业	8641	0	1472	5054
制造业	-2054380	3644822	225152	1605517
农副食品加工业	701	0	369	568
食品制造业	330	0	83	933

规模以上股份制工业企业主要经济指标(十)(续表)

计量单位:千元

指标名称	利润总额	亏损企业亏损额	应交所得税	本年应付工资总额
饮料制造业	990	0	320	4010
纺织业	1843	0	462	4534
纺织服装、鞋、帽制造业	800	283	63	10392
家具制造业	10778	0	0	31905
造纸及纸制品业	-3921	5204	69	5727
印刷业和记录媒介的复制	7949	0	310	5830
文教体育用品制造业	490	0	0	1995
石油加工、炼焦及核燃料加工业	-3596057	3596057	0	301408
化学原料及化学制品制造业	50731	17253	11231	53696
医药制造业	42918	270	6453	41701
化学纤维制造业	65750	0	0	73156
橡胶制品业	23712	0	6028	27425
塑料制品业	110117	0	17880	37274
非金属矿物制品业	30676	70	4955	49332
有色金属冶炼及压延加工业	87990	0	16728	63731
金属制品业	339140	1365	80069	123131
通用设备制造业	82878	6466	10634	109020
专用设备制造业	31950	6925	4058	71030
交通运输设备制造业	3111	8138	2992	24061
电气机械及器材制造业	175685	2124	25804	247477
通信设备、计算机及其他电子设备制造业	221324	667	19993	162476
仪器仪表及文化、办公用机械制造业	253655	0	16131	146979
工艺品及其他制造业	2080	0	520	7726
电力、燃气及水的生产和供应业	-212680	219092	423	139548
电力、热力的生产和供应业	-219092	219092	0	135828
水的生产和供应业	6412	0	423	3720

规模以上股份制工业企业主要经济指标(十一)

计量单位:千元

指标名称	本年应付福利费总额	本年应交增值税	本年销项税额	全部从业人员年平均人数(人)
总　计	**136758**	**784732**	**13483914**	**44433**
一、按登记注册类型分组				
股份有限公司(内资)	94881	347961	11672414	28308
私营股份有限公司	25818	310240	1265144	11102
港澳台商投资股份有限公司	1779	39285	109454	1310
外商投资股份有限公司	14280	87246	436902	3713
二、按控股情况分组				
国有控股	72848	124875	10668741	16015
集体控股	705	27706	101197	2296
私人控股	39392	515056	2112686	20321
港澳台控股	1779	18126	82115	1090
外商控股	6451	19337	46080	2013
其他	15583	79632	473095	2698
三、按轻重工业分组				
轻工业	16337	112820	346960	9917
重工业	120421	671912	13136954	34516
四、按企业规模分组				
大型企业	22386	－148538	9993319	10693
中型企业	83169	552181	1909716	18090
小型企业	31203	381089	1580879	15650
五、在总计中:亏损企业	31624	－116443	9887673	9368
六、在总计中:民营	47851	533326	2268817	23395
七、按工业行业大类分组				
采矿业	31	6408	19341	365
黑色金属矿采选业	31	593	759	87
非金属矿采选业	0	5815	18582	278
制造业	126358	630201	13255773	42810
农副食品加工业	0	465	12985	23
食品制造业	13	190	1785	86

规模以上股份制工业企业主要经济指标(十一)(续表)

计量单位:千元

指标名称	本年应付福利费总额	本年应交增值税	本年销项税额	全部从业人员年平均人数(人)
饮料制造业	560	1360	7730	141
纺织业	260	1034	18619	245
纺织服装、鞋、帽制造业	64	488	8007	314
家具制造业	4278	17264	51002	1274
造纸及纸制品业	386	2187	15978	221
印刷业和记录媒介的复制	713	8075	11809	328
文教体育用品制造业	280	295	1505	90
石油加工、炼焦及核燃料加工业	17405	-279251	9575255	5062
化学原料及化学制品制造业	3185	37718	161201	1591
医药制造业	5254	34728	97860	1416
化学纤维制造业	0	32587	52587	2625
橡胶制品业	3127	85810	329504	758
塑料制品业	173	30816	216312	847
非金属矿物制品业	4965	33920	108165	2741
有色金属冶炼及压延加工业	7829	67909	390822	1700
金属制品业	12368	138879	594040	4585
通用设备制造业	2924	45166	190206	4160
专用设备制造业	13782	41445	171236	2963
交通运输设备制造业	1432	8869	46293	1109
电气机械及器材制造业	10641	127299	538884	5146
通信设备、计算机及其他电子设备制造业	14430	81626	382762	3420
仪器仪表及文化、办公用机械制造业	22031	107985	246703	1790
工艺品及其他制造业	258	3337	24523	175
电力、燃气及水的生产和供应业	10369	148123	208800	1258
电力、热力的生产和供应业	9710	146613	207290	1133
水的生产和供应业	659	1510	1510	125

规模以上有限责任工业企业主要经济指标(一)

计量单位:千元

指标名称	企业单位数(个)	亏损企业	工业总产值(当年价格)	工业销售产值(当年价格)	出口交货值
总　计	**2240**	**377**	**330884708**	**325922057**	**51071183**
一、按登记注册类型分组					
国有独资公司	14	2	14338301	14269845	2198030
私营有限责任公司	1533	227	78222526	76090683	6418747
合资经营企业(港或澳、台资)	127	29	29093499	28516571	12444060
中外合资经营企业	223	46	99510618	98009781	20228861
其他有限责任公司	343	73	109719764	109035177	9781485
二、按控股情况分组					
国有控股	101	18	51559304	51471448	5388572
集体控股	49	11	4159727	4128981	194243
私人控股	1789	283	110033812	107025085	9663016
港澳台控股	101	24	38907903	38104518	12229056
外商控股	136	27	75162058	73980914	18699790
其他	64	14	51061904	51211111	4896506
三、按轻重工业分组					
轻工业	698	132	51842519	50407889	11334534
重工业	1542	245	279042189	275514168	39736649
四、按企业规模分组					
大型企业	21	5	100057025	98474605	24409963
中型企业	142	23	102043599	101161991	18147122
小型企业	2077	349	128784084	126285461	8514098
五、在总计中:亏损企业	377	377	64324937	63276980	14163400
六、在总计中:民营	1815	290	156344086	153658559	13095495
七、按工业行业大类分组					
采矿业	28	2	2749306	2635253	0
黑色金属矿采选业	5	0	652519	642043	0
有色金属矿采选业	2	0	455129	422180	0
非金属矿采选业	21	2	1641658	1571030	0
制造业	2193	371	322066021	317152332	51071157

规模以上有限责任工业企业主要经济指标(一)(续表)

计量单位:千元

指标名称	企业单位数(个)	亏损企业	工业总产值(当年价格)	工业销售产值(当年价格)	出口交货值
农副食品加工业	48	10	3387071	3331079	0
食品制造业	34	8	3608588	3437648	2919
饮料制造业	10	1	3524408	3508009	0
纺织业	60	9	3400567	3407234	943496
纺织服装、鞋、帽制造业	173	36	12595935	12251558	5527035
皮革、毛皮、羽毛(绒)及其制品业	12	1	563808	554810	162529
木材加工及木、竹、藤、棕、草制品业	16	4	638559	626101	37031
家具制造业	19	4	355107	356773	24996
造纸及纸制品业	50	4	2100487	1984790	8512
印刷业和记录媒介的复制	49	9	1668340	1647247	99950
文教体育用品制造业	28	4	1869582	1790452	504755
石油加工、炼焦及核燃料加工业	12	5	1919411	1945207	0
化学原料及化学制品制造业	214	33	52270473	51829112	3568840
医药制造业	30	6	3073389	2987378	291694
化学纤维制造业	4	0	2868502	2767872	343811
橡胶制品业	15	0	3533710	3068073	1128388
塑料制品业	77	11	4430969	4335355	191958
非金属矿物制品业	175	40	12571611	12224172	553921
黑色金属冶炼及压延加工业	29	9	47581058	47240563	3996776
有色金属冶炼及压延加工业	57	8	16780311	16526141	478172
金属制品业	210	27	10550756	10406390	126447
通用设备制造业	256	31	18886568	18795081	1409355
专用设备制造业	120	22	6294397	6112671	280532
交通运输设备制造业	143	27	30814851	30377481	4194941
电气机械及器材制造业	179	29	16921933	16787180	2754388
通信设备、计算机及其他电子设备制造业	94	21	55585252	54680599	23706575
仪器仪表及文化、办公用机械制造业	60	11	3465510	3380244	580277
工艺品及其他制造业	12	0	335836	330069	153859
废弃资源和废旧材料回收加工业	7	1	469032	463043	0
电力、燃气及水的生产和供应业	19	4	6069381	6134472	26
电力、热力的生产和供应业	7	3	3537095	3603695	0
燃气生产和供应业	7	0	2433438	2432739	0
水的生产和供应业	5	1	98848	98038	26

规模以上有限责任工业企业主要经济指标(二)

计量单位:千元

指标名称	流动资产合计	应收账款	存货	产成品
总 计	**146548249**	**37930707**	**39386829**	**14233194**
一、按登记注册类型分组				
国有独资公司	9181014	1482081	2570650	737098
私营有限责任公司	28595543	8472231	8016294	3990302
合资经营企业(港或澳、台资)	10771356	2136542	2890823	999092
中外合资经营企业	32454405	13131931	8291372	3920604
其他有限责任公司	65545931	12707922	17617690	4586098
二、按控股情况分组				
国有控股	39481663	7208565	8574799	2802456
集体控股	2283343	476927	613970	318546
私人控股	45766975	12008135	12986629	5463383
港澳台控股	10851897	1968334	2968064	1027101
外商控股	25236472	10937377	6271463	3202372
其他	22927899	5331369	7971904	1419336
三、按轻重工业分组				
轻工业	18097471	5324228	4650699	2229304
重工业	128450778	32606479	34736130	12003890
四、按企业规模分组				
大型企业	47835759	7243439	13772932	3934802
中型企业	49766561	17422256	11921118	4331368
小型企业	48945929	13265012	13692779	5967024
五、在总计中:亏损企业	27812393	5677138	7361077	2549311
六、在总计中:民营	67209757	16779758	20669791	6846591
七、按工业行业大类分组				
采矿业	1339564	544541	201278	163877
黑色金属矿采选业	420442	264184	18336	9790
有色金属矿采选业	434822	160373	35967	28434
非金属矿采选业	484300	119984	146975	125653
制造业	141595515	37115291	38910049	14039424

规模以上有限责任工业企业主要经济指标(二)(续表)

计量单位:千元

指标名称	流动资产合计	应收账款	存货	产成品
农副食品加工业	1520135	381082	333689	152488
食品制造业	2201564	303904	294215	80093
饮料制造业	994563	224031	279387	136083
纺织业	1285631	384915	548844	292330
纺织服装、鞋、帽制造业	2766168	870597	746130	469102
皮革、毛皮、羽毛(绒)及其制品业	99825	43372	25810	16620
木材加工及木、竹、藤、棕、草制品业	238260	57004	95243	25217
家具制造业	167214	66591	60595	14511
造纸及纸制品业	730402	266082	159112	76442
印刷业和记录媒介的复制	704318	256294	194596	67915
文教体育用品制造业	327549	103502	121168	77684
石油加工、炼焦及核燃料加工业	1096975	30684	184051	118447
化学原料及化学制品制造业	16710477	2506776	4617429	1693116
医药制造业	1996129	701505	316128	131716
化学纤维制造业	626536	163849	283096	122947
橡胶制品业	1761324	918464	192621	161483
塑料制品业	1481388	462067	371238	200797
非金属矿物制品业	7002731	2178154	1960716	1137583
黑色金属冶炼及压延加工业	13057155	718289	6221922	1454753
有色金属冶炼及压延加工业	2965760	555364	897804	294732
金属制品业	3532511	1003485	1119304	514521
通用设备制造业	12706218	3375605	4438573	1293132
专用设备制造业	3177584	949047	947683	281347
交通运输设备制造业	23414843	4522264	6166879	1657878
电气机械及器材制造业	16626337	6032232	2769175	578855
通信设备、计算机及其他电子设备制造业	21489828	9403993	4899016	2741096
仪器仪表及文化、办公用机械制造业	2799229	607168	616947	215563
工艺品及其他制造业	70348	15599	34803	24800
废弃资源和废旧材料回收加工业	44513	13372	13875	8173
电力、燃气及水的生产和供应业	3613170	270875	275502	29893
电力、热力的生产和供应业	3043465	194886	177682	23626
燃气生产和供应业	465440	65232	93213	6181
水的生产和供应业	104265	10757	4607	86

规模以上有限责任工业企业主要经济指标(三)

计量单位:千元

指标名称	流动资产年平均余额	固定资产合计	固定资产原价	累计折旧
总　计	**142617044**	**107113204**	**143411379**	**49069411**
一、按登记注册类型分组				
国有独资公司	8747390	10075173	16056398	6365703
私营有限责任公司	26647854	12191758	16210748	5545582
合资经营企业(港或澳、台资)	10098021	5671997	7557804	2224971
中外合资经营企业	34053912	36038137	50308900	16986665
其他有限责任公司	63069867	43136139	53277529	17946490
二、按控股情况分组				
国有控股	38400365	33149831	45557694	15547540
集体控股	2143229	1092513	1487801	524789
私人控股	42730231	20627573	24589221	7986107
港澳台控股	10543579	5039158	7203875	2511431
外商控股	26715507	31177316	43081694	14526184
其他	22084133	16026813	21491094	7973360
三、按轻重工业分组				
轻工业	18056613	12918242	15917028	5076176
重工业	124560431	94194962	127494351	43993235
四、按企业规模分组				
大型企业	46969385	44506710	63148067	24048941
中型企业	49387575	38592650	47310915	13507745
小型企业	46260084	24013844	32952397	11512725
五、在总计中:亏损企业	28352244	23195470	34933222	13938969
六、在总计中:民营	63368075	36022035	45356034	15918091
七、按工业行业大类分组				
采矿业	1105122	313799	620684	339978
黑色金属矿采选业	378963	93805	195787	103201
有色金属矿采选业	372305	87590	226355	144042
非金属矿采选业	353854	132404	198542	92735
制造业	138670773	99719478	132946185	45870760

规模以上有限责任工业企业主要经济指标(三)(续表)

计量单位:千元

指标名称	流动资产年平均余额	固定资产合计	固定资产原价	累计折旧
农副食品加工业	1486263	607744	572159	224608
食品制造业	2046673	907725	1136153	252684
饮料制造业	851091	930689	1107322	397187
纺织业	1228440	757276	983619	299750
纺织服装、鞋、帽制造业	2895719	1576596	1983063	576359
皮革、毛皮、羽毛(绒)及其制品业	136952	122226	140792	19815
木材加工及木、竹、藤、棕、草制品业	196660	81378	106375	29743
家具制造业	152446	146099	205236	123151
造纸及纸制品业	742045	481377	646604	201086
印刷业和记录媒介的复制	672261	601901	959342	395109
文教体育用品制造业	298195	211060	281737	101310
石油加工、炼焦及核燃料加工业	989748	243544	412912	183120
化学原料及化学制品制造业	17489484	26178272	33361425	10312196
医药制造业	1872447	1199507	1519323	460486
化学纤维制造业	1059980	2420078	3142964	852636
橡胶制品业	1730146	1764292	2508840	845939
塑料制品业	1495969	774522	1278541	540111
非金属矿物制品业	6789334	5578033	8502235	3373781
黑色金属冶炼及压延加工业	13108584	14586960	19817723	7393109
有色金属冶炼及压延加工业	3031975	1275385	1393754	471567
金属制品业	3374225	1187204	1735311	675168
通用设备制造业	11701976	5520167	5969454	1967339
专用设备制造业	2776797	948851	1570735	662228
交通运输设备制造业	23340111	15060566	19733233	6756785
电气机械及器材制造业	15596758	2433192	3199754	1004751
通信设备、计算机及其他电子设备制造业	20723520	12883573	19050198	7213350
仪器仪表及文化、办公用机械制造业	2757586	1149145	1495644	494057
工艺品及其他制造业	80818	52208	80012	28753
废弃资源和废旧材料回收加工业	44570	39908	51725	14582
电力、燃气及水的生产和供应业	2841149	7079927	9844510	2858673
电力、热力的生产和供应业	2369084	4938384	7358999	2466585
燃气生产和供应业	414530	1615700	1932813	319395
水的生产和供应业	57535	525843	552698	72693

规模以上有限责任工业企业主要经济指标(四)

计量单位:千元

指标名称	固定资产净值年平均余额	资产总计	流动负债合计	
				应付账款
总　计	**89894307**	**287625315**	**152366757**	**37495060**
一、按登记注册类型分组				
国有独资公司	9539325	24980286	12813536	2400245
私营有限责任公司	10521231	45321815	26718351	7077019
合资经营企业(港或澳、台资)	5278057	17880526	9407052	1931890
中外合资经营企业	34110916	74385349	32261509	11997197
其他有限责任公司	30444778	125057339	71166309	14088709
二、按控股情况分组				
国有控股	24997397	91579453	51184760	8605853
集体控股	838323	3606937	1829241	648615
私人控股	15941720	73350870	44082622	11453274
港澳台控股	4871995	17204315	9354325	1956990
外商控股	29360454	60017913	25820567	10222075
其他	13884418	41865827	20095242	4608253
三、按轻重工业分组				
轻工业	10719906	34539570	17392111	3937655
重工业	79174401	253085745	134974646	33557405
四、按企业规模分组				
大型企业	34918833	110903404	64874529	9728814
中型企业	33640935	95587867	43270547	15370292
小型企业	21334539	81134044	44221681	12395954
五、在总计中:亏损企业	21324208	60879310	41417058	9024183
六、在总计中:民营	29161634	112604196	62637507	15932651
七、按工业行业大类分组				
采矿业	263757	1785614	935070	215340
黑色金属矿采选业	82361	589459	310845	16954
有色金属矿采选业	76906	564854	207951	46533
非金属矿采选业	104490	631301	416274	151853
制造业	82879362	272117473	147149824	36687927

规模以上有限责任工业企业主要经济指标(四)(续表)

计量单位:千元

指标名称	固定资产净值年平均余额	资产总计	流动负债合计	
				应付账款
农副食品加工业	323632	2793724	1993552	312397
食品制造业	889453	3305192	1314579	362388
饮料制造业	812673	2043708	1217526	321220
纺织业	625371	2243074	1036084	171647
纺织服装、鞋、帽制造业	1425460	4935602	2503962	533652
皮革、毛皮、羽毛(绒)及其制品业	117494	236859	92455	33062
木材加工及木、竹、藤、棕、草制品业	85035	403597	261111	43254
家具制造业	89945	383373	300577	41823
造纸及纸制品业	457809	1317339	700766	126508
印刷业和记录媒介的复制	525419	1412509	657308	252744
文教体育用品制造业	156623	625846	310099	122064
石油加工、炼焦及核燃料加工业	197840	1430383	552830	138729
化学原料及化学制品制造业	23628384	48157756	21926368	3018523
医药制造业	1097583	3590070	1909273	166700
化学纤维制造业	2328650	3268737	1111426	178036
橡胶制品业	1645392	4646699	2782970	505355
塑料制品业	764605	2465242	1340758	409578
非金属矿物制品业	5173336	13866739	7540525	1776051
黑色金属冶炼及压延加工业	12824448	30059531	15664230	1769923
有色金属冶炼及压延加工业	1009376	4490511	2929595	850623
金属制品业	1050035	5138761	3241966	896291
通用设备制造业	3651944	19509899	10392633	2533717
专用设备制造业	798273	4709658	2775993	909358
交通运输设备制造业	12643614	46346035	30620418	7376465
电气机械及器材制造业	1896328	20128913	8432699	4533450
通信设备、计算机及其他电子设备制造业	7557105	39457743	23573687	8813346
仪器仪表及文化、办公用机械制造业	999847	4909748	1841082	452293
工艺品及其他制造业	66031	154930	72897	21106
废弃资源和废旧材料回收加工业	37657	85295	52455	17624
电力、燃气及水的生产和供应业	6751188	13722228	4281863	591793
电力、热力的生产和供应业	4941688	10420020	3196543	494874
燃气生产和供应业	1544812	2573802	917792	65338
水的生产和供应业	264688	728406	167528	31581

规模以上有限责任工业企业主要经济指标(五)

计量单位:千元

指标名称	长期负债合计	负债合计	所有者权益合计	其中:实收资本
总　计	**25923740**	**180140573**	**107484742**	**63175950**
一、按登记注册类型分组				
国有独资公司	1228708	14201058	10779228	8774850
私营有限责任公司	1488240	28225421	17096394	8941381
合资经营企业(港或澳、台资)	1196205	10607771	7272755	4047500
中外合资经营企业	10961693	43225076	31160273	18785334
其他有限责任公司	11048894	83881247	41176092	22626885
二、按控股情况分组				
国有控股	8768633	61777351	29802102	24776053
集体控股	173603	2002845	1604092	912307
私人控股	3031697	47134049	26216821	14320101
港澳台控股	818486	10177327	7026988	4414643
外商控股	9021325	34841893	25176020	14105958
其他	4109996	24207108	17658719	4646888
三、按轻重工业分组				
轻工业	2989407	20399715	14139855	9005751
重工业	22934333	159740858	93344887	54170199
四、按企业规模分组				
大型企业	10444403	75360125	35543279	26407950
中型企业	11970496	57037474	38550393	14587498
小型企业	3508841	47742974	33391070	22180502
五、在总计中:亏损企业	6119182	47541809	13337501	21386877
六、在总计中:民营	7166967	69824205	42779991	18473331
七、按工业行业大类分组				
采矿业	88863	1023933	761681	168901
黑色金属矿采选业	0	310845	278614	18943
有色金属矿采选业	72205	280156	284698	92882
非金属矿采选业	16658	432932	198369	57076
制造业	24417555	173417454	98700019	55595322

规模以上有限责任工业企业主要经济指标(五)(续表)

计量单位:千元

指标名称	长期负债合计	负债合计	所有者权益合计	其中:实收资本
农副食品加工业	234062	2227614	566110	326788
食品制造业	122004	1446466	1858726	645068
饮料制造业	2	1217528	826180	505530
纺织业	189859	1225943	1017131	684987
纺织服装、鞋、帽制造业	58410	2567208	2368394	1082175
皮革、毛皮、羽毛(绒)及其制品业	5746	98207	138652	52920
木材加工及木、竹、藤、棕、草制品业	26	261137	142460	128180
家具制造业	65654	366231	17142	115586
造纸及纸制品业	41459	743094	574245	316476
印刷业和记录媒介的复制	104966	762275	650234	293838
文教体育用品制造业	67954	378053	247793	120969
石油加工、炼焦及核燃料加工业	46994	599824	830559	450958
化学原料及化学制品制造业	7339873	29266310	18891446	8336081
医药制造业	168782	2080657	1509413	948865
化学纤维制造业	1236002	2347428	921309	1307965
橡胶制品业	599782	3382753	1263946	989868
塑料制品业	43816	1384574	1080668	733581
非金属矿物制品业	561372	8105057	5761682	4056541
黑色金属冶炼及压延加工业	3803884	19468114	10591417	3429219
有色金属冶炼及压延加工业	65243	2994838	1495673	975290
金属制品业	46744	3288710	1850051	1164659
通用设备制造业	902359	11299506	8210393	4269979
专用设备制造业	118920	2894913	1814745	1039582
交通运输设备制造业	5418851	36039277	10306758	12470522
电气机械及器材制造业	289194	10349623	9779290	2104839
通信设备、计算机及其他电子设备制造业	2692488	26461671	12996072	7850296
仪器仪表及文化、办公用机械制造业	183082	2025064	2884684	1103345
工艺品及其他制造业	9529	82426	72504	62105
废弃资源和废旧材料回收加工业	498	52953	32342	29110
电力、燃气及水的生产和供应业	1417322	5699186	8023042	7411727
电力、热力的生产和供应业	896800	4093343	6326677	6210688
燃气生产和供应业	379694	1297487	1276315	810904
水的生产和供应业	140828	308356	420050	390135

规模以上有限责任工业企业主要经济指标(六)

计量单位:千元

指标名称	主营业务收入	主营业务成本	主营业务税金及附加	其他业务收入
总　计	**332546011**	**288143356**	**1443247**	**6817788**
一、按登记注册类型分组				
国有独资公司	15222129	13087292	71120	975626
私营有限责任公司	76620042	66500741	304678	1279425
合资经营企业(港或澳、台资)	28169514	24793804	14049	258516
中外合资经营企业	97956998	87959833	189213	1302100
其他有限责任公司	114577328	95801686	864187	3002121
二、按控股情况分组				
国有控股	56604425	47724820	464981	3244387
集体控股	4365100	3813069	13895	112797
私人控股	107675181	92040989	449747	2309744
港澳台控股	37881543	34749727	13095	369974
外商控股	74178506	66242686	141794	556507
其他	51841256	43572065	359735	224379
三、按轻重工业分组				
轻工业	50510515	40987311	258708	882151
重工业	282035496	247156045	1184539	5935637
四、按企业规模分组				
大型企业	104458044	91398175	631457	2401073
中型企业	103109575	88342614	432310	2291043
小型企业	124978392	108402567	379480	2125672
五、在总计中:亏损企业	65493846	62936373	335224	2579170
六、在总计中:民营	155278169	132531790	817421	2543082
七、按工业行业大类分组				
采矿业	2635989	2018788	28401	129529
黑色金属矿采选业	603193	419587	8119	113123
有色金属矿采选业	486668	324538	8600	203
非金属矿采选业	1546128	1274663	11682	16203
制造业	323615824	280844214	1385205	6269709

规模以上有限责任工业企业主要经济指标(六)(续表)

计量单位:千元

指标名称	主营业务收入	主营业务成本	主营业务税金及附加	其他业务收入
农副食品加工业	3356065	2809434	7650	69862
食品制造业	3437905	2442006	9990	26516
饮料制造业	3163152	2355962	1374	79943
纺织业	3507941	3035600	11167	39685
纺织服装、鞋、帽制造业	12076608	10789131	40290	196990
皮革、毛皮、羽毛(绒)及其制品业	576912	520295	1678	846
木材加工及木、竹、藤、棕、草制品业	629329	543034	3539	8
家具制造业	322653	258796	1071	2669
造纸及纸制品业	1961357	1659995	7621	24602
印刷业和记录媒介的复制	1561308	1197032	3680	16034
文教体育用品制造业	1784298	1588127	7015	13582
石油加工、炼焦及核燃料加工业	1955157	1801217	6951	204860
化学原料及化学制品制造业	54037468	48546902	69826	1964898
医药制造业	2874402	1143358	11370	10654
化学纤维制造业	2795803	2237710	40	143276
橡胶制品业	2896993	2504363	3789	4136
塑料制品业	4471357	3917098	16830	147018
非金属矿物制品业	12282806	10479513	60432	130877
黑色金属冶炼及压延加工业	48915806	42531376	336620	17468
有色金属冶炼及压延加工业	16330467	15486611	26026	165598
金属制品业	10649338	9323623	26145	219160
通用设备制造业	17989198	14409081	45203	502048
专用设备制造业	6066676	4894771	34130	48732
交通运输设备制造业	33443942	29291757	329773	1360292
电气机械及器材制造业	17231431	12634928	262941	421200
通信设备、计算机及其他电子设备制造业	55058194	51050840	47442	289449
仪器仪表及文化、办公用机械制造业	3404403	2632615	10075	159193
工艺品及其他制造业	374897	333996	1062	10094
废弃资源和废旧材料回收加工业	459958	425043	1475	19
电力、燃气及水的生产和供应业	6294198	5280354	29641	418550
电力、热力的生产和供应业	3779893	3071283	28407	25414
燃气生产和供应业	2416267	2143164	1105	390021
水的生产和供应业	98038	65907	129	3115

规模以上有限责任工业企业主要经济指标(七)

计量单位:千元

指标名称	其他业务利润	营业费用	管理费用	
				税金
总　计	**1612803**	**9648625**	**15605722**	**522728**
一、按登记注册类型分组				
国有独资公司	109988	516064	1594682	78851
私营有限责任公司	305410	1929179	3119160	138123
合资经营企业(港或澳、台资)	112938	656944	969956	20944
中外合资经营企业	344641	3080769	3517901	91566
其他有限责任公司	739826	3465669	6404023	193244
二、按控股情况分组				
国有控股	764056	2713593	5380202	160735
集体控股	34097	81458	222675	5553
私人控股	524162	3093257	4918188	181055
港澳台控股	102682	642249	936994	23909
外商控股	125336	2348460	2718764	70411
其他	62470	769608	1428899	81065
三、按轻重工业分组				
轻工业	255335	2924281	2497085	68893
重工业	1357468	6724344	13108637	453835
四、按企业规模分组				
大型企业	551301	2371713	4837536	208642
中型企业	598700	4109335	5480649	112674
小型企业	462802	3167577	5287537	201412
五、在总计中:亏损企业	462207	1649844	3120601	99312
六、在总计中:民营	600356	3364354	6124930	258581
七、按工业行业大类分组				
采矿业	4561	86912	174879	1662
黑色金属矿采选业	3313	4928	76238	0
有色金属矿采选业	64	8386	48992	298
非金属矿采选业	1184	73598	49649	1364
制造业	1402506	9415852	14980624	472159

规模以上有限责任工业企业主要经济指标(七)(续表)

计量单位:千元

指标名称	其他业务利润	营业费用	管理费用	
				税金
农副食品加工业	21868	102595	111317	4802
食品制造业	9081	408302	153117	5313
饮料制造业	21142	370459	96514	3483
纺织业	3769	76083	151152	6542
纺织服装、鞋、帽制造业	77771	240190	457408	9571
皮革、毛皮、羽毛(绒)及其制品业	136	8941	15573	137
木材加工及木、竹、藤、棕、草制品业	-544	17925	17991	305
家具制造业	208	3598	29404	1126
造纸及纸制品业	14886	43619	63540	2863
印刷业和记录媒介的复制	8892	40998	97649	3611
文教体育用品制造业	1886	29378	47749	1595
石油加工、炼焦及核燃料加工业	9459	39904	39669	1052
化学原料及化学制品制造业	282322	1259894	2022736	71098
医药制造业	2870	805083	520474	10178
化学纤维制造业	1732	19204	164746	1884
橡胶制品业	743	89853	95792	2736
塑料制品业	19970	116062	181068	6060
非金属矿物制品业	40075	450194	666640	46595
黑色金属冶炼及压延加工业	6636	425069	734448	83019
有色金属冶炼及压延加工业	10322	113450	215867	9727
金属制品业	85735	191733	341848	14708
通用设备制造业	167915	469858	1353599	46897
专用设备制造业	20138	189060	363679	7855
交通运输设备制造业	326948	1525990	2326425	82906
电气机械及器材制造业	148464	1583071	1623536	10918
通信设备、计算机及其他电子设备制造业	105787	679184	2650217	30214
仪器仪表及文化、办公用机械制造业	13207	99675	415347	6062
工艺品及其他制造业	1088	14201	13535	157
废弃资源和废旧材料回收加工业	0	2279	9584	745
电力、燃气及水的生产和供应业	205736	145861	450219	48907
电力、热力的生产和供应业	17289	1188	327583	46367
燃气生产和供应业	185844	142418	108408	1460
水的生产和供应业	2603	2255	14228	1080

规模以上有限责任工业企业主要经济指标(八)

计量单位:千元

指标名称	财务费用	利息支出	营业利润	投资收益
总　计	**3681685**	**4039348**	**15766372**	**－809690**
一、按登记注册类型分组				
国有独资公司	332132	299773	－238719	－23938
私营有限责任公司	593248	480760	4494121	－536599
合资经营企业(港或澳、台资)	90697	78618	1756096	－36843
中外合资经营企业	768706	1324981	2935462	－547474
其他有限责任公司	1896902	1855216	6819412	335164
二、按控股情况分组				
国有控股	1136372	1067210	297607	257462
集体控股	15276	33308	246797	19107
私人控股	802842	689313	6909487	－977193
港澳台控股	108598	157184	1532656	－249190
外商控股	655700	1153168	2346683	－267537
其他	962897	939165	4433142	407661
三、按轻重工业分组				
轻工业	517674	431692	3577325	－178579
重工业	3164011	3607656	12189047	－631111
四、按企业规模分组				
大型企业	1910896	1925809	3801341	227547
中型企业	892359	1260140	4637642	92786
小型企业	878430	853399	7327389	－1130023
五、在总计中:亏损企业	977407	963573	－3051731	－415333
六、在总计中:民营	1704411	1599290	10967379	－482823
七、按工业行业大类分组				
采矿业	17746	16769	313824	－42925
黑色金属矿采选业	3857	6137	93777	852
有色金属矿采选业	7454	7367	88762	1
非金属矿采选业	6435	3265	131285	－43778
制造业	3616748	3939860	14905880	－774810

规模以上有限责任工业企业主要经济指标(八)(续表)

计量单位:千元

指标名称	财务费用	利息支出	营业利润	投资收益
农副食品加工业	30007	29603	316930	－77768
食品制造业	43012	38391	390559	－3525
饮料制造业	4605	7922	355380	－41101
纺织业	49586	42154	188122	－3593
纺织服装、鞋、帽制造业	50753	28462	577209	－38962
皮革、毛皮、羽毛(绒)及其制品业	4574	3726	25987	0
木材加工及木、竹、藤、棕、草制品业	6407	4656	39889	19
家具制造业	3875	3072	26117	0
造纸及纸制品业	11626	11284	189842	10429
印刷业和记录媒介的复制	11769	6700	219072	7519
文教体育用品制造业	9591	4486	104324	800
石油加工、炼焦及核燃料加工业	－18061	4610	94936	0
化学原料及化学制品制造业	818648	1009414	1854611	－626308
医药制造业	58107	58084	339175	－15966
化学纤维制造业	114704	117114	261131	0
橡胶制品业	－8636	84913	212575	－189269
塑料制品业	32744	31356	224363	－2128
非金属矿物制品业	162398	169157	507343	－15617
黑色金属冶炼及压延加工业	916615	914754	3600934	321091
有色金属冶炼及压延加工业	132333	134512	366502	－347032
金属制品业	84830	67590	766894	－33948
通用设备制造业	79850	54606	1838966	5275
专用设备制造业	34761	30504	570414	－82825
交通运输设备制造业	570797	568343	－127300	114779
电气机械及器材制造业	93589	48033	1180880	90117
通信设备、计算机及其他电子设备制造业	307343	453707	476868	130081
仪器仪表及文化、办公用机械制造业	9216	12403	272295	23122
工艺品及其他制造业	1213	263	10777	0
废弃资源和废旧材料回收加工业	492	41	21085	0
电力、燃气及水的生产和供应业	47191	82719	546668	8045
电力、热力的生产和供应业	62679	66452	306042	－1126
燃气生产和供应业	－13857	8607	220873	9171
水的生产和供应业	－1631	7660	19753	0

规模以上有限责任工业企业主要经济指标(九)

计量单位:千元

指标名称	补贴收入	营业外收入	营业外支出	利税
总　计	**1203769**	**2428981**	**2635912**	**27942369**
一、按登记注册类型分组				
国有独资公司	2063	223423	95574	217190
私营有限责任公司	135756	88027	1025619	6122537
合资经营企业(港或澳、台资)	8949	65120	210909	2441781
中外合资经营企业	863913	300994	453026	6835031
其他有限责任公司	193088	1751417	850784	12325830
二、按控股情况分组				
国有控股	72340	1376238	552982	3242895
集体控股	14180	4111	36050	437393
私人控股	246151	235541	1378348	9180028
港澳台控股	14001	69274	218440	1899127
外商控股	843851	286348	326260	6012110
其他	13246	457469	123832	7170816
三、按轻重工业分组				
轻工业	56896	185878	537492	5469758
重工业	1146873	2243103	2098420	22472611
四、按企业规模分组				
大型企业	53611	1755789	591363	8109134
中型企业	979343	415145	721325	9744381
小型企业	170815	258047	1323224	10088854
五、在总计中:亏损企业	76505	1118696	754010	-1379797
六、在总计中:民营	260667	693639	1430898	15909012
七、按工业行业大类分组				
采矿业	4164	4784	35519	384330
黑色金属矿采选业	0	75	836	152934
有色金属矿采选业	3674	3642	2507	132925
非金属矿采选业	490	1067	32176	98471
制造业	1185524	2310405	2575152	26610670

规模以上有限责任工业企业主要经济指标(九)(续表)

计量单位:千元

指标名称	补贴收入	营业外收入	营业外支出	利税
农副食品加工业	2808	13130	65175	302051
食品制造业	20665	28663	51208	585532
饮料制造业	1146	7536	44653	418765
纺织业	4398	11790	45182	296690
纺织服装、鞋、帽制造业	6812	10036	106635	926613
皮革、毛皮、羽毛(绒)及其制品业	228	482	5495	44881
木材加工及木、竹、藤、棕、草制品业	234	428	8265	52860
家具制造业	0	30	3192	33481
造纸及纸制品业	5766	84012	17888	352909
印刷业和记录媒介的复制	4220	2216	11547	305570
文教体育用品制造业	65	1154	12875	184745
石油加工、炼焦及核燃料加工业	0	4059	4257	189450
化学原料及化学制品制造业	13400	99687	431619	2361635
医药制造业	5398	7831	15122	611241
化学纤维制造业	463	10620	18034	337694
橡胶制品业	3358	19629	2644	108019
塑料制品业	21623	14871	38964	395866
非金属矿物制品业	107922	83829	149802	1177208
黑色金属冶炼及压延加工业	13245	417482	79770	5881696
有色金属冶炼及压延加工业	4070	23126	183328	184811
金属制品业	3178	4596	183671	919375
通用设备制造业	51827	36649	86885	2482362
专用设备制造业	12490	16253	131931	648699
交通运输设备制造业	22890	962829	647869	1652248
电气机械及器材制造业	18224	150909	43004	2568328
通信设备、计算机及其他电子设备制造业	846100	284336	159038	3126263
仪器仪表及文化、办公用机械制造业	14994	12053	13107	407466
工艺品及其他制造业	0	39	981	26251
废弃资源和废旧材料回收加工业	0	2130	13011	27961
电力、燃气及水的生产和供应业	14081	113792	25241	947369
电力、热力的生产和供应业	10984	98136	15561	574676
燃气生产和供应业	2988	15104	9296	343769
水的生产和供应业	109	552	384	28924

规模以上有限责任工业企业主要经济指标(十)

计量单位:千元

指标名称	利润总额	亏损企业亏损额	应交所得税	本年应付工资总额
总　计	**15337695**	**3043108**	**2370270**	**12888390**
一、按登记注册类型分组				
国有独资公司	-199863	773417	-7909	1390990
私营有限责任公司	3137000	335697	453228	3681108
合资经营企业(港或澳、台资)	1579216	83972	262716	1064192
中外合资经营企业	3023676	1105372	487503	2180921
其他有限责任公司	7797666	744650	1174732	4571179
二、按控股情况分组				
国有控股	1264985	1352035	288526	3870927
集体控股	237137	22242	29325	198951
私人控股	5012828	633748	664580	5228132
港澳台控股	1145104	437579	268270	935463
外商控股	2810898	568406	395846	1595908
其他	4866743	29098	723723	1059009
三、按轻重工业分组				
轻工业	3099132	229220	413392	2960637
重工业	12238563	2813888	1956878	9927753
四、按企业规模分组				
大型企业	4805682	1396484	875015	4192516
中型企业	5260406	555168	687341	3354991
小型企业	5271607	1091456	807914	5340883
五、在总计中:亏损企业	-3043108	3043108	6532	2796897
六、在总计中:民营	9657209	644153	1362246	6067946
七、按工业行业大类分组				
采矿业	233678	10137	53565	142077
黑色金属矿采选业	93868	0	23754	48479
有色金属矿采选业	93572	0	20787	42270
非金属矿采选业	46238	10137	9024	51328
制造业	14449600	3020721	2285226	12445294

规模以上有限责任工业企业主要经济指标(十)(续表)

计量单位:千元

指标名称	利润总额	亏损企业亏损额	应交所得税	本年应付工资总额
农副食品加工业	189925	44409	23394	143592
食品制造业	385154	20175	81140	246991
饮料制造业	278308	898	19397	143629
纺织业	155535	9409	17396	235395
纺织服装、鞋、帽制造业	444055	38331	47563	982657
皮革、毛皮、羽毛(绒)及其制品业	21202	803	3581	26961
木材加工及木、竹、藤、棕、草制品业	32305	1164	920	17151
家具制造业	22955	3156	564	28723
造纸及纸制品业	272161	3042	49771	94887
印刷业和记录媒介的复制	221480	1582	53795	110667
文教体育用品制造业	93468	2086	13508	121188
石油加工、炼焦及核燃料加工业	94738	8907	6716	35408
化学原料及化学制品制造业	892314	997702	160493	1639607
医药制造业	321056	52690	37820	156377
化学纤维制造业	254180	0	840	109377
橡胶制品业	43649	0	1966	108105
塑料制品业	219758	18530	20567	229313
非金属矿物制品业	504331	129894	97470	565340
黑色金属冶炼及压延加工业	3952039	96020	612066	692762
有色金属冶炼及压延加工业	-136662	378307	31948	190503
金属制品业	552957	17000	74833	425467
通用设备制造业	1770680	48610	170863	1033339
专用设备制造业	378021	20641	62295	374175
交通运输设备制造业	260440	694189	175645	2000820
电气机械及器材制造业	1396980	35759	178697	695590
通信设备、计算机及其他电子设备制造业	1520815	365933	295840	1729210
仪器仪表及文化、办公用机械制造业	287717	27561	44777	272670
工艺品及其他制造业	9835	0	833	20061
废弃资源和废旧材料回收加工业	10204	3923	528	15329
电力、燃气及水的生产和供应业	654417	12250	31479	301019
电力、热力的生产和供应业	398475	11718	60	185770
燃气生产和供应业	235912	0	31419	104082
水的生产和供应业	20030	532	0	11167

规模以上有限责任工业企业主要经济指标(十一)

计量单位:千元

指标名称	本年应付福利费总额	本年应交增值税	本年销项税额	全部从业人员年平均人数(人)
总　计	**1369889**	**11107631**	**46672240**	**416120**
一、按登记注册类型分组				
国有独资公司	96543	345933	1789097	26793
私营有限责任公司	333651	2674430	10848718	163391
合资经营企业(港或澳、台资)	108764	845416	2618098	34493
中外合资经营企业	436619	3595343	13767634	63360
其他有限责任公司	394312	3646509	17648693	128083
二、按控股情况分组				
国有控股	313227	1511873	6956812	92973
集体控股	20466	186361	597356	7627
私人控股	454093	3691387	15192832	220463
港澳台控股	184769	735353	4093996	28684
外商控股	303740	3054007	9894447	43226
其他	93594	1928650	9936797	23147
三、按轻重工业分组				
轻工业	257611	2085377	6533102	133405
重工业	1112278	9022254	40139138	282715
四、按企业规模分组				
大型企业	438760	2671995	14073267	100357
中型企业	361769	4050304	14248829	104627
小型企业	569360	4385332	18350144	211136
五、在总计中:亏损企业	276034	1292667	8933091	85533
六、在总计中:民营	532760	5410485	24370697	234320
七、按工业行业大类分组				
采矿业	14865	122251	253485	5044
黑色金属矿采选业	5007	50947	88169	1408
有色金属矿采选业	907	30753	60281	1170
非金属矿采选业	8951	40551	105035	2466
制造业	1333299	10722069	45446062	404212

规模以上有限责任工业企业主要经济指标(十一)(续表)

计量单位:千元

指标名称	本年应付福利费总额	本年应交增值税	本年销项税额	全部从业人员年平均人数(人)
农副食品加工业	21259	99474	353472	5725
食品制造业	15592	190388	531753	8539
饮料制造业	22079	139083	702476	3522
纺织业	19485	129988	496348	11318
纺织服装、鞋、帽制造业	86327	442176	1378493	55065
皮革、毛皮、羽毛(绒)及其制品业	1659	22001	61334	1634
木材加工及木、竹、藤、棕、草制品业	1641	17016	71472	1039
家具制造业	1457	9455	37652	1457
造纸及纸制品业	9658	73127	368553	4276
印刷业和记录媒介的复制	7954	80410	200933	3999
文教体育用品制造业	11406	84262	232783	6099
石油加工、炼焦及核燃料加工业	3299	87761	413364	1071
化学原料及化学制品制造业	211558	1388431	8080427	33918
医药制造业	11335	278815	344920	5299
化学纤维制造业	5078	83474	386735	3291
橡胶制品业	19893	60581	300727	4497
塑料制品业	23923	159278	742791	8572
非金属矿物制品业	48096	612445	1488701	23669
黑色金属冶炼及压延加工业	58261	1593037	9497171	16336
有色金属冶炼及压延加工业	18103	295447	2511425	7863
金属制品业	49705	340220	1640430	18813
通用设备制造业	131752	666059	2757992	33638
专用设备制造业	38939	234407	989029	12635
交通运输设备制造业	157502	1062035	4800814	57397
电气机械及器材制造业	68050	884048	2209148	18993
通信设备、计算机及其他电子设备制造业	271757	1547657	4286448	44723
仪器仪表及文化、办公用机械制造业	14116	109358	430647	9041
工艺品及其他制造业	1052	15354	53701	995
废弃资源和废旧材料回收加工业	2363	16282	76323	788
电力、燃气及水的生产和供应业	21725	263311	972693	6864
电力、热力的生产和供应业	13935	147794	593074	3694
燃气生产和供应业	6852	106752	367625	2809
水的生产和供应业	938	8765	11994	361

规模以上三资工业企业主要经济指标(一)

计量单位:千元

指标名称	企业单位数(个)	亏损企业	工业总产值(当年价格)	工业销售产值(当年价格)	出口交货值
总　计	**827**	**214**	**255077635**	**246478467**	**89906411**
一、按登记注册类型分组					
港、澳、台商投资企业	286	68	50420835	49191933	15828287
合资经营企业(港或澳、台资)	127	29	29093499	28516571	12444060
合作经营企业(港或澳、台资)	8	2	564453	557071	16600
港澳台商独资经营企业	142	35	19686148	19083100	3358777
港澳台商投资股份有限公司	9	2	1076735	1035191	8850
外商投资企业	541	146	204656800	197286534	74078124
中外合资经营企业	223	46	99510618	98009781	20228861
中外合作经营企业	17	2	883004	867605	178824
外资企业	290	98	101042365	95525187	52456088
外商投资股份有限公司	11	0	3220813	2883961	1214351
二、按控股情况分组					
国有控股	27	6	5644659	5755802	85805
集体控股	12	3	950224	928543	153313
私人控股	71	15	9855455	9374062	2220578
港澳台控股	252	62	59329869	57897639	15613283
外商控股	446	125	177298469	170569977	71602013
其他	19	3	1998959	1952444	231419
三、按轻重工业分组					
轻工业	308	72	58635359	57021779	15155444
重工业	519	142	196442276	189456688	74750967
四、按企业规模分组					
大型企业	12	3	76348786	71180893	55347842
中型企业	117	24	100225097	98830626	24139166
小型企业	698	187	78503752	76466948	10419403
五、在总计中:亏损企业	214	214	51681499	50202543	19752760
六、按工业行业大类分组					
制造业	814	212	251295447	242696689	89906385

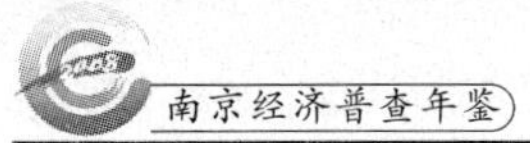

规模以上三资工业企业主要经济指标(一)(续表)

计量单位:千元

指标名称	企业单位数(个)	亏损企业	工业总产值(当年价格)	工业销售产值(当年价格)	出口交货值
农副食品加工业	11	3	7172054	6677021	6803
食品制造业	17	6	2770877	2784291	55242
饮料制造业	11	2	3643595	3629837	0
纺织业	25	8	2236601	2143944	904679
纺织服装、鞋、帽制造业	78	17	5888914	5748930	2779381
皮革、毛皮、羽毛(绒)及其制品业	9	4	2750182	2645011	428406
木材加工及木、竹、藤、棕、草制品业	2	0	154070	151900	0
家具制造业	7	2	430196	410277	168954
造纸及纸制品业	12	1	699806	687227	59442
印刷业和记录媒介的复制	6	1	841478	829006	99950
文教体育用品制造业	32	6	1944878	1869781	687849
化学原料及化学制品制造业	77	20	39129219	38424008	5095634
医药制造业	17	2	3181754	3058307	9185
化学纤维制造业	3	0	2860222	2759912	343811
橡胶制品业	4	0	3097478	2620079	1086377
塑料制品业	30	9	1892336	1875456	420823
非金属矿物制品业	36	10	3418635	3172952	566394
黑色金属冶炼及压延加工业	6	1	1296493	1297541	5551
有色金属冶炼及压延加工业	17	7	15467099	15044509	1078153
金属制品业	45	12	3396986	3318714	538698
通用设备制造业	89	21	11274145	11044164	1437980
专用设备制造业	46	10	2595567	2481012	264879
交通运输设备制造业	44	19	7214153	7214937	139425
电气机械及器材制造业	68	18	13352473	13529037	5072323
通信设备、计算机及其他电子设备制造业	95	26	111782159	106551122	67995298
仪器仪表及文化、办公用机械制造业	18	6	2425856	2367084	580251
工艺品及其他制造业	8	1	159869	149394	80897
废弃资源和废旧材料回收加工业	1	0	218352	211236	0
电力、燃气及水的生产和供应业	13	2	3782188	3781778	26
电力、热力的生产和供应业	5	2	1366442	1366442	0
燃气生产和供应业	6	0	2355561	2355151	0
水的生产和供应业	2	0	60185	60185	26

规模以上三资工业企业主要经济指标(二)

计量单位:千元

指标名称	流动资产合计	应收账款	存货	产成品
总　计	**82278166**	**27491340**	**20524153**	**8344635**
一、按登记注册类型分组				
港、澳、台商投资企业	20415045	4586925	5293888	1803596
合资经营企业(港或澳、台资)	10771356	2136542	2890823	999092
合作经营企业(港或澳、台资)	243253	55692	102695	27364
港澳台商独资经营企业	8535431	2068166	2165149	735484
港澳台商投资股份有限公司	865005	326525	135221	41656
外商投资企业	61863121	22904415	15230265	6541039
中外合资经营企业	32454405	13131931	8291372	3920604
中外合作经营企业	570135	178381	98788	41939
外资企业	27465849	9173235	6392115	2291074
外商投资股份有限公司	1372732	420868	447990	287422
二、按控股情况分组				
国有控股	3397252	1326089	1051129	345069
集体控股	441270	132819	219972	125029
私人控股	3975601	1049389	1019964	477824
港澳台控股	19608960	4070909	5187829	1760717
外商控股	53398460	20319669	12775523	5553498
其他	1456623	592465	269736	82498
三、按轻重工业分组				
轻工业	23418179	6152592	5373173	2141607
重工业	58859987	21338748	15150980	6203028
四、按企业规模分组				
大型企业	13876637	4451416	2793239	926614
中型企业	36218784	14267727	9363629	4290083
小型企业	32182745	8772197	8367285	3127938
五、在总计中:亏损企业	14349654	4412220	4352883	1543383
六、按工业行业大类分组				
制造业	80318672	27207331	20388354	8340424

规模以上三资工业企业主要经济指标(二)(续表)

计量单位:千元

指标名称	流动资产合计	应收账款	存货	产成品
农副食品加工业	2637405	291641	615985	200472
食品制造业	1890667	283351	296505	86551
饮料制造业	1227799	253156	386216	129789
纺织业	1444784	414668	537386	246630
纺织服装、鞋、帽制造业	1404192	394607	389036	174483
皮革、毛皮、羽毛(绒)及其制品业	743173	184385	282153	99654
木材加工及木、竹、藤、棕、草制品业	23160	670	5220	1810
家具制造业	163002	27801	77341	26258
造纸及纸制品业	421451	240400	84213	20109
印刷业和记录媒介的复制	379152	158712	123945	42052
文教体育用品制造业	844174	221442	184276	111310
化学原料及化学制品制造业	10126593	2436511	2725164	1238197
医药制造业	1828884	972609	215039	87711
化学纤维制造业	620716	163349	281896	121747
橡胶制品业	1459670	826811	133426	132471
塑料制品业	883328	324044	161525	62893
非金属矿物制品业	2350617	693480	513023	254895
黑色金属冶炼及压延加工业	360843	53338	151629	60398
有色金属冶炼及压延加工业	2609628	523107	751811	379000
金属制品业	1981841	639503	483167	207784
通用设备制造业	8488367	2285696	3127510	1212978
专用设备制造业	1475466	419611	609026	107585
交通运输设备制造业	4217114	1573187	1133559	204429
电气机械及器材制造业	7194505	1965982	1594565	636516
通信设备、计算机及其他电子设备制造业	24325893	11570511	5038030	2332756
仪器仪表及文化、办公用机械制造业	1048550	270987	414894	124996
工艺品及其他制造业	83138	13201	35649	19344
废弃资源和废旧材料回收加工业	84560	4571	36165	17606
电力、燃气及水的生产和供应业	1959494	284009	135799	4211
电力、热力的生产和供应业	1254077	164721	52148	0
燃气生产和供应业	657479	109411	82635	4125
水的生产和供应业	47938	9877	1016	86

规模以上三资工业企业主要经济指标(三)

计量单位:千元

指标名称	流动资产年平均余额	固定资产合计	固定资产原价	累计折旧
总　计	**82186816**	**68913905**	**94066785**	**31238864**
一、按登记注册类型分组				
港、澳、台商投资企业	19513080	9769814	13110230	4003739
合资经营企业(港或澳、台资)	10098021	5671997	7557804	2224971
合作经营企业(港或澳、台资)	304553	91905	139615	48683
港澳台商独资经营企业	8278019	3813188	5131045	1607780
港澳台商投资股份有限公司	832487	192724	281766	122305
外商投资企业	62673736	59144091	80956555	27235125
中外合资经营企业	34053912	36038137	50308900	16986665
中外合作经营企业	587500	333933	599099	284277
外资企业	26647922	22362752	29662527	9838659
外商投资股份有限公司	1384402	409269	386029	125524
二、按控股情况分组				
国有控股	3331629	3784536	5370575	1607894
集体控股	462118	271304	429555	171839
私人控股	3893440	1416844	1599818	395138
港澳台控股	19078566	8971534	12553497	4225512
外商控股	54071943	53904671	73407690	24683425
其他	1349120	565016	705650	155056
三、按轻重工业分组				
轻工业	23605050	13047964	17204364	5497292
重工业	58581766	55865941	76862421	25741572
四、按企业规模分组				
大型企业	12809371	10440172	19021593	9198124
中型企业	37878955	35139297	44953605	12874497
小型企业	31498490	23334436	30091587	9166243
五、在总计中:亏损企业	14524026	16438551	24327926	8761525
六、按工业行业大类分组				
制造业	80761660	64227823	88801379	30543186

规模以上三资工业企业主要经济指标(三)(续表)

计量单位:千元

指标名称	流动资产年平均余额	固定资产合计	固定资产原价	累计折旧
农副食品加工业	2827286	579475	702828	145028
食品制造业	1860181	784564	1112703	435820
饮料制造业	1116876	1355762	1637131	511662
纺织业	1470470	1179766	1580779	520670
纺织服装、鞋、帽制造业	1346430	738753	971852	287067
皮革、毛皮、羽毛(绒)及其制品业	669551	150264	202848	76571
木材加工及木、竹、藤、棕、草制品业	23090	34020	56670	30430
家具制造业	152057	89379	126029	37107
造纸及纸制品业	428912	192347	339022	147748
印刷业和记录媒介的复制	357417	277907	456380	186019
文教体育用品制造业	890282	314635	354482	116923
化学原料及化学制品制造业	11058321	25477631	30199670	8073713
医药制造业	1926755	580519	816972	277984
化学纤维制造业	1054180	2390838	3112284	851196
橡胶制品业	1440750	1605462	2376348	770886
塑料制品业	906076	592941	874736	370407
非金属矿物制品业	2139849	2286420	3661165	1516745
黑色金属冶炼及压延加工业	389829	429272	526567	133892
有色金属冶炼及压延加工业	2835467	907818	1060200	308794
金属制品业	1993902	608433	1021954	451304
通用设备制造业	8099842	2920368	4015281	1439289
专用设备制造业	1286096	635089	830287	231063
交通运输设备制造业	4191222	4557556	5775014	1277605
电气机械及器材制造业	7182142	3238661	4357052	1506339
通信设备、计算机及其他电子设备制造业	23935641	11663109	21757299	10562513
仪器仪表及文化、办公用机械制造业	1008311	559165	763594	239718
工艺品及其他制造业	86165	63644	88178	26664
废弃资源和废旧材料回收加工业	84560	14025	24054	10029
电力、燃气及水的生产和供应业	1425156	4686082	5265406	695678
电力、热力的生产和供应业	784945	2712432	3037404	368182
燃气生产和供应业	613674	1686395	1920529	307278
水的生产和供应业	26537	287255	307473	20218

规模以上三资工业企业主要经济指标(四)

计量单位：千元

指标名称	固定资产净值年平均余额	资产总计	流动负债合计	
				应付账款
总　计	**64444854**	**164893952**	**75933053**	**26947537**
一、按登记注册类型分组				
港、澳、台商投资企业	9411501	34161534	16623576	4014375
合资经营企业(港或澳、台资)	5278057	17880526	9407052	1931890
合作经营企业(港或澳、台资)	93137	349464	228989	69087
港澳台商独资经营企业	3863959	14559979	6268369	1857289
港澳台商投资股份有限公司	176348	1371565	719166	156109
外商投资企业	55033353	130732418	59309477	22933162
中外合资经营企业	34110916	74385349	32261509	11997197
中外合作经营企业	412109	1007902	334028	120364
外资企业	20121882	52986414	25614866	10515228
外商投资股份有限公司	388446	2352753	1099074	300373
二、按控股情况分组				
国有控股	3654193	8868270	3154752	985110
集体控股	238764	760434	482970	120964
私人控股	1275016	6645651	3596803	980876
港澳台控股	8858168	32321694	15873809	3798778
外商控股	49953018	114161206	51767737	20831462
其他	465695	2136697	1056982	230347
三、按轻重工业分组				
轻工业	11288207	40627591	20952655	5856159
重工业	53156647	124266361	54980398	21091378
四、按企业规模分组				
大型企业	10622790	27105438	14366677	4454050
中型企业	32892461	75894820	34490507	13571964
小型企业	20929603	61893694	27075869	8921523
五、在总计中：亏损企业	15671620	33729985	18827947	6844502
六、按工业行业大类分组				
制造业	59999045	157613828	72500902	26623124
农副食品加工业	534959	4832922	3359502	688986

规模以上三资工业企业主要经济指标(四)(续表)

计量单位:千元

指标名称	固定资产净值年平均余额	资产总计	流动负债合计	应付账款
食品制造业	693843	2802992	727725	307364
饮料制造业	1189322	2898715	1736447	341552
纺织业	892522	2819154	935873	397532
纺织服装、鞋、帽制造业	696862	2364058	1126967	367700
皮革、毛皮、羽毛(绒)及其制品业	133476	959199	461233	253415
木材加工及木、竹、藤、棕、草制品业	32150	57180	24240	13260
家具制造业	79989	300167	119426	47806
造纸及纸制品业	183034	668944	239004	69717
印刷业和记录媒介的复制	237093	681015	314131	127478
文教体育用品制造业	194124	1203306	716002	252665
化学原料及化学制品制造业	23290460	37275955	10296365	2196787
医药制造业	595094	2912953	1045697	169937
化学纤维制造业	2299410	3231937	1105336	178036
橡胶制品业	1585073	4136274	2504720	457823
塑料制品业	475138	1522818	567345	147008
非金属矿物制品业	2125844	5072499	2458820	401985
黑色金属冶炼及压延加工业	305371	922681	326503	91022
有色金属冶炼及压延加工业	998864	4214342	2611026	771315
金属制品业	616643	2843011	1470159	539868
通用设备制造业	3085775	12246171	5315516	1925453
专用设备制造业	563762	2320510	1094645	437445
交通运输设备制造业	4559629	10190545	4329745	1219120
电气机械及器材制造业	2676226	11161016	6669365	2061623
通信设备、计算机及其他电子设备制造业	11379790	37819123	21968720	12794613
仪器仪表及文化、办公用机械制造业	497994	1895646	856843	333599
工艺品及其他制造业	62573	161015	66993	20925
废弃资源和废旧材料回收加工业	14025	99680	52554	9090
电力、燃气及水的生产和供应业	4445809	7280124	3432151	324413
电力、热力的生产和供应业	2783258	4020556	2401621	221664
燃气生产和供应业	1547397	2828577	948711	73585
水的生产和供应业	115154	430991	81819	29164

规模以上三资工业企业主要经济指标(五)

计量单位:千元

指标名称	长期负债合计	负债合计	所有者权益合计	其中:实收资本
总　计	**18427653**	**94367843**	**70526109**	**47437700**
一、按登记注册类型分组				
港、澳、台商投资企业	1856043	18484133	15677401	9617690
合资经营企业(港或澳、台资)	1196205	10607771	7272755	4047500
合作经营企业(港或澳、台资)	1369	230358	119106	57104
港澳台商独资经营企业	658039	6926408	7633571	5052381
港澳台商投资股份有限公司	430	719596	651969	460705
外商投资企业	16571610	75883710	54848708	37820010
中外合资经营企业	10961693	43225076	31160273	18785334
中外合作经营企业	3472	338245	669657	563455
外资企业	5462175	31077045	21909369	18173357
外商投资股份有限公司	144270	1243344	1109409	297864
二、按控股情况分组				
国有控股	2169758	5324511	3543759	2916287
集体控股	11877	494847	265587	170014
私人控股	196736	3793539	2852112	1177641
港澳台控股	1478541	17356866	14964828	9746423
外商控股	14519203	66287690	47873516	32947868
其他	51538	1110390	1026307	479467
三、按轻重工业分组				
轻工业	2267542	23222069	17405522	13546637
重工业	16160111	71145774	53120587	33891063
四、按企业规模分组				
大型企业	1954104	16325294	10780144	9117752
中型企业	10471234	44961744	30933076	16021807
小型企业	6002315	33080805	28812889	22298141
五、在总计中:亏损企业	4008618	22836567	10893418	14794709
六、按工业行业大类分组				
制造业	17133874	89641912	67971916	45450356

规模以上三资工业企业主要经济指标(五)(续表)

计量单位:千元

指标名称	长期负债合计	负债合计	所有者权益合计	其中:实收资本
农副食品加工业	192908	3552411	1280511	1136915
食品制造业	41869	769594	2033398	1015079
饮料制造业	78755	1815202	1083513	1148889
纺织业	364201	1300074	1519080	1558188
纺织服装、鞋、帽制造业	69221	1196189	1167869	687483
皮革、毛皮、羽毛(绒)及其制品业	6300	467533	491666	296157
木材加工及木、竹、藤、棕、草制品业	0	24240	32940	32570
家具制造业	51	119477	180690	159750
造纸及纸制品业	8177	247181	421763	377251
印刷业和记录媒介的复制	19958	334089	346926	134674
文教体育用品制造业	37597	753599	449707	218027
化学原料及化学制品制造业	9407620	19704734	17571221	6903980
医药制造业	17561	1065128	1847825	953402
化学纤维制造业	1236002	2341338	890599	1277675
橡胶制品业	512891	3017611	1118663	890684
塑料制品业	49675	617020	905798	741572
非金属矿物制品业	115792	2574612	2497887	2935103
黑色金属冶炼及压延加工业	1	326504	596177	540459
有色金属冶炼及压延加工业	121078	2732104	1482238	1196747
金属制品业	45423	1515582	1327429	976160
通用设备制造业	960476	6280505	5965666	3219674
专用设备制造业	60941	1155586	1164924	809183
交通运输设备制造业	2557317	6887063	3303482	3553040
电气机械及器材制造业	549501	7218866	3942150	3406105
通信设备、计算机及其他电子设备制造业	623715	22592436	15226687	10367581
仪器仪表及文化、办公用机械制造业	56594	913437	982209	790472
工艺品及其他制造业	2	66995	94020	83536
废弃资源和废旧材料回收加工业	248	52802	46878	40000
电力、燃气及水的生产和供应业	1293779	4725931	2554193	1987344
电力、热力的生产和供应业	790000	3191621	828935	744109
燃气生产和供应业	379692	1328404	1500173	1007355
水的生产和供应业	124087	205906	225085	235880

规模以上三资工业企业主要经济指标(六)

计量单位:千元

指标名称	主营业务收入	主营业务成本	主营业务税金及附加	其他业务收入
总　计	**245996732**	**219916856**	**402202**	**2621247**
一、按登记注册类型分组				
港、澳、台商投资企业	48883380	41883482	46253	520436
合资经营企业(港或澳、台资)	28169514	24793804	14049	258516
合作经营企业(港或澳、台资)	548950	474192	281	4207
港澳台商独资经营企业	19197584	15948913	24778	241307
港澳台商投资股份有限公司	967332	666573	7145	16406
外商投资企业	197113352	178033374	355949	2100811
中外合资经营企业	97956998	87959833	189213	1302100
中外合作经营企业	939380	716127	541	33762
外资企业	95433709	87062206	51032	756188
外商投资股份有限公司	2783265	2295208	115163	8761
二、按控股情况分组				
国有控股	5485967	4883665	42417	530297
集体控股	894243	726084	395	12127
私人控股	9262450	7522628	118038	94343
港澳台控股	57746615	51224890	39130	611342
外商控股	170744175	154157810	195614	1318676
其他	1863282	1401779	6608	54462
三、按轻重工业分组				
轻工业	56451191	45922273	188680	1032156
重工业	189545541	173994583	213522	1589091
四、按企业规模分组				
大型企业	70410811	66553129	3441	325855
中型企业	99041489	86938373	319103	1283672
小型企业	76544432	66425354	79658	1011720
五、在总计中:亏损企业	50002796	49048633	76632	639656
六、按工业行业大类分组				
制造业	242163668	216547624	400401	2205630

规模以上三资工业企业主要经济指标(六)(续表)

计量单位:千元

指标名称	主营业务收入	主营业务成本	主营业务税金及附加	其他业务收入
农副食品加工业	6590655	5819485	1802	135999
食品制造业	2774552	1927093	3155	135197
饮料制造业	3284071	2431097	28915	85836
纺织业	2186606	1909172	298	4037
纺织服装、鞋、帽制造业	5707778	5036100	16999	63230
皮革、毛皮、羽毛(绒)及其制品业	2636849	2152587	3269	0
木材加工及木、竹、藤、棕、草制品业	150060	138710	1140	0
家具制造业	381446	314457	166	2866
造纸及纸制品业	698949	606219	304	8241
印刷业和记录媒介的复制	771645	509497	189	7381
文教体育用品制造业	1850683	1567266	3375	1596
化学原料及化学制品制造业	38984337	34426391	8306	179008
医药制造业	2990753	961678	556	5101
化学纤维制造业	2788033	2230300	0	143276
橡胶制品业	2462823	2149161	1075	1269
塑料制品业	1847043	1601224	1818	28810
非金属矿物制品业	3200201	2712130	2297	21012
黑色金属冶炼及压延加工业	1252596	1090059	103	12249
有色金属冶炼及压延加工业	14837465	14258820	113541	138785
金属制品业	3317294	2857469	2635	87148
通用设备制造业	11088857	8531706	15690	357241
专用设备制造业	2495536	1945825	6977	16459
交通运输设备制造业	7334870	6581608	48577	146327
电气机械及器材制造业	13330609	10492598	129528	340676
通信设备、计算机及其他电子设备制造业	106421357	101990958	8168	257254
仪器仪表及文化、办公用机械制造业	2371281	1951856	1100	16561
工艺品及其他制造业	196083	161137	393	10071
废弃资源和废旧材料回收加工业	211236	193021	25	0
电力、燃气及水的生产和供应业	3833064	3369232	1801	415617
电力、热力的生产和供应业	1430662	1287580	331	25414
燃气生产和供应业	2342217	2043977	1470	390203
水的生产和供应业	60185	37675	0	0

规模以上三资工业企业主要经济指标(七)

计量单位:千元

指标名称	其他业务利润	营业费用	管理费用	
				税金
总　计	**718032**	**7272066**	**9033175**	**267337**
一、按登记注册类型分组				
港、澳、台商投资企业	161617	1434802	2071388	56984
合资经营企业(港或澳、台资)	112938	656944	969956	20944
合作经营企业(港或澳、台资)	1681	6684	20560	348
港澳台商独资经营企业	36923	710382	1027492	34051
港澳台商投资股份有限公司	10075	60792	53380	1641
外商投资企业	556415	5837264	6961787	210353
中外合资经营企业	344641	3080769	3517901	91566
中外合作经营企业	－12501	27608	69258	1946
外资企业	221684	2638902	3292438	101779
外商投资股份有限公司	2591	89985	82190	15062
二、按控股情况分组				
国有控股	209188	167049	387960	9098
集体控股	5670	18028	70255	1671
私人控股	15052	516469	391257	18741
港澳台控股	138893	1388434	1993895	59113
外商控股	334808	5039059	6094020	175637
其他	14421	143027	95788	3077
三、按轻重工业分组				
轻工业	174634	3799451	2879842	65297
重工业	543398	3472615	6153333	202040
四、按企业规模分组				
大型企业	143166	1309601	1405428	34395
中型企业	368670	3691845	4083646	107995
小型企业	206196	2270620	3544101	124947
五、在总计中:亏损企业	66904	878147	1818656	50615
六、按工业行业大类分组				
制造业	514796	7129150	8847573	263121

规模以上三资工业企业主要经济指标(七)(续表)

计量单位:千元

指标名称	其他业务利润	营业费用	管理费用	税金
农副食品加工业	2651	261817	147032	4261
食品制造业	8510	222518	128884	3497
饮料制造业	19919	429811	169937	5689
纺织业	2851	76822	138893	5113
纺织服装、鞋、帽制造业	22300	115520	250362	6318
皮革、毛皮、羽毛(绒)及其制品业	0	164544	62976	3454
木材加工及木、竹、藤、棕、草制品业	0	2810	2440	320
家具制造业	346	8229	29749	695
造纸及纸制品业	7017	26355	47783	981
印刷业和记录媒介的复制	3599	21438	59014	1764
文教体育用品制造业	1068	52808	82834	1108
化学原料及化学制品制造业	31830	1202779	1002315	34891
医药制造业	2336	1154946	412663	6861
化学纤维制造业	1732	19144	164616	1884
橡胶制品业	56	68498	56676	1507
塑料制品业	5010	33581	116283	2687
非金属矿物制品业	7576	170409	218205	7919
黑色金属冶炼及压延加工业	3759	22803	27031	862
有色金属冶炼及压延加工业	2040	101042	126870	17775
金属制品业	14523	123854	179437	3897
通用设备制造业	126350	401228	979605	46667
专用设备制造业	8930	69189	174814	4463
交通运输设备制造业	11420	128460	621524	22798
电气机械及器材制造业	69663	1209057	808775	17111
通信设备、计算机及其他电子设备制造业	150437	980822	2561578	56605
仪器仪表及文化、办公用机械制造业	9472	45300	257021	3469
工艺品及其他制造业	1401	15040	14432	224
废弃资源和废旧材料回收加工业	0	326	5824	301
电力、燃气及水的生产和供应业	203236	142916	185602	4216
电力、热力的生产和供应业	17289	0	69981	1954
燃气生产和供应业	185947	142652	109728	1465
水的生产和供应业	0	264	5893	797

规模以上三资工业企业主要经济指标(八)

计量单位:千元

指标名称	财务费用	利息支出	营业利润	投资收益
总　计	**1398930**	**2210606**	**8840874**	**-525748**
一、按登记注册类型分组				
港、澳、台商投资企业	189279	226450	3418887	-11086
合资经营企业(港或澳、台资)	90697	78618	1756096	-36843
合作经营企业(港或澳、台资)	1950	1582	46964	2236
港澳台商独资经营企业	85490	138067	1437452	30843
港澳台商投资股份有限公司	11142	8183	178375	-7322
外商投资企业	1209651	1984156	5421987	-514662
中外合资经营企业	768706	1324981	2935462	-547474
中外合作经营企业	1814	2393	111531	2876
外资企业	378662	619664	2232153	47223
外商投资股份有限公司	60469	37118	142841	-17287
二、按控股情况分组				
国有控股	18493	30751	195571	12
集体控股	14510	10544	70641	2236
私人控股	107096	73274	622014	-81634
港澳台控股	199492	298973	3038761	-228917
外商控股	1035593	1773946	4707132	-217446
其他	23746	23118	206755	1
三、按轻重工业分组				
轻工业	348571	376556	3486305	4108
重工业	1050359	1834050	5354569	-529856
四、按企业规模分组				
大型企业	-41196	190250	1323574	-190793
中型企业	773127	1194062	3754166	20478
小型企业	666999	826294	3763134	-355433
五、在总计中:亏损企业	491000	480408	-2243368	-313894
六、按工业行业大类分组				
制造业	1347124	2119719	8555931	-526004

规模以上三资工业企业主要经济指标(八)(续表)

计量单位:千元

指标名称	财务费用	利息支出	营业利润	投资收益
农副食品加工业	-7919	6753	371089	48075
食品制造业	1791	3762	499621	-5085
饮料制造业	17523	23903	226707	-41101
纺织业	28007	34620	36265	0
纺织服装、鞋、帽制造业	32643	18190	278952	-13826
皮革、毛皮、羽毛(绒)及其制品业	9757	8898	243716	0
木材加工及木、竹、藤、棕、草制品业	1140	0	3820	0
家具制造业	1821	1446	27370	0
造纸及纸制品业	634	4087	24671	-96
印刷业和记录媒介的复制	5768	3164	179338	0
文教体育用品制造业	11249	5620	134219	800
化学原料及化学制品制造业	608422	846584	1767954	-61647
医药制造业	-13376	11854	476622	9523
化学纤维制造业	114704	117114	261001	0
橡胶制品业	-10384	84010	197853	-188741
塑料制品业	9916	11562	89231	2958
非金属矿物制品业	45575	49918	59161	941
黑色金属冶炼及压延加工业	5737	8688	110622	0
有色金属冶炼及压延加工业	150289	143680	88943	-277164
金属制品业	26479	24388	141943	-7285
通用设备制造业	5452	21409	1315529	82623
专用设备制造业	12906	11581	294755	-27645
交通运输设备制造业	75975	140494	6244	8903
电气机械及器材制造业	133303	143928	627011	5578
通信设备、计算机及其他电子设备制造业	79321	385191	950888	-62875
仪器仪表及文化、办公用机械制造业	2718	8708	122758	60
工艺品及其他制造业	637	167	4644	0
废弃资源和废旧材料回收加工业	-2964	0	15004	0
电力、燃气及水的生产和供应业	51806	90887	284943	256
电力、热力的生产和供应业	69954	73824	20105	0
燃气生产和供应业	-15240	9854	245577	256
水的生产和供应业	-2908	7209	19261	0

规模以上三资工业企业主要经济指标(九)

计量单位:千元

指标名称	补贴收入	营业外收入	营业外支出	利税
总　计	**902997**	**707114**	**1232091**	**16063136**
一、按登记注册类型分组				
港、澳、台商投资企业	22136	160024	522905	4777004
合资经营企业(港或澳、台资)	8949	65120	210909	2441781
合作经营企业(港或澳、台资)	733	131	8609	64410
港澳台商独资经营企业	9611	90002	259437	2089666
港澳台商投资股份有限公司	2843	4771	43950	181147
外商投资企业	880861	547090	709186	11286132
中外合资经营企业	863913	300994	453026	6835031
中外合作经营企业	190	7287	15493	152937
外资企业	16758	238803	225921	3984941
外商投资股份有限公司	0	6	14746	313223
二、按控股情况分组				
国有控股	2100	7010	11904	491748
集体控股	150	516	7642	100874
私人控股	11246	2385	113031	940664
港澳台控股	23612	162053	512625	4034560
外商控股	860799	532368	573559	10172977
其他	5090	2782	13330	322313
三、按轻重工业分组				
轻工业	30698	115367	468236	5784826
重工业	872299	591747	763855	10278310
四、按企业规模分组				
大型企业	2833	238081	75761	2063819
中型企业	841314	201011	435206	8379893
小型企业	58850	268022	721124	5619424
五、在总计中:亏损企业	30450	222807	203290	-1544064
六、按工业行业大类分组				
制造业	887458	689971	1223329	15575127

规模以上三资工业企业主要经济指标(九)(续表)

计量单位:千元

指标名称	补贴收入	营业外收入	营业外支出	利税
农副食品加工业	7351	5371	37786	558508
食品制造业	1073	33820	49513	654357
饮料制造业	3974	7573	35814	328259
纺织业	1380	1613	26223	62189
纺织服装、鞋、帽制造业	7570	8570	82782	459935
皮革、毛皮、羽毛(绒)及其制品业	0	987	53039	389343
木材加工及木、竹、藤、棕、草制品业	0	0	1500	8593
家具制造业	0	1826	3442	39954
造纸及纸制品业	0	5707	2011	50734
印刷业和记录媒介的复制	5	974	6452	219609
文教体育用品制造业	295	5769	6533	245520
化学原料及化学制品制造业	5188	206405	283088	2897774
医药制造业	6160	7418	55284	675956
化学纤维制造业	463	10620	18034	337204
橡胶制品业	0	19601	5	70636
塑料制品业	483	14725	20761	167537
非金属矿物制品业	728	7708	24913	193559
黑色金属冶炼及压延加工业	0	3998	40699	131432
有色金属冶炼及压延加工业	2080	8378	85807	74947
金属制品业	1321	7438	31635	204210
通用设备制造业	7268	27644	46210	1798704
专用设备制造业	1899	3532	36804	320691
交通运输设备制造业	3679	15872	31439	391057
电气机械及器材制造业	2827	11347	28512	1462553
通信设备、计算机及其他电子设备制造业	830057	265660	202886	3600911
仪器仪表及文化、办公用机械制造业	3657	7376	665	190283
工艺品及其他制造业	0	39	145	10340
废弃资源和废旧材料回收加工业	0	0	11347	30332
电力、燃气及水的生产和供应业	15539	17143	8762	488009
电力、热力的生产和供应业	12442	1812	239	102258
燃气生产和供应业	2988	15323	8421	359583
水的生产和供应业	109	8	102	26168

规模以上三资工业企业主要经济指标(十)

计量单位:千元

指标名称	利润总额	亏损企业亏损额	应交所得税	本年应付工资总额
总　计	**8608500**	**2509225**	**1251324**	**7073820**
一、按登记注册类型分组				
港、澳、台商投资企业	3062478	213847	435679	2142972
合资经营企业(港或澳、台资)	1579216	83972	262716	1064192
合作经营企业(港或澳、台资)	41034	1783	5823	19355
港澳台商独资经营企业	1307511	126146	159562	1009727
港澳台商投资股份有限公司	134717	1946	7578	49698
外商投资企业	5546022	2295378	815645	4930848
中外合资经营企业	3023676	1105372	487503	2180921
中外合作经营企业	106391	1735	17578	55846
外资企业	2305141	1188271	290883	2565814
外商投资股份有限公司	110814	0	19681	128267
二、按控股情况分组				
国有控股	192789	142424	30721	296996
集体控股	65901	6227	15426	65467
私人控股	436553	30621	48248	380872
港澳台控股	2478727	567249	430120	1971885
外商控股	5233232	1756677	706265	4261812
其他	201298	6027	20544	96788
三、按轻重工业分组				
轻工业	3161035	491684	411316	2441234
重工业	5447465	2017541	840008	4632586
四、按企业规模分组				
大型企业	1297934	327338	200934	1268905
中型企业	4306676	621773	591717	2937547
小型企业	3003890	1560114	458673	2867368
五、在总计中:亏损企业	-2509225	2509225	28003	1505215
六、按工业行业大类分组				
制造业	8302309	2498588	1214690	6887807

规模以上三资工业企业主要经济指标(十)(续表)

计量单位:千元

指标名称	利润总额	亏损企业亏损额	应交所得税	本年应付工资总额
农副食品加工业	394100	137605	30934	138241
食品制造业	479916	18997	109058	150193
饮料制造业	161339	103081	19397	191676
纺织业	13035	74694	5411	130611
纺织服装、鞋、帽制造业	191277	30484	20526	508524
皮革、毛皮、羽毛(绒)及其制品业	191664	3780	26488	95285
木材加工及木、竹、藤、棕、草制品业	2320	0	0	4970
家具制造业	25754	2212	39	58768
造纸及纸制品业	28271	1306	4437	49305
印刷业和记录媒介的复制	173865	189	47196	40098
文教体育用品制造业	134550	10055	23898	169293
化学原料及化学制品制造业	1634812	552477	98746	616716
医药制造业	444439	8013	38516	123540
化学纤维制造业	254050	0	840	109027
橡胶制品业	28708	0	85	66243
塑料制品业	86636	12430	14662	122762
非金属矿物制品业	43625	150754	9365	159170
黑色金属冶炼及压延加工业	73921	9072	1872	30459
有色金属冶炼及压延加工业	-263570	429435	26379	114855
金属制品业	111782	42941	11804	194456
通用设备制造业	1310536	37307	163521	692884
专用设备制造业	235737	12792	18992	188755
交通运输设备制造业	5488	239789	34405	400103
电气机械及器材制造业	618251	71529	74113	565334
通信设备、计算机及其他电子设备制造业	1780422	472207	402927	1804007
仪器仪表及文化、办公用机械制造业	133186	76149	29811	139904
工艺品及其他制造业	4538	1290	170	15428
废弃资源和废旧材料回收加工业	3657	0	1098	7200
电力、燃气及水的生产和供应业	306191	10637	36634	186013
电力、热力的生产和供应业	34120	10637	5478	79962
燃气生产和供应业	252795	0	31156	102617
水的生产和供应业	19276	0	0	3434

规模以上三资工业企业主要经济指标(十一)

计量单位:千元

指标名称	本年应付福利费总额	本年应交增值税	本年销项税额	全部从业人员年平均人数(人)
总　计	**903243**	**6919929**	**25004014**	**229593**
一、按登记注册类型分组				
港、澳、台商投资企业	183175	1659577	5253342	72184
合资经营企业(港或澳、台资)	108764	845416	2618098	34493
合作经营企业(港或澳、台资)	3340	23095	78108	705
港澳台商独资经营企业	69292	751781	2447682	35676
港澳台商投资股份有限公司	1779	39285	109454	1310
外商投资企业	720068	5260352	19750672	157409
中外合资经营企业	436619	3595343	13767634	63360
中外合作经营企业	5165	45579	124148	2617
外资企业	264004	1532184	5421988	87719
外商投资股份有限公司	14280	87246	436902	3713
二、按控股情况分组				
国有控股	21581	255060	1042466	9266
集体控股	8149	34578	124405	1875
私人控股	34691	368216	1470589	15419
港澳台控股	255492	1505532	6622062	65401
外商控股	578693	4642136	15442543	134181
其他	4637	114407	301949	3451
三、按轻重工业分组				
轻工业	196648	2425060	6802047	85970
重工业	706595	4494869	18201967	143623
四、按企业规模分组				
大型企业	258109	762444	2664897	45691
中型企业	325306	3735358	11986495	87736
小型企业	319828	2422127	10352622	96166
五、在总计中:亏损企业	174957	796784	5116312	53638
六、按工业行业大类分组				
制造业	890084	6740289	24407277	225419

规模以上三资工业企业主要经济指标(十一)(续表)

计量单位:千元

指标名称	本年应付福利费总额	本年应交增值税	本年销项税额	全部从业人员年平均人数(人)
农副食品加工业	2574	159506	878887	3339
食品制造业	9808	171286	458905	4545
饮料制造业	33661	138005	742987	4127
纺织业	10235	48110	239410	4158
纺织服装、鞋、帽制造业	40426	251468	740889	25573
皮革、毛皮、羽毛(绒)及其制品业	11790	194410	382655	3796
木材加工及木、竹、藤、棕、草制品业	470	5133	13320	258
家具制造业	4946	13880	20554	2041
造纸及纸制品业	6853	22159	111643	1741
印刷业和记录媒介的复制	5072	45555	110721	1115
文教体育用品制造业	15296	106935	238754	7381
化学原料及化学制品制造业	155574	1177387	5590843	12521
医药制造业	10173	230961	264828	2923
化学纤维制造业	5029	83154	385414	3261
橡胶制品业	15880	40853	240786	2702
塑料制品业	4545	79083	225063	4405
非金属矿物制品业	11522	147637	354363	5429
黑色金属冶炼及压延加工业	4730	57408	184863	1242
有色金属冶炼及压延加工业	12322	221058	2404361	3330
金属制品业	10369	87290	418884	6587
通用设备制造业	97078	471456	1608714	21445
专用设备制造业	11080	77798	349338	5678
交通运输设备制造业	33136	336992	1308283	12694
电气机械及器材制造业	48193	708092	1449958	17124
通信设备、计算机及其他电子设备制造业	314882	1780680	5392252	62895
仪器仪表及文化、办公用机械制造业	12020	51934	229340	3970
工艺品及其他制造业	808	5409	25376	809
废弃资源和废旧材料回收加工业	1612	26650	35886	330
电力、燃气及水的生产和供应业	13159	179640	596737	4174
电力、热力的生产和供应业	7287	67807	232244	1365
燃气生产和供应业	5872	104941	354552	2750
水的生产和供应业	0	6892	9941	59

规模以上国有控股工业企业主要经济指标(一)

计量单位:千元

指标名称	企业单位数(个)	亏损企业	工业总产值(当年价格)	工业销售产值(当年价格)	出口交货值
总　计	**216**	**48**	**220885502**	**220929377**	**13656330**
一、按登记注册类型分组					
内资企业	189	42	215240843	215173575	13570525
国有企业	89	25	102213572	102411996	7627696
股份合作企业	2	1	991458	991389	0
联营企业	6	0	579155	561836	107170
有限责任公司	75	12	45936505	45737146	5302767
股份有限公司	16	4	64787832	64699674	532892
其他企业	1	0	732321	771534	0
港、澳、台商投资企业	8	4	249497	244296	9611
合资经营企业(港或澳、台资)	8	4	249497	244296	9611
外商投资企业	19	2	5395162	5511506	76194
中外合资经营企业	18	2	5373302	5490006	76194
中外合作经营企业	1	0	21860	21500	0
二、按轻重工业分组					
轻工业	61	14	18028352	17680485	501353
重工业	155	34	202857150	203248892	13154977
三、按企业规模分组					
大型企业	22	6	171619768	172201569	11727826
中型企业	57	13	35692124	34995171	1742202
小型企业	137	29	13573610	13732637	186302
四、在总计中:亏损企业	48	48	126223293	126214763	1462285
五、按工业行业大类分组					
采矿业	3	1	1363640	1361600	0
黑色金属矿采选业	1	0	1275893	1275916	0
有色金属矿采选业	2	1	87747	85684	0

规模以上国有控股工业企业主要经济指标(一)(续表)

计量单位:千元

指标名称	企业单位数(个)	亏损企业	工业总产值(当年价格)	工业销售产值(当年价格)	出口交货值
制造业	195	39	211229574	211304663	13656330
农副食品加工业	3	1	85196	78939	0
食品制造业	3	0	163511	135661	1209
饮料制造业	1	0	28000	15540	0
烟草制品业	1	0	10286604	10155645	8552
纺织业	2	1	185366	195600	0
纺织服装、鞋、帽制造业	10	1	1581244	1453534	222200
印刷业和记录媒介的复制	11	3	362291	355141	0
石油加工、炼焦及核燃料加工业	1	1	55816690	55764620	171550
化学原料及化学制品制造业	19	5	67155538	67418608	1601324
医药制造业	10	3	2082017	2085455	136681
化学纤维制造业	1	0	264120	274810	2850
橡胶制品业	1	0	292270	248620	0
塑料制品业	4	0	762965	759836	11715
非金属矿物制品业	14	3	3890589	3823123	140454
黑色金属冶炼及压延加工业	3	1	13903791	13996750	1336620
金属制品业	10	0	2055471	1979942	162193
通用设备制造业	16	3	1811748	1750309	87194
专用设备制造业	8	1	1439365	1428754	5581
交通运输设备制造业	26	7	27663436	27853473	8618306
电气机械及器材制造业	18	3	6314949	6464483	45904
通信设备、计算机及其他电子设备制造业	21	2	11726358	11852863	947961
仪器仪表及文化、办公用机械制造业	12	4	3358055	3212957	156036
电力、燃气及水的生产和供应业	18	8	8292288	8263114	0
电力、热力的生产和供应业	9	6	6730688	6723834	0
燃气生产和供应业	1	0	777498	777498	0
水的生产和供应业	8	2	784102	761782	0

规模以上国有控股工业企业主要经济指标(二)

计量单位:千元

指标名称	流动资产合计	应收账款	存货	产成品
总　计	**92632031**	**14974359**	**24269955**	**5563317**
一、按登记注册类型分组				
内资企业	89234779	13648270	23218826	5218248
国有企业	43290284	4153921	12661433	2170776
股份合作企业	256436	61111	19964	0
联营企业	83124	12846	25057	12544
有限责任公司	36112731	5882476	7534843	2466907
股份有限公司	9285560	3362543	2964208	566704
其他企业	206644	175373	13321	1317
港、澳、台商投资企业	245881	45277	143090	109551
合资经营企业(港或澳、台资)	245881	45277	143090	109551
外商投资企业	3151371	1280812	908039	235518
中外合资经营企业	3123051	1280812	896866	225998
中外合作经营企业	28320	0	11173	9520
二、按轻重工业分组				
轻工业	14612556	1198143	4256467	758507
重工业	78019475	13776216	20013488	4804810
三、按企业规模分组				
大型企业	58935033	8184805	14474557	3275813
中型企业	26708216	4905588	7871996	1605634
小型企业	6988782	1883966	1923402	681870
四、在总计中:亏损企业	24728802	3788778	7117831	1519172
五、按工业行业大类分组				
采矿业	954993	30719	81528	27758
黑色金属矿采选业	932168	25932	78881	26879
有色金属矿采选业	22825	4787	2647	879

规模以上国有控股工业企业主要经济指标(二)(续表)

计量单位:千元

指标名称	流动资产合计	应收账款	存货	产成品
制造业	86179773	14263912	23635317	5533012
农副食品加工业	14849	8174	3072	1228
食品制造业	52552	14443	29518	16947
饮料制造业	14114	5348	122	13
烟草制品业	7944678	88029	2937363	101907
纺织业	107480	16571	47128	10329
纺织服装、鞋、帽制造业	955018	112557	314213	202656
印刷业和记录媒介的复制	276461	42540	38711	14420
石油加工、炼焦及核燃料加工业	2768086	546688	1495256	43060
化学原料及化学制品制造业	15258015	1270786	4436407	1232365
医药制造业	2336638	456764	465126	242376
化学纤维制造业	47190	8760	38430	38430
橡胶制品业	161370	57470	72730	45360
塑料制品业	235340	67446	57573	31511
非金属矿物制品业	1526561	304532	352284	146059
黑色金属冶炼及压延加工业	3139216	285379	1124301	58952
金属制品业	1333638	213770	627445	134390
通用设备制造业	1210111	320989	573604	297915
专用设备制造业	1030874	337319	371806	106800
交通运输设备制造业	27847142	3815309	6937343	1338136
电气机械及器材制造业	5470622	2301728	677419	245910
通信设备、计算机及其他电子设备制造业	9606372	2790361	1899422	985710
仪器仪表及文化、办公用机械制造业	4843446	1198949	1136044	238538
电力、燃气及水的生产和供应业	5497265	679728	553110	2547
电力、热力的生产和供应业	3574479	570938	388654	0
燃气生产和供应业	153721	37480	19590	0
水的生产和供应业	1769065	71310	144866	2547

规模以上国有控股工业企业主要经济指标(三)

计量单位:千元

指标名称	流动资产年平均余额	固定资产合计	固定资产原价	累计折旧
总　计	**96430960**	**92101632**	**133076320**	**58696715**
一、按登记注册类型分组				
内资企业	93099331	88317096	127705745	57088821
国有企业	46531760	42376409	62574298	33686452
股份合作企业	313012	1848141	2102208	254067
联营企业	63967	122885	156371	33621
有限责任公司	35097036	29381035	40188641	13939684
股份有限公司	10920323	14466146	22535320	9148570
其他企业	173233	122480	148907	26427
港、澳、台商投资企业	245212	66823	98894	35110
合资经营企业(港或澳、台资)	245212	66823	98894	35110
外商投资企业	3086417	3717713	5271681	1572784
中外合资经营企业	3058117	3701973	5270159	1572746
中外合作经营企业	28300	15740	1522	38
二、按轻重工业分组				
轻工业	14196506	9726864	11143147	3931739
重工业	82234454	82374768	121933173	54764976
三、按企业规模分组				
大型企业	63888926	64468300	97977539	46656452
中型企业	25788441	21332681	26808886	9683884
小型企业	6753593	6300651	8289895	2356379
四、在总计中:亏损企业	31343544	39053241	68158187	33952925
五、按工业行业大类分组				
采矿业	836698	454994	1184552	742956
黑色金属矿采选业	802460	423253	1133274	710021
有色金属矿采选业	34238	31741	51278	32935

规模以上国有控股工业企业主要经济指标(三)(续表)

计量单位:千元

指标名称	流动资产年平均余额	固定资产合计	固定资产原价	累计折旧
制造业	90527396	73705191	109907832	50578735
农副食品加工业	21811	15853	26104	10491
食品制造业	49252	28982	40347	11499
饮料制造业	14114	30200	18574	5434
烟草制品业	7576389	1680759	2333022	1225090
纺织业	96928	211050	279400	68350
纺织服装、鞋、帽制造业	922722	412063	551846	179741
印刷业和记录媒介的复制	284811	366153	577440	269453
石油加工、炼焦及核燃料加工业	4948991	9281916	14973088	6512663
化学原料及化学制品制造业	19360487	17360728	38361816	22336691
医药制造业	2260558	1183722	1725379	682981
化学纤维制造业	177980	502960	543430	40470
橡胶制品业	151360	59590	140600	81010
塑料制品业	235319	172485	249742	78866
非金属矿物制品业	1687043	1728183	2466257	953573
黑色金属冶炼及压延加工业	4572216	14791641	13970137	6444374
金属制品业	1214214	845112	1359982	559585
通用设备制造业	1196407	410929	642761	312975
专用设备制造业	996916	253511	436994	191510
交通运输设备制造业	26640643	13188178	17176475	6725497
电气机械及器材制造业	5151160	1272695	1801922	595814
通信设备、计算机及其他电子设备制造业	8508443	9053761	11168724	2983197
仪器仪表及文化、办公用机械制造业	4459632	854720	1063792	309471
电力、燃气及水的生产和供应业	5066866	17941447	21983936	7375024
电力、热力的生产和供应业	3127052	11778593	15863925	5871701
燃气生产和供应业	148887	1452297	1696310	244013
水的生产和供应业	1790927	4710557	4423701	1259310

规模以上国有控股工业企业主要经济指标(四)

计量单位:千元

指标名称	固定资产净值年平均余额	资产总计	流动负债合计	
				应付账款
总　计	**65769741**	**217198896**	**103588788**	**22016873**
一、按登记注册类型分组				
内资企业	62115548	208330626	100434036	21031763
国有企业	27116472	94204552	35325083	10394110
股份合作企业	1887751	5641751	610227	7706
联营企业	125232	211066	51554	19116
有限责任公司	21343700	82755244	48060689	7633322
股份有限公司	11515964	25125258	16152601	2872496
其他企业	126429	392755	233882	105013
港、澳、台商投资企业	64903	354007	223736	109865
合资经营企业(港或澳、台资)	64903	354007	223736	109865
外商投资企业	3589290	8514263	2931016	875245
中外合资经营企业	3588794	8470202	2900335	862666
中外合作经营企业	496	44061	30681	12579
二、按轻重工业分组				
轻工业	7311557	25707773	6729420	1462934
重工业	58458184	191491123	96859368	20553939
三、按企业规模分组				
大型企业	43890540	145825490	76456250	15761295
中型企业	15936050	53256476	20716093	4683832
小型企业	5943151	18116930	6416445	1571746
四、在总计中:亏损企业	32322868	75562810	41857937	7004838
五、按工业行业大类分组				
采矿业	444183	1806579	334117	98486
黑色金属矿采选业	426394	1742208	291015	93749
有色金属矿采选业	17789	64371	43102	4737

规模以上国有控股工业企业主要经济指标(四)(续表)

计量单位:千元

指标名称	固定资产净值年平均余额	资产总计	流动负债合计	
				应付账款
制造业	51475031	185017895	95077558	21300492
农副食品加工业	6694	50960	20512	1020
食品制造业	31006	88422	29920	11741
饮料制造业	13207	44314	34320	33495
烟草制品业	1114993	9884812	1190740	536225
纺织业	220588	330818	248589	2739
纺织服装、鞋、帽制造业	381272	1392722	626181	256254
印刷业和记录媒介的复制	310372	690649	270376	36607
石油加工、炼焦及核燃料加工业	6499529	12050002	10292197	1601677
化学原料及化学制品制造业	16241178	40711824	16593161	2553548
医药制造业	1062391	3837426	1181464	247750
化学纤维制造业	502960	650560	140052	0
橡胶制品业	63900	269190	128390	48540
塑料制品业	173086	460071	300777	91673
非金属矿物制品业	1443005	3468227	1960487	402792
黑色金属冶炼及压延加工业	6559156	20643295	7003196	3843691
金属制品业	767121	2398138	1154435	120838
通用设备制造业	325080	1780512	1157921	526957
专用设备制造业	204440	1345625	1032458	230387
交通运输设备制造业	10013246	47686375	33422946	6924927
电气机械及器材制造业	926986	7560422	2700389	943140
通信设备、计算机及其他电子设备制造业	3836199	22845418	12341505	1841009
仪器仪表及文化、办公用机械制造业	778622	6828113	3247542	1045482
电力、燃气及水的生产和供应业	13850527	30374422	8177113	617895
电力、热力的生产和供应业	9246790	21485089	5460357	498802
燃气生产和供应业	1389140	2031457	763321	43247
水的生产和供应业	3214597	6857876	1953435	75846

规模以上国有控股工业企业主要经济指标(五)

计量单位:千元

指标名称	长期负债合计	负债合计	所有者权益合计	其中:实收资本
总　计	**20397623**	**125814753**	**91384143**	**68273966**
一、按登记注册类型分组				
内资企业	18227865	120490242	87840384	65357679
国有企业	6046152	41371236	52833316	33671021
股份合作企业	3635000	4245227	1396524	1308000
联营企业	3501	55055	156011	16926
有限责任公司	6598875	56483521	26271723	21869785
股份有限公司	1944337	18101321	7023937	8363255
其他企业	0	233882	158873	128692
港、澳、台商投资企业	34684	258420	95587	119170
合资经营企业(港或澳、台资)	34684	258420	95587	119170
外商投资企业	2135074	5066091	3448172	2797117
中外合资经营企业	2135074	5035410	3434792	2787098
中外合作经营企业	0	30681	13380	10019
二、按轻重工业分组				
轻工业	2200826	8935362	16772411	4037632
重工业	18196797	116879391	74611732	64236334
三、按企业规模分组				
大型企业	10099394	86592324	59233166	52181292
中型企业	6187725	28694746	24561730	10680194
小型企业	4110504	10527683	7589247	5412480
四、在总计中:亏损企业	7372393	49231063	26331747	35999130
五、按工业行业大类分组				
采矿业	518182	852299	954280	522604
黑色金属矿采选业	509985	801000	941208	500000
有色金属矿采选业	8197	51299	13072	22604

规模以上国有控股工业企业主要经济指标(五)(续表)

计量单位:千元

指标名称	长期负债合计	负债合计	所有者权益合计	其中:实收资本
制造业	11900352	108806251	76211644	54943673
农副食品加工业	1700	22212	28748	11690
食品制造业	0	29920	58502	31636
饮料制造业	0	34320	9994	2312
烟草制品业	15927	1206667	8678145	372086
纺织业	419	249008	81810	52000
纺织服装、鞋、帽制造业	16711	642892	749830	241967
印刷业和记录媒介的复制	42140	312516	378133	140692
石油加工、炼焦及核燃料加工业	67990	10360187	1689815	5145870
化学原料及化学制品制造业	921913	17515075	23196749	22559811
医药制造业	102350	1284546	2552880	972391
化学纤维制造业	326788	466840	183720	234534
橡胶制品业	55410	183800	85390	51450
塑料制品业	17145	317922	142149	102917
非金属矿物制品业	168634	2133504	1334723	716778
黑色金属冶炼及压延加工业	2028119	9031315	11611980	6466466
金属制品业	45002	1199437	1198701	748028
通用设备制造业	213161	1371082	409430	305121
专用设备制造业	557	1033015	312610	187539
交通运输设备制造业	4722241	38145188	9541187	11028355
电气机械及器材制造业	433318	4761437	2798985	766192
通信设备、计算机及其他电子设备制造业	2591941	15128940	7716478	4034939
仪器仪表及文化、办公用机械制造业	128886	3376428	3451685	770899
电力、燃气及水的生产和供应业	7979089	16156203	14218219	12807689
电力、热力的生产和供应业	5923735	11384092	10100997	10745316
燃气生产和供应业	365021	1128343	903114	600000
水的生产和供应业	1690333	3643768	3214108	1462373

规模以上国有控股工业企业主要经济指标(六)

计量单位:千元

指标名称	主营业务收入	主营业务成本	主营业务税金及附加	其他业务收入
总　计	**231817250**	**209940161**	**7692590**	**5205865**
一、按登记注册类型分组				
内资企业	226331283	205056496	7650173	4675568
国有企业	107513990	94813544	5966529	1707950
股份合作企业	990919	816165	9585	14
联营企业	544831	490907	3440	4339
有限责任公司	51141330	42857929	422564	2714090
股份有限公司	65368679	65357547	1246574	201876
其他企业	771534	720404	1481	47299
港、澳、台商投资企业	244742	198923	153	12749
合资经营企业(港或澳、台资)	244742	198923	153	12749
外商投资企业	5241225	4684742	42264	517548
中外合资经营企业	5218353	4667968	42264	517548
中外合作经营企业	22872	16774	0	0
二、按轻重工业分组				
轻工业	18591354	8830406	5126764	401202
重工业	213225896	201109755	2565826	4804663
三、按企业规模分组				
大型企业	183396678	176380764	2313063	3449688
中型企业	34917744	22125995	5320271	1517812
小型企业	13502828	11433402	59256	238365
四、在总计中:亏损企业	134212386	135978491	1983806	2146905
五、按工业行业大类分组				
采矿业	1315732	836156	34112	43388
黑色金属矿采选业	1230048	754419	33259	35867
有色金属矿采选业	85684	81737	853	7521

规模以上国有控股工业企业主要经济指标(六)(续表)

计量单位:千元

指标名称	主营业务收入	主营业务成本	主营业务税金及附加	其他业务收入
制造业	221870843	201509599	7596057	4687205
农副食品加工业	80685	67451	1145	0
食品制造业	135661	107386	272	8428
饮料制造业	15540	13190	1921	0
烟草制品业	10155645	2311223	5081455	145954
纺织业	199001	194950	1146	387
纺织服装、鞋、帽制造业	1460908	1238437	3780	61372
印刷业和记录媒介的复制	359594	312577	2186	11637
石油加工、炼焦及核燃料加工业	56716698	58075753	1205365	0
化学原料及化学制品制造业	73566102	73327813	618301	1473808
医药制造业	3202988	2157034	20600	15467
化学纤维制造业	297245	220249	0	0
橡胶制品业	300170	226580	1160	0
塑料制品业	675366	600412	2845	47604
非金属矿物制品业	3581249	3096662	15574	45933
黑色金属冶炼及压延加工业	14570961	13367629	154284	22050
金属制品业	1969960	1413981	10880	99596
通用设备制造业	1689447	1372542	6073	74989
专用设备制造业	1389128	1218891	7265	23348
交通运输设备制造业	29265164	25499719	283981	1847813
电气机械及器材制造业	6812625	4694392	112439	306909
通信设备、计算机及其他电子设备制造业	12084365	9503014	40206	288033
仪器仪表及文化、办公用机械制造业	3342341	2489714	25179	213877
电力、燃气及水的生产和供应业	8630675	7594406	62421	475272
电力、热力的生产和供应业	7077715	6435026	54755	10966
燃气生产和供应业	783115	653134	0	389671
水的生产和供应业	769845	506246	7666	74635

规模以上国有控股工业企业主要经济指标(七)

计量单位:千元

指标名称	其他业务利润	营业费用	管理费用	
				税金
总　计	**1027317**	**4384710**	**11714866**	**405481**
一、按登记注册类型分组				
内资企业	818129	4217661	11326906	396383
国有企业	240288	1219742	5011187	214801
股份合作企业	14	314	11980	3122
联营企业	1330	2611	17229	7940
有限责任公司	554868	2546558	4992935	151637
股份有限公司	16007	428812	1277884	17414
其他企业	5622	19624	15691	1469
港、澳、台商投资企业	1651	11334	23184	213
合资经营企业(港或澳、台资)	1651	11334	23184	213
外商投资企业	207537	155715	364776	8885
中外合资经营企业	207537	155701	364083	8885
中外合作经营企业	0	14	693	0
二、按轻重工业分组				
轻工业	68044	759587	1257221	53165
重工业	959273	3625123	10457645	352316
三、按企业规模分组				
大型企业	536482	2526864	7524274	248648
中型企业	421928	1490334	3449800	122928
小型企业	68907	367512	740792	33905
四、在总计中:亏损企业	420896	1169675	4013076	136216
五、按工业行业大类分组				
采矿业	10215	7340	298961	5964
黑色金属矿采选业	3690	6890	286560	5706
有色金属矿采选业	6525	450	12401	258

规模以上国有控股工业企业主要经济指标(七)(续表)

计量单位:千元

指标名称	其他业务利润	营业费用	管理费用	
				税金
制造业	796093	4127375	10848376	287927
农副食品加工业	0	2300	4990	458
食品制造业	95	3341	14805	12
饮料制造业	0	0	620	0
烟草制品业	3780	130630	510528	12014
纺织业	22	1512	7065	492
纺织服装、鞋、帽制造业	6559	30776	124579	8312
印刷业和记录媒介的复制	11160	6833	43995	1180
石油加工、炼焦及核燃料加工业	0	14884	674209	5452
化学原料及化学制品制造业	135921	379083	2812458	90667
医药制造业	8930	396659	325395	10906
化学纤维制造业	0	690	34906	0
橡胶制品业	0	10990	46800	2830
塑料制品业	-2062	15054	23503	1286
非金属矿物制品业	10544	120246	202402	10116
黑色金属冶炼及压延加工业	641	117388	433427	45900
金属制品业	35129	21711	177258	6360
通用设备制造业	24186	48256	218267	5131
专用设备制造业	3543	30472	106599	1620
交通运输设备制造业	330199	1277842	2276085	61173
电气机械及器材制造业	92875	905413	901268	4773
通信设备、计算机及其他电子设备制造业	87912	409780	1460682	15185
仪器仪表及文化、办公用机械制造业	46659	203515	448535	4060
电力、燃气及水的生产和供应业	221009	249995	567529	111590
电力、热力的生产和供应业	7359	0	409238	93410
燃气生产和供应业	185544	99771	69241	915
水的生产和供应业	28106	150224	89050	17265

规模以上国有控股工业企业主要经济指标(八)

计量单位:千元

指标名称	财务费用	利息支出	营业利润	投资收益
总　计	**1857432**	**1700039**	**-2600272**	**369340**
一、按登记注册类型分组				
内资企业	1838939	1669288	-2795843	369328
国有企业	5580	-82367	531412	105093
股份合作企业	94763	94800	58126	96
联营企业	466	427	31508	-5303
有限责任公司	1117871	1036459	107435	257450
股份有限公司	616272	616155	-3540293	11992
其他企业	3987	3814	15969	0
港、澳、台商投资企业	1134	878	11665	0
合资经营企业(港或澳、台资)	1134	878	11665	0
外商投资企业	17359	29873	183906	12
中外合资经营企业	17367	29873	178507	12
中外合作经营企业	-8	0	5399	0
二、按轻重工业分组				
轻工业	-10608	-13140	2572787	-115509
重工业	1868040	1713179	-5173059	484849
三、按企业规模分组				
大型企业	1332762	1198087	-6051496	197134
中型企业	349100	332247	2657132	163099
小型企业	175570	169705	794092	9107
四、在总计中:亏损企业	1020959	957975	-9704527	64919
五、按工业行业大类分组				
采矿业	-3474	412	152852	7540
黑色金属矿采选业	-3879	0	156489	7539
有色金属矿采选业	405	412	-3637	1

规模以上国有控股工业企业主要经济指标（八）(续表)

计量单位：千元

指标名称	财务费用		营业利润	投资收益
		利息支出		
制造业	1542895	1401008	－2812446	360898
农副食品加工业	41	－79	4758	－500
食品制造业	884	338	9068	0
饮料制造业	－260	0	69	0
烟草制品业	－90612	－90739	2216201	130
纺织业	7519	7386	－13169	－370
纺织服装、鞋、帽制造业	－1095	1597	70772	－4778
印刷业和记录媒介的复制	－546	－18	5689	6
石油加工、炼焦及核燃料加工业	338605	337102	－3592118	0
化学原料及化学制品制造业	249612	240765	－3586169	86269
医药制造业	15511	11566	176885	－111044
化学纤维制造业	7580	7580	33820	0
橡胶制品业	2070	2070	12570	0
塑料制品业	7219	6945	21102	0
非金属矿物制品业	51747	57172	105160	487
黑色金属冶炼及压延加工业	99474	93363	399400	0
金属制品业	16151	22486	365108	－2357
通用设备制造业	13473	9770	56731	95
专用设备制造业	8131	8756	21314	0
交通运输设备制造业	491563	361454	－137547	162491
电气机械及器材制造业	77576	78808	213306	2984
通信设备、计算机及其他电子设备制造业	261767	249677	547419	182542
仪器仪表及文化、办公用机械制造业	－13515	－4991	257185	44943
电力、燃气及水的生产和供应业	318011	298619	59322	902
电力、热力的生产和供应业	297053	255874	－110998	－69
燃气生产和供应业	－14028	6966	160541	12
水的生产和供应业	34986	35779	9779	959

规模以上国有控股工业企业主要经济指标(九)

计量单位:千元

指标名称	补贴收入	营业外收入	营业外支出	利税
总　计	**114920**	**1962105**	**1088002**	**12087219**
一、按登记注册类型分组				
内资企业	112820	1955095	1076098	11595471
国有企业	40117	442279	522840	10358315
股份合作企业	0	35	3	155250
联营企业	0	66	2991	44578
有限责任公司	70240	1369228	541079	2756545
股份有限公司	2463	142648	7692	-1749477
其他企业	0	839	1493	30260
港、澳、台商投资企业	163	585	561	20563
合资经营企业(港或澳、台资)	163	585	561	20563
外商投资企业	1937	6425	11343	471185
中外合资经营企业	1937	6425	11342	465787
中外合作经营企业	0	0	1	5398
二、按轻重工业分组				
轻工业	15402	43843	37771	9483601
重工业	99518	1918262	1050231	2603618
三、按企业规模分组				
大型企业	12034	1604280	736660	897
中型企业	77961	306748	314515	10600975
小型企业	24925	51077	36827	1485347
四、在总计中:亏损企业	20231	932295	743932	-6518158
五、按工业行业大类分组				
采矿业	0	35270	3957	340443
黑色金属矿采选业	0	32193	3195	338278
有色金属矿采选业	0	3077	762	2165

规模以上国有控股工业企业主要经济指标(九)(续表)

计量单位:千元

指标名称	补贴收入	营业外收入	营业外支出	利税
制造业	112713	1814248	816189	11305165
农副食品加工业	0	0	2442	6291
食品制造业	20	90	66	14628
饮料制造业	0	0	0	2050
烟草制品业	8135	1015	11925	8706069
纺织业	400	2007	11	2430
纺织服装、鞋、帽制造业	4532	3267	4034	104325
印刷业和记录媒介的复制	0	9749	542	36552
石油加工、炼焦及核燃料加工业	0	6588	4006	-2384171
化学原料及化学制品制造业	320	69202	104563	-2136474
医药制造业	2265	15223	10971	390013
化学纤维制造业	0	0	0	45444
橡胶制品业	0	380	2910	22560
塑料制品业	30	2616	367	54718
非金属矿物制品业	25744	40888	16354	316971
黑色金属冶炼及压延加工业	0	291106	181103	1505872
金属制品业	113	4311	2017	493301
通用设备制造业	14971	7034	10461	141138
专用设备制造业	6380	6922	1656	71473
交通运输设备制造业	11594	950028	427409	1634288
电气机械及器材制造业	0	216219	4442	705847
通信设备、计算机及其他电子设备制造业	6350	107721	18030	1005028
仪器仪表及文化、办公用机械制造业	31859	79882	12880	566812
电力、燃气及水的生产和供应业	2207	112587	267856	441611
电力、热力的生产和供应业	2207	98200	256027	182769
燃气生产和供应业	0	5176	5576	200394
水的生产和供应业	0	9211	6253	58448

规模以上国有控股工业企业主要经济指标(十)

计量单位:千元

指标名称	利润总额	亏损企业亏损额	应交所得税	本年应付工资总额
总　计	**-1515618**	**9526436**	**1440727**	**8254513**
一、按登记注册类型分组				
内资企业	-1708407	9384012	1410006	7957517
国有企业	518343	4358835	1081005	3398332
股份合作企业	58254	1281	14558	10929
联营企业	23280	0	2735	21228
有限责任公司	1077594	1209611	257805	3575331
股份有限公司	-3401193	3814285	53903	936599
其他企业	15315	0	0	15098
港、澳、台商投资企业	11852	6422	2538	11313
合资经营企业(港或澳、台资)	11852	6422	2538	11313
外商投资企业	180937	136002	28183	285683
中外合资经营企业	175539	136002	28183	284283
中外合作经营企业	5398	0	0	1400
二、按轻重工业分组				
轻工业	2590038	57063	629347	859447
重工业	-4105656	9469373	811380	7395066
三、按企业规模分组				
大型企业	-5149614	8396028	505637	5549041
中型企业	2799459	1004814	767082	2044323
小型企业	834537	125594	168008	661149
四、在总计中:亏损企业	-9526436	9526436	-49175	2686775
五、按工业行业大类分组				
采矿业	191705	1600	41017	178810
黑色金属矿采选业	193026	0	41017	167827
有色金属矿采选业	-1321	1600	0	10983

规模以上国有控股工业企业主要经济指标(十)(续表)

计量单位:千元

指标名称	利润总额	亏损企业亏损额	应交所得税	本年应付工资总额
制造业	-1614485	8756917	1356512	7524673
农副食品加工业	2316	272	310	3023
食品制造业	9112	0	1691	10396
饮料制造业	69	0	0	4150
烟草制品业	2213556	0	553389	154255
纺织业	-11143	12192	267	16560
纺织服装、鞋、帽制造业	69687	1421	8179	107410
印刷业和记录媒介的复制	14902	3179	3334	47664
石油加工、炼焦及核燃料加工业	-3589536	3589536	0	299520
化学原料及化学制品制造业	-3707998	4504878	191263	1708095
医药制造业	183216	13219	45657	256416
化学纤维制造业	33820	0	0	42200
橡胶制品业	10040	0	2510	32870
塑料制品业	23381	0	6197	32472
非金属矿物制品业	131124	21611	31238	138121
黑色金属冶炼及压延加工业	509403	20790	37429	339734
金属制品业	365158	0	91702	147403
通用设备制造业	64280	6637	8938	174835
专用设备制造业	26580	2852	2441	102349
交通运输设备制造业	462989	572068	225027	2057141
电气机械及器材制造业	428077	3997	61306	367861
通信设备、计算机及其他电子设备制造业	767133	1667	56549	1191415
仪器仪表及文化、办公用机械制造业	379349	2598	29085	290783
电力、燃气及水的生产和供应业	-92838	767919	43198	551030
电力、热力的生产和供应业	-266687	749750	21205	365269
燃气生产和供应业	160153	0	20218	63218
水的生产和供应业	13696	18169	1775	122543

规模以上国有控股工业企业主要经济指标(十一)

计量单位:千元

指标名称	本年应付福利费总额	本年应交增值税	本年销项税额	全部从业人员年平均人数(人)
总　计	**682153**	**5627978**	**36287377**	**185464**
一、按登记注册类型分组				
内资企业	660572	5372918	35244911	176198
国有企业	288303	3872923	18289933	74596
股份合作企业	3059	87411	168457	196
联营企业	2502	17858	62777	1145
有限责任公司	291746	1256387	5915811	83947
股份有限公司	72848	124875	10668741	16015
其他企业	2114	13464	139192	299
港、澳、台商投资企业	1095	8558	37916	846
合资经营企业(港或澳、台资)	1095	8558	37916	846
外商投资企业	20486	246502	1004550	8420
中外合资经营企业	20386	246928	1003085	8180
中外合作经营企业	100	－426	1465	240
二、按轻重工业分组				
轻工业	102862	1766279	2908053	31240
重工业	579291	3861699	33379324	154224
三、按企业规模分组				
大型企业	408815	2557181	29244875	108913
中型企业	202912	2481245	4950285	56427
小型企业	70426	589552	2092217	20124
四、在总计中:亏损企业	189610	744205	22675623	52711
五、按工业行业大类分组				
采矿业	25345	114626	181179	3506
黑色金属矿采选业	23840	111993	173138	3110
有色金属矿采选业	1505	2633	8041	396

规模以上国有控股工业企业主要经济指标(十一)(续表)

计量单位:千元

指标名称	本年应付福利费总额	本年应交增值税	本年销项税额	全部从业人员年平均人数(人)
制造业	588108	5041324	35011240	171118
农副食品加工业	310	2830	4560	120
食品制造业	847	5244	20852	349
饮料制造业	658	60	60	361
烟草制品业	20767	1411058	1749938	1658
纺织业	893	12427	33818	1060
纺织服装、鞋、帽制造业	33505	30858	130586	7677
印刷业和记录媒介的复制	2932	18944	54298	1744
石油加工、炼焦及核燃料加工业	17276	-280267	9541512	4952
化学原料及化学制品制造业	94263	953223	11787719	26004
医药制造业	17897	186197	598711	6785
化学纤维制造业	0	11624	0	2005
橡胶制品业	1261	11360	46300	826
塑料制品业	5974	28492	125494	1787
非金属矿物制品业	10568	170273	436411	6078
黑色金属冶炼及压延加工业	10802	842185	3534565	4991
金属制品业	17650	117263	340294	3385
通用设备制造业	10512	70785	273109	5936
专用设备制造业	5529	37628	225570	1948
交通运输设备制造业	177577	887318	4012941	55196
电气机械及器材制造业	14281	163849	829352	6314
通信设备、计算机及其他电子设备制造业	116628	197689	732517	25267
仪器仪表及文化、办公用机械制造业	27978	162284	532633	6675
电力、燃气及水的生产和供应业	68700	472028	1094958	10840
电力、热力的生产和供应业	48463	394701	937093	5767
燃气生产和供应业	2819	40241	115571	1304
水的生产和供应业	17418	37086	42294	3769

规模以上大中型工业企业主要经济指标(一)

计量单位:千元

指标名称	企业单位数(个)	亏损企业	工业总产值(当年价格)	工业销售产值(当年价格)	出口交货值
总　计	**304**	**62**	**463427286**	**456121590**	**101523483**
一、按登记注册类型分组					
内资企业	175	35	286853403	286110071	22036475
国有企业	34	9	98761566	99050163	7626312
集体企业	7	4	1805975	1806979	0
股份合作企业	2	2	341997	324122	21019
联营企业	1	0	169450	165970	0
有限责任公司	62	12	98335238	97892876	11160797
股份有限公司	17	3	67213568	67028652	568905
私营企业	50	5	19670055	19285755	2659442
其他企业	2	0	555554	555554	0
港、澳、台商投资企业	39	9	30809755	30157593	12777490
合资经营企业(港或澳、台资)	19	5	19759756	19293207	11236806
港澳台商独资经营企业	20	4	11049999	10864386	1540684
外商投资企业	90	18	145764128	139853926	66709518
中外合资经营企业	39	6	67541357	66341419	17506840
中外合作经营企业	1	0	45269	45269	37902
外资企业	48	12	75324336	70936528	48128022
外商投资股份有限公司	2	0	2853166	2530710	1036754
二、按控股情况分组					
国有控股	79	19	207311892	207196740	13470028
集体控股	16	5	3467282	3434616	131541
私人控股	85	13	35829661	34642291	4978771
港澳台控股	35	9	29932785	29223004	12543281
外商控股	79	16	138604826	133114217	65637141
其他	10	0	48280840	48510722	4762721
三、按轻重工业分组					
轻工业	83	15	59369108	57953822	12941001
重工业	221	47	404058178	398167768	88582482
四、按企业规模分组					
大型企业	40	9	294752038	289933459	73546032
中型企业	264	53	168675248	166188131	27977451
五、在总计中:亏损企业	62	62	155847327	154863466	19270338
六、在总计中:民营	101	17	82749844	82082603	8609337
七、按工业行业大类分组					
采矿业	4	1	2278439	2247469	0
黑色金属矿采选业	2	0	1645876	1645899	0
有色金属矿采选业	1	0	423042	392156	0

规模以上大中型工业企业主要经济指标(一)(续表)

计量单位:千元

指标名称	企业单位数(个)	亏损企业	工业总产值(当年价格)	工业销售产值(当年价格)	出口交货值
非金属矿采选业	1	1	209521	209414	0
制造业	289	55	453081711	445823632	101523483
农副食品加工业	4	1	2345632	2343763	2448
食品制造业	7	1	3412169	3340433	52361
饮料制造业	4	1	2979989	2897462	0
烟草制品业	1	0	10286604	10155645	8552
纺织业	6	0	1143973	1130002	250833
纺织服装、鞋、帽制造业	19	3	6180024	5942697	3249726
皮革、毛皮、羽毛(绒)及其制品业	3	1	1481505	1369158	21019
家具制造业	3	0	259357	241454	165838
造纸及纸制品业	2	0	394195	394220	22701
印刷业和记录媒介的复制	2	1	258785	246477	99950
文教体育用品制造业	3	0	431443	412542	153892
石油加工、炼焦及核燃料加工业	2	1	55985695	55931630	171550
化学原料及化学制品制造业	21	5	90118398	90421739	4997112
医药制造业	5	0	3739891	3654071	146344
化学纤维制造业	4	0	3491092	3433042	353211
橡胶制品业	3	0	3505253	3005258	1122090
塑料制品业	6	1	2593570	2573835	3313
非金属矿物制品业	12	4	5399209	5189197	574762
黑色金属冶炼及压延加工业	8	3	58917635	58733048	5316423
有色金属冶炼及压延加工业	7	1	4361050	4017741	1053945
金属制品业	16	1	8039815	7933077	215841
通用设备制造业	30	4	12254641	12284872	1744839
专用设备制造业	12	2	3003975	2931803	139880
交通运输设备制造业	32	11	33082358	33143004	9710367
电气机械及器材制造业	20	3	17634401	17443460	3869600
通信设备、计算机及其他电子设备制造业	44	7	115438208	110515251	67568206
仪器仪表及文化、办公用机械制造业	10	4	4780102	4587039	508680
工艺品及其他制造业	1	0	1174940	1174506	0
废弃资源和废旧材料回收加工业	2	0	387802	377206	0
电力、燃气及水的生产和供应业	11	6	8067136	8050489	0
电力、热力的生产和供应业	7	5	6260391	6260957	0
燃气生产和供应业	2	0	1186859	1186859	0
水的生产和供应业	2	1	619886	602673	0

规模以上大中型工业企业主要经济指标(二)

计量单位:千元

指标名称	流动资产合计	应收账款	存货	
				产成品
总　计	**175387912**	**40442664**	**46782006**	**13115556**
一、按登记注册类型分组				
内资企业	125292491	21723521	34625138	7898859
国有企业	41312587	3677398	12153526	1993506
集体企业	505671	148693	138797	73327
股份合作企业	237446	29552	72076	60530
联营企业	62150	9450	8714	5698
有限责任公司	62744490	11348548	16689983	4036435
股份有限公司	10511038	3635355	3305693	711016
私营企业	9721443	2858237	2216066	990928
其他企业	197666	16288	40283	27419
港、澳、台商投资企业	11980346	2282003	3111623	914221
合资经营企业(港或澳、台资)	6754338	1145948	1874240	527264
港澳台商独资经营企业	5226008	1136055	1237383	386957
外商投资企业	38115075	16437140	9045245	4302476
中外合资经营企业	21057970	10040095	5502881	2896416
中外合作经营企业	49159	10327	12092	0
外资企业	15861975	6030469	3117922	1144597
外商投资股份有限公司	1145971	356249	412350	261463
二、按控股情况分组				
国有控股	85643249	13090393	22346553	4881447
集体控股	1600746	443819	380041	182116
私人控股	20334581	4927575	5235731	1953807
港澳台控股	10869735	2071457	2928643	852030
外商控股	35198824	15069258	8186945	3896482
其他	21740777	4840162	7704093	1349674
三、按轻重工业分组				
轻工业	30911563	5336097	7499891	2370328
重工业	144476349	35106567	39282115	10745228
四、按企业规模分组				
大型企业	87084662	13818295	23587945	5615039
中型企业	88303250	26624369	23194061	7500517
五、在总计中:亏损企业	33265924	6054442	9415609	2299670
六、在总计中:民营	41085275	9528999	12658146	3158004
七、按工业行业大类分组				
采矿业	1947524	456442	162293	85274
黑色金属矿采选业	1303140	287240	94096	34284
有色金属矿采选业	431379	159863	35009	27741

规模以上大中型工业企业主要经济指标(二)(续表)

计量单位:千元

指标名称	流动资产合计	应收账款	存货	
				产成品
非金属矿采选业	213005	9339	33188	23249
制造业	168117578	39299688	46081249	13025614
农副食品加工业	1976532	461033	219947	44822
食品制造业	1875134	260875	217276	34674
饮料制造业	764435	119852	252875	104790
烟草制品业	7944678	88029	2937363	101907
纺织业	934076	151516	455966	286506
纺织服装、鞋、帽制造业	2339778	766202	622905	405464
皮革、毛皮、羽毛(绒)及其制品业	632768	78902	220670	157309
家具制造业	99633	9734	46328	22854
造纸及纸制品业	235509	161248	27773	6173
印刷业和记录媒介的复制	122574	53984	40236	14926
文教体育用品制造业	227810	28767	69289	36732
石油加工、炼焦及核燃料加工业	3121042	551805	1498978	44743
化学原料及化学制品制造业	20183456	2335833	5870459	1825956
医药制造业	2961248	906379	521354	251963
化学纤维制造业	750276	234599	340206	180057
橡胶制品业	1818827	930634	245702	196425
塑料制品业	966029	230840	166970	81618
非金属矿物制品业	2706522	681916	760974	325977
黑色金属冶炼及压延加工业	15247052	741257	6990457	1299901
有色金属冶炼及压延加工业	2426655	823227	842691	341563
金属制品业	4624512	1024300	1332617	405911
通用设备制造业	10805145	2752615	3941986	1217367
专用设备制造业	2117894	632899	670824	154357
交通运输设备制造业	30327184	4426858	7716298	1552630
电气机械及器材制造业	17556959	6590659	2615741	565707
通信设备、计算机及其他电子设备制造业	29956546	13023866	6028865	2993350
仪器仪表及文化、办公用机械制造业	5185080	1201438	1334506	301514
工艺品及其他制造业	63514	16400	47114	47114
废弃资源和废旧材料回收加工业	146710	14021	44879	23304
电力、燃气及水的生产和供应业	5322810	686534	538464	4668
电力、热力的生产和供应业	3552187	587266	368956	0
燃气生产和供应业	249206	39430	71855	2135
水的生产和供应业	1521417	59838	97653	2533

规模以上大中型工业企业主要经济指标(三)

计量单位：千元

指标名称	流动资产年平均余额	固定资产合计	固定资产原价	累计折旧
总　计	**179057635**	**152436321**	**214733082**	**88240550**
一、按登记注册类型分组				
内资企业	128369309	106856852	150757884	66167929
国有企业	44666055	40658986	60061985	32775440
集体企业	597276	218281	379438	184384
股份合作企业	186444	61388	127085	65698
联营企业	62150	37460	56260	18800
有限责任公司	60571972	47709517	62674360	22243781
股份有限公司	12999592	15204654	23655085	9521418
私营企业	9112100	2789414	3618072	1287517
其他企业	173720	177152	185599	70891
港、澳、台商投资企业	11618765	5834453	7843945	2395450
合资经营企业(港或澳、台资)	6373462	3693713	4915388	1476144
港澳台商独资经营企业	5245303	2140740	2928557	919306
外商投资企业	39069561	39745016	56131253	19677171
中外合资经营企业	22811243	29129017	39570319	12723969
中外合作经营企业	49159	19470	30997	11527
外资企业	15052586	10267629	16257560	6866756
外商投资股份有限公司	1156573	328900	272377	74919
二、按控股情况分组				
国有控股	89677367	85800981	124786425	56340336
集体控股	1517596	709969	1119847	548949
私人控股	20055539	8931545	9376898	2940130
港澳台控股	10623331	5539642	7458643	2291166
外商控股	35986943	36225379	51571541	18495188
其他	21196859	15228805	20419728	7624781
三、按轻重工业分组				
轻工业	31392645	17478869	20879572	7297138
重工业	147664990	134957452	193853510	80943412
四、按企业规模分组				
大型企业	92105037	91025048	138253032	63563853
中型企业	86952598	61411273	76480050	24676697
五、在总计中：亏损企业	39516441	46861543	81333028	40001822
六、在总计中：民营	40220930	24062121	30029555	10879717
七、按工业行业大类分组				
采矿业	1618390	590907	1563091	978680
黑色金属矿采选业	1147536	486450	1292336	807105
有色金属矿采选业	368727	84009	213779	135047

规模以上大中型工业企业主要经济指标(三)(续表)

计量单位:千元

指标名称	流动资产年平均余额	固定资产合计	固定资产原价	累计折旧
非金属矿采选业	102127	20448	56976	36528
制造业	172740481	134836286	192471412	80328905
农副食品加工业	2054702	187550	280701	110086
食品制造业	1850768	888166	1160709	352060
饮料制造业	681082	561639	988749	431890
烟草制品业	7576389	1680759	2333022	1225090
纺织业	897385	454179	488146	106018
纺织服装、鞋、帽制造业	2211728	934383	1129286	348536
皮革、毛皮、羽毛(绒)及其制品业	564376	172837	226802	77802
家具制造业	101281	120422	136391	74977
造纸及纸制品业	237744	79741	177380	98083
印刷业和记录媒介的复制	97095	214852	389107	176342
文教体育用品制造业	207624	56527	92413	45163
石油加工、炼焦及核燃料加工业	5196295	9328439	15031673	6524889
化学原料及化学制品制造业	25084480	34265492	57554768	27313406
医药制造业	3084234	1332873	1850787	654875
化学纤维制造业	2123450	3066958	3947974	1010766
橡胶制品业	1776316	1772065	2565565	892418
塑料制品业	1025410	320490	492053	172406
非金属矿物制品业	2888007	3779951	5609409	2225240
黑色金属冶炼及压延加工业	16703441	28771849	32955538	13595623
有色金属冶炼及压延加工业	2333014	1087569	995396	365815
金属制品业	4352142	1236674	2002589	847776
通用设备制造业	9947454	5036397	5597046	1908155
专用设备制造业	1895663	456830	740091	356826
交通运输设备制造业	29563388	16242285	20922019	7559403
电气机械及器材制造业	16496687	2880743	3548395	1052886
通信设备、计算机及其他电子设备制造业	28715592	18702061	29694603	12325472
仪器仪表及文化、办公用机械制造业	4794699	1125008	1426685	422334
工艺品及其他制造业	133325	28062	53801	25739
废弃资源和废旧材料回收加工业	146710	51485	80314	28829
电力、燃气及水的生产和供应业	4698764	17009128	20698579	6932965
电力、热力的生产和供应业	2909125	11310231	15071312	5545179
燃气生产和供应业	227417	1491263	1764479	273216
水的生产和供应业	1562222	4207634	3862788	1114570

规模以上大中型工业企业主要经济指标(四)

计量单位:千元

指标名称	固定资产净值年平均余额	资产总计	流动负债合计	
				应付账款
总　计	**119494354**	**369149843**	**182208738**	**46188758**
一、按登记注册类型分组				
内资企业	75979103	266149585	133351554	28162744
国有企业	25512633	90200320	33513931	9922955
集体企业	189809	847946	455312	126542
股份合作企业	63410	586507	318052	67816
联营企业	50310	99610	27000	10000
有限责任公司	35448391	130763485	72702744	13448280
股份有限公司	12265192	29123065	17217352	3040748
私营企业	2328603	14051539	8789738	1466530
其他企业	120755	477113	327425	79873
港、澳、台商投资企业	5808061	19987169	9789893	2245486
合资经营企业(港或澳、台资)	3347480	10991583	5571042	1030910
港澳台商独资经营企业	2460581	8995586	4218851	1214576
外商投资企业	37707190	83013089	39067291	15780528
中外合资经营企业	27636402	54023902	23517181	9562150
中外合作经营企业	20386	76994	33368	26727
外资企业	9742567	26874380	14551431	5914964
外商投资股份有限公司	307835	2037813	965311	276687
二、按控股情况分组				
国有控股	59826590	199081966	97172343	20445127
集体控股	501229	2653177	1432686	401493
私人控股	6104895	34394929	20140015	4175211
港澳台控股	5631825	18415372	8810208	2042500
外商控股	34265189	74687812	36012450	14770542
其他	13164626	39916587	18641036	4353885
三、按轻重工业分组				
轻工业	13630504	54099641	21206162	4948382
重工业	105863850	315050202	161002576	41240376
四、按企业规模分组				
大型企业	68338546	207372857	108295171	22125705
中型企业	51155808	161776986	73913567	24063053
五、在总计中:亏损企业	39766416	93470179	54370493	11432515
六、在总计中:民营	19099134	72703084	37872861	8258614
七、按工业行业大类分组				
采矿业	571760	3033496	958152	236172
黑色金属矿采选业	482465	2251518	557548	104051
有色金属矿采选业	73478	548525	197901	46120

规模以上大中型工业企业主要经济指标(四)(续表)

计量单位:千元

指标名称	固定资产净值年平均余额	资产总计	流动负债合计	
				应付账款
非金属矿采选业	15817	233453	202703	86001
制造业	105960872	340432367	172544357	45268965
农副食品加工业	138345	3436698	2250809	245883
食品制造业	818911	2879380	1025079	357238
饮料制造业	553999	1441385	972081	206938
烟草制品业	1114993	9884812	1190740	536225
纺织业	302105	1437779	605823	182522
纺织服装、鞋、帽制造业	802379	3565250	1833261	451851
皮革、毛皮、羽毛(绒)及其制品业	152729	1035763	451407	213654
家具制造业	68047	231388	165955	22518
造纸及纸制品业	72507	329358	37283	17792
印刷业和记录媒介的复制	189714	365007	130143	21726
文教体育用品制造业	52592	298611	118776	31910
石油加工、炼焦及核燃料加工业	6545888	12456345	10591767	1605686
化学原料及化学制品制造业	30911792	62645832	21935212	3493038
医药制造业	1220541	4707449	1415305	342672
化学纤维制造业	2975530	5617717	1525477	178036
橡胶制品业	1659347	4751134	2832905	523900
塑料制品业	318626	1693803	613107	151034
非金属矿物制品业	3299907	7165304	3822025	499238
黑色金属冶炼及压延加工业	18873459	48919305	22073158	5530684
有色金属冶炼及压延加工业	684291	4183565	2268273	678471
金属制品业	1156655	6539370	4203894	619906
通用设备制造业	3757270	16925744	8496162	2053984
专用设备制造业	371266	2688274	1786197	438839
交通运输设备制造业	12940157	53792174	37842802	8341503
电气机械及器材制造业	2272069	21685213	9166052	4180309
通信设备、计算机及其他电子设备制造业	13593286	53868754	31452815	13079222
仪器仪表及文化、办公用机械制造业	1021444	7536377	3585434	1227071
工艺品及其他制造业	28688	151286	72861	18025
废弃资源和废旧材料回收加工业	64335	199290	79554	19090
电力、燃气及水的生产和供应业	12961722	25683980	8706229	683621
电力、热力的生产和供应业	8738857	17403551	6227994	574428
燃气生产和供应业	1427690	2180219	810905	47522
水的生产和供应业	2795175	6100210	1667330	61671

规模以上大中型工业企业主要经济指标(五)

计量单位:千元

指标名称	长期负债合计	负债合计	所有者权益合计	其中:实收资本
总　计	**33989147**	**218039893**	**151109950**	**95254790**
一、按登记注册类型分组				
内资企业	21563809	156752855	109396730	70115231
国有企业	5874373	39388304	50812016	32531469
集体企业	74864	530176	317770	120346
股份合作企业	222957	541009	45498	100300
联营企业	4000	31000	68610	14664
有限责任公司	11627709	86153677	44609808	26753278
股份有限公司	3082044	20303779	8819286	8904641
私营企业	638144	9437767	4613772	1638645
其他企业	39718	367143	109970	51888
港、澳、台商投资企业	1175851	10970257	9016912	4663665
合资经营企业(港或澳、台资)	622248	6197803	4793780	2077552
港澳台商独资经营企业	553603	4772454	4223132	2586113
外商投资企业	11249487	50316781	32696308	20475894
中外合资经营企业	9697537	33214720	20809182	10756473
中外合作经营企业	0	33368	43626	38207
外资企业	1440362	15991794	10882586	9476921
外商投资股份有限公司	111588	1076899	960914	204293
二、按控股情况分组				
国有控股	16287119	115287070	83794896	62861486
集体控股	227820	1660506	992671	390515
私人控股	3253160	23403060	10991869	4537447
港澳台控股	1115847	9930568	8484804	4421218
外商控股	9016849	45029301	29658511	18780894
其他	4088352	22729388	17187199	4263230
三、按轻重工业分组				
轻工业	5155574	26376002	27723639	11568499
重工业	28833573	191663891	123386311	83686291
四、按企业规模分组				
大型企业	16914278	125250642	82122215	64810133
中型企业	17074869	92789251	68987735	30444657
五、在总计中:亏损企业	8013678	62384172	31086007	43032120
六、在总计中:民营	7397790	45280536	27422548	8715830
七、按工业行业大类分组				
采矿业	585961	1544113	1489383	598301
黑色金属矿采选业	509985	1067533	1183985	507743
有色金属矿采选业	64278	262179	286346	89558

规模以上大中型工业企业主要经济指标(五)(续表)

计量单位:千元

指标名称	长期负债合计	负债合计	所有者权益合计	其中:实收资本
非金属矿采选业	11698	214401	19052	1000
制造业	28942313	203328677	137103690	83412324
农副食品加工业	100000	2350809	1085889	783920
食品制造业	84984	1119946	1759434	688196
饮料制造业	1	972082	469303	620673
烟草制品业	15927	1206667	8678145	372086
纺织业	127754	733577	704202	517092
纺织服装、鞋、帽制造业	18704	1851965	1713285	772584
皮革、毛皮、羽毛(绒)及其制品业	145663	597070	438693	212611
家具制造业	53580	219535	11853	119327
造纸及纸制品业	6320	43603	285755	199510
印刷业和记录媒介的复制	11004	141147	223860	47490
文教体育用品制造业	11350	130126	168485	33033
石油加工、炼焦及核燃料加工业	67990	10659757	1796588	5238870
化学原料及化学制品制造业	7234641	29169853	33475979	24414142
医药制造业	202425	1617730	3089719	1148756
化学纤维制造业	2216331	3741808	1875909	1533566
橡胶制品业	653207	3486112	1265022	976202
塑料制品业	37008	650115	1043688	548765
非金属矿物制品业	344361	4170769	2994535	2559183
黑色金属冶炼及压延加工业	5816574	27889732	21029573	9147570
有色金属冶炼及压延加工业	140490	2408763	1774802	280614
金属制品业	149717	4353611	2185759	1112510
通用设备制造业	1470958	9971634	6954110	3440625
专用设备制造业	558	1786755	901519	537145
交通运输设备制造业	5820507	43663311	10128863	12705021
电气机械及器材制造业	665533	11459315	10225898	2263263
通信设备、计算机及其他电子设备制造业	3345270	34993580	18875174	12054337
仪器仪表及文化、办公用机械制造业	176005	3761439	3774938	1012930
工艺品及其他制造业	21203	94064	57222	17639
废弃资源和废旧材料回收加工业	4248	83802	115488	54664
电力、燃气及水的生产和供应业	4460873	13167103	12516877	11244165
电力、热力的生产和供应业	2488735	8716729	8686822	9433792
燃气生产和供应业	376414	1187320	992899	650000
水的生产和供应业	1595724	3263054	2837156	1160373

规模以上大中型工业企业主要经济指标(六)

计量单位:千元

指标名称	主营业务收入	主营业务成本	主营业务税金及附加	其他业务收入
总　计	**469473298**	**420908197**	**8443221**	**7697361**
一、按登记注册类型分组				
内资企业	300020998	267416695	8120677	6087834
国有企业	104188841	92162147	5946504	1631786
集体企业	1974820	1793633	14080	413479
股份合作企业	251038	210588	1062	27184
联营企业	165970	100675	5220	0
有限责任公司	105407190	88314663	838478	3112232
股份有限公司	67646124	67242247	1257233	197336
私营企业	19830697	17119742	54816	703677
其他企业	556318	473000	3284	2140
港、澳、台商投资企业	30048244	25941086	10728	342335
合资经营企业(港或澳、台资)	19100266	17082344	7690	163867
港澳台商独资经营企业	10947978	8858742	3038	178468
外商投资企业	139404056	127550416	311816	1267192
中外合资经营企业	66379345	59794442	175644	889017
中外合作经营企业	45270	34018	0	2154
外资企业	70543593	65693770	23422	367617
外商投资股份有限公司	2435848	2028186	112750	8404
二、按控股情况分组				
国有控股	218314422	198506759	7633334	4967500
集体控股	3860746	3309933	25094	517395
私人控股	35252547	29462864	261049	968884
港澳台控股	29073191	25199144	10418	332099
外商控股	132792092	122205312	156912	783512
其他	50180300	42224185	356414	127971
三、按轻重工业分组				
轻工业	59124987	41625785	5299473	1456310
重工业	410348311	379282412	3143748	6241051
四、按企业规模分组				
大型企业	301805972	284077048	2662728	3795241
中型企业	167667326	136831149	5780493	3902120
五、在总计中:亏损企业	162608909	163602222	2056981	2408815
六、在总计中:民营	84852067	71752113	529154	1589532
七、按工业行业大类分组				
采矿业	2259701	1434731	48095	165095
黑色金属矿采选业	1581412	945299	38732	148990
有色金属矿采选业	456644	296322	8540	154

规模以上大中型工业企业主要经济指标(六)(续表)

计量单位:千元

指标名称	主营业务收入	主营业务成本	主营业务税金及附加	其他业务收入
非金属矿采选业	221645	193110	823	15951
制造业	458729739	411903805	8342726	7089004
农副食品加工业	2468854	1896154	3190	157420
食品制造业	3340486	2360962	7343	31636
饮料制造业	2592027	1874793	21580	37600
烟草制品业	10155645	2311223	5081455	145954
纺织业	1226868	1061263	2769	31032
纺织服装、鞋、帽制造业	5940496	5192885	9643	74820
皮革、毛皮、羽毛(绒)及其制品业	1313352	981311	1066	3180
家具制造业	240400	213345	251	247
造纸及纸制品业	370176	321341	466	8776
印刷业和记录媒介的复制	241584	168934	1023	8395
文教体育用品制造业	411931	314704	408	1368
石油加工、炼焦及核燃料加工业	56884276	58220091	1206749	177313
化学原料及化学制品制造业	97186414	94717373	616226	1570214
医药制造业	4759438	2580706	18490	14803
化学纤维制造业	3349878	2683965	730	143276
橡胶制品业	2900502	2470604	3363	989
塑料制品业	2613615	2272405	7398	121454
非金属矿物制品业	4983558	4172686	21087	71530
黑色金属冶炼及压延加工业	61039023	53720592	488991	18373
有色金属冶炼及压延加工业	3825433	3121253	128777	23571
金属制品业	8169448	6621093	25100	398861
通用设备制造业	12300771	9481606	16829	503410
专用设备制造业	2849992	2405037	17023	31564
交通运输设备制造业	34579974	30333547	332358	1860071
电气机械及器材制造业	18052204	12934812	253236	553536
通信设备、计算机及其他电子设备制造业	110550497	104365047	38525	470777
仪器仪表及文化、办公用机械制造业	4702531	3599136	21987	216673
工艺品及其他制造业	1303160	1213241	11418	412161
废弃资源和废旧材料回收加工业	377206	293696	5245	0
电力、燃气及水的生产和供应业	8483858	7569661	52400	443262
电力、热力的生产和供应业	6637777	6133294	45035	11788
燃气生产和供应业	1192048	1012209	232	389671
水的生产和供应业	654033	424158	7133	41803

规模以上大中型工业企业主要经济指标(七)

计量单位:千元

指标名称	其他业务利润	营业费用	管理费用	税金
总　计	**1517633**	**10520349**	**19174442**	**652325**
一、按登记注册类型分组				
内资企业	1005797	5518903	13685368	509935
国有企业	199906	1084771	4726305	200884
集体企业	－587	45820	77412	12395
股份合作企业	4131	31874	24698	709
联营企业	0	3520	9320	4939
有限责任公司	683968	3378356	6618455	240304
股份有限公司	11789	487893	1421904	21984
私营企业	104609	483982	769357	28512
其他企业	1981	2687	37917	208
港、澳、台商投资企业	120377	921840	1300965	24681
合资经营企业(港或澳、台资)	99890	391111	611562	10386
港澳台商独资经营企业	20487	530729	689403	14295
外商投资企业	391459	4079606	4188109	117709
中外合资经营企业	266731	2292211	2401126	53980
中外合作经营企业	2154	1546	10033	212
外资企业	120340	1723440	1719011	50647
外商投资股份有限公司	2234	62409	57939	12870
二、按控股情况分组				
国有控股	958410	4017198	10974074	371576
集体控股	23698	93163	246569	21869
私人控股	192549	1355907	1711612	63788
港澳台控股	113559	875804	1235547	23153
外商控股	187853	3554835	3696228	96144
其他	41564	623442	1310412	75795
三、按轻重工业分组				
轻工业	187162	3929899	3054149	85444
重工业	1330471	6590450	16120293	566881
四、按企业规模分组				
大型企业	694214	4365464	9790730	355746
中型企业	823419	6154885	9383712	296579
五、在总计中:亏损企业	437877	1638216	4952157	161436
六、在总计中:民营	243017	1612357	2974430	145179
七、按工业行业大类分组				
采矿业	8212	31515	432177	6027
黑色金属矿采选业	7003	11161	359970	5706
有色金属矿采选业	64	8300	44963	263

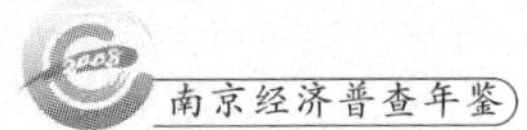

规模以上大中型工业企业主要经济指标(七)(续表)

计量单位:千元

指标名称	其他业务利润	营业费用	管理费用	
				税金
非金属矿采选业	1145	12054	27244	58
制造业	1306610	10231197	18163638	538707
农副食品加工业	13243	188290	115562	2127
食品制造业	3498	327271	125861	4464
饮料制造业	14876	400234	135074	1924
烟草制品业	3780	130630	510528	12014
纺织业	540	24780	57108	3641
纺织服装、鞋、帽制造业	16594	150421	276127	2460
皮革、毛皮、羽毛(绒)及其制品业	2314	177422	39010	701
家具制造业	138	4679	9775	270
造纸及纸制品业	2126	3839	22978	726
印刷业和记录媒介的复制	7005	3052	44642	1169
文教体育用品制造业	1198	20207	31634	150
石油加工、炼焦及核燃料加工业	3548	29034	682356	5604
化学原料及化学制品制造业	171351	1053170	3168437	107268
医药制造业	9468	1181997	497783	12610
化学纤维制造业	1732	21224	182146	1884
橡胶制品业	185	92831	129559	5335
塑料制品业	19114	74513	93328	2703
非金属矿物制品业	26163	221747	374231	16853
黑色金属冶炼及压延加工业	3610	499235	1111551	114252
有色金属冶炼及压延加工业	11805	111818	192519	17202
金属制品业	113038	152995	353708	21400
通用设备制造业	157782	365452	1192126	32670
专用设备制造业	6315	68376	217447	3306
交通运输设备制造业	340987	1455346	2579773	73935
电气机械及器材制造业	146442	2111091	1661833	8037
通信设备、计算机及其他电子设备制造业	180518	1126993	3721243	64690
仪器仪表及文化、办公用机械制造业	49240	202459	592129	4654
工艺品及其他制造业	0	28245	30026	11418
废弃资源和废旧材料回收加工业	0	3846	15144	5240
电力、燃气及水的生产和供应业	202811	257637	578627	107591
电力、热力的生产和供应业	481	0	427131	89715
燃气生产和供应业	185544	116230	85904	1037
水的生产和供应业	16786	141407	65592	16839

规模以上大中型工业企业主要经济指标(八)

计量单位:千元

指标名称	财务费用	利息支出	营业利润	投资收益
总　计	**3745584**	**4184874**	**8123371**	**472113**
一、按登记注册类型分组				
内资企业	3013653	2800562	3045631	642428
国有企业	-8264	-99899	271000	105610
集体企业	14961	10283	28327	1414
股份合作企业	4056	2248	-17109	-2249
联营企业	310	140	46925	0
有限责任公司	2067786	1982665	4840062	589952
股份有限公司	667202	665729	-3416456	22394
私营企业	263642	237335	1255431	-74693
其他企业	3960	2061	37451	0
港、澳、台商投资企业	50859	98248	1943143	21423
合资经营企业(港或澳、台资)	34605	22503	1072844	-2674
港澳台商独资经营企业	16254	75745	870299	24097
外商投资企业	681072	1286064	3134597	-191738
中外合资经营企业	506385	1011922	1626369	-192242
中外合作经营企业	-1067	0	2894	0
外资企业	116230	237352	1388060	17791
外商投资股份有限公司	59524	36790	117274	-17287
二、按控股情况分组				
国有控股	1681862	1530334	-3394364	360233
集体控股	31081	24299	172421	12740
私人控股	445885	399291	2219443	-147674
港澳台控股	25726	81476	1840111	21423
外商控股	605291	1218263	2911468	-174463
其他	955739	931211	4374292	399854
三、按轻重工业分组				
轻工业	359361	323737	4920246	-116306
重工业	3386223	3861137	3203125	588419
四、按企业规模分组				
大型企业	2234872	2323429	-914965	326021
中型企业	1510712	1861445	9038336	146092
五、在总计中:亏损企业	1271125	1173330	-10634053	-25041
六、在总计中:民营	1342074	1295996	6513057	282207
七、按工业行业大类分组				
采矿业	6937	13283	314458	19041
黑色金属矿采选业	-294	6137	233547	8391
有色金属矿采选业	7040	6955	91543	0

规模以上大中型工业企业主要经济指标(八)(续表)

计量单位:千元

指标名称	财务费用	利息支出	营业利润	投资收益
非金属矿采选业	191	191	-10632	10650
制造业	3510910	3963231	7808306	452170
农副食品加工业	-4783	9298	283684	16677
食品制造业	34378	30771	488169	-3893
饮料制造业	8584	12360	166638	-41101
烟草制品业	-90612	-90739	2216201	130
纺织业	27271	23659	54217	280
纺织服装、鞋、帽制造业	61009	38043	266787	-2335
皮革、毛皮、羽毛(绒)及其制品业	7660	5959	109197	77
家具制造业	1	-494	12487	0
造纸及纸制品业	-1546	-90	25224	0
印刷业和记录媒介的复制	4911	3130	26007	0
文教体育用品制造业	1211	785	44965	0
石油加工、炼焦及核燃料加工业	338942	337612	-3589348	0
化学原料及化学制品制造业	548641	742000	-2647007	-15581
医药制造业	-18186	3401	388287	-101284
化学纤维制造业	136794	139204	326751	0
橡胶制品业	-7332	86615	211662	-188741
塑料制品业	23210	21987	158706	9133
非金属矿物制品业	111996	120878	107972	1233
黑色金属冶炼及压延加工业	1005325	991008	3839559	321091
有色金属冶炼及压延加工业	87970	60311	194901	-18405
金属制品业	115007	104831	1014583	-28974
通用设备制造业	21093	40403	1422640	87327
专用设备制造业	21666	20909	126759	334
交通运输设备制造业	561157	507006	-128842	159798
电气机械及器材制造业	226804	145414	1010870	77393
通信设备、计算机及其他电子设备制造业	298576	605355	1231222	134201
仪器仪表及文化、办公用机械制造业	-13117	1252	370790	44810
工艺品及其他制造业	6934	2223	13296	0
废弃资源和废旧材料回收加工业	-2654	140	61929	0
电力、燃气及水的生产和供应业	227737	208360	607	902
电力、热力的生产和供应业	206383	165095	-173585	-69
燃气生产和供应业	-14311	6966	177328	12
水的生产和供应业	35665	36299	-3136	959

规模以上大中型工业企业主要经济指标(九)

计量单位：千元

指标名称	补贴收入	营业外收入	营业外支出	利税
总　计	**1099215**	**2905255**	**2164263**	**30689063**
一、按登记注册类型分组				
内资企业	255068	2466163	1653296	20245351
国有企业	35121	421436	509147	9893169
集体企业	21502	22893	63891	61232
股份合作企业	0	3199	251	-1376
联营企业	0	0	150	69595
有限责任公司	131119	1842209	765915	10107462
股份有限公司	4781	151127	15141	-1521671
私营企业	62545	25267	298407	1569731
其他企业	0	32	394	67209
港、澳、台商投资企业	8056	105653	212220	2631090
合资经营企业(港或澳、台资)	6134	45647	110638	1383831
港澳台商独资经营企业	1922	60006	101582	1247259
外商投资企业	836091	333439	298747	7812622
中外合资经营企业	833571	257988	171138	5265561
中外合作经营企业	0	0	0	2894
外资企业	2520	75451	121710	2263846
外商投资股份有限公司	0	0	5899	280321
二、按控股情况分组				
国有控股	89995	1911028	1051175	10601872
集体控股	27506	27098	83886	283403
私人控股	138078	84159	422340	3257286
港澳台控股	8056	104725	208838	2492913
外商控股	829795	327875	287835	7087940
其他	5785	450370	110189	6965649
三、按轻重工业分组				
轻工业	45995	138844	358270	13427336
重工业	1053220	2766411	1805993	17261727
四、按企业规模分组				
大型企业	55294	2258298	845306	8250950
中型企业	1043921	646957	1318957	22438113
五、在总计中：亏损企业	44000	1144269	973877	-6982872
六、在总计中：民营	166662	560348	607787	9952583
七、按工业行业大类分组				
采矿业	3674	33583	6220	584176
黑色金属矿采选业	0	32268	3621	457970
有色金属矿采选业	3674	565	2489	132120

规模以上大中型工业企业主要经济指标(九)(续表)

计量单位:千元

指标名称	补贴收入	营业外收入	营业外支出	利税
非金属矿采选业	0	750	110	-5914
制造业	1092613	2756107	1891552	29803104
农副食品加工业	2333	11235	6567	439980
食品制造业	16325	33509	49920	689186
饮料制造业	1146	5565	34539	221398
烟草制品业	8135	1015	11925	8706069
纺织业	1266	6713	893	108078
纺织服装、鞋、帽制造业	2176	4751	56026	360068
皮革、毛皮、羽毛(绒)及其制品业	0	1126	251	159468
家具制造业	0	1826	6415	16191
造纸及纸制品业	5331	52	1231	50786
印刷业和记录媒介的复制	0	1364	3385	41026
文教体育用品制造业	240	82	1579	61539
石油加工、炼焦及核燃料加工业	0	10569	4771	-2372898
化学原料及化学制品制造业	1673	146725	301552	-787364
医药制造业	7907	18124	54084	635392
化学纤维制造业	463	10620	18034	436271
橡胶制品业	540	19989	2940	102188
塑料制品业	20702	8249	7838	280177
非金属矿物制品业	71742	72650	93824	437172
黑色金属冶炼及压延加工业	8578	701924	212013	7165220
有色金属冶炼及压延加工业	4218	8654	44270	385194
金属制品业	650	5931	149345	1178346
通用设备制造业	53834	40856	34433	1939695
专用设备制造业	6380	11500	8808	243831
交通运输设备制造业	24000	962789	558430	1750432
电气机械及器材制造业	884	211969	20783	2503858
通信设备、计算机及其他电子设备制造业	831491	352125	169827	4223141
仪器仪表及文化、办公用机械制造业	22599	85506	5695	692408
工艺品及其他制造业	0	20689	20677	36325
废弃资源和废旧材料回收加工业	0	0	11497	99927
电力、燃气及水的生产和供应业	2928	115565	266491	301783
电力、热力的生产和供应业	0	97811	255737	36745
燃气生产和供应业	2928	9672	5846	227175
水的生产和供应业	0	8082	4908	37863

规模以上大中型工业企业主要经济指标(十)

计量单位:千元

指标名称	利润总额	亏损企业亏损额	应交所得税	本年应付工资总额
总　计	**9765060**	**10548651**	**3065769**	**14266592**
一、按登记注册类型分组				
内资企业	4160450	9599540	2273118	10060140
国有企业	245802	4321988	1006837	3133951
集体企业	10245	20477	11206	59592
股份合作企业	-14084	14084	0	30260
联营企业	46775	0	3651	8768
有限责任公司	6128289	1325493	950298	4827063
股份有限公司	-3263606	3808628	73667	1088916
私营企业	969940	108870	219973	858002
其他企业	37089	0	7486	53588
港、澳、台商投资企业	1863127	72987	282322	1291952
合资经营企业(港或澳、台资)	1008385	31504	174790	668051
港澳台商独资经营企业	854742	41483	107532	623901
外商投资企业	3741483	876124	510329	2914500
中外合资经营企业	2282389	485785	290572	1311452
中外合作经营企业	2894	0	47	9475
外资企业	1362112	390339	202982	1504217
外商投资股份有限公司	94088	0	16728	89356
二、按控股情况分组				
国有控股	-2350155	9400842	1272719	7593364
集体控股	145027	30469	30125	180257
私人控股	1873789	304120	306625	1725286
港澳台控股	1762549	72987	275328	1236829
外商控股	3534681	740233	469017	2573830
其他	4799169	0	711955	957026
三、按轻重工业分组				
轻工业	4741255	231442	878021	2371067
重工业	5023805	10317209	2187748	11895525
四、按企业规模分组				
大型企业	383493	8723366	1377931	7752395
中型企业	9381567	1825285	1687838	6514197
五、在总计中:亏损企业	-10548651	10548651	-37264	3589687
六、在总计中:民营	6584815	333337	1022775	2663175
七、按工业行业大类分组				
采矿业	353886	9992	82314	257322
黑色金属矿采选业	270585	0	61501	211483
有色金属矿采选业	93293	0	20787	38250

规模以上大中型工业企业主要经济指标(十)(续表)

计量单位:千元

指标名称	利润总额	亏损企业亏损额	应交所得税	本年应付工资总额
非金属矿采选业	-9992	9992	26	7589
制造业	9560591	9769270	2951311	13416016
农副食品加工业	307362	16094	28122	116840
食品制造业	484190	7785	98361	203515
饮料制造业	97709	90949	17048	149308
烟草制品业	2213556	0	553389	154255
纺织业	61583	0	5227	70503
纺织服装、鞋、帽制造业	215281	11414	23208	409431
皮革、毛皮、羽毛(绒)及其制品业	110149	8294	14786	67206
家具制造业	7898	0	0	41178
造纸及纸制品业	29376	0	3119	22109
印刷业和记录媒介的复制	23986	2600	6994	36478
文教体育用品制造业	43708	0	10427	36286
石油加工、炼焦及核燃料加工业	-3583550	3589536	0	308323
化学原料及化学制品制造业	-2988799	4483954	130553	2120376
医药制造业	369768	0	50106	258935
化学纤维制造业	319800	0	840	182183
橡胶制品业	40510	0	3608	115940
塑料制品业	188952	4337	23364	110179
非金属矿物制品业	143359	165636	48742	260842
黑色金属冶炼及压延加工业	4338196	105126	648024	1014881
有色金属冶炼及压延加工业	145098	3685	36933	160753
金属制品业	842845	18156	194015	354287
通用设备制造业	1491341	35601	123261	815957
专用设备制造业	129785	6721	29984	226809
交通运输设备制造业	365376	752566	244506	2410422
电气机械及器材制造业	1280333	46783	176941	792296
通信设备、计算机及其他电子设备制造业	2322669	382477	417278	2616377
仪器仪表及文化、办公用机械制造业	496370	37556	54658	331500
工艺品及其他制造业	13308	0	3068	12879
废弃资源和废旧材料回收加工业	50432	0	4749	15968
电力、燃气及水的生产和供应业	-149417	769389	32144	593254
电力、热力的生产和供应业	-331580	755108	6665	410992
燃气生产和供应业	181166	0	25479	83859
水的生产和供应业	997	14281	0	98403

规模以上大中型工业企业主要经济指标(十一)

计量单位:千元

指标名称	本年应付福利费总额	本年应交增值税	本年销项税额	全部从业人员年平均人数(人)
总　计	**1411342**	**12180398**	**62433229**	**383321**
一、按登记注册类型分组				
内资企业	827927	7682596	47781837	249894
国有企业	257000	3700863	17796093	66986
集体企业	7447	36907	104217	3334
股份合作企业	686	11646	37619	1279
联营企业	1754	17600	0	320
有限责任公司	406958	3140169	15834951	115919
股份有限公司	79157	204435	11015258	21711
私营企业	72019	544140	2921080	38834
其他企业	2906	26836	72619	1511
港、澳、台商投资企业	107929	757235	2621861	39824
合资经营企业(港或澳、台资)	76571	367756	1236381	19064
港澳台商独资经营企业	31358	389479	1385480	20760
外商投资企业	475486	3740567	12029531	93603
中外合资经营企业	267210	2807528	8864616	36831
中外合作经营企业	942	0	1253	382
外资企业	195918	859556	2772663	53624
外商投资股份有限公司	11416	73483	390999	2766
二、按控股情况分组				
国有控股	611727	5038426	34195160	165340
集体控股	17185	113282	276758	8773
私人控股	136982	1121087	5121364	71803
港澳台控股	103255	719946	2474129	37773
外商控股	450459	3377591	10791040	82112
其他	91734	1810066	9574778	17520
三、按轻重工业分组				
轻工业	218105	3386502	7273079	86782
重工业	1193237	8793896	55160150	296539
四、按企业规模分组				
大型企业	723892	4924462	40610221	182509
中型企业	687450	7255936	21823008	200812
五、在总计中:亏损企业	332000	1228531	24191687	88344
六、在总计中:民营	229062	2837253	14263488	90537
七、按工业行业大类分组				
采矿业	29903	182195	300069	5578
黑色金属矿采选业	28228	148653	233256	4201
有色金属矿采选业	377	30287	59552	974

规模以上大中型工业企业主要经济指标(十一)(续表)

计量单位:千元

指标名称	本年应付福利费总额	本年应交增值税	本年销项税额	全部从业人员年平均人数(人)
非金属矿采选业	1298	3255	7261	403
制造业	1312573	11599403	61071606	365995
农副食品加工业	12018	129428	434231	3588
食品制造业	11226	197653	543305	6646
饮料制造业	31300	102109	602436	3086
烟草制品业	20767	1411058	1749938	1658
纺织业	2628	43726	184923	3904
纺织服装、鞋、帽制造业	42134	135144	401612	24099
皮革、毛皮、羽毛(绒)及其制品业	6517	48253	198199	2423
家具制造业	4360	8042	3094	1744
造纸及纸制品业	5412	20944	54940	699
印刷业和记录媒介的复制	2678	16017	20686	1017
文教体育用品制造业	2903	17423	42344	1544
石油加工、炼焦及核燃料加工业	17638	-276364	9595561	5470
化学原料及化学制品制造业	132462	1584268	15129374	34591
医药制造业	16745	247134	678329	7540
化学纤维制造业	5029	115741	438001	5886
橡胶制品业	19431	58315	304353	4155
塑料制品业	8883	83827	435162	3720
非金属矿物制品业	15037	272726	662715	11007
黑色金属冶炼及压延加工业	61257	2338033	12664055	20261
有色金属冶炼及压延加工业	25255	111319	614065	7296
金属制品业	34711	310401	1317290	11000
通用设备制造业	94897	431105	1937179	25667
专用设备制造业	27984	97023	470144	5952
交通运输设备制造业	196424	1052698	4502136	69299
电气机械及器材制造业	65274	970289	2171924	16589
通信设备、计算机及其他电子设备制造业	410226	1843191	5265841	77878
仪器仪表及文化、办公用机械制造业	34208	174051	613883	8186
工艺品及其他制造业	1803	11599	0	440
废弃资源和废旧材料回收加工业	3366	44250	35886	650
电力、燃气及水的生产和供应业	68866	398800	1061554	11748
电力、热力的生产和供应业	50481	323290	861878	6462
燃气生产和供应业	4336	45777	168093	2183
水的生产和供应业	14049	29733	31583	3103

全部工业企业产品生产、销售量

	计量单位	本年生产量	本年销售	
			数量	销售金额（千元）
铁矿石原矿	吨	4659774	403	5841
铅金属含量	吨	11288	11210	143814
锌金属含量	吨	19277	17734	92040
金金属含量	千克	159	132	10014
石膏	吨	4419	4409	4878
天然大理石荒料	立方米	3559	3023	3065
高岭土（也称瓷土）	吨	30918	29588	8238
硫铁矿石（折含硫35%）	吨	436914	346669	191901
小麦粉	吨	67249	67240	112720
大米	吨	302728	308631	826011
饲料	吨	162177	159372	515504
精制食用植物油	吨	19787	17779	167198
鲜、冷藏肉	吨	7031	7006	93608
熟肉制品	吨	288559	287764	2456074
冷冻水产品	吨	1000	1000	4680
熏制水产品	吨	6647	6282	4523
豆腐及豆制品	吨	11451	11351	79084
糖果	吨	908	785	5818
乳制品	吨	154437	153545	806646
罐头	吨	2349	2161	19918
冷冻饮品	吨	39492	39010	119594
饮料酒	千升	108531	108382	179456
软饮料	吨	942291	984595	2830414
精制茶	吨	21970	21893	96492
卷烟	万支	3446302	3414454	10155645
纱	吨	46093	45591	676020
布	万米	3805	3818	556082

全部工业企业产品生产、销售量(续表 1)

	计量单位	本年生产量	本年销售	
			数量	销售金额(千元)
印染布	万米	1308	1325	35985
绒线(俗称毛线)	吨	2464	2477	45895
毛机织物(呢绒)	万米	370	360	583
苎麻纱(含苎麻≥55%)	吨	4845	5438	211904
生丝	吨	842	769	64544
蚕丝及交织机织物(含蚕丝≥50%)	万米	55	53	35021
服装	万件	72455	69998	14421644
针织帽	万个	2823	2836	41831
皮革鞋靴	万双	1015	974	1322126
皮革服装	件	457400	457400	5488
衣箱、提箱及类似容器	万个	129	128	83757
手提包(袋)、背包	万个	61	60	13075
鞣制毛皮(折羊毛皮)	张	23200	22180	3009
天然毛皮服装	件	3480	2910	3553
羽绒被	条	1007617	1006914	382142
锯材	立方米	158802	19163	22027
人造板	立方米	509649	505968	247407
木制地板	平方米	239369	222470	187578
家具	件	1180428	1163146	645895
机制纸及纸板(外购原纸加工除外)	吨	69887	66791	311997
加工纸	吨	4232	3927	18800
纸制品	吨	369907	369768	1347301
单色印刷品	令	4003316	4939334	197979
多色印刷品	对开色令	10436590	5762528	466226
本册	万本	22607	23639	239998
塑料印刷品	万印	60536	65627	44160
金属印刷品	万印	108	94	2480

全部工业企业产品生产、销售量(续表2)

	计量单位	本年生产量	本年销售	
			数量	销售金额（千元）
原油加工量	吨	18836979	0	0
汽油	吨	1877837	1889235	10577165
煤油	吨	1089320	1084979	6235277
柴油	吨	6967454	6970878	34708230
润滑油	吨	38922	38809	290660
燃料油	吨	697386	573156	1716001
石脑油	吨	2049389	1186782	7515013
溶剂油	吨	75819	77521	378545
液化石油气	吨	931099	701376	3381211
石油焦	吨	1509263	1459538	1985508
石油沥青	吨	106380	106378	303784
焦炭	吨	3215524	0	0
硫酸(折100%)	吨	690936	530835	3113929
盐酸(氯化氢,含量31%)	吨	121789	116289	55138
烧碱(折100%)	吨	50744	36829	688305
轻质碳酸钙	吨	193029	192064	207311
甲烷	吨	331930	22998	315366
乙烯	吨	1365053	91069	849468
丙烯	吨	586676	175899	1513284
丁二烯	吨	178195	177672	2453799
环氧乙烷	吨	89892	89892	1194773
纯苯	吨	517012	516218	3585024
甲苯	吨	105027	102948	707743
邻二甲苯	吨	185724	188361	1421952
对二甲苯	吨	762744	53156	472499
混合二甲苯	吨	109956	109956	797741

全部工业企业产品生产、销售量(续表3)

	计量单位	本年生产量	本年销售	
			数量	销售金额(千元)
苯乙烯	吨	116742	0	0
烷基苯	吨	105458	105500	1306786
氯化苯	吨	68448	0	0
对硝基氯苯	吨	59748	54768	205022
精甲醇	吨	233345	235473	621185
丁辛醇	吨	1688	1658	4975
苯酚	吨	1530	1530	35040
冰乙酸(冰醋酸)	吨	583017	582339	2360495
邻苯二甲酸酐	吨	70962	53206	405098
苯胺	吨	6447	2677	106110
甲醛	吨	29348	28763	60096
重铬酸钠(红钒钠)	吨	20000	20694	20694
浓硝酸	吨	113231	0	0
合成氨(无水氨)	吨	220924	47757	135148
农用氮、磷、钾化学肥料总计(折纯)	吨	170047	164755	651060
合成复合肥料(实物量)	吨	253525	243761	500698
化学农药原药(折有效成分100%)	吨	83996	81788	4352693
涂料	吨	260740	259961	1776342
油墨	吨	2375	2384	40070
颜料	吨	40966	39926	233481
染料	吨	11475	11939	493520
合成粘合剂(胶粘剂)	吨	7251	7661	81084
初级形态的塑料	吨	1830608	1833952	17490541
合成橡胶	吨	168811	172706	2997681
合成纤维单体	吨	1660011	1676656	11864311
合成纤维聚合物	吨	25754	26796	304773
化学试剂	吨	46912	46659	651185

全部工业企业产品生产、销售量(续表 4)

	计量单位	本年生产量	本年销售	
			数量	销售金额（千元）
催化剂	吨	7369	7048	177418
橡胶助剂	吨	23132	21509	457051
塑料助剂	吨	16381	15782	334644
硬脂酸	吨	1320	1325	52909
活性炭	吨	5339	5229	210838
合成洗涤剂	吨	208471	216855	731367
表面活性剂	吨	22000	22494	250415
清洁类化妆品	千元	4434	4647	4647
护肤用化妆品	千元	82447	83937	83937
香精	吨	1073	1075	27400
化学药品原药	吨	2528	2361	263202
中成药	吨	2244	2166	757769
兽用疫苗	万支	27358	27332	127636
生物化学药品	千克	125832	146933	21799
化学纤维用浆粕	吨	18935	0	0
化学纤维	吨	62822	62142	1046048
橡胶轮胎外胎	条	13631323	13307398	2243736
橡胶输送带	平方米	746180	747927	91729
橡胶管	万标米	2466	2390	258890
橡胶板(片、带)	吨	191160	190177	670803
橡胶零件、附件	吨	7961	7648	50428
初级形状的再生橡胶	吨	8747	8752	34210
塑料制品	吨	519577	518836	3909371
水泥熟料	吨	9439497	2967027	647612
水泥	吨	13094576	13161681	3128411
石灰	吨	570338	562173	196164
商品混凝土	立方米	15590397	15656146	3801726

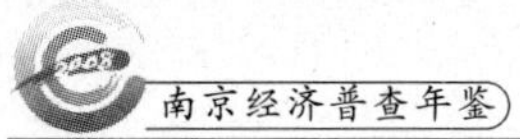

全部工业企业产品生产、销售量(续表 5)

	计量单位	本年生产量	本年销售	
			数量	销售金额(千元)
水泥混凝土排水管	千米	719	703	132553
水泥混凝土压力管	千米	6	6	8550
预应力混凝土桩	米	4730977	4473480	352791
混凝土轨枕	根	987050	842762	85050
水泥混凝土预制构件	立方米	316998	243837	76828
石棉水泥瓦	平方米	374351	354892	5066
石膏板	万平方米	1024	1024	5199
天然大理石建筑板材	平方米	110241	90824	37453
人造石材	平方米	132971	129872	15836
平板玻璃	重量箱	2718782	2678590	229848
钢化玻璃	平方米	1241291	1174996	97489
夹层玻璃	平方米	277533	278833	21424
中空玻璃	平方米	1693050	1671205	144200
镀膜玻璃	平方米	3449234	3355865	251395
日用玻璃制品	吨	113359	109744	457619
卫生陶瓷制品	件	12002	12002	8300
日用陶瓷制品	万件	6712	6424	307452
石棉制品	吨	4020	4020	4085
耐火材料制品	吨	131121	130099	58866
石墨及炭素制品	吨	124178	123106	263898
磨具	吨	1102	1068	7899
生铁	吨	8217868	585363	2292805
铸铁管	吨	6647	6484	31113
粗钢	吨	8438054	776874	3291320
1. 非合金钢	吨	3972987	226880	794080
2. 低合金钢	吨	3783907	447210	1883560
3. 合金钢(不含不锈钢)	吨	681160	102784	613680

全部工业企业产品生产、销售量(续表6)

	计量单位	本年生产量	本年销售	
			数量	销售金额(千元)
钢材	吨	8776887	8772658	44101696
1. 大型型钢	吨	9380	9056	30016
2. 中小型型钢	吨	31433	37678	111291
3. 棒材	吨	1007384	995658	5056800
4. 钢筋	吨	855581	853825	3505900
5. 线材(盘条)	吨	479736	476327	2298399
6. 厚钢板	吨	1422261	1422405	8565280
7. 中板	吨	1614843	1612659	8590771
8. 冷轧薄板	吨	7418	7597	36286
9. 中厚宽钢带	吨	1277369	1275394	5709039
10. 热轧薄宽钢带	吨	1540152	1549699	7190957
11. 冷轧薄宽钢带	吨	20678	20795	586333
12. 热轧窄钢带	吨	451435	452807	2047890
13. 冷轧窄钢带	吨	6500	6820	37315
14. 涂层板(带)	吨	73	73	595
15. 无缝钢管	吨	11793	11510	119380
16. 焊接钢管	吨	811	916	16866
17. 其它钢材	吨	40040	39440	198578
铁合金	吨	37450	39106	661265
十种有色金属	吨	2	2	40
黄金	千克	3	3	471
白银(银锭)	千克	171	171	600
钼	千克	9968	9937	6360
单晶硅	千克	24077	23002	80506
铜合金	吨	416	409	36890
锌合金	吨	350	350	1340
铝合金	吨	20356	20343	357077

全部工业企业产品生产、销售量(续表7)

	计量单位	本年生产量	本年销售	
			数量	销售金额(千元)
铜材	吨	282515	278023	12621861
铜盘条(电工用铜线坯)	吨	89	90	4510
铝材	吨	5096	4994	80912
铅材	吨	1296	1296	21634
镍材	吨	58305	57931	99894
锡材	吨	126	126	15144
钢结构及其产品	吨	873442	874467	5723560
预制建筑物(活动房屋)	个	512	492	340
金属制门及其框架、门槛	吨	485573	465620	177601
金属制窗及窗框	吨	49332	47983	276882
金属切削工具	万件	9222	9093	573433
通用手工具	万把	6108	6324	23498
专用手工具	万把	730	726	81835
金属集装箱	立方米	28	51	3861
金属压力容器	吨	20517	19156	405628
金属包装容器	吨	171711	169552	232023
金属丝	吨	50588	50587	118278
钢丝绳	吨	2420	2420	9890
钢绞线	吨	5049	5115	109940
锁具	万把	213	213	7371
保险柜	个	74135	73363	37065
搪瓷制品	吨	5926	5926	135648
不锈钢日用制品	吨	645	645	4780
金属铸造制品	吨	15702	15283	233328
电站锅炉	蒸发量吨	438	438	118306
工业锅炉	蒸发量吨	1119	1082	36292
发动机	千瓦	2693670	246460	79098
汽轮机	千瓦	4682500	4503500	976659
金属切削机床	台	7384	7433	750840
金属成形机床	台	735	684	43606

全部工业企业产品生产、销售量(续表8)

	计量单位	本年生产量	本年销售	
			数量	销售金额(千元)
铸造机械	台	8392	7704	34864
电焊机	台	14374	14284	224222
工具夹具	件	110824	109240	14218
轻小型起重设备	台	5900	5551	82384
起重机	台	1266	1324	340180
起重机	吨	15175	15108	340180
电梯	台	19	19	1206
输送机械(输送机和提升机)	米	47288	46783	67357
泵	台	69364	66364	764016
气体压缩机	台	70088	70486	242779
阀门	吨	11322	11023	280213
液压元件	件	1857417	1857324	155631
液压系统及装置	套	431885	396398	9875
气动元件	件	20000	18000	2280
滚动轴承	万套	4795	4760	98019
轴承零配件	吨	4894	5041	17150
齿轮传动轴	吨	4037	4004	25577
齿轮	吨	111591	109711	3664162
钢铁铰接链(工业链条)	吨	967	947	4740
工业电炉	台	4557	4518	303003
风机	台	52947	52473	110564
热交换装置	台	12057	10486	64148
冷却设备	台	1660	1627	33381
非家用制冷、空调设备	台(套)	903401	878579	677795
风动或液压工具	台	2683	2651	2899
电动手提式工具	台	4709801	4709801	1044035
灭火器	台	1484124	1472459	79269
包装专用设备	台	577	576	423559
衡器(秤)	台	17917	17791	178132
固液分离机	台	2743	2656	147999

全部工业企业产品生产、销售量(续表9)

	计量单位	本年生产量	本年销售	
			数量	销售金额（千元）
减速机	台	465	466	15936
金属密封件	万件	158979	159509	73104
机械密封件	套	193144	185249	31197
金属紧固件	吨	62061	61651	558972
铸铁件	吨	206816	200288	1157654
铸钢件	吨	34420	19694	192479
锻件	吨	128342	127150	1049154
粉末冶金零件	吨	40580	40297	667264
采矿专用设备	台	12590	13356	464764
采矿专用设备	吨	9431	9066	464764
石油钻井设备	台(套)	438	439	30993
采油设备	台(套)	1055	1048	41981
挖掘、铲土运输机械	台	22	21	29098
水泥专用设备	吨	1276	1200	62000
混凝土机械	台	2	2	1200
金属轧制设备	台	640	642	150190
金属轧制设备	吨	7525	7177	150190
轧材剪切设备	台	684	679	5277
炼油、化工生产专用设备	吨	12795	12415	650386
炼油、化工生产专用设备	台	1540	1460	650386
塑料加工专用设备	台	2463	2366	105351
塑料加工专用设备	吨	2286	2206	105351
模具	套	126999	128494	270325
方便面生产线	条	392	389	50670
粮食加工机械	台	7	7	1812
制糖机械	台	105	105	42940
制浆和造纸专用设备	台	1900	1820	4578
织机	台	10	10	960
铁芯制造专用设备	台	517	515	3052
电子整机装联设备	台	3441	2899	66049

全部工业企业产品生产、销售量(续表10)

	计量单位	本年生产量	本年销售	
			数量	销售金额(千元)
农林用自装或自卸式挂车	台	1992	1992	428961
畜牧机械	台	2	2	10
农作物清洁、分选机械	台	262	258	14662
医用射线设备	台	1694	1691	113035
医用高频仪器设备	台	51	51	1886
临床检验分析仪器及诊断系统	台	3641	3694	11918
环境污染防治专用设备	台(套)	5003	4950	481477
铁路客车	辆	501	765	1521039
铁路机车车辆配件及零件	吨	24966	24481	315321
汽车	辆	155407	156874	8642403
1. 乘用车	辆	47528	47974	2486423
2. 客车	辆	70156	70864	3912683
3. 载货汽车	辆	32444	32423	1827734
5. 汽车底盘	辆	5279	5613	415563
改装汽车	辆	5788	5801	1652576
挂车、半挂车	辆	28847	28800	29513
摩托车整车	辆	807220	812615	3470190
电动自行车	辆	68584	69260	129942
民用钢质船舶	载重吨	1327300	1317300	5738859
钢质机动货船	载重吨	25175	25175	251750
钢质驳船	载重吨	700	700	5000
船舶修理	载重吨	7680	6450	11494
发电机	台	4154	4044	9222
其中:交流发电机	台	1663	1663	4990
发电机组(发电设备)	台	242	209	629752
发电机组(发电设备)	千瓦	6603600	5314100	629752
汽轮发电机	台	237	204	583599
汽轮发电机	千瓦	6276600	4987100	583599
直流电动机	千瓦	32498	32734	29959
交流电动机	千瓦	1552743	1546803	411037

全部工业企业产品生产、销售量(续表11)

	计量单位	本年生产量	本年销售	
			数量	销售金额(千元)
微电机	万台	1452	1438	63724
变压器	台	268150	266057	1086271
变压器	千伏安	14440467	13911193	1086271
静止式变流器	台	428784	421192	9759
电感器	台	10026	8026	5457
电力电容器	千乏	216267	215691	61199
电力电容器成套装置	套	2714	2413	24797
配电或电器控制设备(11万伏以下)	台(套、面)	300725	298904	880185
安全、自动化监控设备	台(套)	4084	3968	198117
电力半导体器件(5 A以上)	万个	5169	4739	31608
电力微电子组件	万个	10691	10602	27954
继电器	万个	3670	3659	6514
电线	千米	45045	44667	73950
通信及电子网络用电缆	对千米	23100	20100	6030
电力电缆	千米	93666	83349	172465
裸铜线	吨	435	456	15208
漆包绕组线	吨	708	674	26170
电子元器件引线	吨	2679	2675	68444
裸铝线	吨	98	97	1127
光纤	千米	2171936	1713314	135707
光缆	芯千米	1271321	1316660	313848
绝缘制品	吨	39415	37437	459339
铅酸蓄电池	千伏安时	162642	160143	42975
碱性蓄电池	只(自然只)	37370	40420	94985
锂离子电池	只(自然只)	64936733	63851687	830072
家用电风扇	台	320424	349369	48070
家用电热烹调器具	个	1800	1800	4546
家用电炉灶	个	100	100	100
家用洗衣机	台	2122676	2167890	3048154
家用电热水器	台	1218280	1146913	1274062

全部工业企业产品生产、销售量(续表12)

	计量单位	本年生产量	本年销售	
			数量	销售金额(千元)
家用燃气用具	台	24360	46830	155414
太阳能热水器	台	36876	36469	64376
电光源	万只	66322	61309	512633
灯具及照明装置	套(台、个)	2649470	2521346	118290
卫星地面接收机	部	5653	5653	348120
GPS 接收机	部	669	669	1450
卫星通信地面站终端机	部	31	31	33054
数字程控交换机	线	750	750	7000
电话单机	部	2395	2395	2209
移动通信基站设备	信道	723474	726146	16059778
移动通信手持机(手机)	台	7551171	7326342	1971345
雷达设备	台	11924	11924	272084
电视接收机顶盒	台	136703	131656	28554
电子计算机整机	台	228640	227574	1427983
服务器	台	120000	120000	615
显示器	台	5289105	5359148	6276802
打印机	台	140129	136962	247211
外存储设备及部件	台(个)	2318	2118	4760
电子管	只	844951	828456	158579
黑白显像管	只	279100	279100	3954
彩色显像管	只	7037096	6828494	2101932
半导体分立器件	万只	91140	89256	40658
敏感元件及传感器	万只	20510	18403	25122
集成电路	万块	9191	9222	84314
光电子器件	万只(片、套)	47413	45911	31480148
激光器件	万只	68	64	31855
电子元件	万只	957652	947757	1198186

全部工业企业产品生产、销售量(续表 13)

	计量单位	本年生产量	本年销售	
			数量	销售金额(千元)
电声器件	万只	1833	1853	61861
磁性材料元件	万只	39404	37552	136104
印制电路板	平方米	205125	222217	149588
彩色电视机	台	2275973	2288902	9118030
工业自动调节仪表与控制系统	台(套)	1721111	1689002	768818
电工仪器仪表	台	952909	922151	179413
工业仪表	台(个)	283410	287333	105604
分析仪器及装置	台(套)	23034	23064	151722
试验机	台	3297	3364	18667
环境监测专用仪器仪表	台	475	420	1058
汽车仪器仪表	台	146488	150686	30528
表	只	174500	174000	4480
光学仪器	台(个)	186242	182040	598084
影像投影仪	台	3764	6584	2175
复印和胶版印制设备	台	9239	9239	21000
电子计算器	台	2085	654	1079
自动柜员机(ATM 机)	台	646	539	29564
税控机	台	10164	10164	14500
发电量	万千瓦小时	2068962	1521518	5802025
其中:火力发电量	万千瓦小时	1994053	1452407	5523821
供热总量	万吉焦	6583177	2748	1135934
煤气生产量	万立方米	137517	2780	37562
人工煤气供应总量	万立方米	380	376	4890
天然气供应量	万立方米	3329	3329	60706
自来水生产量	万立方米	83616	69138	749888

规模以上工业企业产品产量、生产能力及能力利用率

	计量单位	本年 生产量	年初 生产能力	年末 生产能力	能力利用率 (%)
卷烟	万支	3446302	3903552	3984876	87.4
棉纺锭/纺纱量	锭/吨	43706	288252	288252	15.2
气流纺锭/纺纱量	头/吨	10057	2760	2760	
棉布织机/布	台/万米	2780	1648	1651	
原油加工能力/原油加工量	吨/吨	18836979	21000000	21000000	89.7
焦炭	吨	3215524	3635000	3290000	92.9
农用氮、磷、钾化学肥料总计(折纯)	吨	159341	394960	409410	39.6
化学纤维	吨	62822	98500	131400	54.7
水泥熟料	吨	9439497	10590000	9690000	93.1
其中:窑外分解窑熟料	吨	7238470	7140000	7240000	100.7
立窑熟料	吨	1981117	3060000	2060000	77.4
预热器窑熟料	吨	67020	140000	140000	47.9
水泥	吨	13094576	16075940	15026468	84.2
平板玻璃	重量箱	2667704	3800000	3800000	70.2
其中:浮法玻璃	重量箱	2387358	3500000	3500000	68.2
平拉玻璃	重量箱	280346	300000	300000	93.4
生铁	吨	8217868	8793960	9094360	91.9
粗钢	吨	8438054	9300000	10000000	87.4
钢材	吨	8776887	10539963	10866685	82.0
铁合金	吨	37450	59140	59300	63.2
金属切削机床	台	6914	21081	21307	32.6
汽车	辆	155407	660000	550000	25.7
其中:基本型乘用车(轿车)	辆	47528	360000	300000	14.4
家用洗衣机	台	2122676	2259828	2259828	93.9
移动通信手持机(手机)	台	7551171	16500000	19500000	42.0
电子计算机整机	台	228640	388000	388000	58.9
其中:微型计算机设备	台	228640	388000	388000	58.9
彩色电视机	台	2275973	4300000	4300000	52.9
发电设备容量总计/发电量	万千瓦/ 万千瓦小时	2068962	435.55	448.05	

规模以上工业高新技术产业主要经济指标(一)

计量单位:千元

指标名称	企业单位数(个)	亏损企业	工业总产值(当年价格)	工业销售产值(当年价格)	出口交货值
总　计	**607**	**124**	**256343709**	**250201084**	**70583731**
一、按登记注册类型分组:					
内资企业	419	74	114149631	113545993	5796375
国有企业	21	7	58871619	58946836	469857
中央企业	9	3	55271533	55524080	189876
地方企业	12	4	3600086	3422756	279981
集体企业	14	2	655687	638487	0
股份合作企业	8	3	619701	608739	17821
联营企业	2	1	30607	30573	4060
国有联营企业	1	0	8732	8698	0
集体联营企业	1	1	21875	21875	4060
有限责任公司	85	18	35492454	35391963	4513464
国有独资公司	3	1	8370569	8361281	2011230
其他有限责任公司	82	17	27121885	27030682	2502234
股份有限公司	21	3	6143993	6161352	60200
私营企业	262	38	11910928	11340776	730973
私营独资企业	27	5	679551	655374	0
私营合伙企业	10	2	564098	550474	90530
私营有限责任公司	211	27	10091089	9576303	640443
私营股份有限公司	14	4	576190	558625	0
其他企业	6	2	424642	427267	0
港、澳、台商投资企业	55	15	18945240	18208666	11646556
合资经营企业(港或澳、台资)	27	9	13051192	12555536	10605897
合作经营企业(港或澳、台资)	2	0	359914	357564	0
港澳台商独资经营企业	24	5	5108904	4882546	1040659
港澳台商投资股份有限公司	2	1	425230	413020	0
外商投资企业	133	35	123248838	118446425	53140800
中外合资经营企业	48	11	57704134	57304906	13853054
中外合作经营企业	4	0	274303	262866	123935

规模以上工业高新技术产业主要经济指标(一)(续表1)

计量单位:千元

指标名称	企业单位数(个)	亏损企业	工业总产值(当年价格)	工业销售产值(当年价格)	出口交货值
外资企业	79	24	65106341	60730920	39070446
外商投资股份有限公司	2	0	164060	147733	93365
二、按经济组织类型分组:					
独资企业	165	43	130422102	125854163	40580962
国有企业	21	7	58871619	58946836	469857
集体企业	14	2	655687	638487	0
私营独资企业	27	5	679551	655374	0
港澳台商独资经营企业	24	5	5108904	4882546	1040659
外资企业	79	24	65106341	60730920	39070446
合作、合伙企业	32	8	2273265	2237483	236346
股份合作企业	8	3	619701	608739	17821
国有联营企业	1	0	8732	8698	0
集体联营企业	1	1	21875	21875	4060
私营合伙企业	10	2	564098	550474	90530
合作经营企业(港或澳、台资)	2	0	359914	357564	0
中外合作经营企业	4	0	274303	262866	123935
其他企业(内资)	6	2	424642	427267	0
股份有限公司	39	8	7309473	7280730	153565
股份有限公司(内资)	21	3	6143993	6161352	60200
私营股份有限公司	14	4	576190	558625	0
港澳台商投资股份有限公司	2	1	425230	413020	0
外商投资股份有限公司	2	0	164060	147733	93365
有限责任公司	371	65	116338869	114828708	29612858
国有独资公司	3	1	8370569	8361281	2011230
私营有限责任公司	211	27	10091089	9576303	640443
合资经营企业(港或澳、台资)	27	9	13051192	12555536	10605897
中外合资经营企业	48	11	57704134	57304906	13853054
其他有限责任公司	82	17	27121885	27030682	2502234
三、按控股情况分组					

规模以上工业高新技术产业主要经济指标(一)(续表2)

计量单位:千元

指标名称	企业单位数(个)	亏损企业	工业总产值(当年价格)	工业销售产值(当年价格)	出口交货值
国有控股	59	11	88809931	89114367	4685484
集体控股	31	8	1867926	1839808	43117
私人控股	336	55	23556002	22693626	1258153
港澳台控股	55	16	20256833	19446767	12306803
外商控股	110	31	117206686	112540437	52290174
其他	16	3	4646331	4566079	0
四、按轻重工业分组					
轻工业	93	16	20452464	20130575	5098117
重工业	514	108	235891245	230070509	65485614
五、按企业规模分组	17	4	139849147	135610968	52287695
大型企业	58	9	71316650	70920977	13762006
中型企业	532	111	45177912	43669139	4534030
小型企业					
六、在总计中:亏损企业	124	124	77651609	76817984	13405246
七、在总计中:民营	363	63	26088971	25304940	1147451
八、按工业行业中类分组					
制造业	607	124	256343709	250201084	70583731
化学原料及化学制品制造业	165	31	107239177	106659022	4382304
基础化学原料制造	70	16	90461480	90594946	2190706
农药制造	17	5	6023187	5886863	1232356
涂料、油墨、颜料及类似产品制造	30	1	1879684	1812954	0
合成材料制造	21	4	5408442	5099562	336245
专用化学产品制造	27	5	3466384	3264697	622997
医药制造业	45	7	6917239	6780724	437560
化学药品原药制造	5	0	487762	475101	50479
化学药品制剂制造	25	6	3733848	3581329	9185
中药饮片加工	1	0	203182	191862	0
中成药制造	2	0	1651618	1623134	136681
兽用药品制造	7	1	289947	272793	0

规模以上工业高新技术产业主要经济指标(一)(续表3)

计量单位:千元

指标名称	企业单位数(个)	亏损企业	工业总产值(当年价格)	工业销售产值(当年价格)	出口交货值
生物、生化制品的制造	5	0	550882	636505	241215
非金属矿物制品业	3	1	37528	35944	0
玻璃及玻璃制品制造	3	1	37528	35944	0
专用设备制造业	23	7	689895	671945	67389
电子和电工机械专用设备制造	13	2	463802	463012	33328
医疗仪器设备及器械制造	10	5	226093	208933	34061
交通运输设备制造业	3	0	3720453	3642890	1910813
航空航天器制造	3	0	3720453	3642890	1910813
电气机械及器材制造业	128	26	14993234	14864182	595896
电机制造	13	6	275362	266946	96053
输配电及控制设备制造	91	17	12900377	12740889	294681
电线、电缆、光缆及电工器材制造	23	3	1809015	1848037	205162
家用电力器具制造	1	0	8480	8310	0
通信设备、计算机及其他电子设备制造业	163	38	115206529	110255280	62598277
通信设备制造	21	3	21118163	21265038	5532958
雷达及配套设备制造	5	0	4985128	5030326	91425
广播电视设备制造	2	0	162813	152454	0
电子计算机制造	18	6	59852926	55036219	48346884
电子器件制造	34	8	9647905	9505452	2714799
电子元件制造	60	17	6951136	6894699	889365
家用视听设备制造	7	3	11420968	11319654	4626496
其他电子设备制造	16	1	1067490	1051438	396350
仪器仪表及文化、办公用机械制造业	77	14	7539654	7291097	591492
通用仪器仪表制造	52	7	5510689	5336470	470544
专用仪器仪表制造	9	3	287473	276415	3909
光学仪器及眼镜制造	16	4	1741492	1678212	117039

规模以上工业高新技术产业主要经济指标(二)

计量单位:千元

指标名称	流动资产合计	应收账款	存货	产成品
总　计	**90527177**	**28503573**	**19942466**	**7478356**
一、按登记注册类型分组:				
内资企业	55499888	14687463	12412219	4061547
国有企业	13899035	1969338	3597778	984970
中央企业	9392189	984716	2572475	746184
地方企业	4506846	984622	1025303	238786
集体企业	369137	151611	45305	15433
股份合作企业	188585	53449	50744	16918
联营企业	44130	19229	16868	6610
国有联营企业	7797	2025	1563	270
集体联营企业	36333	17204	15305	6340
有限责任公司	29927738	8024503	6324935	1954307
国有独资公司	4294635	653585	1618132	497324
其他有限责任公司	25633103	7370918	4706803	1456983
股份有限公司	5498736	2605809	1080609	479221
私营企业	5400955	1820054	1248516	562682
私营独资企业	187049	77269	30703	17805
私营合伙企业	98422	45373	37021	12837
私营有限责任公司	4699675	1507539	1091893	505188
私营股份有限公司	415809	189873	88899	26852
其他企业	171572	43470	47464	41406
港、澳、台商投资企业	4720672	1368646	964743	334412
合资经营企业(港或澳、台资)	1708585	426845	306158	112211
合作经营企业(港或澳、台资)	169579	41744	74466	19369
港澳台商独资经营企业	2173304	611011	516919	190452
港澳台商投资股份有限公司	669204	289046	67200	12380
外商投资企业	30306617	12447464	6565504	3082397
中外合资经营企业	17902180	7868648	4696088	2546079
中外合作经营企业	138239	43410	43403	26642

规模以上工业高新技术产业主要经济指标(二)(续表1)

计量单位:千元

指标名称	流动资产合计	应收账款	存货	产成品
外资企业	12171079	4510310	1806412	494859
外商投资股份有限公司	95119	25096	19601	14817
二、按经济组织类型分组:				
独资企业	28799604	7319539	5997117	1703519
国有企业	13899035	1969338	3597778	984970
集体企业	369137	151611	45305	15433
私营独资企业	187049	77269	30703	17805
港澳台商独资经营企业	2173304	611011	516919	190452
外资企业	12171079	4510310	1806412	494859
合作、合伙企业	810527	246675	269966	123782
股份合作企业	188585	53449	50744	16918
国有联营企业	7797	2025	1563	270
集体联营企业	36333	17204	15305	6340
私营合伙企业	98422	45373	37021	12837
合作经营企业(港或澳、台资)	169579	41744	74466	19369
中外合作经营企业	138239	43410	43403	26642
其他企业(内资)	171572	43470	47464	41406
股份有限公司	6678868	3109824	1256309	533270
股份有限公司(内资)	5498736	2605809	1080609	479221
私营股份有限公司	415809	189873	88899	26852
港澳台商投资股份有限公司	669204	289046	67200	12380
外商投资股份有限公司	95119	25096	19601	14817
有限责任公司	54238178	17827535	12419074	5117785
国有独资公司	4294635	653585	1618132	497324
私营有限责任公司	4699675	1507539	1091893	505188
合资经营企业(港或澳、台资)	1708585	426845	306158	112211
中外合资经营企业	17902180	7868648	4696088	2546079
其他有限责任公司	25633103	7370918	4706803	1456983
三、按控股情况分组				

规模以上工业高新技术产业主要经济指标(二)(续表2)

计量单位:千元

指标名称	流动资产合计	应收账款	存货	产成品
国有控股	37328116	8160318	9044708	3085773
集体控股	1020118	323865	223275	61816
私人控股	10834515	2963812	2229969	983583
港澳台控股	4328894	1109306	1140466	481525
外商控股	27589779	11713602	5891141	2805921
其他	9425755	4232670	1412907	59738
四、按轻重工业分组				
轻工业	9894132	2679759	1488223	583307
重工业	80633045	25823814	18454243	6895049
五、按企业规模分组	33253124	7154629	7211573	2577234
大型企业	35977355	14709442	7961519	2846069
中型企业	21296698	6639502	4769374	2055053
小型企业				
六、在总计中:亏损企业	14556076	2440069	4584869	1464578
七、在总计中:民营	18682343	6752653	3535994	1049249
八、按工业行业中类分组				
制造业	90527177	28503573	19942466	7478356
化学原料及化学制品制造业	26008915	3316115	7022914	2440829
基础化学原料制造	17633661	2283401	4826647	1608076
农药制造	4984143	403901	1250638	367226
涂料、油墨、颜料及类似产品制造	498402	102345	153751	83600
合成材料制造	1557318	261961	428784	201479
专用化学产品制造	1335391	264507	363094	180448
医药制造业	5168627	1684235	872767	402435
化学药品原药制造	215777	63119	45647	24160
化学药品制剂制造	2341212	1062504	287723	141016
中药饮片加工	172376	71448	11266	4358
中成药制造	1943760	342844	372329	188122
兽用药品制造	123094	25372	59160	25989

规模以上工业高新技术产业主要经济指标(二)(续表 3)

计量单位:千元

指标名称	流动资产合计	应收账款	存货	产成品
生物、生化制品的制造	372408	118948	96642	18790
非金属矿物制品业	23458	641	14397	12121
玻璃及玻璃制品制造	23458	641	14397	12121
专用设备制造业	346790	139131	85357	22189
电子和电工机械专用设备制造	203039	106400	41027	8704
医疗仪器设备及器械制造	143751	32731	44330	13485
交通运输设备制造业	2907075	640519	781728	314547
航空航天器制造	2907075	640519	781728	314547
电气机械及器材制造业	16465067	7065136	2979175	528135
电机制造	164864	63182	69005	24177
输配电及控制设备制造	15462590	6641090	2711017	394335
电线、电缆、光缆及电工器材制造	834813	360684	198962	109493
家用电力器具制造	2800	180	191	130
通信设备、计算机及其他电子设备制造业	32010817	13685741	6397593	3269539
通信设备制造	13276768	6461636	2918854	1919544
雷达及配套设备制造	2555751	900670	351814	67720
广播电视设备制造	116573	40401	52452	18080
电子计算机制造	3910248	2156100	619555	328567
电子器件制造	4548264	1714365	1105716	544003
电子元件制造	2967675	1370816	740877	232553
家用视听设备制造	4080552	860268	417184	83657
其他电子设备制造	554986	181485	191141	75415
仪器仪表及文化、办公用机械制造业	7596428	1972055	1788535	488561
通用仪器仪表制造	5627746	1566618	1363577	343505
专用仪器仪表制造	335736	113723	75730	31176
光学仪器及眼镜制造	1632946	291714	349228	113880

规模以上工业高新技术产业主要经济指标(三)

计量单位:千元

指标名称	流动资产年平均余额	固定资产合计	固定资产原价	累计折旧
总　计	**91295564**	**66518819**	**105766735**	**46309716**
一、按登记注册类型分组:				
内资企业	56065196	32923672	57971610	28617298
国有企业	17667722	11996416	31006057	20212646
中央企业	13534233	10885106	29386128	19546418
地方企业	4133489	1111310	1619929	666228
集体企业	318310	61802	89952	30449
股份合作企业	184251	46138	108929	62836
联营企业	45778	9254	15932	6682
国有联营企业	7526	4636	6147	1515
集体联营企业	38252	4618	9785	5167
有限责任公司	27657156	18317165	23339566	7051908
国有独资公司	4200768	5866460	8914584	3430504
其他有限责任公司	23456388	12450705	14424982	3621404
股份有限公司	4908763	748811	1086314	442622
私营企业	5125033	1616272	2211229	761571
私营独资企业	181404	67930	125001	62181
私营合伙企业	91358	58768	83248	26996
私营有限责任公司	4459080	1386084	1877817	621656
私营股份有限公司	393191	103490	125163	50738
其他企业	158183	127814	113631	48584
港、澳、台商投资企业	4525222	2115265	3317825	1373337
合资经营企业(港或澳、台资)	1564281	976421	1647134	775222
合作经营企业(港或澳、台资)	224201	70595	104589	33994
港澳台商独资经营企业	2076133	956081	1426558	508776
港澳台商投资股份有限公司	660607	112168	139544	55345
外商投资企业	30705146	31479882	44477300	16319081
中外合资经营企业	19095023	20154483	29095563	10882808
中外合作经营企业	138593	76921	81485	21590

规模以上工业高新技术产业主要经济指标(三)(续表1)

计量单位:千元

指标名称	流动资产年平均余额	固定资产合计	固定资产原价	累计折旧
外资企业	11376411	11218214	15238253	5382598
外商投资股份有限公司	95119	30264	61999	32085
二、按经济组织类型分组:				
独资企业	31619980	24300443	47885821	26196650
国有企业	17667722	11996416	31006057	20212646
集体企业	318310	61802	89952	30449
私营独资企业	181404	67930	125001	62181
港澳台商独资经营企业	2076133	956081	1426558	508776
外资企业	11376411	11218214	15238253	5382598
合作、合伙企业	842364	389490	507814	200682
股份合作企业	184251	46138	108929	62836
国有联营企业	7526	4636	6147	1515
集体联营企业	38252	4618	9785	5167
私营合伙企业	91358	58768	83248	26996
合作经营企业(港或澳、台资)	224201	70595	104589	33994
中外合作经营企业	138593	76921	81485	21590
其他企业(内资)	158183	127814	113631	48584
股份有限公司	6057680	994733	1413020	580790
股份有限公司(内资)	4908763	748811	1086314	442622
私营股份有限公司	393191	103490	125163	50738
港澳台商投资股份有限公司	660607	112168	139544	55345
外商投资股份有限公司	95119	30264	61999	32085
有限责任公司	52775540	40834153	55960080	19331594
国有独资公司	4200768	5866460	8914584	3430504
私营有限责任公司	4459080	1386084	1877817	621656
合资经营企业(港或澳、台资)	1564281	976421	1647134	775222
中外合资经营企业	19095023	20154483	29095563	10882808
其他有限责任公司	23456388	12450705	14424982	3621404
三、按控股情况分组				

规模以上工业高新技术产业主要经济指标(三)(续表2)

计量单位:千元

指标名称	流动资产年平均余额	固定资产合计	固定资产原价	累计折旧
国有控股	39344431	29556018	54488493	27797599
集体控股	974766	309949	337324	144312
私人控股	10048078	3284921	4194338	1293744
港澳台控股	4081128	2242700	3817367	1752865
外商控股	28251997	30298918	42044928	15011306
其他	8595164	826313	884285	309890
四、按轻重工业分组				
轻工业	9293896	3459471	4699167	1697349
重工业	82001668	63059348	101067568	44612367
五、按企业规模分组	35038571	32771781	62808957	32690635
大型企业	36272132	21748693	27403511	8173827
中型企业	19984861	11998345	15554267	5445254
小型企业				
六、在总计中:亏损企业	18708934	19203585	43376175	24864050
七、在总计中:民营	17214995	3670520	4508619	1556592
八、按工业行业中类分组				
制造业	91295564	66518819	105766735	46309716
化学原料及化学制品制造业	30662136	38589034	63447066	29351948
基础化学原料制造	22878431	34659363	58488802	27760445
农药制造	4667115	1863475	2120123	645152
涂料、油墨、颜料及类似产品制造	527219	219639	198644	93128
合成材料制造	1428577	1410041	1718933	333088
专用化学产品制造	1160794	436516	920564	520135
医药制造业	5170448	2598124	3518564	1234361
化学药品原药制造	273372	367106	459985	109174
化学药品制剂制造	2364069	975656	1283202	402963
中药饮片加工	149537	194570	207363	78455
中成药制造	1942237	847652	1244809	518967
兽用药品制造	127291	151959	231837	90620

规模以上工业高新技术产业主要经济指标(三)(续表3)

计量单位:千元

指标名称	流动资产年平均余额	固定资产合计	固定资产原价	累计折旧
生物、生化制品的制造	313942	61181	91368	34182
非金属矿物制品业	23959	7454	13203	6432
玻璃及玻璃制品制造	23959	7454	13203	6432
专用设备制造业	342347	318057	493312	182303
电子和电工机械专用设备制造	224401	230289	387387	159812
医疗仪器设备及器械制造	117946	87768	105925	22491
交通运输设备制造业	2732836	2047412	3057221	1519502
航空航天器制造	2732836	2047412	3057221	1519502
电气机械及器材制造业	14984774	1836096	2864404	1204137
电机制造	145092	67212	118430	56963
输配电及控制设备制造	14004529	1325527	1766367	585927
电线、电缆、光缆及电工器材制造	832353	434897	970627	560727
家用电力器具制造	2800	8460	8980	520
通信设备、计算机及其他电子设备制造业	30493970	19440995	30325481	12160378
通信设备制造	13021004	1549116	2187439	984310
雷达及配套设备制造	1139898	6375132	7193009	985665
广播电视设备制造	121865	46894	87443	40787
电子计算机制造	4491924	3738559	7482503	3976063
电子器件制造	4628145	4833404	9211231	4624578
电子元件制造	3062877	2272676	3182895	1156275
家用视听设备制造	3475483	545480	867054	346849
其他电子设备制造	552774	79734	113907	45851
仪器仪表及文化、办公用机械制造业	6885094	1681647	2047484	650655
通用仪器仪表制造	4971153	779146	960928	298382
专用仪器仪表制造	277076	155412	156104	72435
光学仪器及眼镜制造	1636865	747089	930452	279838

规模以上工业高新技术产业主要经济指标(四)

计量单位:千元

指标名称	固定资产净值年平均余额	资产总计	流动负债合计	
				应付账款
总 计	**56644312**	**176611941**	**79238099**	**25282638**
一、按登记注册类型分组:				
内资企业	25097721	104112516	48250292	11845889
国有企业	11034423	30594256	7314489	2465983
中央企业	10087191	24331769	4635631	1584692
地方企业	947232	6262487	2678858	881291
集体企业	60823	470228	225397	95259
股份合作企业	49996	350457	166731	39687
联营企业	9950	54193	43127	23296
国有联营企业	4746	13148	6070	1567
集体联营企业	5204	41045	37057	21729
有限责任公司	11752542	56925706	31383963	6263852
国有独资公司	5363697	12486057	8336932	1068462
其他有限责任公司	6388845	44439649	23047031	5195390
股份有限公司	735393	7432700	4104061	1323247
私营企业	1386472	7946568	4796451	1577031
私营独资企业	65517	272722	142346	41705
私营合伙企业	56149	173310	102710	65385
私营有限责任公司	1190986	6827050	4190153	1291055
私营股份有限公司	73820	673486	361242	178886
其他企业	68122	338408	216073	57534
港、澳、台商投资企业	2054642	7750853	3725022	1241411
合资经营企业(港或澳、台资)	963683	2993776	1548242	479800
合作经营企业(港或澳、台资)	72834	248153	159632	40198
港澳台商独资经营企业	905957	3463104	1433352	587009
港澳台商投资股份有限公司	112168	1045820	583796	134404
外商投资企业	29491949	64748572	27262785	12195338
中外合资经营企业	18861712	39440195	16334920	7748822
中外合作经营企业	59417	222184	130794	33018

规模以上工业高新技术产业主要经济指标(四)(续表1)

计量单位:千元

指标名称	固定资产净值年平均余额	资产总计	流动负债合计	应付账款
外资企业	10540906	24959047	10755054	4404423
外商投资股份有限公司	29914	127146	42017	9075
二、按经济组织类型分组:				
独资企业	22607626	59759357	19870638	7594379
国有企业	11034423	30594256	7314489	2465983
集体企业	60823	470228	225397	95259
私营独资企业	65517	272722	142346	41705
港澳台商独资经营企业	905957	3463104	1433352	587009
外资企业	10540906	24959047	10755054	4404423
合作、合伙企业	316468	1386705	819067	259118
股份合作企业	49996	350457	166731	39687
国有联营企业	4746	13148	6070	1567
集体联营企业	5204	41045	37057	21729
私营合伙企业	56149	173310	102710	65385
合作经营企业(港或澳、台资)	72834	248153	159632	40198
中外合作经营企业	59417	222184	130794	33018
其他企业(内资)	68122	338408	216073	57534
股份有限公司	951295	9279152	5091116	1645612
股份有限公司(内资)	735393	7432700	4104061	1323247
私营股份有限公司	73820	673486	361242	178886
港澳台商投资股份有限公司	112168	1045820	583796	134404
外商投资股份有限公司	29914	127146	42017	9075
有限责任公司	32768923	106186727	53457278	15783529
国有独资公司	5363697	12486057	8336932	1068462
私营有限责任公司	1190986	6827050	4190153	1291055
合资经营企业(港或澳、台资)	963683	2993776	1548242	479800
中外合资经营企业	18861712	39440195	16334920	7748822
其他有限责任公司	6388845	44439649	23047031	5195390
三、按控股情况分组				

规模以上工业高新技术产业主要经济指标(四)(续表2)

计量单位:千元

指标名称	固定资产净值年平均余额	资产总计	流动负债合计	
				应付账款
国有控股	22392464	80615681	36297660	6912046
集体控股	216219	1559883	858042	257040
私人控股	2854024	16205089	9490675	2500547
港澳台控股	2166927	7425561	3438754	1047140
外商控股	28429833	60205089	25258761	11864582
其他	584845	10600638	3894207	2701283
四、按轻重工业分组				
轻工业	3066138	14740619	7635055	1926903
重工业	53578174	161871322	71603044	23355735
五、按企业规模分组	26323210	77842507	35300249	6767159
大型企业	19750002	61011302	26514145	13115992
中型企业	10571100	37758132	17423705	5399487
小型企业				
六、在总计中:亏损企业	18875681	40961424	16896796	4614384
七、在总计中:民营	2976545	24509066	12219248	5043261
八、按工业行业中类分组				
制造业	56644312	176611941	79238099	25282638
化学原料及化学制品制造业	35520700	74335615	26918449	4448856
基础化学原料制造	32404265	59163925	17249369	3233461
农药制造	1358557	8978208	5995998	631701
涂料、油墨、颜料及类似产品制造	105235	853422	434238	103869
合成材料制造	1249249	3427392	2144581	351638
专用化学产品制造	403394	1912668	1094263	128187
医药制造业	2367800	8886702	3446629	522142
化学药品原药制造	360282	652832	226093	33784
化学药品制剂制造	911636	3983753	1753632	239319
中药饮片加工	139060	406197	299063	12113
中成药制造	739986	3053971	777364	222505
兽用药品制造	160957	314687	186168	11569

规模以上工业高新技术产业主要经济指标(四)(续表3)

计量单位:千元

指标名称	固定资产净值年平均余额	资产总计	流动负债合计	
				应付账款
生物、生化制品的制造	55879	475262	204309	2852
非金属矿物制品业	7606	32417	2643	1251
玻璃及玻璃制品制造	7606	32417	2643	1251
专用设备制造业	259331	711315	338855	92381
电子和电工机械专用设备制造	190998	460591	214305	36481
医疗仪器设备及器械制造	68333	250724	124550	55900
交通运输设备制造业	1412592	5341177	2171052	657203
航空航天器制造	1412592	5341177	2171052	657203
电气机械及器材制造业	1677227	19848211	9553687	4931162
电机制造	70681	262214	181485	60211
输配电及控制设备制造	1211883	18272266	8742264	4522036
电线、电缆、光缆及电工器材制造	393791	1302471	629458	348435
家用电力器具制造	872	11260	480	480
通信设备、计算机及其他电子设备制造业	13948413	56553854	31602767	12843373
通信设备制造	1169978	16671593	12816056	6368433
雷达及配套设备制造	1844584	9141059	3514492	238556
广播电视设备制造	47292	207400	55847	10376
电子计算机制造	3921477	8249026	3133428	1558372
电子器件制造	4577674	10803854	5430800	1976402
电子元件制造	1795314	6067440	2727359	1243405
家用视听设备制造	523898	4738511	3629158	1244512
其他电子设备制造	68196	674971	295627	203317
仪器仪表及文化、办公用机械制造业	1450643	10902650	5204017	1786270
通用仪器仪表制造	641518	7243070	3710888	1286240
专用仪器仪表制造	140157	624523	299303	128558
光学仪器及眼镜制造	668968	3035057	1193826	371472

规模以上工业高新技术产业主要经济指标(五)

计量单位:千元

指标名称	长期负债合计	负债合计	所有者权益合计	其中:实收资本
总　计	**14184299**	**93621400**	**82990541**	**48345903**
一、按登记注册类型分组:				
内资企业	5130813	53578233	50534283	31611120
国有企业	385908	7700397	22893859	20226001
中央企业	275098	4910729	19421040	19118483
地方企业	110810	2789668	3472819	1107518
集体企业	713	226110	244118	85067
股份合作企业	78161	244892	105565	90090
联营企业	8524	51651	2542	5155
国有联营企业	1500	7570	5578	3071
集体联营企业	7024	44081	－3036	2084
有限责任公司	3963421	35544510	21381196	8548573
国有独资公司	731311	9227057	3259000	2505251
其他有限责任公司	3232110	26317453	18122196	6043322
股份有限公司	508717	4612778	2819922	912332
私营企业	145039	4941492	3005076	1686302
私营独资企业	1492	143838	128884	49023
私营合伙企业	11034	113744	59566	49114
私营有限责任公司	116759	4306914	2520136	1391225
私营股份有限公司	15754	376996	296490	196940
其他企业	40330	256403	82005	57600
港、澳、台商投资企业	256787	3981809	3769044	2511116
合资经营企业(港或澳、台资)	97116	1645358	1348418	1026282
合作经营企业(港或澳、台资)	0	159632	88521	32502
港澳台商独资经营企业	159389	1592741	1870363	1140832
港澳台商投资股份有限公司	282	584078	461742	311500
外商投资企业	8796699	36061358	28687214	14223667
中外合资经营企业	5385501	21722293	17717902	6934048
中外合作经营企业	1	130795	91389	70329

规模以上工业高新技术产业主要经济指标(五)(续表1)

计量单位:千元

指标名称	长期负债合计	负债合计	所有者权益合计	其中:实收资本
外资企业	3407696	14162752	10796295	7173460
外商投资股份有限公司	3501	45518	81628	45830
二、按经济组织类型分组:				
独资企业	3955198	23825838	35933519	28674383
国有企业	385908	7700397	22893859	20226001
集体企业	713	226110	244118	85067
私营独资企业	1492	143838	128884	49023
港澳台商独资经营企业	159389	1592741	1870363	1140832
外资企业	3407696	14162752	10796295	7173460
合作、合伙企业	138050	957117	429588	304790
股份合作企业	78161	244892	105565	90090
国有联营企业	1500	7570	5578	3071
集体联营企业	7024	44081	-3036	2084
私营合伙企业	11034	113744	59566	49114
合作经营企业(港或澳、台资)	0	159632	88521	32502
中外合作经营企业	1	130795	91389	70329
其他企业(内资)	40330	256403	82005	57600
股份有限公司	528254	5619370	3659782	1466602
股份有限公司(内资)	508717	4612778	2819922	912332
私营股份有限公司	15754	376996	296490	196940
港澳台商投资股份有限公司	282	584078	461742	311500
外商投资股份有限公司	3501	45518	81628	45830
有限责任公司	9562797	63219075	42967652	17900128
国有独资公司	731311	9227057	3259000	2505251
私营有限责任公司	116759	4306914	2520136	1391225
合资经营企业(港或澳、台资)	97116	1645358	1348418	1026282
中外合资经营企业	5385501	21722293	17717902	6934048
其他有限责任公司	3232110	26317453	18122196	6043322
三、按控股情况分组				

规模以上工业高新技术产业主要经济指标(五)(续表 2)

计量单位:千元

指标名称	长期负债合计	负债合计	所有者权益合计	其中:实收资本
国有控股	4471216	40965102	39650579	28633948
集体控股	23978	882020	677863	358723
私人控股	521770	10013347	6191742	3421675
港澳台控股	247383	3686139	3739422	2620134
外商控股	8719336	33978099	26226990	12812462
其他	200616	4096693	6503945	498961
四、按轻重工业分组				
轻工业	273143	7910800	6829819	3546168
重工业	13911156	85710600	76160722	44799735
五、按企业规模分组	4381322	39718251	38124256	31639017
大型企业	6358910	33031870	27979432	6011728
中型企业	3444067	20871279	16886853	10695158
小型企业				
六、在总计中:亏损企业	1472730	18370259	22591165	24957187
七、在总计中:民营	668598	12888748	11620318	3569790
八、按工业行业中类分组				
制造业	14184299	93621400	82990541	48345903
化学原料及化学制品制造业	8540865	35459317	38876298	27431942
基础化学原料制造	7734663	24984033	34179892	24889870
农药制造	286678	6282676	2695532	1316975
涂料、油墨、颜料及类似产品制造	764	435002	418420	200970
合成材料制造	472761	2617342	810050	559438
专用化学产品制造	45999	1140264	772404	464689
医药制造业	271287	3720518	5166184	2453198
化学药品原药制造	121185	347278	305554	143630
化学药品制剂制造	63180	1819414	2164339	1295431
中药饮片加工	300	299363	106834	50000
中成药制造	85476	862840	2191131	701421
兽用药品制造	1143	187311	127376	169894

规模以上工业高新技术产业主要经济指标(五)(续表3)

计量单位:千元

指标名称	长期负债合计	负债合计	所有者权益合计	其中:实收资本
生物、生化制品的制造	3	204312	270950	92822
非金属矿物制品业	500	3143	29274	25616
玻璃及玻璃制品制造	500	3143	29274	25616
专用设备制造业	591	339446	371869	251381
电子和电工机械专用设备制造	20	214325	246266	139137
医疗仪器设备及器械制造	571	125121	125603	112244
交通运输设备制造业	547050	2718102	2623075	843524
航空航天器制造	547050	2718102	2623075	843524
电气机械及器材制造业	1164912	10718599	9129612	2026063
电机制造	5894	187379	74835	138853
输配电及控制设备制造	695386	9437650	8834616	1321921
电线、电缆、光缆及电工器材制造	463112	1092570	209901	560279
家用电力器具制造	520	1000	10260	5010
通信设备、计算机及其他电子设备制造业	3360799	35159063	21394791	13469586
通信设备制造	392971	13209027	3462566	1960517
雷达及配套设备制造	1961606	5634912	3506147	1142000
广播电视设备制造	0	55847	151553	57280
电子计算机制造	434646	3568075	4680951	2988627
电子器件制造	365308	5832790	4971064	4555101
电子元件制造	206166	2933525	3133915	1780294
家用视听设备制造	1	3629159	1109352	774746
其他电子设备制造	101	295728	379243	211021
仪器仪表及文化、办公用机械制造业	298295	5503212	5399438	1844593
通用仪器仪表制造	49253	3761041	3482029	1273474
专用仪器仪表制造	61202	360505	264018	159058
光学仪器及眼镜制造	187840	1381666	1653391	412061

规模以上工业高新技术产业主要经济指标(六)

计量单位:千元

指标名称	主营业务收入	主营业务成本	主营业务税金及附加	其他业务收入
总　计	**258418016**	**237022701**	**855728**	**3522023**
一、按登记注册类型分组:				
内资企业	121919681	111162506	837623	3113463
国有企业	65132738	64541918	623731	712642
中央企业	60474537	61221634	591012	610949
地方企业	4658201	3320284	32719	101693
集体企业	636961	522053	3881	8157
股份合作企业	586001	504806	4015	24420
联营企业	30947	27495	87	0
国有联营企业	9071	8342	0	0
集体联营企业	21876	19153	87	0
有限责任公司	37487629	30878776	126002	2061951
国有独资公司	8793523	7954448	31691	904868
其他有限责任公司	28694106	22924328	94311	1157083
股份有限公司	6135003	4648475	40103	106301
私营企业	11501579	9708358	39037	190112
私营独资企业	661211	574064	2589	14799
私营合伙企业	535661	470152	2163	10
私营有限责任公司	9747298	8254135	31839	158644
私营股份有限公司	557409	410007	2446	16659
其他企业	408823	330625	767	9880
港、澳、台商投资企业	18040494	16573739	8119	74844
合资经营企业(港或澳、台资)	12297598	11743238	1168	22404
合作经营企业(港或澳、台资)	347464	293893	215	4125
港澳台商独资经营企业	5017052	4336226	957	34766
港澳台商投资股份有限公司	378380	200382	5779	13549
外商投资企业	118457841	109286456	9986	333716
中外合资经营企业	57710431	52909693	3920	103325
中外合作经营企业	300649	245061	10	30349

规模以上工业高新技术产业主要经济指标(六)(续表 1)

计量单位：千元

指标名称	主营业务收入	主营业务成本	主营业务税金及附加	其他业务收入
外资企业	60297898	56038542	3686	200042
外商投资股份有限公司	148863	93160	2370	0
二、按经济组织类型分组：				
独资企业	131745860	126012803	634844	970406
国有企业	65132738	64541918	623731	712642
集体企业	636961	522053	3881	8157
私营独资企业	661211	574064	2589	14799
港澳台商独资经营企业	5017052	4336226	957	34766
外资企业	60297898	56038542	3686	200042
合作、合伙企业	2209545	1872032	7257	68784
股份合作企业	586001	504806	4015	24420
国有联营企业	9071	8342	0	0
集体联营企业	21876	19153	87	0
私营合伙企业	535661	470152	2163	10
合作经营企业(港或澳、台资)	347464	293893	215	4125
中外合作经营企业	300649	245061	10	30349
其他企业(内资)	408823	330625	767	9880
股份有限公司	7219655	5352024	50698	136509
股份有限公司(内资)	6135003	4648475	40103	106301
私营股份有限公司	557409	410007	2446	16659
港澳台商投资股份有限公司	378380	200382	5779	13549
外商投资股份有限公司	148863	93160	2370	0
有限责任公司	117242956	103785842	162929	2346324
国有独资公司	8793523	7954448	31691	904868
私营有限责任公司	9747298	8254135	31839	158644
合资经营企业(港或澳、台资)	12297598	11743238	1168	22404
中外合资经营企业	57710431	52909693	3920	103325
其他有限责任公司	28694106	22924328	94311	1157083
三、按控股情况分组				

规模以上工业高新技术产业主要经济指标(六)(续表 2)

计量单位:千元

指标名称	主营业务收入	主营业务成本	主营业务税金及附加	其他业务收入
国有控股	96976726	91230948	729158	2094432
集体控股	1979703	1668299	8321	30218
私人控股	22785219	18432730	80985	944328
港澳台控股	19506814	18101208	2370	83922
外商控股	112673659	104725534	7471	254292
其他	4495895	2863982	27423	114831
四、按轻重工业分组				
轻工业	21141436	16473843	46263	227652
重工业	237276580	220548858	809465	3294371
五、按企业规模分组	143048482	138001101	678589	1861147
大型企业	71751430	63089387	63842	552281
中型企业	43618104	35932213	113297	1108595
小型企业				
六、在总计中:亏损企业	81125445	82264378	533192	1001712
七、在总计中:民营	25546030	20452306	108624	1035353
八、按工业行业中类分组				
制造业	258418016	237022701	855728	3522023
化学原料及化学制品制造业	113286603	108312308	644380	2454664
基础化学原料制造	95557906	92738613	619055	1607882
农药制造	7107280	6304434	6327	4260
涂料、油墨、颜料及类似产品制造	1861967	1578181	7080	127437
合成材料制造	5268593	4536848	9105	679864
专用化学产品制造	3490857	3154232	2813	35221
医药制造业	7777010	4060611	37899	28611
化学药品原药制造	426823	256249	3263	2450
化学药品制剂制造	3495077	1361958	12450	2467
中药饮片加工	184475	95210	2965	3477
中成药制造	2793062	1924426	17263	13597
兽用药品制造	267584	155501	1226	1050

规模以上工业高新技术产业主要经济指标(六)(续表3)

计量单位:千元

指标名称	主营业务收入	主营业务成本	主营业务税金及附加	其他业务收入
生物、生化制品的制造	609989	267267	732	5570
非金属矿物制品业	36202	30284	610	0
玻璃及玻璃制品制造	36202	30284	610	0
专用设备制造业	658396	522559	2933	6793
电子和电工机械专用设备制造	448243	385402	2079	4106
医疗仪器设备及器械制造	210153	137157	854	2687
交通运输设备制造业	4154437	3400568	18734	41450
航空航天器制造	4154437	3400568	18734	41450
电气机械及器材制造业	14887006	11666657	51350	191003
电机制造	271330	240950	531	531
输配电及控制设备制造	13030499	10035939	47508	186558
电线、电缆、光缆及电工器材制造	1576867	1382408	3181	3914
家用电力器具制造	8310	7360	130	0
通信设备、计算机及其他电子设备制造业	110182775	103366512	60905	553919
通信设备制造	21180013	19556824	19545	153626
雷达及配套设备制造	5034039	3901024	12572	14774
广播电视设备制造	162469	104678	3456	6
电子计算机制造	54880092	53302513	1684	60921
电子器件制造	9819638	8818237	16132	130348
电子元件制造	6772777	6040614	6853	119287
家用视听设备制造	11283996	10690534	300	68917
其他电子设备制造	1049751	952088	363	6040
仪器仪表及文化、办公用机械制造业	7435587	5663202	38917	245583
通用仪器仪表制造	5393132	3898168	35310	82373
专用仪器仪表制造	298818	215184	2351	6625
光学仪器及眼镜制造	1743637	1549850	1256	156585

规模以上工业高新技术产业主要经济指标(七)

计量单位:千元

指标名称	其他业务利润	营业费用	管理费用	
				税金
总　计	**702550**	**5959984**	**11198516**	**252595**
一、按登记注册类型分组:				
内资企业	503395	2748075	7267145	163250
国有企业	104308	658935	2478950	63448
中央企业	47829	199208	1990746	53013
地方企业	56479	459727	488204	10435
集体企业	6389	17527	42373	436
股份合作企业	1935	18327	37639	7630
联营企业	0	1320	2998	45
国有联营企业	0	185	263	40
集体联营企业	0	1135	2735	5
有限责任公司	313672	1180963	3585160	64566
国有独资公司	101904	264249	987971	28621
其他有限责任公司	211768	916714	2597189	35945
股份有限公司	8719	523973	490366	8906
私营企业	66151	333166	582233	17672
私营独资企业	7591	7936	19902	955
私营合伙企业	10	8416	16366	70
私营有限责任公司	54051	279255	485365	13930
私营股份有限公司	4499	37559	60600	2717
其他企业	2221	13864	47426	547
港、澳、台商投资企业	19383	394604	464337	9278
合资经营企业(港或澳、台资)	2701	233952	179947	2049
合作经营企业(港或澳、台资)	1599	4037	12045	141
港澳台商独资经营企业	5620	117835	234421	5501
港澳台商投资股份有限公司	9463	38780	37924	1587
外商投资企业	179772	2817305	3467034	80067
中外合资经营企业	51119	1534053	1875388	37843
中外合作经营企业	1834	14403	14747	547

规模以上工业高新技术产业主要经济指标(七)(续表1)

计量单位:千元

指标名称	其他业务利润	营业费用	管理费用	
				税金
外资企业	126819	1246915	1561363	40457
外商投资股份有限公司	0	21934	15536	1220
二、按经济组织类型分组:				
独资企业	250727	2049148	4337009	110797
国有企业	104308	658935	2478950	63448
集体企业	6389	17527	42373	436
私营独资企业	7591	7936	19902	955
港澳台商独资经营企业	5620	117835	234421	5501
外资企业	126819	1246915	1561363	40457
合作、合伙企业	7599	60367	131221	8980
股份合作企业	1935	18327	37639	7630
国有联营企业	0	185	263	40
集体联营企业	0	1135	2735	5
私营合伙企业	10	8416	16366	70
合作经营企业(港或澳、台资)	1599	4037	12045	141
中外合作经营企业	1834	14403	14747	547
其他企业(内资)	2221	13864	47426	547
股份有限公司	22681	622246	604426	14430
股份有限公司(内资)	8719	523973	490366	8906
私营股份有限公司	4499	37559	60600	2717
港澳台商投资股份有限公司	9463	38780	37924	1587
外商投资股份有限公司	0	21934	15536	1220
有限责任公司	421543	3228223	6125860	118388
国有独资公司	101904	264249	987971	28621
私营有限责任公司	54051	279255	485365	13930
合资经营企业(港或澳、台资)	2701	233952	179947	2049
中外合资经营企业	51119	1534053	1875388	37843
其他有限责任公司	211768	916714	2597189	35945
三、按控股情况分组				

规模以上工业高新技术产业主要经济指标(七)(续表2)

计量单位:千元

指标名称	其他业务利润	营业费用	管理费用	
				税金
国有控股	294201	1807257	5477487	122724
集体控股	21556	52348	115777	1956
私人控股	181581	1129016	1393553	37241
港澳台控股	13574	386375	512769	12456
外商控股	157526	2298048	3125880	75354
其他	34112	286940	573050	2864
四、按轻重工业分组				
轻工业	108215	1922635	1484465	44018
重工业	594335	4037349	9714051	208577
五、按企业规模分组	255616	1774229	5283663	128381
大型企业	171313	2307652	3270044	58481
中型企业	275621	1878103	2644809	65733
小型企业				
六、在总计中:亏损企业	154851	681452	2742450	51505
七、在总计中:民营	224735	955118	1816346	40526
八、按工业行业中类分组				
制造业	702550	5959984	11198516	252595
化学原料及化学制品制造业	322667	1538945	3889059	129266
基础化学原料制造	171322	1164113	3110101	99528
农药制造	1543	136453	253621	13436
涂料、油墨、颜料及类似产品制造	56971	58479	71309	10730
合成材料制造	86036	99324	326945	2596
专用化学产品制造	6795	80576	127083	2976
医药制造业	14693	1800333	932229	26622
化学药品原药制造	2320	52886	65095	1913
化学药品制剂制造	855	1301455	389630	11086
中药饮片加工	-35	15232	46774	2105
中成药制造	8305	322822	261168	8503
兽用药品制造	559	37880	35243	2093

规模以上工业高新技术产业主要经济指标(七)(续表3)

计量单位:千元

指标名称	其他业务利润	营业费用	管理费用	
				税金
生物、生化制品的制造	2689	70058	134319	922
非金属矿物制品业	0	740	3405	415
玻璃及玻璃制品制造	0	740	3405	415
专用设备制造业	3738	33016	77240	1560
电子和电工机械专用设备制造	1284	5471	35586	595
医疗仪器设备及器械制造	2454	27545	41654	965
交通运输设备制造业	12520	219909	388618	9345
航空航天器制造	12520	219909	388618	9345
电气机械及器材制造业	54414	756027	1156600	9305
电机制造	531	6242	24799	402
输配电及控制设备制造	51042	711973	1059351	6799
电线、电缆、光缆及电工器材制造	2841	37692	72190	1948
家用电力器具制造	0	120	260	156
通信设备、计算机及其他电子设备制造业	226202	1265246	3884303	66067
通信设备制造	29978	213231	1218846	14736
雷达及配套设备制造	2000	51530	619065	1905
广播电视设备制造	-10	9544	26010	65
电子计算机制造	40642	509610	592227	21146
电子器件制造	68352	271437	586023	12268
电子元件制造	47262	151426	361257	9794
家用视听设备制造	34097	36158	439013	5545
其他电子设备制造	3881	22310	41862	608
仪器仪表及文化、办公用机械制造业	68316	345768	867062	10015
通用仪器仪表制造	52818	297149	651659	6767
专用仪器仪表制造	2213	14221	29341	965
光学仪器及眼镜制造	13285	34398	186062	2283

规模以上工业高新技术产业主要经济指标(八)

计量单位:千元

指标名称	财务费用	利息支出	营业利润	投资收益
总　计	**1340605**	**1898141**	**2796662**	**－376618**
一、按登记注册类型分组:				
内资企业	775973	716062	－314557	－257960
国有企业	－155614	－146364	－3184455	68159
中央企业	－151209	－153320	－3482777	155824
地方企业	－4405	6956	298322	－87665
集体企业	3434	4109	54082	0
股份合作企业	809	610	22340	－2221
联营企业	25	17	－2470	0
国有联营企业	4	0	277	0
集体联营企业	21	17	－2747	0
有限责任公司	722972	665400	1633780	－187470
国有独资公司	295659	254552	－633541	－56596
其他有限责任公司	427313	410848	2267321	－130874
股份有限公司	124147	122179	318768	19959
私营企业	76963	66693	828273	－156387
私营独资企业	2627	1553	61684	－21300
私营合伙企业	602	345	37972	0
私营有限责任公司	68955	60766	682100	－135087
私营股份有限公司	4779	4029	46517	0
其他企业	3237	3418	15125	0
港、澳、台商投资企业	59893	93077	559185	－10151
合资经营企业(港或澳、台资)	24593	25051	117401	－12423
合作经营企业(港或澳、台资)	950	1446	37923	2236
港澳台商独资经营企业	24964	58439	308269	36
港澳台商投资股份有限公司	9386	8141	95592	0
外商投资企业	504739	1089002	2552034	－108507
中外合资经营企业	386863	757528	1051574	－121535
中外合作经营企业	1980	2490	26282	8

规模以上工业高新技术产业主要经济指标(八)(续表1)

计量单位:千元

指标名称	财务费用		营业利润	投资收益
		利息支出		
外资企业	115507	328654	1458704	13020
外商投资股份有限公司	389	330	15474	0
二、按经济组织类型分组:				
独资企业	-9082	246391	-1301716	59915
国有企业	-155614	-146364	-3184455	68159
集体企业	3434	4109	54082	0
私营独资企业	2627	1553	61684	-21300
港澳台商独资经营企业	24964	58439	308269	36
外资企业	115507	328654	1458704	13020
合作、合伙企业	7603	8326	137172	23
股份合作企业	809	610	22340	-2221
国有联营企业	4	0	277	0
集体联营企业	21	17	-2747	0
私营合伙企业	602	345	37972	0
合作经营企业(港或澳、台资)	950	1446	37923	2236
中外合作经营企业	1980	2490	26282	8
其他企业(内资)	3237	3418	15125	0
股份有限公司	138701	134679	476351	19959
股份有限公司(内资)	124147	122179	318768	19959
私营股份有限公司	4779	4029	46517	0
港澳台商投资股份有限公司	9386	8141	95592	0
外商投资股份有限公司	389	330	15474	0
有限责任公司	1203383	1508745	3484855	-456515
国有独资公司	295659	254552	-633541	-56596
私营有限责任公司	68955	60766	682100	-135087
合资经营企业(港或澳、台资)	24593	25051	117401	-12423
中外合资经营企业	386863	757528	1051574	-121535
其他有限责任公司	427313	410848	2267321	-130874
三、按控股情况分组				

规模以上工业高新技术产业主要经济指标(八)(续表2)

计量单位:千元

指标名称	财务费用	利息支出	营业利润	投资收益
国有控股	630559	575040	-2549093	164403
集体控股	14489	13724	140533	8506
私人控股	165836	148716	1764472	-543587
港澳台控股	49738	126173	467928	-6716
外商控股	466326	1021124	2207867	-81689
其他	13657	13364	764955	82465
四、按轻重工业分组				
轻工业	24152	97844	1178759	-160750
重工业	1316453	1800297	1617903	-215868
五、按企业规模分组	556798	605083	-2970114	43532
大型企业	377838	779613	2850312	39303
中型企业	405969	513445	2916464	-459453
小型企业				
六、在总计中:亏损企业	312214	324079	-5426665	-134363
七、在总计中:民营	160149	150637	2276522	-422363
八、按工业行业中类分组				
制造业	1340605	1898141	2796662	-376618
化学原料及化学制品制造业	774743	999741	-1451090	-499188
基础化学原料制造	495465	700788	-2551871	-209441
农药制造	175598	164452	485217	21418
涂料、油墨、颜料及类似产品制造	9275	8062	194614	-44086
合成材料制造	81708	80720	300699	-272470
专用化学产品制造	12697	45719	120251	5391
医药制造业	42520	64384	798577	-117551
化学药品原药制造	7253	7244	44397	-9850
化学药品制剂制造	12002	33681	418432	3064
中药饮片加工	0	0	24259	0
中成药制造	5959	5273	149900	-110818
兽用药品制造	10170	9723	28423	0

规模以上工业高新技术产业主要经济指标(八)(续表3)

计量单位:千元

指标名称	财务费用	利息支出	营业利润	投资收益
生物、生化制品的制造	7136	8463	133166	53
非金属矿物制品业	100	60	1063	0
玻璃及玻璃制品制造	100	60	1063	0
专用设备制造业	4282	6149	22104	17
电子和电工机械专用设备制造	5228	4653	15761	0
医疗仪器设备及器械制造	-946	1496	6343	17
交通运输设备制造业	89529	41079	54649	34460
航空航天器制造	89529	41079	54649	34460
电气机械及器材制造业	76590	145715	1233090	92995
电机制造	2409	1658	-3070	0
输配电及控制设备制造	107814	106020	1117850	92264
电线、电缆、光缆及电工器材制造	-33693	37987	117930	731
家用电力器具制造	60	50	380	0
通信设备、计算机及其他电子设备制造业	343010	617716	1537533	57058
通信设备制造	145278	265835	57869	25747
雷达及配套设备制造	54618	60220	409839	12623
广播电视设备制造	1711	1345	17060	0
电子计算机制造	7736	126586	506964	-150
电子器件制造	114195	102790	116346	34739
电子元件制造	36967	31840	222922	-17348
家用视听设备制造	-26757	23852	178845	870
其他电子设备制造	9262	5248	27688	577
仪器仪表及文化、办公用机械制造业	9831	23297	600736	55591
通用仪器仪表制造	-1239	11963	564903	29603
专用仪器仪表制造	9661	9604	30273	4348
光学仪器及眼镜制造	1409	1730	5560	21640

规模以上工业高新技术产业主要经济指标(九)

计量单位:千元

指标名称	补贴收入	营业外收入	营业外支出	利税
总　计	**926736**	**897028**	**737821**	**10052539**
一、按登记注册类型分组:				
内资企业	79538	481065	387788	2887184
国有企业	22088	68119	45092	-1600370
中央企业	0	31102	32914	-2240201
地方企业	22088	37017	12178	639831
集体企业	2378	5138	4610	92639
股份合作企业	0	2392	1366	48312
联营企业	0	0	18	-1416
国有联营企业	0	0	14	454
集体联营企业	0	0	4	-1870
有限责任公司	31755	237067	143934	2458897
国有独资公司	0	103326	67916	-497425
其他有限责任公司	31755	133741	76018	2956322
股份有限公司	3452	142154	6192	781186
私营企业	19461	25462	185121	1085498
私营独资企业	1979	215	19314	47350
私营合伙企业	50	523	7023	46936
私营有限责任公司	17422	19877	156664	916856
私营股份有限公司	10	4847	2120	74356
其他企业	404	733	1455	22438
港、澳、台商投资企业	5074	49256	30166	824016
合资经营企业(港或澳、台资)	1651	17604	6874	207416
合作经营企业(港或澳、台资)	421	0	506	57200
港澳台商独资经营企业	159	26952	8609	441264
港澳台商投资股份有限公司	2843	4700	14177	118136
外商投资企业	842124	366707	319867	6341339
中外合资经营企业	837131	206005	226656	4006198
中外合作经营企业	0	111	9859	23624

规模以上工业高新技术产业主要经济指标(九)(续表1)

计量单位:千元

指标名称	补贴收入	营业外收入	营业外支出	利税
外资企业	4993	160585	74845	2292766
外商投资股份有限公司	0	6	8507	18751
二、按经济组织类型分组:				
独资企业	31597	261009	152470	1273649
国有企业	22088	68119	45092	-1600370
集体企业	2378	5138	4610	92639
私营独资企业	1979	215	19314	47350
港澳台商独资经营企业	159	26952	8609	441264
外资企业	4993	160585	74845	2292766
合作、合伙企业	875	3759	20227	197094
股份合作企业	0	2392	1366	48312
国有联营企业	0	0	14	454
集体联营企业	0	0	4	-1870
私营合伙企业	50	523	7023	46936
合作经营企业(港或澳、台资)	421	0	506	57200
中外合作经营企业	0	111	9859	23624
其他企业(内资)	404	733	1455	22438
股份有限公司	6305	151707	30996	992429
股份有限公司(内资)	3452	142154	6192	781186
私营股份有限公司	10	4847	2120	74356
港澳台商投资股份有限公司	2843	4700	14177	118136
外商投资股份有限公司	0	6	8507	18751
有限责任公司	887959	480553	534128	7589367
国有独资公司	0	103326	67916	-497425
私营有限责任公司	17422	19877	156664	916856
合资经营企业(港或澳、台资)	1651	17604	6874	207416
中外合资经营企业	837131	206005	226656	4006198
其他有限责任公司	31755	133741	76018	2956322
三、按控股情况分组				

规模以上工业高新技术产业主要经济指标(九)(续表2)

计量单位:千元

指标名称	补贴收入	营业外收入	营业外支出	利税
国有控股	40374	426264	146041	35226
集体控股	5381	5938	16172	221798
私人控股	35780	47871	255438	2003819
港澳台控股	7254	49249	21604	710496
外商控股	831464	365644	281436	5888506
其他	6483	2062	17130	1192694
四、按轻重工业分组				
轻工业	12311	36572	141244	1928605
重工业	914425	860456	596577	8123934
五、按企业规模分组	440	498080	192063	-509548
大型企业	861923	180974	222553	6383557
中型企业	64373	217974	323205	4178530
小型企业				
六、在总计中:亏损企业	11702	247910	150345	-4486012
七、在总计中:民营	39164	55015	242293	2903785
八、按工业行业中类分组				
制造业	926736	897028	737821	10052539
化学原料及化学制品制造业	6941	256469	415270	497989
基础化学原料制造	1365	236833	178429	-398117
农药制造	450	6955	13737	595811
涂料、油墨、颜料及类似产品制造	897	416	52165	161807
合成材料制造	2024	8484	164445	-43406
专用化学产品制造	2205	3781	6494	181894
医药制造业	9722	29584	78201	1314216
化学药品原药制造	0	4065	5925	68298
化学药品制剂制造	9269	9701	58217	631008
中药饮片加工	0	535	2535	40053
中成药制造	0	14924	8566	328908
兽用药品制造	300	330	2280	42695

规模以上工业高新技术产业主要经济指标(九)(续表3)

计量单位:千元

指标名称	补贴收入	营业外收入	营业外支出	利税
生物、生化制品的制造	153	29	678	203254
非金属矿物制品业	0	40	790	1843
玻璃及玻璃制品制造	0	40	790	1843
专用设备制造业	2682	712	1206	56404
电子和电工机械专用设备制造	990	28	69	36188
医疗仪器设备及器械制造	1692	684	1137	20216
交通运输设备制造业	0	72295	3445	188530
航空航天器制造	0	72295	3445	188530
电气机械及器材制造业	17767	95748	23989	2317173
电机制造	0	1372	1978	6325
输配电及控制设备制造	17743	93993	17165	2160146
电线、电缆、光缆及电工器材制造	24	383	4846	149742
家用电力器具制造	0	0	0	960
通信设备、计算机及其他电子设备制造业	851691	338037	192998	4575401
通信设备制造	830943	53225	52900	2059403
雷达及配套设备制造	0	32375	811	491339
广播电视设备制造	0	1190	115	21601
电子计算机制造	712	32608	17962	699329
电子器件制造	11176	164606	65868	455551
电子元件制造	8581	44494	44477	368683
家用视听设备制造	0	5888	9741	431406
其他电子设备制造	279	3651	1124	48089
仪器仪表及文化、办公用机械制造业	37933	104143	21922	1100983
通用仪器仪表制造	31008	96389	6283	1019972
专用仪器仪表制造	6403	188	8030	48008
光学仪器及眼镜制造	522	7566	7609	33003

规模以上工业高新技术产业主要经济指标(十)

计量单位:千元

指标名称	利润总额	亏损企业亏损额	应交所得税	本年应付工资总额
总　计	**3330217**	**5538477**	**1074239**	**7363312**
一、按登记注册类型分组:				
内资企业	-575050	4591487	551261	4997164
国有企业	-3116187	3683717	166491	1232540
中央企业	-3484589	3678162	97261	890245
地方企业	368402	5555	69230	342295
集体企业	56988	2245	6037	48881
股份合作企业	23471	6974	1447	27545
联营企业	-2488	2751	33	2722
国有联营企业	263	0	33	542
集体联营企业	-2751	2751	0	2180
有限责任公司	1449641	831676	262315	2668471
国有独资公司	-689187	755439	-26118	972446
其他有限责任公司	2138828	76237	288433	1696025
股份有限公司	467830	10176	49263	458320
私营企业	530888	46961	62663	525664
私营独资企业	23264	4523	3759	26579
私营合伙企业	31522	1496	1209	14676
私营有限责任公司	426848	39263	51996	445658
私营股份有限公司	49254	1679	5699	38751
其他企业	14807	6987	3012	33021
港、澳、台商投资企业	572777	48602	59478	501930
合资经营企业(港或澳、台资)	117359	27652	10940	262260
合作经营企业(港或澳、台资)	39653	0	5578	11254
港澳台商独资经营企业	326807	20680	37933	203410
港澳台商投资股份有限公司	88958	270	5027	25006
外商投资企业	3332490	898388	463500	1864218
中外合资经营企业	1746518	452820	304995	772941
中外合作经营企业	16542	0	856	9556

规模以上工业高新技术产业主要经济指标(十)(续表1)

计量单位:千元

指标名称	利润总额	亏损企业亏损额	应交所得税	本年应付工资总额
外资企业	1562457	445568	155523	1056870
外商投资股份有限公司	6973	0	2126	24851
二、按经济组织类型分组:				
独资企业	-1146671	4156733	369743	2568280
国有企业	-3116187	3683717	166491	1232540
集体企业	56988	2245	6037	48881
私营独资企业	23264	4523	3759	26579
港澳台商独资经营企业	326807	20680	37933	203410
外资企业	1562457	445568	155523	1056870
合作、合伙企业	123507	18208	12135	98774
股份合作企业	23471	6974	1447	27545
国有联营企业	263	0	33	542
集体联营企业	-2751	2751	0	2180
私营合伙企业	31522	1496	1209	14676
合作经营企业(港或澳、台资)	39653	0	5578	11254
中外合作经营企业	16542	0	856	9556
其他企业(内资)	14807	6987	3012	33021
股份有限公司	613015	12125	62115	546928
股份有限公司(内资)	467830	10176	49263	458320
私营股份有限公司	49254	1679	5699	38751
港澳台商投资股份有限公司	88958	270	5027	25006
外商投资股份有限公司	6973	0	2126	24851
有限责任公司	3740366	1351411	630246	4149330
国有独资公司	-689187	755439	-26118	972446
私营有限责任公司	426848	39263	51996	445658
合资经营企业(港或澳、台资)	117359	27652	10940	262260
中外合资经营企业	1746518	452820	304995	772941
其他有限责任公司	2138828	76237	288433	1696025
三、按控股情况分组				

规模以上工业高新技术产业主要经济指标(十)(续表2)

计量单位:千元

指标名称	利润总额	亏损企业亏损额	应交所得税	本年应付工资总额
国有控股	-2241251	4452375	346279	3891457
集体控股	144186	17000	19850	105764
私人控股	1050487	131214	113986	892381
港澳台控股	496111	53360	70322	472237
外商控股	3041849	874858	416134	1741664
其他	838835	9670	107668	259809
四、按轻重工业分组				
轻工业	1035982	93563	131598	649331
重工业	2294235	5444914	942641	6713981
五、按企业规模分组	-2752773	4715566	335127	3801337
大型企业	3667725	108707	433241	1793992
中型企业	2415265	714204	305871	1767983
小型企业				
六、在总计中:亏损企业	-5538477	5538477	-50539	1946327
七、在总计中:民营	1707855	139112	205212	1141413
八、按工业行业中类分组				
制造业	3330217	5538477	1074239	7363312
化学原料及化学制品制造业	-2275419	4916395	212053	2301482
基础化学原料制造	-2857367	4671507	65271	1926803
农药制造	483070	10343	101819	164418
涂料、油墨、颜料及类似产品制造	99452	1522	6349	57286
合成材料制造	-125708	231264	11095	98050
专用化学产品制造	125134	1759	27519	54925
医药制造业	752689	52960	104476	460863
化学药品原药制造	32687	0	2611	36620
化学药品制剂制造	382289	52010	45804	152894
中药饮片加工	22259	0	4218	5251
中成药制造	156258	0	36733	211636
兽用药品制造	26473	950	2606	33983

规模以上工业高新技术产业主要经济指标(十)(续表3)

计量单位:千元

指标名称	利润总额	亏损企业亏损额	应交所得税	本年应付工资总额
生物、生化制品的制造	132723	0	12504	20479
非金属矿物制品业	313	507	245	3880
玻璃及玻璃制品制造	313	507	245	3880
专用设备制造业	24309	13103	4125	70938
电子和电工机械专用设备制造	16710	4033	2261	36247
医疗仪器设备及器械制造	7599	9070	1864	34691
交通运输设备制造业	123499	0	17519	279828
航空航天器制造	123499	0	17519	279828
电气机械及器材制造业	1415621	39228	198657	824418
电机制造	-3676	10252	1267	30474
输配电及控制设备制造	1304695	27485	189551	725614
电线、电缆、光缆及电工器材制造	114222	1491	7737	67920
家用电力器具制造	380	0	102	410
通信设备、计算机及其他电子设备制造业	2534364	458983	458091	2848092
通信设备制造	905081	11255	194882	438814
雷达及配套设备制造	441417	0	15520	538883
广播电视设备制造	18135	0	2455	14530
电子计算机制造	522172	10995	107114	556537
电子器件制造	225050	322022	62191	719483
电子元件制造	215577	78524	50536	443896
家用视听设备制造	175862	30011	18807	96081
其他电子设备制造	31070	6176	6586	39868
仪器仪表及文化、办公用机械制造业	754841	57301	79073	573811
通用仪器仪表制造	715620	9473	72220	365910
专用仪器仪表制造	33182	2452	3113	28746
光学仪器及眼镜制造	6039	45376	3740	179155

规模以上工业高新技术产业主要经济指标(十一)

计量单位:千元

指标名称	本年应付福利费总额	本年应交增值税	本年销项税额	全部从业人员年平均人数(人)
总　计	**864353**	**5777006**	**28590710**	**180886**
一、按登记注册类型分组:				
内资企业	390153	2621814	17936481	107595
国有企业	79010	892086	10977551	21566
中央企业	57997	653376	10124296	13380
地方企业	21013	238710	853255	8186
集体企业	11238	31770	101975	1375
股份合作企业	1883	20826	97378	1421
联营企业	0	985	5261	136
国有联营企业	0	191	1542	40
集体联营企业	0	794	3719	96
有限责任公司	213443	883254	3916123	52590
国有独资公司	50817	160071	1021977	14055
其他有限责任公司	162626	723183	2894146	38535
股份有限公司	38866	273253	940787	8113
私营企业	41315	512776	1854910	21471
私营独资企业	3424	21497	102205	1435
私营合伙企业	805	13251	85975	1098
私营有限责任公司	36159	455372	1568852	17762
私营股份有限公司	927	22656	97878	1176
其他企业	4398	6864	42496	923
港、澳、台商投资企业	29438	240262	853998	17529
合资经营企业(港或澳、台资)	13758	88889	260553	9181
合作经营企业(港或澳、台资)	2753	17332	49760	370
港澳台商独资经营企业	12321	110642	509286	7470
港澳台商投资股份有限公司	606	23399	34399	508
外商投资企业	444762	2914930	9800231	55762
中外合资经营企业	294745	2239593	7605376	16090
中外合作经营企业	585	6646	45290	432

规模以上工业高新技术产业主要经济指标(十一)(续表1)

计量单位:千元

指标名称	本年应付福利费总额	本年应交增值税	本年销项税额	全部从业人员年平均人数(人)
外资企业	146987	659283	2125821	38832
外商投资股份有限公司	2445	9408	23744	408
二、按经济组织类型分组:				
独资企业	252980	1715278	13816838	70678
国有企业	79010	892086	10977551	21566
集体企业	11238	31770	101975	1375
私营独资企业	3424	21497	102205	1435
港澳台商独资经营企业	12321	110642	509286	7470
外资企业	146987	659283	2125821	38832
合作、合伙企业	10424	65904	326160	4380
股份合作企业	1883	20826	97378	1421
国有联营企业	0	191	1542	40
集体联营企业	0	794	3719	96
私营合伙企业	805	13251	85975	1098
合作经营企业(港或澳、台资)	2753	17332	49760	370
中外合作经营企业	585	6646	45290	432
其他企业(内资)	4398	6864	42496	923
股份有限公司	42844	328716	1096808	10205
股份有限公司(内资)	38866	273253	940787	8113
私营股份有限公司	927	22656	97878	1176
港澳台商投资股份有限公司	606	23399	34399	508
外商投资股份有限公司	2445	9408	23744	408
有限责任公司	558105	3667108	13350904	95623
国有独资公司	50817	160071	1021977	14055
私营有限责任公司	36159	455372	1568852	17762
合资经营企业(港或澳、台资)	13758	88889	260553	9181
中外合资经营企业	294745	2239593	7605376	16090
其他有限责任公司	162626	723183	2894146	38535
三、按控股情况分组				

规模以上工业高新技术产业主要经济指标(十一)(续表2)

计量单位:千元

指标名称	本年应付福利费总额	本年应交增值税	本年销项税额	全部从业人员年平均人数(人)
国有控股	287147	1545837	14054563	71262
集体控股	18581	69291	195941	3669
私人控股	67371	860014	3614552	33941
港澳台控股	115934	203582	1005277	16613
外商控股	344660	2771846	8965870	52253
其他	30660	326436	754507	3148
四、按轻重工业分组				
轻工业	49490	846360	2415736	21585
重工业	814863	4930646	26174974	159301
五、按企业规模分组	396449	1564636	14104100	81941
大型企业	238758	2651155	8407435	44251
中型企业	229146	1561215	6079175	54694
小型企业				
六、在总计中:亏损企业	172920	441620	11415476	44368
七、在总计中:民营	106975	1084509	3973881	37370
八、按工业行业中类分组	0	0	0	0
制造业	864353	5777006	28590710	180886
化学原料及化学制品制造业	248283	2056264	17949138	40078
基础化学原料制造	118988	1840195	15762955	26733
农药制造	20147	105579	579136	6655
涂料、油墨、颜料及类似产品制造	6807	55275	221901	2284
合成材料制造	6116	6051	905863	2163
专用化学产品制造	96225	49164	479283	2243
医药制造业	33411	523628	1057783	13258
化学药品原药制造	2506	32348	65563	1740
化学药品制剂制造	16110	236269	339969	4677
中药饮片加工	0	14829	35350	160
中成药制造	12313	155387	522890	5333
兽用药品制造	927	14996	22070	828

规模以上工业高新技术产业主要经济指标(十一)(续表3)

计量单位:千元

指标名称	本年应付福利费总额	本年应交增值税	本年销项税额	全部从业人员年平均人数(人)
生物、生化制品的制造	1555	69799	71941	520
非金属矿物制品业	510	920	6052	146
玻璃及玻璃制品制造	510	920	6052	146
专用设备制造业	6970	28983	87689	3063
电子和电工机械专用设备制造	3876	17220	62671	1777
医疗仪器设备及器械制造	3094	11763	25018	1286
交通运输设备制造业	35796	46297	225683	6457
航空航天器制造	35796	46297	225683	6457
电气机械及器材制造业	67644	846758	2430748	18009
电机制造	959	9470	23698	1353
输配电及控制设备制造	61888	805555	2193119	14232
电线、电缆、光缆及电工器材制造	4714	31283	212519	2390
家用电力器具制造	83	450	1412	34
通信设备、计算机及其他电子设备制造业	423996	1967247	5801617	85564
通信设备制造	75106	1134777	2451209	8957
雷达及配套设备制造	67367	37350	20905	8480
广播电视设备制造	1866	10	14	347
电子计算机制造	129612	174997	718931	17000
电子器件制造	104713	204833	688358	27965
电子元件制造	37661	143380	685319	16596
家用视听设备制造	6095	255244	1109622	4723
其他电子设备制造	1576	16656	127259	1496
仪器仪表及文化、办公用机械制造业	47743	306909	1032000	14311
通用仪器仪表制造	33770	268726	914452	7676
专用仪器仪表制造	2158	12475	31309	1056
光学仪器及眼镜制造	11815	25708	86239	5579

指标解释

工业产销总值及主要产品生产量、销售量、库存量表

工业总产值(当年价格):指工业企业在本年内生产的以货币形式表现的工业最终产品和提供工业劳务活动的总价值量。

1. 工业总产值计算应遵循的原则

(1) 工业生产的原则。即凡是企业在本年内生产的最终产品和提供的劳务,均应包括在内。其中的最终产品,不管是否在本年内销售,只要是本年内生产的,就应包括在内。凡不是工业生产的产品,均不得计入工业总产值。

(2) 最终产品的原则。即企业生产的成品价值必须是本企业生产的,经检验合格不需再进行任何加工的最终产品。企业对外销售的半成品也应视为最终产品计入工业总产值。而在本企业内各车间转移的半成品和在制品只能计算其期末期初差额价值。

(3) "工厂法"原则。即以法人工业企业作为一个整体计算工业总产值,是其本年内生产的最终产品和提供劳务的总价值量。

2. 工业总产值的内容

包括三部分:生产的成品价值、对外加工费收入、自制半成品在制品期末期初差额价值。

(1) 成品价值:指企业在本年内生产,并在本年内不再进行加工,经检验合格、包装入库的已经销售和准备销售的全部工业成品(包括半成品)价值合计。成品价值中包括企业生产的自制设备及提供给本企业在建工程、其他非工业部门和生活福利部门等单位使用的成品价值,但不包括用订货者来料加工的成品(半成品)价值。

工业总产值是按现行价格计算的。成品价值按成品实物量乘以本年不含应交增值税(销项税额)的产品实际销售平均单价计算。会计核算中按成本价格转账的自制设备和自产自用的成品,按成本价格计算生产成品价值。

(2) 对外加工费收入:指企业在报告期内完成的对外承做的工业品加工(包括用订货者来料加工生产)的加工费收入和对外工业品修理作业所收取的加工费收入和对内非工业部门提供的加工修理、设备安装等收入。对外加工费收入按不含应交增值税(销项税额)的价格计算。

对于以对外加工生产为主,对外加工费收入所占比重较大的企业,如果对外加工费收入出现跨年度支付的情况,为保证总产值生产口径计算的准确性,则应将对外加工费收入按实际情况调整,记录本年应实际收取的对外加工费收入。

(3) 自制半成品在制品期末期初差额价值。为了使工业总产值与工业中间投入中的物耗价值一致,以便同口径地计算工业增加值,规定本指标的计算原则是:凡是企业会计产品成本核算中计算半成品、在制品成本,则工业总产值中必须包括自制半成品在制品期末期初差额价值。反之则不包括。

自制半成品在制品期末期初差额价值等于自制半成品在制品期末价值减去期初价值后的余额,如果期末价值小于期初价值,该指标为负值,企业在计算产值时,应按负值计算,不能作为零处理。

3. 工业总产值计算的几种具体规定

(1) 凡自备原材料(包括自备零部件)生产,不论其加工繁简程度如何,一律按全价,即包括自备原材料的价值,计算工业总产值。

（2）凡来料加工，加工企业只收取加工费，则加工企业一律按财务上结算的加工费计算工业总产值，即不包括定货者来料的价值。一般分两种情况：a. 工业企业之间的来料加工，加工企业（即承包单位）按财务上结算的加工费计算工业总产值；委托加工的企业（即发包单位）按全价计算工业总产值。b. 工业企业与非工业企业之间的来料加工，当工业企业作为加工企业时一律按加工费计算工业总产值。

（3）自制半成品、在制品期末期初差额价值，原则上应计入工业总产值，但如果会计产品成本核算中不计算自制半成品、在制品成本，则不计入工业总产值；如果会计产品成本核算中计算自制半成品、在制品成本的，则计入工业总产值。

区分来料加工与自备原材料生产的依据是加工企业与委托加工企业间的财务结算关系。如果委托企业提供原材料而不与加工企业结算，加工企业收取加工费，产品返回委托企业销售，则这种模式是来料加工；如果委托加工企业提供的原材料与加工企业是结算的，制成品由加工企业返给委托企业也是结算的，则这种模式是自备原材料生产。

工业销售产值（当年价格）：是以货币形式表现的，工业企业在本年内销售的本企业生产的工业产品或提供工业性劳务价值的总价值量。工业销售产值包括的内容为：

（1）销售成品价值：指企业在报告期内实际销售（包括本期生产和非本期生产）的全部成品、半成品的总价值，即按报告期产品的实际销售数量乘以不含增值税（销项税额）的产品实际销售平均单价计算。销售成品价值中包括企业生产的自制设备及提供给本企业在建工程、其他非工业部门和生活福利部门等单位使用的成品价值，但不包括用订货者来料加工，并且只收取加工费的成品（半成品）价值。

（2）对外加工费收入：指企业在报告期内完成的对外承接的工业品加工（包括用定货者来料加工的产品）的加工费收入；对外工业品修理作业可收取的加工费收入和对内非工业部门提供的加工修理、设备安装等收入。对外加工费收入按不含增值税（销项税额）的价格计算。

对于以对外加工生产为主，对外加工费收入所占比重较大的企业，如果对外加工费收入出现跨年度支付的情况，为保证总产值生产口径计算的准确性，则应将对外加工费收入按实际情况调整，记录本年应实际收取的对外加工费收入。

区分来料加工与自备原材料生产的依据同工业总产值中的规定。

出口交货值：指工业企业交给外贸部门或自营（委托）出口（包括销往香港、澳门、台湾），用外汇价格结算的产品价值，以及外商来样、来料加工、来件装配和补偿贸易等生产的产品价值。在计算出口交货值时，要把外汇价格按交易时的汇率折成人民币计算。

本年生产量：指工业企业在本年内生产的并符合产品质量要求的实物数量，包括商品量和自用量两部分。

（1）产品生产量计算应遵循的原则

① 产品质量标准：产品必须符合规定的质量标准或订货合同规定的技术条件，才可统计生产量。工业产品质量标准一律按国家标准或部颁标准执行。没有国家标准或部颁标准的产品，应按企业主管机关的标准或订货合同规定的技术条件执行，不得擅自更改标准或降低标准，不合格的产品不能计算生产量。

② 统计时间：本年生产量反映的是本年内的工业生产成果，凡本年内生产的产品都应计算在内，即截止本年最后一天检验合格并办理了入库手续的产品，其中规定要求包装的产品必须包装好才能计算其生产量。至于本年最后一天以哪一个班次作为截止计算产量的班次则由企业主管机关规定，并应与会计核算的结算时间一致。结算时间一经确定，就要严格执行，不得随意提前或移后。

③ 准确度量：准确度量是计算产品产量的重要一环，企业应配备必要的计量设备，对产量进行实际度量，不得随意估算，对确有困难不得不推算的某些产品，一定要按照主管部门规定的推算方法计算，使之尽量接近实际。

（2）产品生产量包括的内容

① 企业各车间（主要车间、辅助车间、附属品车间及副产品车间）用自备原材料生产的全部产品产量，不论是要销售的商品量还是本企业的自用量，均应统计生产量。

② 凡用订货者来料加工生产的产品，并且加工企业只收取加工费的，如果订货者是境内非工业企业和

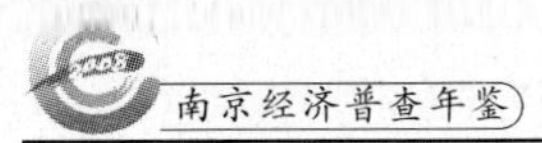

境外企业，其产品生产量由加工企业统计；如果订货者是境内工业企业，产品生产量由委托企业（即发包企业）统计，加工企业（即承包企业）不统计。

③ 经正式鉴定合格的新产品、自产自用的生产设备、未正式投入生产以前试生产的合格品以及基本建设附产的合格品，都应包括在产品生产量中。

④ 用进口原材料或关键零件生产的产品，或用进口整套散装零件及用进口组装件加工、装配的产品，不论是在国内销售还是外商经销，生产量均统计在国内同种产品生产量中。

⑤ 在我国国土范围内的外商投资和港、澳、台商投资工业企业生产的产品，其生产量全部统计在国内同种产品生产量中。

区分来料加工与自备原材料生产的依据同工业总产值中的规定。

（3）工业产品生产量不应包括的内容

① 在生产工业产品的同时，产生的下脚余料或废料，如冶金工业的氧化铁、汤道、中心注管、钢材切头、切尾，机械工业的切屑，木材工业的锯末，粮食加工工业的糠、麸，酿酒工业的酒糟等，一般做下脚料出售，不应统计为产品生产量。

② 投入生产过程中的原材料没有完全消耗掉，而加以回收、提浓，再供本企业自用的，如机械工业回收的润滑油，合成洗涤剂厂回收的盐酸、硫酸等都不计算产品生产量。

③ 企业从外购进的工业品，未经本企业任何加工的，不得作为本企业的产品生产量统计。

④ 某些产品在检验产品质量时，需做破坏性试验（如试验灯泡的使用寿命，手电池的间歇放电时间等），这些用作试验的产品，不计算在产品生产量中。

本年销售量：指本年内工业企业实际销售的由本企业生产（包括上年生产和本年生产）的符合规定的质量标准或定货合同规定的技术条件的工业产品的实物数量。凡用订货者来料加工生产的产品，并且加工企业只收取加工费的，如果订货者是境内非工业企业和境外企业，其产品销售量由加工企业（即承包企业）统计；如果订货者是境内工业企业，产品销售量由委托企业（即发包企业）统计，加工企业不统计。

区分来料加工与自备原材料生产的依据同工业总产值中的规定。

（1）产品销售量的核算原则：产品销售量以产品销售实现为核算原则，即在产品已发出，货款已经收到或者得到了收取货款的凭据时作为销售实现，统计产品销售量。按照企业销售方式的不同，产品销售量统计遵从以下几种规定：

① 采用送货制销售的，产品如由本企业运输部门发运，以产品出库单上的数量、日期为准；如委托专业运输部门发运，则以运输部门的承运单上的数量、日期为准。

② 采用提货制销售的，以给用户开具的发票和提货单上的数量、日期为准。

③ 委托其他单位代销的产品，以企业收到代销单位的代销清单为准。

④ 采用预收货款销售的，在发出产品时作为销售。产品尚未生产出来，已预收货款或预开提货单的，不应算作销售。

⑤ 企业出口销售的产品，陆运以取得承运货物收据或铁路运单，海运以取得出口装船提单，空运以取得空运运单，并向银行办理出口交单的数量、日期为准。企业自营出口的产品，在委托外贸部门代理出口（实行代理制）的情况下，以收到外贸部门代办的运单和银行交单凭证的数量、日期为准。

（2）统计产品销售量应注意以下几点

① 只有企业销售的合格产品才能统计其销售量，销售的次品不能计入产品销售量。

② 企业直接从外购进产成品，只是更换了标签或包装的，不能作为销售量统计。

③ 分清产品销售和预售的界限：预售指产品还没有生产出来以前，用户为了购买这种产品事先向工厂支付货款。预售不能算作销售。相反，有些产品采用了分期付款的形式，只要是用户拿到了这个商品，不管货款是否已付清，作为企业已经取得了收取货款的凭证就应作为销售。

（3）售出产品退货的处理遵从以下规定

① 退回本年内销售的合格品，应从本年销售量中扣除，同时计入库存量；退回本年内销售的不合格品，要在本年销售量中扣除，还要同时扣除本年生产量。

② 退回本年以前售出的合格品,本年销售量不变,计入产品库存量中;退回本年以前售出的不合格品,本年销售量和本年生产量均不变。

③ 退回修理的产品,修理后仍交原用户的,不作为退货处理,在统计报表上不做反映。

本年销售额:指产品的销售额,即企业在报告期内按各种价格销售同一种产品所得到的销售总金额,与销售量的口径是一致的,凡是计算了销售量的产品都应该计算其销售额。这里需要注意两点:第一,产品销售额是按不含增值税(销项税额)的价格计算的,这是为了与现行财税制度对财务会计核算的要求和规定保持一致;第二,用订货者来料加工生产的成品(半成品)的销售额按加工费计算。

本企业自用量及其他:本指标包括企业自用量和其他两部分。

企业自用量又称企业自产自用量,指工业企业在报告期内生产的、已作本企业产量统计的、又作为本企业生产另一种产品的原材料使用的产品的数量。如钢铁企业用本企业生产的生铁炼钢,其计算了生铁产量又用于炼钢的生铁数量,应作为企业自用量统计。但是,由本企业验收合格后,作为商品出售给本企业生活用、在建工程用或行政部门用的产品数量,不能作为自用量统计,而作为销售量统计。如钢铁企业将本企业生产的钢材用于本企业房屋维修的数量,应作为销售量而不是自用量统计。

其他是指工业企业在报告期内将产品用于展览、捐赠、借出以及报废等方面的产品数量和盘盈盘亏的数量。企业以促销手段搭售的产品不能视为捐赠,而应作为销售对待。

产品库存量:指在某一时点上,尚存在企业产成品仓库中暂未售出的产品的实物数量。

(1) 产品库存量统计分年初库存量和年末库存量。

① 年初库存量指在年初这一时间点上,产品的库存数量。

② 年末库存量指在年末这一时间点上,产品的库存数量。

(2) 在核算产品库存量时要遵循以下原则:

① 产品库存必须是处于"实际库存"状态的产品。有的产品虽已结束了生产过程,但还没有验收合格,还没有办理入库手续,不能作为产品库存统计。有的产品已经售出,但按提货制要求还没有办妥货款结算手续的,按送货制要求未办理承运手续的,仍应作为本企业的产品库存量统计,而不能作为产品销售量统计。

② 计入产品库存量的产品,必须是本企业有权销售的产品,对于已经销售并已办妥各项手续,但尚未提货的产品,本企业无权支配,这种产品虽然仍存在本企业仓库中,但不应统计为库存量。凡企业有权销售的产品,不论存放在什么地方,均应统计。

③ 产品库存不能出现负数,如果产品还没有入库就已售出,应将售出的这部分产品补填入库和出库凭证,并相应计入产品产量中。

(3) 产品库存量包括以下几个部分:

① 本企业生产的,报告期内经检验合格入库的产品。

② 库存产品虽有销售对象,但尚未发货的。

③ 非工业企业和境外订货者来料加工产品尚未拨出的。

④ 盘点中的账外产品。

⑤ 产品入库后发现有质量问题,但未办理退库手续的产品。

(4) 产品库存量不包括以下几个部分:

① 属于提货制销售的产品,已办理货款结算和开出提货单,但用户尚未提走的产品。

② 代外单位保管的产品。

(一) 财务状况

1. 企业财务状况

存货:指企业在日常生产经营过程中持有以备销售,或者仍然处在生产过程,或者在生产或提供劳务过程中将消耗的材料或物资等,包括各类材料、商品、在产品、半成品、产成品等。存货根据会计"资产负债表"中"存货"项目填列。其中:"年初存货"根据会计"资产负债表"中"存货"项的年初数填列;"年末存货"根据会计"资产负债表"中"存货"项的期末数填列。

流动资产合计:指企业可以在一年内或者超过一年的一个生产周期内变现或者耗用的资产,包括现金及各种存款、短期投资、应收及预付款项、存货等。根据会计“资产负债表”中“流动资产合计”项的期末数填列。

应收账款:指企业因销售商品、产品、提供劳务等,应向购货单位或接受劳务单位收取款项。该指标根据会计“资产负债表”中“应收账款”项的年末数填报。未执行2001年《企业会计制度》的企业,用“应收账款净额”期末数代替。

产成品:指企业报告期末已经加工生产并完成全部生产过程,可以对外销售的制成产品。根据企业会计“资产负债表”中“产成品”的期末数填报。

流动资产年平均余额:指企业在报告期内全部流动资产的平均余额。计算公式为:

$$流动资产年平均余额=\frac{1至12月各月流动资产平均余额之和}{12}$$

或:

$$流动资产年平均余额=\frac{1至12月各月月初、月末流动资产之和}{24}$$

其中:

$$流动资产月平均余额=\frac{月初流动资产合计+月末流动资产合计}{2}$$

$$流动资产季平均余额=\frac{季内各月流动资产平均余额}{3}$$

长期投资:根据会计“资产负债表”中“长期投资”项的年末数填报。

固定资产合计:指企业使用期限超过一年的房屋、建筑物、机器、机械、运输工具以及其他与生产、经营有关的设备、器具、工具等。不属于生产经营主要设备的物品,单位价值在2000元以上,并且使用年限超过2年的,也应当作为固定资产。“固定资产合计”根据会计“资产负债表”中“固定资产合计”项的期末数填列。

固定资产原价:指企业在购置、自行建造、安装、改建、扩建、技术改造某项固定资产时所支出的全部支出总额。根据会计“资产负债表”中“固定资产原价”项目的期末数填列。执行2006年《企业会计准则》的企业,根据“资产负债表附表”中的“固定资产原价”项目的期末数填列。

固定资产折旧:指对固定资产由于磨损和损耗而转移到产品中去的那一部分价值的补偿。一般根据固定资产原价(选用双倍余额递减法计提折旧的企业,为固定资产账面净值)和确定的折旧率计算。“累计折旧”:指企业在报告期末提取的历年固定资产折旧累计数。根据会计“资产负债表”中“累计折旧”项的年末数填列。“本年折旧”:指企业在报告期内提取的固定资产折旧合计数。根据会计核算中《资产减值准备、投资及固定资产情况表》内“当年计提的固定资产折旧总额”项本年增加数填列。

固定资产净值年平均余额:固定资产净值指固定资产原价减去累计折旧后的净额,其平均余额指报告期内余额的平均数。计算公式为:

$$固定资产净值年平均余额=\frac{1至12月各月固定资产净值平均余额之和}{12}$$

或:

$$固定资产净值年平均余额=\frac{1至12月各月月初、月末固定资产净值之和}{24}$$

其中:

$$固定资产净值月平均余额=\frac{月初固定资产净值+月末固定资产净额}{2}$$

$$固定资产净值季平均余额=\frac{季内各月固定资产净值平均余额}{3}$$

其他资产:指除上述资产以外的其他资产。

资产总计:指企业拥有或控制的能以货币计量的经济资源,包括各种财产、债权和其他权利。资产按其流动性(即资产的变现能力和支付能力)划分为:流动资产、长期投资、固定资产、无形资产、递延资产和其他

资产。根据会计“资产负债表”中“资产总计”项的期末数填列。

流动负债合计:指企业在一年内或超过一年的一个营业周期内需要偿还的债务,包括短期借款、应付票据、应付账款、预收账款、应付工资、应交税金、应付利润、预提费用等。根据企业会计“资产负债表”中“流动负债合计”的期末数填报。

应付账款:根据会计“资产负债表”中的“应付账款”的期末贷方余额填报。

长期负债合计:指企业偿还期在一年以上或者超过一年的一个营业周期以上的债务,包括长期借款、长期应付款、应付债券等。根据会计“资产负债表”中的“长期负债合计”的期末数填报。

负债合计:指企业所承担的能以货币计量,将以资产或劳务偿付的债务,偿还形式包括货币、资产或提供劳务。负债一般按偿还期长短分为流动负债和长期负债。根据会计“资产负债表”中“负债合计”的期末数填列。

所有者权益合计:所有者权益是指所有者在企业资产中享有的经济利益,它等于企业资产减去负债后的余额。包括实收资本(或股本)、资本公积、盈余公积和未分配利润等。根据“资产负债表”中的“所有者权益合计”项填列。

实收资本:指投资者按照企业章程,或合同、协议的约定,实际投入企业的资本。企业实收资本按照投资主体划分为国家资本、集体资本、法人资本、个人资本、港澳台资本和外商资本六种。根据“资产负债表”中的“实收资本”项填列。实收资本中如有以外币形式投入的资本,需折合成人民币形式填写。

主营业务收入:指企业经营主要业务所取得的收入总额。此项目应根据相关行业的“产品销售收入”、“商品销售收入”、“主营业务收入”、“营业收入”、“经营收入”、“工程结算收入”等科目发生额填列。执行2006年《企业会计准则》的企业,如果未设置该科目,则以营业收入发生额代替填列。

营业成本:指企业(单位)在报告期内从事销售商品、提供劳务等日常活动发生的各种耗费。根据会计“利润表”中对应指标计算填列。

主营业务成本:指企业经营主要业务发生的实际成本。根据会计“利润表”中对应指标计算填列。执行2006年《企业会计准则》的企业,如果未设置该科目,则以营业成本发生额代替填列。

营业收入:指企业(单位)在报告期内从事销售商品、提供劳务及转让资产使用权等日常活动中所形成的总收入,包括主营业务收入和其他业务收入。根据会计“利润表”中对应指标计算填列。

营业税金及附加:指企业与营业收入有关的,应由各项经营业务负担的税金及附加。根据会计“利润表”中“营业税金及附加”的本年累计数填列。

主营业务税金及附加:指企业经营主要业务应负担的营业税、消费税、城市维护建设税、资源税、土地增值税、教育费附加。根据会计“利润表”中对应指标“本年累计数”填列。执行2006年《企业会计准则》的企业,如未设置该项以营业税金及附加代替填列。

主营业务利润:指企业经营主要业务实现的利润。根据会计“利润表”中对应指标本年累计数填列。执行2006年《企业会计准则》的企业,如果未设置该科目,则以营业利润发生额代替填列。

其他业务收入:是指企业主营业务以外的收入。根据会计“利润表”中对应指标的本年累计数填列。执行2006年《企业会计准则》的企业,如果未设置该科目,则在此处填0。

其他业务利润:指企业经营除主要业务以外的其他业务实现的利润。根据会计“利润表”中对应指标的本年累计数填列。执行2006年《企业会计准则》的企业,如果未设置该科目,则在此处填0。

营业费用、管理费用和财务费用合计:指企业报告期内营业费用、管理费用、财务费用三项费用的合计。

营业费用:指企业在销售商品过程中发生的各项费用,根据“利润表”中对应项目的“本年累计数”填列。未执行2001年《企业会计制度》的企业,用“产品销售费用”的本期累计数代替。

管理费用:指企业行政管理部门和企业的董事会为组织和管理企业生产经营活动而发生的各项费用,根据“利润表”中“管理费用”项的“本年累计数”填列。

财务费用:指企业为筹集生产经营所需资金等发生的费用,包括利息净支出、汇兑净损失(已减汇兑收益)、以及相关的手续费等,根据会计“利润表”中“财务费用”项的“本年累计数”填列。

税金:指企业按照规定从管理费用中支付的房产税、印花税、车船使用税和土地使用税。本指标根据

"管理费用"科目中相关项目归纳填列。

财产保险费：指企业向保险公司投保所支付的财产保险费用。根据会计"管理费用"科目中的对应项目的本期累计数填列。

差旅费：根据会计"管理费用"科目中的对应项目填列。

工会经费：根据会计"管理费用"科目中的对应项目填列。

利息支出：指企业短期借款利息、长期借款利息、应付票据利息、票据贴现利息、应付债券利息、长期应付引进国外设备款利息等利息支出(除资本化的利息外)减去银行存款等的利息收入后的净额。根据会计"财务费用明细资料"中的利息支出项目填列。

营业利润：指企业从事生产经营活动所取得的利润，即主营业务收入减主营业务成本和主营业务税金及附加，加上其他业务利润，减去营业费用、管理费用、财务费用后的金额。本指标根据会计"利润表"中对应指标的"本年累计数"填列。执行2006年《企业会计准则》的企业，同样根据会计"利润表"中对应指标的"本年累计数"直接填列。

投资收益：指企业以各种方式对外投资所取得的收益或发生的损失。根据"利润表"中的"投资收益"项填列。若为投资损失，应在本项目金额前加"-"号。

补贴收入：指企业实际收到的补贴收入，包括实际收到的先征后返的增值税；企业按销量或工作量等，依据国家规定的补助定额计算并按期给予的定额补贴。根据"补贴收入"的发生额分析填列。

营业外收入：根据企业会计"利润表"中"营业外收入"项的本年累计数填列。

营业外支出：根据企业会计"利润表"中"营业外支出"项的本年累计数填列。

利润总额：指企业在生产经营过程中各种收入扣除各种耗费后的盈余，反映企业在报告期内实现的亏盈总额，包括营业利润、补贴收入、投资净收益和营业外收支净额。根据会计"利润表"中的对应指标的本期累计数填列。

应交所得税：指企业按税法规定，应从生产经营等活动的所得中交纳的税金。根据会计"利润表"中的对应指标的本期累计数填列。

劳动、失业保险费：指企业向社会保障部门和保险公司为本单位职工支付的劳动保险、待业保险的费用。根据会计"管理费用"等科目中的相关项目归纳计算填列。

养老保险和医疗保险费：根据会计"营业费用"、"管理费用"科目中的相关项目归纳计算填列。

住房公积金和住房补贴：根据会计"营业费用"、"管理费用"科目中的相关项目归纳计算填列。

本年应付工资总额：指企业在报告期内支付给本单位职工的全部工资，它反映企业本期累计应付的工资总额，而不是会计"应付工资"科目的余额。根据会计"应付工资"科目的本期贷方累计发生额填列。

主营业务应付工资总额：指报告期内企业应付给与主营业务直接有关人员的工资。工业企业是指应付给与工业生产经营活动直接有关的职工工资总额，根据会计"应付工资"科目中本期转入"生产成本"、"制造费用"、"管理费用"、"产品销售费用"科目的贷方发生额(即本期应由上述科目负担的工资)归纳填列。

本年应付福利费总额：指企业在报告期内累计提取的福利费总额，它反映本期应付福利费的全部发生额，而不是会计"应付福利费"科目的余额。根据会计"应付福利费"科目的本期贷方累计发生额填列。

主营业务应付福利费总额：指报告期内企业应付给与主营业务直接有关人员福利费。工业企业是指应付给与工业生产经营活动直接有关的职工福利费总额，根据会计"应付福利费"科目的贷方发生额中从"生产成本"、"制造费用"、"管理费用"、"产品销售费用"科目中提取的福利费归纳填列。

职工工资和福利费：职工工资和福利费包括职工工资总额和职工福利费两部分，是企业为获得职工提供服务而给予的各种形式的报酬以及其他相关支出。其中：工资总额是指企业在报告期内支付给本单位全部职工的劳动报酬，包括工资、奖金、津贴和补贴，它反映企业报告期内累计应付的工资总额。工资总额根据企业会计核算中"应付工资"科目的本期贷方累计发生额填列。职工福利费：指企业在报告期内根据国家有关规定开支的各项福利支出，包括企业为职工提存的基本养老保险基金、基本医疗保险费、失业保险费、工伤保险费、生育保险费、住房公积金、补充养老保险费和补充医疗保险费，以及从成本费用中列支的集体福利补贴、职工生活困难补助、房租补贴、上下班交通补贴、冬季取暖费，以及按规定发生的其他职工福利支

出，它反映企业在报告期实际发生的各项福利费用。职工福利费根据企业会计成本和费用科目中的相关项目归纳计算填列。

从业人员劳动报酬：企业在报告期内支付给本单位从业人员的全部劳动报酬，包括工资、福利费、奖金、津贴及各种补助。根据会计"应付工资"、"应付福利费"科目的本年贷方累计发生额填列。

本年应交增值税：指企业按税法规定，从事货物销售或提供加工、修理修配劳务等增加货物价值的活动本期应交纳的税金。指企业在报告期应交增值税额。计算公式为：

$$\begin{aligned}\text{本年应交增值税}=&\text{销项税额}-(\text{进项税额}-\text{进项税额转出})\\&-\text{出口抵减内销产品应纳税额}-\text{减免税款}+\text{出口退税}\end{aligned}$$

根据企业会计"应交增值税明细表"计算填列。

本年进项税额：指工业企业在报告期内购入货物或接受应税劳务而支付的、准予从销项税额中抵扣的增值税额。

本年销项税额：指工业企业在报告期内销售货物或提供应税劳务应收取的增值税额。

资产减值损失：是指企业各项资产发生的减值损失。根据"利润表"中的"资产减值损失"填列。

公允价值变动收益：指企业应当计入当期损益的资产或负债公允价值变动收益。根据"利润表"中的"公允价值变动收益"填列，如为损失以"-"号记。

全部从业人员年平均人数(94)：指企业单位年内各月平均拥有的人数，其计算公式为：

$$\text{全部从业人员年平均人数}=\frac{1\text{月平均人数}+2\text{月平均人数}+\cdots+12\text{月平均人数}}{12}$$

$$\text{月平均人数}=\frac{\text{月初从业人员数}+\text{月末从业人员数}}{2}$$

规模以上工业企业主要产品生产能力

生产能力：企业分别填报年初生产能力和年末生产能力。生产能力一般指产品的综合生产能力，但也有些产品指其主要设备的能力。在填报时分为两种情况：

(1) 产品生产能力：指在一个企业范围内生产某种产品的综合平衡能力，是生产某种产品的全部设备(包括主要生产设备、辅助生产设备、起重运输设备、动力设备及有关的厂房和生产用建筑物等)在原材料、燃料动力供应充分，劳动力配备合理，设备正常运转的条件下，可能达到的年生产量。企业在具体填报时，可以区分以下三种情况：第一种是原有设计能力未经重大技术改造的用设计能力填报；经过技术改造后，有技术改造后设计能力的，填报技术改造后的设计能力。第二种是原有设计能力已不能反映实际情况，有核定能力的，按核定能力填报。第三种是既没有设计能力也没有核定能力，或原设计能力(或核定能力)已与实际生产水平相差很大，按查定能力填报。

(2) 设备能力：指某种设备的单位时间内可能生产的产品数量，也就是说，某种设备在单位时间内的工作量，即一般所称的设备效率，或设备生产率，它不考虑与其他设备的平衡问题。

企业在具体填报时，还要注意以下几点：

(1) 以生产能力表的产品为基准填报。以水泥生产设备为例，如果企业的设备既能生产水泥，也能生产水泥熟料，而报告期企业只生产熟料，没有生产水泥，则企业不能填报水泥的生产能力。

(2) 停产企业要继续填报生产能力。

(3) 破产企业不需填报生产能力。